THE ADJUSTMENT OF EAST ASIA PRODUCTION NETWORKS AND CHINA'S INDUSTRIES UPGRADING

河南大学经济学学术文库

东亚生产网络调整与中国产业升级

秦长城 著

社会科学文献出版社
SOCIAL SCIENCES ACADEMIC PRESS (CHINA)

总序

河南大学经济学科自1927年诞生以来，至今已有近90年的历史了。一代一代的经济学人在此耕耘、收获。中共早期领导人之一的罗章龙、著名经济学家关梦觉等都在此留下了足迹。

新中国成立前夕，曾留学日本的著名老一辈《资本论》研究专家周守正教授从香港辗转来到河南大学，成为新中国河南大学经济学科发展的奠基人。1978年我国恢复研究生培养制度以后，周先生率先在政治经济学专业招收、培养硕士研究生，并于1981年获得首批该专业的硕士学位授予权。1979年，河南大学成立了全国第一个专门的《资本论》研究室。1985年以后，又组建了河南大学历史上的第一个经济研究所，相继恢复和组建了财经系、经济系、贸易系和改革与发展研究院，并在此基础上成立了经济学院。目前，学院已发展成拥有6个本科专业、3个一级学科及18个二级学科硕士学位授权点、1个一级学科及12个二级学科博士学位授权点、2个博士后流动站、2个一级省重点学科点、3000多名师生规模的教学研究机构。30多年中，河南大学经济学院培养了大批本科生和硕士、博士研究生，并且为政府、企业和社会培训了大批专门人才。他们分布在全国各地，服务于大学、企业、政府等各种各样的机构，为国家的经济发展、社会进步、学术繁荣做出了或正在做出自己的贡献，其中也不乏造诣颇深的经济学家。

在培养和输出大量人才的同时，河南大学经济学科自身也造就了一支日益成熟、规模超过120人的学术队伍。近年来，60岁左右的老一代学术带头人以其功力、洞察力、影响力，正发挥着越来越大的引领和示范作用；一批50岁左右的学者凭借其扎实的学术功底和丰厚的知识积累，已进入著述的高峰期；一批40岁左右的学者以其良好的现代经济学素养，开始脱颖而出，显现领导学术潮流的志向和实力；更有一大批30岁左右受过系统经济学教育的年轻人正蓄势待发，不少已崭露头角，初步展现了河南大学经济学科的巨大潜力和光辉未来。

我们有理由相信河南大学经济学科的明天会更好，经过数年的积累和凝练，它已拥有了支撑自己持续前进的内生动力。这种内生动力的源泉有二：一是确立了崇尚学术、尊重学人、多元发展、合作共赢的理念，营造了良好的学术氛围；二是形成了问题导向、服务社会的学术研究新方法，并据此与政府部门共建了中原发展研究院这一智库型研究平台，获批了新型城镇化与中原经济区建设河南省协同创新中心。学术研究越来越得到社会的认同和支持，也对社会进步产生了越来越大的影响力和推动力。

河南大学经济学科组织出版相关学术著作始自世纪交替的2000年前后，时任经济学院院长许兴亚教授主持编辑出版了数十本学术专著，在国内学术界产生了一定的影响，也对河南大学经济学科的发展起到了促进作用。

为了进一步展示河南大学经济学院经济学科各层次、各领域学者的研究成果，更为了能够使这些成果与更多的读者见面，以便有机会得到读者尤其是同行专家的批评，促进河南大学经济学学术研究水平的不断提升，为繁荣和发展中国的经济学理论、推动中国经济发展和社会进步做出更多的贡献，我们从2004年开始组织出版“河南大学经济学学术文库”。每年选择若干种河南大学经济学院在编教师的精品著述资助出版，也选入少量国内外访问学者、客座教授及在站博士后研究人员的相关著述。该文库分批分年度连续出版，至今已持续10年之久，出版著作总数多达几十种。

感谢曾任社会科学文献出版社总编辑的邹东涛教授，是他对经济学学术事业满腔热情的支持和高效率工作，使本套丛书的出版计划得以尽快达成并付诸实施，也感谢社会科学文献出版社具体组织编辑这套丛书的相关负责人及各位编辑为本丛书的出版付出的辛劳。还要感谢曾经具体负责组织和仍在组织本丛书著作遴选和出版联络工作的时任河南大学经济学院副院长刘东勋教授和现任副院长高保中教授，他们以严谨的科学精神和不辞劳苦的工作，回报了同志们对他们的信任。最后，要感谢现任河南大学经济学院院长宋丙涛教授，他崇尚学术的精神和对河南大学经济学术事业的执着，以及对我本人的信任，使得“河南大学经济学学术文库”得以继续编撰出版。

分年度出版“河南大学经济学学术文库”，虽然在十几年的实践中积累了一些经验，但由于学科不断横向拓展、学术前沿不断延伸，加之队伍不断扩大、情况日益复杂，如何公平和科学地选择著述品种，从而保证著述的质量，需要在实践中不断探索。此外，由于选编机制的不完善和作者水平的限制，选入丛书的著述难免会存在种种问题，恳请广大读者及同行专家批评指正。

耿明斋

2004 年 10 月 5 日第一稿，2007 年 12 月 10 日修订稿，2014 年 6 月 21 日第三次修订

摘　要

为因应全球激烈的市场竞争，跨国公司在全球范围内配置资源，并不断地创新经济组织。从20世纪80年代末开始，东亚华商和日本、美国等的跨国公司大规模增加对东亚寻求效率型的投资和业务外包。不断增加的FDI主要是利用东亚地区的要素成本优势，来提高产品在发达经济体市场上的竞争优势。同时，东亚各个经济体积极实行经济自由化政策，通信和运输技术的快速发展使得交易成本不断降低。这些使得服务于跨国公司全球战略的东亚生产网络在东亚地区快速发展、延伸。东亚发展中经济体成为跨国公司即旗舰企业的劳动密集型或低技术密集型的生产部门、组装部门。目前，这种分工在东亚还在扩大并促进了区域合作。

对参与东亚生产网络的供应商而言，它们与来自发达国家的网络内企业建立密切联系，不断获得通过生产网络传递过来的先进知识；此外，为满足旗舰企业或高级供应商的需求而迫使自己不断提高生产能力或研发水平。因此本地企业在成为东亚生产网络供应商后，其能力获得了一定程度的提高。由于依赖高级供应商或旗舰企业的销售渠道和关键零部件供给，因此，本地供应商很可能被锁定在东亚生产网络固定环节上而难以进一步升级，即一直处于附加值较低的价值链环节。研究表明，中国不少产业的供应商仍处于低附加值环节。劳动密集型环节还在不断地进行水平扩张并占用大量资源，形成惯性发展方式，甚至阻碍了提高研发水平或销售能力的努力。但是，中国的土地、劳动等要素成本优势正在不断减少。

正是东亚生产网络较快水平的延伸及其制造能力快速扩张，使得东亚区域对欧美发达经济体市场的依赖程度不断提高，尤其是对美国市场的依赖一直较为严重，造成贸易失衡。同时，对区域外能源、原材料、资本和技术的依赖也在加深，而欧美对东亚产品的需求增长较慢，在经济危机期间需求还急剧下跌。这使得东亚经济发展严重受制于区域外市场。

因此，东亚必须不断地转变经济发展模式，不断调整东亚跨国分工方式即东亚生产网络。由于旗舰企业的全球战略和各地制造成本不断变化，东亚生产网络本身也在不断地发展和调整。这使得更多的地方供应商能够加入东亚生产网络，获得提升能力的机会；还使得原有供应商在面临被新供应商替换的同时获得了更多提升价值链位置的机会。

中国供应商可以根据自身的实力对东亚生产网络调整施加不同的影响，可以在东亚生产网络发展和调整中抓住机会实现价值链升级。有些供应商到其他地方发展生产网络从而提升自身价值链位置；有些供应商在吸收先进知识的基础上通过自身努力来提高研发水平，掌握某些专利；有些供应商提高加工工艺，专注于零部件的精细型加工，从而提高零部件竞争优势；有些供应商无视生产网络的调整而被其他供应商取代，面临破产；等等。中国各产业主管部门及各级政府应立足各产业生产网络发展、调整规律和分工现实，影响并利用东亚生产网络的调整，促进产业升级。

Abstract

In response to fierce competition in the global market, multinational corporations (MNCs) allocate resources on a global scale, and constantly innovate economic organization. Since in the late 1980s, Overseas Chinese entrepreneurs and multinationals of Japan, US, and so on have massively increased seeking efficiency investment in East Asia and business outsourcing. Increased FDI mainly exploited the factors cost advantage in East Asian region to improve product competitive advantage in developed economies' markets. At the same time, each economic entity in East Asia actively implemented economic liberalization policies, as well as the rapid development of communications and transportation technologies has continued to reduce transaction costs. These have rapidly spurred East Asia production networks (EAPNs) servicing for MNCs' global strategy to develop, to extend in East Asia region. East Asian economic entities, particularly developing economic entities, have become MNCs' (i. e. flagship firms) labor-intensive or low-technology intensive production departments, assembly departments. Today, this division of labor in East Asia still expands and promotes regional cooperation.

To East Asian suppliers integrated in East Asian production networks (EAPNs), they have developed a close relationship with the network enterprises came from developed countries and frequently gained advanced knowledge passed through the production network. Furthermore, it forced suppliers to improve manufacturing or research and development (R&D) capabilities to meet the flagship firms or high-tier suppliers' requirements. So the local suppliers' capacities have obtained a certain degree of increase after joining EAPNs. However, because of their dependence on high-tier suppliers or flagship firms' distribution channels or key parts and components supply, the local suppliers would most likely be locked on fixed position in EAPNs and it is difficult to gain further industrial upgrading for them, which means always locating in lower added value position of a value chain. Studies have shown that many industrial suppliers in China are still in the low-value links. Labor-intensive links still continue to expand parallelly and consume lots of resources, and these probably form inertial development pattern, even reject efforts to promote the technology capacities, or sales capabilities. However, Chinese advantages, such as land cost advantage, labor cost advantage, are shrinking.

It was fast horizontal extension of EAPNs that resulted in a rapid expansion of manufacturing capacity in East Asia which leads to East Asian region increasing dependence on developed economic entities markets in Europe and America. Especially dependence on the United States market has been far more serious, causing trade imbalances. At the same time, East Asia dependence on energy, raw materials, capital and technology from outside region was deepened. But there was slowly growth of demand of Europe and America from East Asia; and demand decrease sharply during the economic crisis. This always makes the economic development of East Asia be seriously constrained by extra-regional markets.

So East Asia must require gradually transformation of economic development pattern. It needs East Asia multinational division (i. e. EAPNs) constantly changing. As the global strategies of flagship firms and manufacturing cost of every region are changing, EAPNs itself are in constant development and adjustment. This allows more local suppliers to join the EAPNs, access to opportunities to form capacity; also allow the existing suppliers which probably be replaced by new suppliers to have more opportunities to move up the position in the value chain.

Chinese local suppliers may exert different effects on adjustment of EAPNs in according to their own power. They may seize opportunities to achieve value chain upgrading during the development and adjustment of EAPNs. Some suppliers may develop new own production networks at other regions, thereby raising the position in value chain. Some improve R&D level to master some patents through their efforts based on advanced knowledge acquired by production networks. Some improve process technology, focusing on parts and components elaboration processing to improve product competition advantage. Some ignore adjustment of production networks and may be replaced by other suppliers, and they may face bankruptcy, etc.. Chinese authorities of various industries and all levels of government had better be based on the law of development and adjustment of various industries production networks and the division reality of labor; exert appropriately effects on adjustment of the EAPNs, exploit the chances of adjustment of the EAPNs, promote industries upgrading.

目　录

第一章　绪论

第一节　背景

2016年，世界经济和贸易增速7年来最低，国际直接投资活动有所放缓，全球债务水平继续上升，国际金融市场波动加剧，全球就业增长放缓。不过大宗商品价格触底反弹，通货紧缩压力缓解。中国国内结构性问题突出，利益关系深刻调整，风险隐患显现。不过经济出现了超出预期的反弹，工业企业利润有显著改善，中国对世界经济增长的贡献超过30%。但中国经济下行的趋势并未结束，推动经济增长的中长期力量还在减退，经济潜在增速还在下降。中国正在经历的经济结构转型，与高收入国家曾经历的经济结构转型经验高度一致，无须对经济增速下降过度担忧。[①] 东亚经济整体增长较2015年略有下降。

由联合国贸易和发展会议发布的《2013年世界投资报告》可知，中间品和中间服务贸易占全球贸易的60%。分布在全球的生产中间品和中间服务的企业按照价值实现过程构成一条条全球价值链。事实上，全球价值链涉及的贸易约占全球贸易的80%。[②] 而全球价值链可理解为全球生产网络

---

① 姚枝仲、张宇燕：《2016～2017年世界经济形势分析与展望》，载张宇燕、孙杰编《2017年世界经济形势分析与预测》，社会科学文献出版社，2017，第1页；张斌、徐奇渊：《中国宏观经济形势分析与展望》，载张宇燕、孙杰编《2017年世界经济形势分析与预测》，社会科学文献出版社，2017，第143页。

② United Natoions, "World Investment Report 2013—Global Value Chains: Investment and Trade for Development," http://allafrica.com/download/resource/main/main/idatcs/00 （转下页注）

的价值维度。在东亚，随着各个经济体先后采取出口导向型工业化发展战略，东亚跨境劳动分工不断深化和拓展，形成了东亚区域生产网络。参与东亚区域生产网络的分工在各个经济体中的影响越来越大。[①]目前，各个经济体的工业品贸易大多与生产网络有关。

在东亚，参与网络分工的企业专业能力不同，其所在价值链环节和所获得的利润（附加值）也就大不相同。一个跨国企业的竞争力在很大程度上由其所组建的生产网络的竞争力决定。生产网络的一些环节布局在哪个国家是由国家比较优势决定的；而在一个区域聚集的企业所在的价值链环节反映了该区域的竞争力，也反映了该区域的经济发展水平甚至发展潜力。

在信息化、知识化经济时代，随着技术的进步和普及、市场的激烈竞争和企业实力的变化，处于价值链不同环节的企业的专业能力是不断变化的，因而企业不会总是固定在某一个价值链环节上。产业升级更多地体现在价值链位置由低附加值环节到高附加值环节上。

中国大力吸引外资，参与国际分工，不仅使东亚原有分工模式——“雁行模式”加速式微，还使得东亚区域生产网络迅速发展起来。中国的加工贸易，甚至不少一般贸易都是参与东亚生产网络的结果。按目前发展势头，东亚区域生产网络势必在广度和深度上发生变化，这对东亚各个经济体乃至全球经济发展必定有着重要的影响，甚至在某一点上起决定性作用。

（接上页注②）071772：e48ce1ab141af355cb34c81f2cfe4dd9.pdf，2013；《〈2013 年世界投资报告〉发布》，中国网，http://news.china.com.cn/live/2013 - 06/27/content_20787473.htm，2013 年 6 月 27 日。《2013 年世界投资报告》的主要观点包括：跨国公司的全球生产网络使全球投资和贸易更密不可分；全球价值链导致全球贸易数据中出现大量重复计算；服务部门贡献了全球出口增值部分的近一半；大多数发展中国家，包括最贫穷的国家，日益参与到全球价值链活动中；发展中国家参与全球价值链对其经济增长发挥着重要的作用。报告强调，全球价值链可以作为发展中国家发展生产活动的重要途径，包括通过获得技术积累技能、为长远产业升级创造机会等。然而，参与全球价值链并不必然能够带来这些好处。恰当的政策起着至关重要的作用，这包括需要制定一整套相互配合、相互支持的贸易和投资政策，以及正确的总体发展战略。

① Ando, Mitsuyo, Fukunari Kimura, “New Dimensions of International Production Sharing in East Asia: Evidence from International Trade Data and Japanese Micro Data,” 2004, http://www.fbc.keio.ac.jp/jsie/12 - 1_Ando_full.pdf.

第二节 问题的提出

改革开放三十多年来，中国制造业有了快速的发展，无论是占 GDP 的比重、对外贸易，还是生产力水平和研发能力，都有了极大的提高。2011年，中国超越美国成为全球第一制造业大国。这与参与国际生产网络尤其是东亚生产网络内分工不无关系。

但是占中国对外贸易较大比重的加工贸易除严重依赖出口外，还依赖进口。除了进口大量的零部件、中间品外，对能源和原材料也有巨大的需求。曾经很长一段时间内，世界能源和原材料的价格不断走向新高。同时，尽管扩大出口拉动了经济增长，但是资源消耗型的增长（我国现阶段资源利用效率还较低）带来许多问题，比如生态环境遭到严重破坏。中国大量出口对发展中国家和发达国家造成竞争压力，因而在国际市场上经常遭遇各种贸易摩擦。而且中国经济过分依赖出口，使得外部市场环境变动对国内经济影响巨大。因此，如此大规模的资源消耗型加工贸易不可持续。

中国对外开放后，世界成本型产业和生产环节以极快的速度聚集在中国，形成生产要素的优势聚集。但是国际分工法则缺乏主动的矫正治理，使产业优势聚集成为水平性转移和扩大，占用大量资源，不利于技术升级，导致“劣币效应”。中国的土地和劳动力相对低廉而供给充裕，政策支持力度又大，“劣币效应”已经导致低水平的数量扩张并对技术投入产生惯性排斥。因劳动密集型环节（或产业）、低技术密集型环节（或产业）进入门槛比较低，近些年一些具有劳动力成本优势的经济体参与产业分工，规模不断扩大。这对中国以劳动力成本为竞争优势的产业和生产环节造成较大的竞争压力。不过，中国的成本优势虽减弱但竞争优势仍在，[①]这反而对主动升级没有造成足够的压力。

因此，中国过分依赖出口及大规模投资拉动的经济发展模式不具备可

① 宋泓：《全球产业布局新趋势》，载王洛林、张宇燕主编《2013 年世界经济形势分析与预测》，社会科学文献出版社，2013，第 307 页。

持续性。而目前对经济转型至关重要的是产业升级。

同时，中国的产业升级对东亚整体发展具有重要的意义。日本、“亚洲四小龙”和东盟一些国家或地区产业转型升级取得了很大成功，但是没有继续或者效果有限。这使得东亚区域内消费市场一直没有形成。东亚生产网络的大部分功能只是分工生产，最终消费市场主要在区域外。十几年来，东亚不少经济体向中国出口零部件，还有来自欧美的跨国公司继续将低附加值环节转移到中国，借道中国对欧美出口最终产品。从而中国对美国贸易顺差较大，而中国同东亚经济体贸易是逆差。中国产业升级意味着中国参与网络内分工的环节居于高附加值环节，产业结构优化，消费者收入不断提高，需求规模扩大。因此，中国的产业升级不仅能影响区域内最终需求市场的形成和发展，还能影响和引领其他经济体的产业升级及经济增长模式转型。① 这对东亚经济一体化和政府间深度合作也有非常重要的影响。

目前，国际竞争内容已经发生了较大的变化，各国之间的竞争不仅表现为产业之间的竞争，还表现为在同一产业内不同生产环节间甚至同一环节内的竞争。谁拥有了稀缺资源，如核心零部件②生产技术、更好的生产工艺、品牌或营销渠道，谁就占据了产业价值链上的核心或关键环节，谁就能掌控并能调动生产网络资源，获得最有利的竞争优势。因此，目前产业结构调整和升级的内涵已经发生了变化，不仅是由劳动密集型产业向资本密集型或技术密集型产业的升级换代，还是在同一产业、产品内部从劳动密集型环节向资本密集型或技术密集型环节的不断升级，即从产品或服务的低附加值环节向高附加值环节的攀升。

目前，以跨国公司为首的国际生产网络成为越来越重要的新型经济组织方式。国际生产网络理论已成为大公司制订其发展战略规划的重要依据，对各国公司及相关产业积极参与国际经济合作和升级产生了重要的影响。

---

① 赵江林主编《后危机时代亚洲经济增长与战略调整》，社会科学文献出版社，2013，第22页。

② 本书认为，零部件包含零件和部件，是从最终产品的构成来说的，而中间品是从产品生产过程的成形程度来分类的。从所指对象上来看，零部件和中间品没有严格区分。故书中常提零部件，甚少提及中间品。

从东亚生产网络的角度来研究中国在全球化、区域一体化背景下的产业升级问题，是一个网络时代下具有区域视野的新的研究方法。与传统的研究产业升级方法相比，该方法更强调国家和企业应从区域市场一体化及政府协调增强的视角，立足国情，着眼于产品的核心环节或价值实现关键环节来考虑政策和战略的制定，以实现国家和企业的战略利益。

因此，对参与网络分工的中国政府和企业来说，如何影响并借助东亚生产网络的动态调整促使产业不断升级，助力经济发展转型，是一个具有重大现实意义的课题。本书将围绕该问题展开讨论，尝试寻找借助调整实现升级的理论、机制和政府政策。

第三节 研究目标、内容和创新点

一 研究目标

本书的研究目标主要包括如下几个方面。

第一，基于现有文献和数据资料考察中国在东亚生产网络中的产业升级困境。

第二，研究东亚生产网络调整的主动性和必要性，研究中国政府和供应商主动调整的必要性和可行性。

第三，系统地研究各类生产网络主体是如何决定或影响东亚生产网络调整的，以及东亚生产网络的调整是如何影响生产网络主体的经营决策的。

第四，研究各级中国供应商如何借助东亚生产网络本身的调整来实现功能升级和网络升级的；研究中国政府如何影响、利用东亚生产网络的调整来促进中国产业升级的。

本书根据理论和数据资料研究东亚生产网络的运行和调整规律，以便中国企业能够利用，从而为其提升价值链位置提供理论指导和建议。特别是为政府出台相关政策提供建议，以便鼓励和支持本地企业提高生产能力、研发水平和销售能力，努力参与网络内高附加值环节，甚至组建生产网络，尤其是对国民经济长期发展有重要影响并有巨大升级潜力的生产网络。

总之，运用经济学前沿理论对如何抓住东亚生产网络调整的机会实现中国产业升级进行理论分析，并提出可供操作的升级途径是本书的主要研究方向和目标。

二　研究内容

从基础理论开始，分析生产网络内知识转移机制，到讨论东亚生产网络调整的影响，以及分析利用生产网络调整实现产品价值链上升级的途径。本书主要分六章来完成研究目标。

第一章是绪论。主要是选题立意，以及研究目标、内容、创新点、研究方法和不足之处。

第二章介绍了基本概念和理论。在介绍完基本概念后，首先从介绍价值链理论开始；其次介绍企业组织、企业网络理论；再次基于合约不完备理论介绍跨国公司在海外组建生产网络时的组织选择；然后系统阐述国际生产网络的形成原因、治理机制、构成要素等理论；最后介绍了生产网络内各参与方的影响力和空间布局理论，总结了跨国公司主导下的生产网络的发展和布局对地方产业发展的影响。

第三章讨论了东亚生产网络的发展及其影响。首先讨论了东亚生产网络的形成。结合各个经济体发展的经历，简单回顾了东亚二战后雁行模式的兴起与式微，阐明了东亚生产网络形成的基础。然后讨论了东亚生产网络形成的条件：经济制度自由化、比较优势、技术发展、国际市场和东亚区域的激烈竞争。接着讨论了东亚生产网络的 FDI－贸易关联性，此即为东亚生产网络运转的重要支撑点，海外华商和美国、日本等的 FDI 及外包促进了东亚生产网络的发展和零部件贸易的快速增长。最后讨论了东亚生产网络加深东亚对外部市场的依赖性，即东亚生产网络的形成和发展改变了东亚内贸易结构、贸易特征和贸易方向，使得东亚经济体、美国形成新的三角贸易格局，中国成了东亚出口平台。

第四章主要讨论在东亚生产网络内产业升级的利弊。本章详细讨论了美式、日式和华商式三种生产网络形成的独特历程，介绍了各种生产网络的治理机制和特点。讨论这些生产网络内产业升级特点和知识传递的途径、动力。最后简略地分析了东亚整体产业升级情况。

第五章主要讨论了中国在东亚生产网络内的产业升级困境。首先从各个方面讨论了中国供应商在东亚生产网络内的整体发展现状和在东亚生产网络内的影响力。接着利用各种数据指标分析了中国在东亚生产网络内的分工收益，即分析中国在东亚生产网络内的价值链位置和附加值获取情况，从而说明了中国产业升级的困境。最后讨论了东亚生产网络运转的可持续性，指出了东亚生产网络调整的紧迫性和重要意义，更加突显中国产业升级的意义。

第六章主要阐明如何借助东亚生产网络不断调整来促进中国产业升级。首先分析了东亚生产网络调整的内在动力和可行性，参与东亚生产网络调整的主体及其优势所在。其次讨论了中国政府和供应商对东亚生产网络调整的影响力及其优势所在。最后讨论了中国供应商和中国政府如何影响、参与、促进东亚生产网络调整，并利用调整的机会促进中国产业升级。

三　研究方法

本书拟采用如下一些具体的研究方法探讨与分析重要的理论与政策问题。

1. 理论分析方法

采用企业网络理论、垂直专业化分工理论和产品内贸易理论等经济学前沿理论，深入分析近年来东亚生产网络形成与盛行的经济学原因，得出东亚生产网络调整动因及调整影响的理论。并结合资源依赖等理论来讨论东亚生产网络的调整对中国产业升级的影响。

（1）实证分析方法

利用统计数据，结合多项分析指标说明东亚生产网络发展的现状，以及东亚区域整体上的产业升级状况、中国在东亚生产网络中的分工地位，利用数据加工结果来分析中国对东亚生产网络调整的影响力大小。讨论东亚区域内外经济指标之间的相关性。

（2）规范分析方法

采用垂直专业化分工理论、全球价值链理论和国际生产网络理论等经济学前沿理论，深入分析东亚生产网络形成与快速发展的经济学原因，用企业网络理论分析东亚生产网络内部治理机制，用知识管理理论分析网络内知识转移扩散机制、网络内升级内涵。

2. 案例分析方法

用案例说明中国产业升级现实和网络调整的必要性。通过讨论案例，分析参与东亚生产网络的分工地位及升级努力过程。

另外，本书在讨论东亚生产网络的发展以及网络调整、中国生产网络内产业升级时，使用静态分析和动态分析相结合的方法。

四　创新之处

（1）本书提出并证实了东亚生产网络主动调整的必要性和可能性，研究了参与调整的主体及其影响。本书对东亚生产网络理论进行了理顺和发展，在论述东亚生产网络自身产生、发展的动因和决定因素的基础上，进一步验证了东亚生产网络的 FDI－贸易关联和以区域外市场的不断需求为运转动力。进而论证了东亚生产网络调整的主动性和必要性、调整的主体及其调整能力。

（2）本书论证了中国借助东亚生产网络的发展、调整实现生产网络内产业升级的可能性和途径。本书研究了东亚整体范围内产业升级现状及中国在东亚生产网络内的分工地位和利益捕获状况，研究了在东亚生产网络发展、调整的背景下东亚生产网络内的升级机制、内涵和过程，进而论证了东亚生产网络调整时中国升级的途径和此种途径下实现升级的可能性。

（3）本书论证了中国供应商和中国政府主动调整的必要性和可行性。本书进一步证实了中国已经深度融入东亚生产网络，这加深了中国对区域外市场的依赖，还证实了东亚生产网络在中国同一水平的快速扩张已经产生延迟中国产业升级的负面作用。东亚生产网络内在的主动调整并非有利于中国产业升级。本书进一步论证了中国政府和供应商在东亚生产网络调整中所具有的影响力和作用。中国政府和供应商可以主动调整并促使东亚生产网络进行有利于中国产业升级的调整。

另外，研究方法有创新。本书尝试用案例来说明东亚生产网络调整的必要性。本书利用数据和图表分析，还结合各种重要数据指标及计量经济学的方法，来说明东亚生产网络的局限性、对外依赖性及中国的分工地位，从而说明东亚生产网络调整的本质。较好地阐明了在后危机时代东亚生产网络的调整对中国产业升级和发展模式转型的影响。

五 不足之处

因时间有限及研究重点的关系，本书研究总的来说主要有如下不足。

（1）没有考虑本地原生型生产网络与非原生型生产网络的互动对本地产业升级的影响。

（2）没有详细讨论在生产网络背景下新兴经济体政府在产业升级中的作用。发达国家和极贫穷国家的政策比较稳定，而新兴经济体，特别是东亚新兴经济体政策变动可能性大。这对生产网络的调整及产业升级的影响需要进一步分析。

（3）没有充分讨论东亚生产网络已经进行的调整。没有考察越南、柬埔寨、缅甸、老挝及孟加拉国等国所吸收到的 FDI 与贸易的关系，没有考察中国中西部近年来贸易特征的变化。

（4）因时间有限，书中案例有限，典型案例不多；案例分析和理论意义归纳不够充分。

第二章　基本概念和基本理论

在国际生产网络理论框架下讨论、分析问题绕不开全球价值链理论和企业组织理论。其实，全球价值链关于环节分工和价值实现的研究可以用来讨论国际生产网络的组织分工和治理，而国际生产网络内组织关系和稳定性的讨论可借鉴企业网络理论。

本章全面而又扼要地总结和梳理了相关理论。首先明确了各种概念的内涵，其次介绍了国际生产网络的研究维度和进展，最后基于从链到网的顺序，分别介绍了相关理论，为以后各章介绍东亚生产网络的形成、发展、宏观表现、微观运行、知识传递和动态调整等准备理论基础。

第一节　基本概念

一　名词概念

（一）生产

生产，其英文是 Produce，其意为由原材料或半成品制作，源于中古期拉丁语 Producere（由 pro 和 ducere 两部分构成，对应 forward 和 to lead：趋向，导致）。随着社会实践和理论发展，生产的内涵不断丰富。法国重农学派弗朗斯瓦·魁奈在讨论农业时给出较明确的概念，他只把花在土地上的劳动看作生产，由于农业劳动是唯一能够产生净收益的活动，因此只有农业能生产出“纯产品”（Product Net）。[①] 在古典经济学、新古典经济学中都有相关描述。新古典经济学中生产主要是指物质资料的生产，即将生产要素转化为有形产品的过程，有时指工厂的制造。现代供应链管理理论将企业的生产内涵进行前后扩展，把生产看作从研发设计、原料采购、制造组装到市场销售等一系列相连接的经济活动。此时，生产的含义已不再局限于传统的制造过程，而是一个内涵更广的增值过程。本书中生产的内涵也是如此，即价值形成的所有过程。

（二）网络

网络的概念最早来源于社会学。早期社会学家们的网络是指行动者之间的关系及由此形成的社会结构，这是一种隐喻用法。在20世纪二三十年代，布朗提出社会网络（Social Network）理论，即社会是由一群行动者及其之间的关系所构成的网络结构，信息的传递受社会关系与社会网络结构的影响。[②] 在几何中，网络是指点与线（包括曲线）形成的图形。迪肯等学者提出，可以从如下三个方面来考察网络：①网络是一种关系过程及构架，权力包含在其中；②地理和组织尺度的多维在网络中被显现；③网络中有复杂的嵌入性。[③] 在经济社会学中，点代表经济行为者，而线代表行为者之间的经济联系。20世纪80年代经济学家把网络概念用于讨论企业间关系，形成企业网络理论。

“‘网络’本质上就是通过多种资源的不断结合，巩固既有关系，建立新的关系，以达到最佳效率。网络是关系的集合，也是一个系统，常处于相对稳定的状态。事实上，整个世界就是一个网络系统。尽管各个民族在各个方面网络化的程度不同，但是人类总是生活在各种各样的网络之中。根据关系或联系的内容不同，网络有不同的形式，比如，按照不同的社会

---

① 〔法〕魁奈：《人口论》，载吴斐丹、张草纫译《魁奈经济著作选集》，商务印书馆，1979，第109页。

② 薛可、陈晞、王韧：《基于社会网络的品牌危机传播“意见领袖”研究》，《新闻界》2009年第4期，第30～32页。

③ Dicken，P.，Philip F. Kelly，Kris Olds and Wai-chung Yeung，“Chains and Networks，Territories and Scales：Towards a Relational Framework for Analyzing the Global Economy，” *Global Networks*，Vol. 1（2），2001，pp. 89－112.

行为，网络大致可分为经济性网络、政治性网络和文化性网络等。经济性网络按照社会生产的不同环节还可分为生产网络、交换网络、分配网络、消费网络。”①

在空间分布上，产品环节跨地区或跨国分散。处于同一环节内的企业大多集聚，规模化生产（差异化）零部件。各个环节的零部件集聚到组装总部进行组装，当然中间也有零部件之间的组装。这样各个企业之间保持长期的稳定合作关系，彼此连接形成生产网络。

（三）有关产业升级基本概念

1. 产业

产业是社会分工现象，它的概念、内涵和外延随着社会生产力的发展和经济理论研究的进展，不断地丰富和深刻。产业的英文单词是 Industry，意为：与原材料加工和工厂里产品的制造相关的经济活动，即工业、实业。该单词来自法语的 Industrie，或拉丁语 Industria（Diligence）。在马克思主义政治经济学中，把产业当作物质资料生产部门。目前，作为经济学研究对象，凡是有投入和产出的行为或行业都被列入产业活动之内。国外一些学者认为，产业是处于宏观经济和微观经济之间的一切活动。目前，学术界对其尚无统一和严谨的定义。这里采用我国学者方甲对产业的看法，即产业作为一个经济单位，要满足如下质和量的规定性：①产业是处于微观经济和宏观经济之间，从事同类物质生产或相同服务的经济群体；②产业是与社会生产力发展水平相适应的社会分工形式的表现，它是一个具有多层次的经济系统，如部门、行业、业种；③产业与产业之间存在直接或间接的经济联系，整个产业构成一个有函数关系的经济系统；④产业是有投入和产出效益的活动单位。②

按照不同的分类标准，产业的分类方法有很多种。目前，国际上通用的有三次产业分类法：第一产业包括农业、渔业、畜牧业和林业等，第二产业包括制造业、建筑业、采掘业和矿业等，第三产业包括金融业、批发零售业、仓储业、运输业、房地产业、教育、科学、广播、新闻、公共行

① 张禹东：《海外华商网络的构成与特征》，《社会科学》2006 年第 3 期，第 106 ~ 111 页。

② 方甲：《产业结构问题研究》，中国人民大学出版社，1997，第 5 页。

政、社会服务以及国防、通信和信息产业等。随着科学技术的迅猛发展，信息通信产业规模越来越大，影响越来越广泛，在经济发展中占据越来越重要的地位。有学者提出，把信息通信产业从第三产业中独立出来作为第四产业部门，从而有四次产业分类法的提法。①

本书中所指的产业，主要是指参与国际生产网络内分工的制造业。

2. 产业升级

通常，产业升级表现为产业结构升级，即产业结构从低水平向高水平的发展过程，也即产业结构高级化。产业结构升级的内涵较广，按照四次产业分类法，它既包括服务业和信息产业在总产业中的比重增加，也包括在每一产业内部技术、知识密集型部分的比重增加。具体而言，产业结构升级分为如下几个方面：①服务业和信息产业的产值在总产值中的比重增加；②产业结构中主导产业向知识和技术密集型的新兴产业方向转化；③第一产业和第二产业中信息和服务带来的附加值增加；④制造工业中的支柱产业技术含量增加；⑤产业结构的更新周期相对缩短（新兴产业的成长和夕阳产业的衰退）；⑥环保业日趋重要。产业升级的同时还需要产业结构合理化、优化（均衡）。②

3. 网络内产业升级

据前述文献，把与生产网络有关的升级类型分为工艺流程升级、产品升级、功能升级、链条升级（网络升级）。

具体来说，工艺流程升级就是通过整合生产系统或者引进技术含量较高的加工设备，或实行精细化生产提高零部件或成品质量，或降低成本提高效率。

产品升级就是从生产简单产品（零部件）到同一产业（产品）内的较精细、较复杂产品（零部件）。

沿着产品价值链的环节升级，所获附加值或利润不断增加，即功能升级或价值链升级，表现为从 OEM 到 ODM，再到 OBM；换一种说法，就是角色升级。实现功能升级需要企业能力升级，即不断提高生产效率、管理

---

① 薛敬孝、白雪洁等：《当代日本产业结构研究》，天津人民出版社，2002，第 3 页。

② 王述英主编《现代产业经济理论与政策》，山西经济出版社，1999，第 81 页。

能力以及研发水平或营销能力。

也有不同价值链间升级即生产网络间的升级，也叫链条升级，或是不同要素密集度产业间的升级，这也是网络升级。

也有文献提到，网络内升级带来的关联与外溢效应升级，供应商通过国内生产网络的建立和延伸，向配套企业通过技术援助、人员流动等途径来推动关联企业的升级，进而促进当地经济的发展。

本书所指的产业升级，主要是功能升级或价值链升级，每一产业的供应商参与分工的环节由位居价值链低端变为相对高端，或者占据附加值较高的价值链环节，如研发、设计、关键零部件生产、品牌营销等。东亚生产网络内产业升级主要体现为中微观上企业的升级。企业升级反映了产业升级。实质为东亚供应商在东亚生产网络中捕获的附加值不断增加。

4. 网络内升级内涵

Ernst 认为，对发展中国家产业升级而言，合适的长期发展战略必须着重于技术和能力、专业化、生产率、对外联系。对于增加相关的长期资本来说，这些是先决条件，也是必备条件；而这些长期资本对设备投资、研发和人力资源的改善都是必需的。技术和能力是后三项的基础。讨论产业升级时须将这几个因素聚合在一起，以便集中发现新的经济增长资源。成功的产业升级的先决条件是有足够多的专业技术积累以及厚实的国内知识储备、促进创新的管理体制、高级的信息化管理和较强的国际知识联系。①

在生产网络时代，讨论产业升级需要强调国际联系的重要性，并不是说没有国际联系产业升级一定会在国内终结。在国内，只有当促使国内或地方经济前向和后向密切联系的专业化得到改善时产业升级才会发生。当全球化和信息技术使得贸易、投资甚至知识的国际流动显著增加时，一个封闭的经济体理论假设是不符合现实的。② 跨境的前向和后向联系范围是不断增加的，并且在这不断增加的范围内专业化以相似的方式得到改善，

---

① Ernst, Dieter, "Global Production Networks in East Asia's Electronics Industry and Upgrading Prospects in Malaysia," *East-West Center Working Paper*, *Economics Series*, 2004.

② Ernst, Dieter, "The New Mobility of Knowledge: Digital Information Systems and Global Flagship Networks," *Digital Formations: It and New Architectures in the Global Realm*, 2005, pp. 89 - 114.

当然这种专业化将促使国内经济前后向更加密切联系。①

事实上，不少国家受困于薄弱的知识基础和很少的国际联系。这两个条件严重约束了小型发展中国家的升级，而且它们国内联系狭窄又残缺。②因而国内出现一个倒置的生产力金字塔：生产最终产品部门的生产力不断增长，而其基础行业、相关行业却是脆弱的、狭小的、没效率的。从而最终产品部门的快速增长只能靠大量进口中间品和生产设备。另外，国内各地方发展不平衡、高度异质性的经济结构抑制了聚集经济的发展，脆弱且不稳定的经济制度降低了学习效率，全球货币的极不稳定及金融市场的剧烈波动严重约束了增加知识储备所必需的长期资本的增加。作为“恶性循环”（Vicious Circle）的结果，国内就只有非常有限的资源储存和知识积累，而且这些情况甚至也发生在出口导向的集群区（Cluster）内。本书的产业升级内涵就包含国际的产业联系这一要素。为了补充国内薄弱的知识基础和有限的联系，发展中国家不得不依靠国外的知识资源去促进国内能力的形成。

企业级的升级即从低端产品到高端产品，从价值链低端到高端；产业级的联系升级即相关产业间、大学和科研机构间的联系更加紧密。没有后者的联系升级，企业级的升级很快就会走到尽头。③故本书的企业升级内涵还包含产业间联系。企业通常对网络中的重要参与者和政策环境做出适

---

① Ernst, Dieter, “Global Production Networks and the Changing Geography of Innovation Systems. Implications for Developing Countries,” *Economics of Innovation and New Technology*, Vol. 11 (6), 2002, pp. 497 - 523.

② Lall, Sanjaya, “Technological Change and Industrialization in the Asian Newly Industrializing Economies: Achievements and Challenges,” *Technology, Learning and Innovation: Experiences of newly Industrializing Economies*, 2000, pp. 13 - 68; Ernst, D., T. Ganiatsos, L. Mytelka, “Technological Capabilities and Export Performance: Lessons from East Asia,” 1998.

③ 其他三种产业升级模式是：产业间升级，从低附加值产业（如轻工业）到较高附加值产业（如重工业及高科技产业）；要素间升级，从自然禀赋（Endowed Assets，也即自然资源和无技术劳动力）到社会禀赋（Created Assets，实物资本、技术劳动力、社会资本）；消费需求升级，从基本需求到舒适需求，再到享受需求。参见 Ozawa（2000）关于产业升级分类的讨论。基于低工资、低技术的“夕阳产业”与高工资、高技术的“朝阳产业”之间的差异，大部分研究只关注产业升级模式的前两种的联合体，然而这种简单的两分法并不能产生令人信服的结论：甚至在最尖端的高科技行业也有低技术、低工资的环节，而在像纺织业这样的传统产业里也有高工资、高技术的部分；在一定时间段内必需的能力和特定产业的边界不断地发生变化，这有时使得关注于产业级升级的分析本身就成为问题。

应性反应，这种企业行为和产业结构是共同演进的。因此，本书把企业行为作为产业升级内涵的另一个方面。这样使用扩大内涵的产业升级概念使得本书不仅仅关注于研发和获得专利这些狭窄的范围。① 网络内产业升级内涵应该包含着设计、技术购买和研发、购买许可证及咨询服务以及吸收技术必需的隐性知识的积累，② 还包括销售能力的增加、产业间联系的增加。这样丰富的内涵对于赶上知识密集型专业服务的发展是必要的。

二 东亚生产网络的基本概念

（一）东亚生产网络范围

在地理空间上，本书中东亚生产网络主要发展于中国大陆、日本、韩国、中国台湾、中国香港、新加坡、马来西亚、泰国、印度尼西亚、菲律宾、越南，其他国家和地区目前很少涉及。鉴于美国与东亚之间不可分割的经贸关系以及美式东亚生产网络的快速发展，因此讨论东亚生产网络时自然把美国也考虑在内。

在产业上，东亚生产网络包含电子信息产业、电气机械、交通机械、汽车行业、服装行业、玩具行业、家具行业等。

（二）东亚生产网络的发展

1. 东亚生产网络的内涵

东亚生产网络是指在跨国公司影响下，产品和服务的价值链各个环节按要素密集度垂直分散在东亚各国和地区，区域内经济体根据其比较优势在产品内某些环节从事专业化或弹性专精生产，并通过零部件贸易形成多

① 大多数关于产业升级的实证研究探讨了研发密集型产业的发展。对大多数发展中国家而言，这种狭窄研究视角价值有限。这些研究（常）隐含着这样的观点：潜在的生产力增长率在新兴的研发密集型行业是比较高的。因此，“……在正确的高科技活动上进行专业化将直接有助于加速实际收入的增长”。与此相关的观点还有，关于研发密集型行业，经济租有一部分能被国外用户抽走。在正确的高科技活动上的专业化，可提高更有利的国际贸易条件使得国民收入达到较高水平。参考 Globerman，Stephen，“Transnational Corporations and International Technological Specialization，” *Transnational Corporations*，Vol. 6，1997。

② Nelson，R. R.，“The Agenda for Growth Theory：A Different Point of View，” *Cambridge Journal of Economics*，Vol. 22（4），1998，pp. 497 – 520.

层次、网络状生产体系。它是在产业间分工和产业内分工的基础上演化而来的，是在产品内垂直专业化分工模式下的新型区域性生产体系。

2. 东亚生产网络的特征

Ando 和 Kimura 认为，东亚生产网络同另外两个区域生产网络相比，具有如下特点：首先，东亚生产网络已是区域内各个经济体重要构成部分，这些经济体的制造业生产、贸易，离开东亚生产网络就难以研究；其次，东亚生产网络遍及区域内大部分不同收入水平的经济体，各个经济体的要素成本差异和区位优势正在被网络内垂直生产链有效利用；最后，网络包括众多不同国籍的企业，企业内外互动频仍。生产网络内跨国公司和各国企业形成复杂的企业关系，还指出东亚生产网络就是生产环节垂直分散的同时在各个地方聚集，分散和聚集、企业内和企业间的关系并存是其重要特征。①

东亚生产网络的形成表现在：第一，产品生产的跨境即产品内生产在东亚范围内分散化；第二，在局部地区的聚集以及由此实现的规模经济；第三，跨境、跨企业的各个环节弹性专精生产是在网络下运行和管理的。Ando 和 Kimura 认为，在宏观上东亚区域零部件、中间品贸易快速增长充分体现了东亚生产网络的发展，并且强调了东亚生产网络中间品贸易以进口为主的特点。在同拉美地区做比较后就更加明显。② Ng 和 Yeats、Athukorala 等也有相似的观点。③

3. 东亚生产网络形成的基础

Ando 和 Kimura 认为，日本的企业网络在东亚地区的扩散、复制，为东亚生产网络的发展奠定了组织基础。Peng 等认为，日本企业通过 FDI 在东亚地区复制了其国内的系列生产体制，在各个经济体之间形成了产业的

---

① Ando, Mitsuyo, Fukunari Kimura, "The Formation of International Production and Distribution Networks in East Asia," in *International Trade in East Asia*, *NBER-East Asia Seminar on Economics*, University of Chicago Press, Vol. 14, 2005.

② Kimura, Fukunari, Mitsuyo Ando, "The Economic Analysis of International Production/Distribution Networks in East Asia and Latin America: The Implication of Regional Trade Arrangements," *Business and Politics*, Vol. 7 (1), 2005, pp. 1 – 36.

③ Ng, Francis, Alexander J. Yeats, "Major Trade Trends in East Asia: What are Their Implications for Regional Cooperation and Growth?" *World Bank Policy Research Working Paper 3084*, 2003; Athukorala, Prema – Chandra, "Product Fragmentation and Trade Patterns in East Asia," *Asian Economic Papers*, Vol. 4 (3), 2005, pp. 1 – 27.

瀑布式转移与竹节式升级。[①] Bernard 和 Ravenhill 认为，日本企业生产能力的区域化扩散导致层级制生产网络的形成；其向后关联到日本的研发环节，向前关联到美国等的市场。[②] MacIntyre 和 Naughton 认为，美国的技术和东亚中华圈、华人生产网络的结合，已经取代了日本企业在东亚地区的地位。[③] 博拉斯考察了美国的电子产业旗舰企业，其充分利用东亚地区的生产能力特别是华人的生产网络重新占据了市场的主动，他发现在击败日本相关企业的同时进一步促进了华人生产网络电子产业的升级和发展。[④] Ernst 和 Guerrieri 发现美国跨国公司首先在东亚建立电子产业生产网络并获得竞争优势，认为东亚电子供应商在美式网络中比在日式网络中作用更大。但这种情况随着日式生产网络逐渐开放而发生改变，电子零部件供应商不限于原来的网络内，同期日本出口和投资也大幅增加。[⑤]

在东亚经济发展中，东亚生产网络的快速形成和发展，与流向东亚各个经济体的大量垂直 FDI、东亚各个经济体积极吸引 FDI 及对加工贸易的支持不无关系。与拉美等地区相比，这种积极主动性可以说是东亚生产网络发展的重要动因。

（三）东亚生产网络的调整

1. 东亚生产网络调整的内容

东亚生产网络的调整是产品价值链各个环节在东亚区域内重新进行空

---

① Peng, Mike W., Seung - Hyun Lee, J. Justin Tan, "The 'Keiretsu' in Asia: Implications for Multilevel Theories of Competitive Advantage," *Journal of International Management*, Vol. 7 (4), 2002, pp. 253 - 276.

② Bernard, Mitchell and John Ravenhill, "Beyond Product Cycles and Flying Geese: Regionalization, Hierarchy, and the Industrialization of East Asia," *World Politics*, Vol. 47 (2), 1995, pp. 171 - 209.

③ MacIntyre, Andrew, Barry Naughton, "The Decline of a Japan-led Model of the East Asian Economy," in T. J. Pempel, *Remapping East Asia: The Construction of a Region*, 2005, pp. 77 - 100.

④ 〔美〕博拉斯：《听任自生自灭：亚洲生产网络和美国电子业的复兴》，载巴里·诺顿主编《经济圈——中国大陆、香港、台湾的经济和科技》，贾宗谊、贾志天译，新华出版社，1999。

⑤ Ernst, Dieter, Paolo Guerrieri, "International Production Networks and Changing Trade Patterns in East Asia: The Case of the Electronics Industry," *Oxford Development Studies*, Vol. 26 (2), 1997, pp. 191 - 212.

间布局和延伸，要求更多的销售环节和研发环节布局在东亚内。这是市场行为，更是东亚各政府和供应商的行为。

调整的第一个方面是促进研发、设计环节在本区域的更多发展。目前，随着教育的普及和劳动者素质的提高，东亚经济实力不断增强，同时随着东亚市场消费规模的增加，必须加速研发、设计环节的本地化布局，增加产品的本地化、差异化。目前日本、韩国等在许多方面的技术水平已经位居世界前列，主要负责产品的设计、定位以及关键零部件的生产和研发，而规模更大的中国主要从事劳动密集型的加工组装环节，附加值低。这不仅影响中国的收入和福利增加，而且影响中国乃至东亚发展转型是否成功。

调整的第二个方面是产品内原有的垂直分工环节在东亚经济体内部、经济体之间根据比较优势重新进行空间布局。在东亚，各个经济体要素禀赋、比较优势和政府执行力都不一样。因此在政府政策上推进各种要素密集型生产环节的转移要根据自身情况进行，不只是基于比较优势。例如，中国可以更多参与劳动精细型方面的分工，增加就业，提高产品质量；部分企业可以增加研发投资，提高设计能力；部分企业可以增加海外投资，将一些劳动密集型环节转移到中国中西部或者劳动力成本更低的经济体。

调整的第三个方面是要增加更多营销环节在本区域的发展，这实际上是东亚发展方式的转型。东亚发达经济体，如日本、韩国以及中国台湾等，要更多地承担起消费角色，在增加对东亚更多 FDI 的同时，自身增加更多的消费，降低东亚区域对欧美市场的依赖。中国的经济规模已居世界第二，但人均 GDP 仍属于发展中国家，消费潜力很大。因此，中国要注重均衡发展，不仅要继续加大投资，还要不断提高居民初次分配占国内生产总值的比重，增加居民可支配收入，不断提高消费规模和档次。当然，这需要较长时间。

2. 东亚生产网络调整的主体

东亚生产网络作为旗舰企业的一种经济生产组织形式，其发展和调整主要由旗舰企业负责。这里旗舰企业包括掌握国际品牌且具有生产能力的国际营销商、经销商、为国际知名品牌商提供制成品的全球合同商，但是东亚生产网络的调整显然涉及各方的利益。生产网络内高级供应商、各类低级供应商以及生产网络所在地的政府，都非常关注东亚生产网络的调整，积极利用掌握的资源影响、参与东亚生产网络的调整，使东亚生产网络的发展和调整更符合自己的利益和发展。

3. 中国产业升级的内涵

本书所指的中国产业升级，主要是由处于价值链低端位置变为处于相对高端位置，直至掌握附加值最高的价值链环节，如研发、设计、关键零部件生产、品牌营销等。当东亚生产网络各个环节发生调整或延伸时，一些环节必然要转移到其他地区或国家，而其他环节也可能会转移过来。中国产业利用各个环节的调整和发展实现升级，即中国供应商实现功能升级。

因而中国的产业升级主要表现为在价值链上位置的提升，具体体现为工艺流程升级、产品升级、功能升级、链条升级（网络升级）。若是一下子购买整个产权和品牌，则直接升级到顶端位置。

第二节　国际生产网络基本理论

一　全球价值链理论

1999 年英国 Sussex 大学的发展研究所举办的一次会议上提出了全球价值链理论（Global Value Chain，GVC）。[①] 认为 GVC 在全球范围内，包括产品的设计、生产、营销、分销以及对最终用户的支持与服务等全生命周期中所有创造价值的环节。构成价值链的各种活动环节经分割后由多个企业承担，并且按效率广泛分布在全球各地。联合国工业发展组织（UNIDO）指出："全球价值链（GVC）是指在全球范围内为实现商品或服务价值而连接生产、销售、回收处理等过程的全球性跨国企业网络组织，涉及从原料采集和运输、半成品和成品的生产和分销，直至最终消费和回收处理的过程。它包括所有参与者和生产销售等活动的组织及价值利润分配，并且

① 田家欣、贾生华：《网络视角下的集群企业能力构建与升级战略：理论分析与实证研究》，浙江大学出版社，2008，第 70 ~ 71 页。

通过自动化的业务流程和供应商、合作伙伴以及客户的链接，以支持机构的能力和效率。”该定义体现了不同经济体在全球经济活动中所处的不同价值链环节间的互动和博弈。①

由 Kogut 的观点可知，经济体的比较优势决定了整个价值链的各个环节在全球内的空间布局，而企业的竞争优势就决定了其将占据在价值链的哪些环节上。②

Sturgeon 等认为，可以从三个维度来研究 GVC：组织规模（Organizational Scale）维度、空间分布（Geographic Scale）维度和生产性主体（Productive Actor）维度。③ Gereffi 等认为还应有制度维度。组织规模维度主要涉及参与 GVC 的成员，包括所有参与相关产品或服务性生产活动的行为主体，参与的主体国籍不尽相同，彼此不一定拥有股权，他们以产品为基础构成一条活动线。空间分布维度主要涉 GVC 的各个环节，其按照效率最优或占据市场的原则在全球布局，不仅仅限于一个民族疆界内；而某些环节在某一区域布局和聚集，将和当地企业产生互动，给当地带来多种影响。生产性主体维度主要涉及 GVC 的参与者，其职能不尽相同，各个主体投入不同，创造的附加值也不同，而占有的附加值更不相同。处于战略环节的主体往往是跨国公司、国际品牌拥有者、核心技术拥有者等，它们负责管理整个价值链，或只和合同制造商、高级供应商交易，其余的由高级供应商负责管理。制度维度主要涉及海内外的制度背景（包括国际多边体制、双边体制、各国政策法规、正式或非正式的规则等），对价值链的各个环节或各个节点上的布局和发展甚至有决定性的影响。④

对 GVC 的研究侧重于对单一产品或服务的各个环节如何进行最有效的

---

① UNIDO, Industrial Development Report 2002/2003: Competing through Innovation and Learning, United Nations Industrial Development Organization, 2003，转引自涂颖清《全球价值链下我国制造业升级研究》，博士学位论文，复旦大学，2010，第 115 页。

② Kogut, Bruce, “Designing Global Strategies: Comparative and Competitive Value Added Chains,” *Sloan Management Review*, Vol. 26 (4), 1985.

③ Sturgeon, Timothy, Ji-Ren Lee, “Industry Coevolution and the Rise of a Shared Supply-Base for Electronics Manufacturing,” paper presented at Nelson and Winter Conference, Aalgborg, Denmark, June, 2001.

④ Gereffi, Gary, Olga Memedovic, *The Global Apparel Value Chain: What Prospects for Upgrading by Developing Countries*, Vienna: United Nations Industrial Development Organization, 2003.

纵向分工，强调价值如何最有效地实现和在各行为主体间的分配。鉴于国际经济现实中，为因应消费多样化偏好、追求规模经济，每一个环节有众多企业参与弹性专精生产；各主体间既有知识转移和扩散，又有激烈竞争。因而环节布局的分散化和聚集化的程度都有增加的趋势，零部件贸易比重逐年增加。故在 GVC 发展的同时，国际生产网络理论也在形成，尽管不少文献并不认为两者有什么差别而且都是讨论产品内跨国垂直分工的，但实际上两者强调的重点完全不一样。

二　企业网络理论

（一）劳动分工

亚当·斯密在《国富论》中对劳动分工进行了经济学分析，认为分工能使生产率提高但受到市场规模的限制。新兴古典经济学家杨小凯认为，分工可以形成专业化生产，而专业化生产可以使专业化生产者专注于更小的范围内学习和研发，使学习、研发效果有较大的改善从而使技能不断地提升。不断提高的生产率使生产者获得规模报酬递增效应，竞争力不断增加，而这又促进了进一步的分工细化。故经济组织的演变会产生生产率的差异，资源得到更好的配置。因此分工不仅能提高资源配置效率，还能提高组织效率。在国际贸易理论方面，杨小凯还认为随着交易费用的改变，全球范围内的分工和专业化发展会造成各地生产率的差异，形成内生动态比较优势，成为一地或一国的贸易增长和经济发展的源泉。故国际范围内的分工和专业化成为必然的趋势。①

（二）企业结网

一方面，分工专业化提高了生产效率，使生产者获得更高的生产能力；另一方面，生产者也是消费者，分工细化和消费多样化偏好必然产生更多资本品和消费品的交易，交易的增加必然使得交易成本相应增加。新兴古典经济学认为，为尽可能获得分工带来的效益，就促使政府不断地改进经济制度来减少各种交易费用。

---

① 杨小凯：《经济学原理》，中国社会科学出版社，1998。

新古典经济学理论认为，在市场中所有的经济活动都可以通过价格机制来完成，达到出清实现均衡。然而在交易成本经济学中，科斯（Coase）等认为，真实世界中的市场交易机制存在各种各样的交易费用，即交易是有摩擦的。[①] 作为节约一部分交易费用的经济组织——企业就应势而生。张五常等认为，企业是以一个要素市场的契约代替了中间产品市场上的一系列契约。[②] 科斯之后，现代企业理论不断发展。钱德勒从技术依赖角度考察企业存在的原因，认为企业内管理协调使产品质量和生产速度得以控制（速度经济）从而减少成本，节约成本是层级制替代市场的根本原因。为了节约交易成本，把属于市场的随机经济活动纳入企业管制之下。但是，一方面，把所有的活动都纳入不现实；另一方面，企业扩大到一定程度后，企业的管理协调成本急剧上升，并且易导致刚性知识积累。因此，纯粹的市场机制或企业组织是失效的。[③]

Williamson 发现，从企业外部的市场随机交易行为到企业内部的等级控制是一个连续渐变的组织结构变化谱线，谱线的一端是完全自由竞争市场，另一端是完全受权威控制的企业内部管理等级结构，这两端之间存在许多渐变的中间性组织。[④] 实际上，随着现代生产从福特制下的刚性生产模式向后福特制的弹性专精（Flexible Specialization）模式转变，[⑤] 核心企业实行归核化，将一些环节外包或投资在海外生产，即组建水平和垂直的分工网络。于是介于企业和市场的战略联盟、分包制、特许权经营和虚拟（概念化）企业等中间组织形态普遍存在。每一个企业与不同的企业结成中间组织，经济活动频密，彼此交错呈网状。此即企业与其他企业结成网络组织，称之为企业网络。

---

① 〔美〕科斯、阿尔钦、诺斯：《财产权利与制度变迁》，刘守英译，上海人民出版社，2004。

② 张五常：《企业的契约性质》，载陈郁编《企业制度与市场组织——交易费用经济学文选》，上海三联书店，1996。

③ 〔美〕钱德勒：《看得见的手：美国企业的管理革命》，重武译，商务印书馆，1987。

④ Williamson, Oliver E., *Markets and Hierarchies: Analysis and Antitrust Implications*, New York: Free Press, 1975, pp. 176 - 207.

⑤ 在刚性生产为主流的时期，垂直一体化且内部分工明确的企业组织表现出非常高的生产效率，但是随着市场竞争和需求多样化，越来越多的生产者采取新的技术和工艺手段以满足小批量、多样化定制产品的需求，这种生产模式自然会影响到生产的组织形式。

企业之间长期的合作关系以及可以预期收益的贸易伙伴之间的信任关系（合作博弈），使得交易费用尽可能降低从而移动成本收益线，也使得企业关系具有一定的稳定性。企业彼此分工合作，完成包括研发、采购、生产、销售等环节，甚至包括物流、培训等生产性服务环节。

（三）企业网络

从交易成本经济学角度来看，各企业的合作是基于分工基础上的企业间交易。各个行为主体在自身领域提供具有比较优势的资源用于交易。各个成员用于交易的资源要么是核心资源，如核心技术、巨额资本、信息、管理水平、品牌和市场等；要么是非核心资源。这两种资源有互补性或互惠性。由经济学理论可知，只要达成互惠性交易即可产生消费者剩余和生产者剩余。因此，企业在运转的价值链内都会增加自己的效用。品牌、渠道、信息甚至一些技术产生的外部性也会增加企业网络中各成员的效用，如获得规模经济的好处、有效降低成本等，原本没有市场竞争力的企业由于加入企业网络也分享了网络的竞争优势。这同样可以间接地带来价值增值。①

企业网络各个成员所拥有的资源对产品价值的增值贡献是不同的，从而拥有不同资源的企业在价值链上的环节不同，对价值链也拥有不同的控制权。拥有的资源具有重要性、稀缺性、不可替代性的企业就处于价值链的核心环节，主导价值链，拥有控制权和收益的分配权。拥有与之互补的一般资源的企业处于低层次环节，而不具备互补性资源的企业，则在网络的边缘环节，甚至随时可能被其上一层次的企业（供应商）换掉。于是，处于核心环节的企业具有不限于其内部的网络权力，能影响到其他企业的发展战略，包括生产的扩张与空间的布局。战略管理学和资源依赖理论的相关结论与此类似，见 Iyer。②

社会经济学认为，企业之间长期的合作关系以及长期磨合培养积累出来的信任关系使得网络内成员不愿轻易退出已参与的企业网络，即信任资

---

① 方世建、徐肖伟：《产业价值链的组织分析和治理研究》，提交给“第三届公司治理国际研讨会”论文，南开大学，2005 年 11 月 8 ~9 日，第 6 页。

② Iyer, Gopalkrishnan R., “Comparative Marketing: An Interdisciplinary Framework for Institutional Analysis,” *Journal of International Business Studies*, Vol. 28 (3), 1997, pp. 531 - 561.

本、关系资本是具有专用性的。[①] 另外，企业网络内成员在价值链上因抵押性专用投资而彼此套牢，同时共享资源形成新的竞争优势等，与之相关的理论不再赘述。

以上初步说明企业结网形成企业网络这一中间组织是必然的。

三　国际生产网络理论

在经济全球化背景下，市场竞争越发激烈，投资更加自由化，生产技术和通信运输技术飞速发展，劳动分工跨过企业边界和民族疆界在国际范围内快速展开。随之，企业空间布局和经济组织也得到前所未有的拓展和创新。众多学者结合近些年企业网络的发展特点，在价值链、网络和企业竞争优势等理论基础上提出了国际生产网络理论。

（一）国际生产网络的定义和形成

1. 国际生产网络的定义

Ernst 是较早使用国际生产网络概念的学者[②]，他和其支持者认为，“国际生产网络就是跨国公司的企业内部和企业之间的一种以实现价值为目的的分工合作关系，通过该关系，跨国公司组织企业群更有效地开展其整个系列的商业活动：从产品研发、设计和定位，到投入要素的供给、产品各环节的制造（或服务的提供）以及销售和售后服务支持”。[③]

生产网络可以理解为企业内部各部门之间、企业与企业之间存在的，在长期经济活动过程中建立起来的生产（包括技术、制造和销售等环节）

---

① Granovetter, Mark, “Economic Action and Social Structure: The Problem of Embeddedness,” *American Journal of Sociology*, Vol. 91 (3), 1985, pp. 481 - 510; Gulati, Ranjay, “Alliances and Networks,” *Strategic Management Journal*, Vol. 19 (4), 1998, pp. 293 - 317.

② 从文献来看，Ernst 和 Guerrieri（1997）最先提出国际生产网络（Internetional Production Network, IPN）的概念；Ernst（1999）等人把国际生产网络直接称为全球生产网络（Global Production Network, GPN）；Borrus（2000）等人把国际生产网络称作跨境生产网络（Cross-border Production Network, CPN）；等等。目前中外文献使用“全球生产网络”的较多。国际生产网络一重要维度就是空间性。本书在理论探讨时没有指定具体区域范围，统一采用“国际生产网络”的概念。

③ Borrus, Michael, Dieter Ernst, Stephan Haggard, *International Production Networks in Asia: Rivalry or Riches*, London: Routledge Press, 2002, p. 2.

协调合作关系。根据制度经济学可知，它是介于市场和企业之间的中间组织。本书认为，价值链主要涉及价值如何有效实现，生产网络主要涉及如何有效地满足或引领市场差异化需求。两者都涉及产品内垂直分工，目的都是寻求效率（低成本）或进入市场。在生产网络内实行弹性专精（Flexibility Plus Specialization，又称为柔性专业化、灵活性加专业化）或订单式、生产差异产品的生产方式，每一个环节或许有大量企业参与，或许生产差异化零部件，最终产品也是差异化的。按照 Krugman“新贸易理论”，垄断竞争下的差异产品最好通过出口全球来实现规模经济，从而实现最佳效率。在空间分布上，价值链和生产网络都表现为环节间的分散和环节内的集聚。价值链强调的是按价值实现流程（各个环节）分别对各个环节加以管理，来实现产品竞争力。生产网络指各个环节的零部件集聚到组装总部进行组装，当然中间也有零部件之间的组装。强调在空间分布上，各个企业之间保持长期的稳定合作关系，彼此连接形成生产网络而非链条，综合利用各个环节的比较优势实现产品竞争。

在考虑与 GVC 区别与联系的基础上，本书强调国际生产网络包含下面三个特征。①弹性专精，强调每一个环节都有不同的企业生产差异零部件或服务，从而最终产品也是差异化的，这满足或引导市场激烈竞争下的消费多样化偏好。②规模经济，各个环节在全球最有效率的地方聚集，实行规模化生产并参与全球的市场激烈竞争，国际生产网络的发展也符合“新贸易”理论，即垄断竞争下差异产品为实现规模化必须出口全球。③高效运行，知识的分享促成网络成员间紧密合作同时彼此还进行激烈竞争，这使得国际生产网络的竞争力不断增强。

2. 国际生产网络的形成

跨国公司（MNCs）遍布全球已经很长时间了。[①] 但是直到 20 世纪 90 年代，通过关税引致的投资，有些公司的国际化生产还主要致力于渗透未开放的市场。利用国内形成的能力去开发国际差异成本要素，主要是利用

① Wilkins，Mira，*The Emergence of Multinational Enterprise：American Business Abroad from the Colonial Era to 1914*，Cambridge，MA：Harvard University Press，1970.

劳动力要素。[1] 这导致国际化生产的特殊模式，即通过三角贸易将位于低成本区位的离岸生产连接在一起。

经济全球化、贸易和投资的管制放松和自由化、信息和通信技术（ICT）的飞速发展和传播，这些从根本上改变了跨国公司应对全球竞争的所需条件。在市场准入和成本削减仍然重要的同时，它们不得不面对如下日益重要的难题：提高经营的弹性来降低全球市场的风险，减少产品开发时间和生命周期来压缩上市时间，外部专业能力的购买和学习，市场渗透战略目标从已建立的市场到新的未知市场的转移。[2]

应对全球竞争所需条件日益苛刻，国际化经济组织为此发生三个相关联的变化：第一，作为全球重要的组织创新，国际生产网络已经大量产生、扩散；第二，国际生产网络促进了国际范围内知识的传播，为地方能力形成和产业升级提供新机会；第三，全球数字媒体长期快速发展和建设相同的基本设施，已经为组织学习和跨组织、跨边境的知识交流创造了新机会，因而信息媒体放大了前两个变化的作用。[3] 这三个变化的结合已经显著地改变了生产和创新的国际空间分布。第一个变化显示，由仅关注海外投资项目的“跨国公司”正转变为整合其分散的服务供应、知识生产、客户群为国际生产网络的“国际网络旗舰企业”。

从 20 世纪 60 年代起，就有跨国公司根据各地比较优势，通过内部分工体系将位于不同国家的子公司和合作伙伴的经济活动进行有机整合和重新布局，建立一个以价值增值链为纽带的国际生产网络，其企业间关系可认为是企业网络的国际化演化。跨国公司在海外建立生产基地时，要么通过自己并带动合作企业在海外投资、入股等方式建立子公司，或者收购企业，或者重新整合、升级海外子公司；要么就干脆外包或其海外子公司外包非核心业务，如生产、组装等。东道国的企业利用自己的

① Dunning, J., *International Production and the Multinational Enterprise*, London, George Allen & Unwn, 1981, pp. 175 - 176.

② Clayton, Christensen, *The Innovator's Dilemma: When New Technologies Cause Great Firms to Fail*, Harvard Business School Press, 1997, p. 78.

③ Ernst, Dieter, “The New Mobility of Knowledge: Digital Information Systems and Global Flagship Networks,” *East-West Center*, *Economics Study Area*, 2001.

比较优势积极参与国际生产网络，成为跨国公司子公司和其合作企业的供应商，而这些地方企业在能力不断增加和销售渠道稳定的情况下也开始转包一些业务并组建自己的生产网络，于是以跨国公司为核心的、跨企业边界跨国界的多层次的多种组织形式的网络状生产体系建立了，而且在不断演化中。

相对而言，地方企业的生产能力较低，知识储备比较少，技术比较落后，资本力量比较弱小，管理比较落后。更为困难的是，发展中国家的地方企业面临着狭小的国内市场，生产规模提高和能力升级非常缓慢，面临着国际市场的激烈竞争难以生存。因此，加入国际生产网络：一方面，可以抓住机会提高自己的生产能力和技术水平，增加知识储备；另一方面，作为跨国公司的供应商可以将自己的产品销售到国际市场。这些在东亚已经发生并正在进行。

3. 国际生产网络的意义

Gereffi 认为 GVC 产生的重大影响有：①GVC 的快速发展使得华盛顿共识终结及一些政治经济竞争中心的崛起，也即中国、印度等的崛起；②在一定程度上，全球供应链一体化的加强与 GVC 空间集中使得议价能力从旗舰企业向大型供应商转移；③GVC 是参与供应链的主体间的战略协调新模式；④2008～2009 年的全球经济危机加速 GVC 终端市场的更换，需要重新明确区域贸易和投资方向；⑤GVC 的扩散重塑发展范式。① Timmer 等认为 GVC 发展趋势为：①在 20 世纪 90 年代早期，国际生产共享就开始快速发展，今后在全球范围内越发显著；②对大部分 GVC，资本及高技能工人将创造并占据更多附加值，而一般工人将减少；③在 GVC 内，发达经济体不断增加高技术密集型环节的分工；④而发展中经济体出人意料地并将继续增加资本密集型环节的分工。②

这里虽然讨论了 GVC，但也可以理解为国际生产网络发展的影响和意义。

---

① Gereffi, G., "Global Value Chains in a Post-Washington Consensus World," *Review of International Political Economy* Vol. 21 (1), 2014, pp. 9 – 37.

② Timmer, M. P., et al., "Slicing up Global Value Chains," *Journal of Economic Perspectives*, Vol. 28 (2), 2014.

（二）国际生产网络理论框架

1. 生产网络运行主体

（1）旗舰企业和供应商

国际生产网络是一个包含多个层级参与者的等级体系。具有系统整合能力的企业在网络体系中占据优势地位，是网络旗舰企业（Flagship Firms）。其余的是各级区域型的、小型的专业化网络供应商（Suppliers）。旗舰企业主要来自发达经济体的跨国公司。地区（当地）供应商主要是发展中国家的地方企业。

旗舰企业专注于自己有竞争力的核心业务，这使得它们继续保留战略优势；同时它们外包各种非核心业务。它们的各种外包模式的差异性对理解生产网络运行很重要。Ernst 和 Kim 认为，旗舰企业进一步可分为合同制造商（Contract Manufacturers，CM）和品牌领导者（Brand Leaders，BL）。品牌领导者的市场影响力来自其全球品牌，不管其设计和生产是外包的还是自己内部负责。它们专注于研发、设计和市场营销。某些品牌领导者作为旗舰企业在全球范围内配置、利用资源，组建国际生产网络。某些品牌领导者向合同制造商外包批量化生产业务，由合同制造商在全球范围内提供支持性服务。合同制造商通常是指制造行业的以发达经济体（如美国、日本）为基地的全球合同制造商，这些合同制造商建立自己的国际生产网络来为某些品牌领导者提供完整的制造业务和全球供应链服务（常包括产品设计）。[①] 合同制造商的重要性从 20 世纪 90 年代中期开始快速增加。这体现了长期存在的垂直专业化分工加速延伸、扩展，尤其是在电子产业。在整个 20 世纪 90 年代，来自北美、欧洲、日本的全球品牌领导者先后向合同制造商销售、处理其海外设施或其国际生产网络。基于合同制造的外包变成“20 世纪 90 年代灵丹妙药”。合同制造商积极地抓住这个机会：在几年内，通过收购和生产能力扩张，它们发展了自己的国际生产网络。[②]

---

① Ernst, Dieter, Linsu Kim, "Global Production Networks, Knowledge Diffusion, and Local Capability Formation," *Research Policy*, Vol. 31 (8), 2002, pp. 1417 – 1429.

② Ernst, Dieter, "Global Production Networks in East Asia's Electronics Industry and Upgrading Prospects in Malaysia," *East-West Center Working Paper*, *Economics Series*, 2004, pp. 89 – 157.

地区供应商分成两类：高层次供应商和底层次供应商。高层次供应商，也可理解为一级供应商，像中国台湾地区的 Acer 集团，在全球旗舰企业和地方供应商之间扮演中间人角色。它们直接和旗舰企业交易。它们拥有有价值的专利资产；已经建立它们控制的国际生产网络；[①] 除了关键部件的研发以及营销战略仍由网络旗舰企业负责外，一级供应商必须能够负责价值链上所有的其余环节，它们甚至在全球供应链管理上担负起必需的协调功能。有的低层次供应商可能被其他供应商替换，处于不稳定的状态。它们主要的竞争优势就是成本低、速度快以及交货的灵活性。它们常作为“价格断路器”（领导企业之所以能够以优势价格销售产品主要是低层次供应商能够以极低的价格供货）和“容量缓冲区”（领导企业实行零库存管理，而这要求低层次供应商有一定存货或随时生产随时交货）。地方的低级供应商极少与旗舰企业有直接交易，它们主要与地方的高层次供应商互动。低层次供应商通常缺少专利资产，它们的财务状况也是脆弱的，在市场和技术的突然变动面前、在金融危机面前都显得脆弱。

（2）东亚供应商

东亚的企业如果使用由海外公司提供的专用零部件，或者为海外特定的某公司并按其合同要求制造零部件或最终产品，或者零部件及最终产品的合同制造是基于自己的设计，或者为海外公司供应知识性支持服务，就融入了国际生产网络。[②] 事实上，一些东亚供应商很早就出现了。早在 20 世纪 50 年代，日本纺织企业就成为欧美品牌商的供应商；在 20 世纪 60 年代，各行业的东亚供应商涌现了。东亚供应商在研发能力、网络内位置以及市场影响力方面有着巨大的差别。在零部件供货以及制造能力方面也有着巨大的差别，还有提供全球支持服务的能力以及电子信息系统使用都存在差别，而它们的发展极大地助力东亚奇迹的出现。

2. 国际生产网络形成驱动力

是什么驱动了从“跨国公司”到整合分散的服务供应、知识生产和客

---

① Chen, Shin-Horng, “Global Production Networks and Information Technology: The Case of Taiwan,” *Industry and Innovation*, Vol. 9 (3), 2002, pp. 249 – 265.

② Ernst, Dieter, Linsu Kim, “Global Production Networks, Knowledge Diffusion, and Local Capability Formation,” *Research Policy*, Vol. 31 (8), 2002, pp. 1417 – 1429.

户群成为国际生产网络的“旗舰企业”的转变？Ernst 和 Kim 认为有三个相关的驱动力：自由化、信息技术、全球竞争。[①]

第一个驱动力就是自由化。文献提到的自由化包括如下四个主要成分：贸易自由化、资本流动自由化、FDI 政策自由化、私有化。虽然其中的每一个成分在文献中都引起不少争论，还是把它们结合在一起来考虑。不断地贸易自由化成功激起了贸易和投资的扩张，增加了对跨境流动资本的需求，而这增加了资本市场自由化的压力，迫使越来越多的国家去开放它们的资本账户。反过来又导致 FDI 政策自由化以及竞相私有化。

自由化的总体效果是显著地减少国际交易的成本和大幅增加国际的流动性。旗舰企业成为自由化的首要受益者：自由化提供它们比其他经济主体更多的市场进入方式，如贸易、许可证贸易、转包和特许专营（加盟连锁，以便利用地方专业化）等，使旗舰企业更容易获取与其核心竞争力互补的外部资源和能力（如外包），减少价值链空间分散带来的制约（因为空间流动加快）。

第二个驱动力就是信息技术。信息和通信技术（Information and Communication Technologies，ICT）的快速发展及扩散，带来了两种冲击：增加了需求，创造了全球化新机会。分散发展 ICT 的成本和风险是 ICT 市场全球化的主要原因，这是因为通过国际市场可以分摊巨大的快速提高工艺及研发 ICT 产品、信息技术的费用，[②] 还有以 ICT 为基础的经济组织创新的巨大开支。公司研发努力的程度取决于技术本身和竞争力，而不是公司本身的规模。要想维持起码的利润以及快速增加的研发费用必须要有相应的销售，而没有一个国家的市场包括美国市场是充分的大而不需要分摊这样巨额的开支。因此，必须通过 ICT 产品刺激、引领全球性需求，形成全球性市场，从而需要国际生产网络作为供给、服务支撑。事实上，ICT 产品成功做到了这一点。[③] 其产品的全球营销收入不仅足以支撑其研发、设计、

---

① Ernst, Dieter, Linsu Kim, “Global Production Networks, Knowledge Diffusion, and Local Capability Formation,” *Research Policy*, Vol. 31 (8), 2002, pp. 1417 - 1429.

② Kobrin, Stephen J., “The Architecture of Globalization: State Sovereignty in a Networked Global Economy,” *Governments, Globalization and International Business*, 1997, p. 149.

③ 截至 2016 年 12 月，仅中国大陆网民数量已达到 7.31 亿人，手机网民达到 6.95 亿人。数据源于第 39 次《中国互联网发展状况统计报告》，http://www.cnnic.net.cn/hlwfzyj/hlwxzbg/。

生产等成本，而且继续为旗舰企业带来丰厚利润。①

目前，ICT 国际化生产已成为国际市场持续扩张的驱动力。ICT 及其不断创新极大地促进了资源流动性的大幅增加并有效地克服了时空摩擦。公司借助 ICT 使其特有的资源和能力迅速跨境分散，而 ICT 有助于更大范围的跨境联系，能够进行有效的整合，将分散的专业集群一体化。因此，ICT 能使一个企业和当地的生产者一样远距离地服务市场，它也能够无障碍地跨境分散其价值链以便于选择最有效的地方进行经营布局。借助于 ICT 旗舰企业才能实现将原来存在于一个企业内部或企业网络内部的产品内垂直分工扩散到全球范围，而 ICT 本身的发展也促进了产品流程的进一步分割，进而促进了生产网络的延伸。

另外，ICT 为组织创新提供有效的基础设施，便于能够远距离联系和灵活协调经济活动，② 促进母子公司或网络内成员之间的管理、交流。这对企业的组织选择和空间布局战略有着重要的含义。本质上，ICT 促进了更加简洁、更有影响力、更加敏捷的生产体系即国际生产网络的发展，进一步打破了企业边界和民族疆界。尽管价值链的大部分环节是分散开的，这种生产体系还是能够使旗舰企业对变化的环境迅速做出反应。

第三个驱动力就是全球竞争。伴随着全球自由化，ICT 已经显著地改变了竞争的影响。

竞争的第一个影响是竞争范围不断扩展。竞争早已经突破民族疆界，影响之广前所未有，一国内的企业不再独立于同行在另一国的活动。③ 企业必须参与所有重要的成长中的市场（Dispersion，分散化），为了开发新产品和协调各地之间的联系，企业必须在世界范围内整合它的经济活动（Integration，一体化）。竞争也突破了部门边界和市场分隔：在所建立的市场领域之间相互竞争、渗透已经成为常态，这使得企业市场定位和进一步增长更加困难。

① 据估计，2010 年苹果公司不生产任何产品却占利润的 60% 并享有定价权。见 http://tech.sina.com.cn/t/2010-07-06/11484391766.shtml。

② Antonelli, Cristiano, *The Economics of Information Networks*, Elsevier Science Inc., 1992.

③ Porter, Michael E., "The Competitive Advantage of Nations," *Harvard Business Review*, Vol. 68 (2), 1990, pp. 73-93.

竞争的第二个影响是竞争所需条件及其复杂性在增加。全球市场持续激烈竞争并已经改变了企业组织、企业增长及对外投资的决定因素。没有一个企业，包括主要的市场领导商，能够内在地具备所有应对全球竞争所需的不同能力。因此，竞争成功的关键在于能够在企业之外成功寻找到专业能力，包括从简单的合同组装能力到相当复杂的设计能力等。这需要从组织的个体形式到成员持续增加的集体形式的转变，从多功能部门层级制跨国公司①到构建国际生产网络的旗舰企业的转变。②

竞争的第三个影响是弹性专精生产增加。全球市场激烈竞争使得引起和满足消费多样性偏好愈发成为市场竞争取胜的要素。在一国之内，差异产品的种类和市场容量是相互矛盾的。差异产品越多，每一种产品的数量越少，成本越难降低，遑论规模经济。只有进入国际市场，才能实现差异产品的规模化生产。每一个生产环节都布局在最有效的地方，同时每一个环节都有大量企业参与进行弹性专精生产差异零部件，使得最终产品更加差异化。这样在激烈竞争的全球市场中，不仅靠低价格还可以靠差异化维持甚至增加竞争优势。

这三个驱动力使得国际生产网络，包括东亚生产网络，快速形成、发展起来。

3. 不同发起者类型的生产网络组织结构

国际生产网络内的企业内和企业间的交易活动和彼此间的协调形式连接着旗舰企业自己的子公司、附属公司和联合经营企业（转包商、供应商、服务供应商以及战略联盟等），其组织形式可见图 2－1。这些企业间的安排不一定涉及股权的所有权，但从企业内到企业间股权控制渐小。

根据国际生产网络发起者的角色差异来看，国际生产网络可以分为两大类：购买者驱动型国际生产网络（Buyer-driven IPN）和生产者驱动型国际生产网络（Producer-driven IPN）。生产者驱动型 IPN 就是行业中具有资

---

① Chandler, Alfred D., *The Visible Hand*: *The Managerial Revolution in American Business*, Harvard University Press, 1977.

② Ernst, Dieter, "The New Mobility of Knowledge: Digital Information Systems and Global Flagship Networks," *East－West Center*, *Economics Study Area*, 2005.

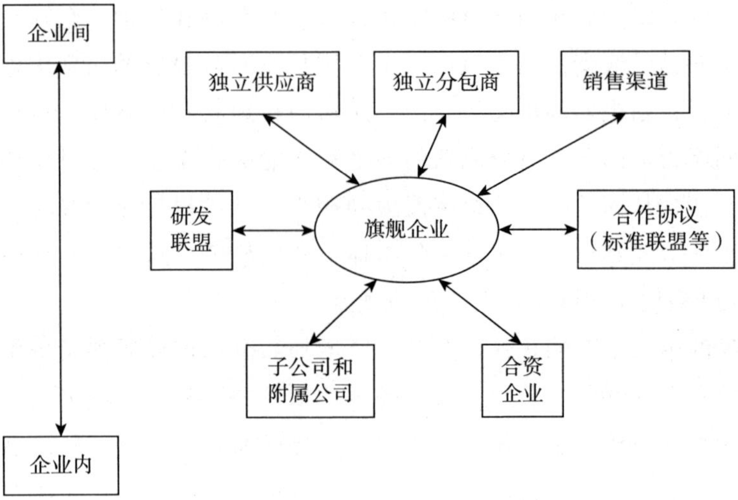

图2-1　国际生产网络节点

资料来源：Gereffi，Gary，"International Trade and Industrial Upgrading in the Apparel Commodity Chain，" *Journal of International Economics*，Vol. 48（1），1999。本图中稍有变动。

本、技术独特优势的跨国制造商，在全球范围内整合生产供应、知识和客户关系建立IPN，主要从事汽车、计算机、半导体、重工机械和飞机等资本、技术密集型产业。旗舰企业从事相关产业的研发设计、制定行业标准、制造关键零部件等活动，将产业中的其他环节外包。其组织结构参见图2-2。购买者驱动型IPN就是行业中具有国际品牌优势或销售渠道的品牌制造商、经销商等，在全球范围内通过采购和贴牌代工建立IPN，主要从事服装、鞋帽、玩具及家居品等劳动密集型产业。旗舰企业从事产品设

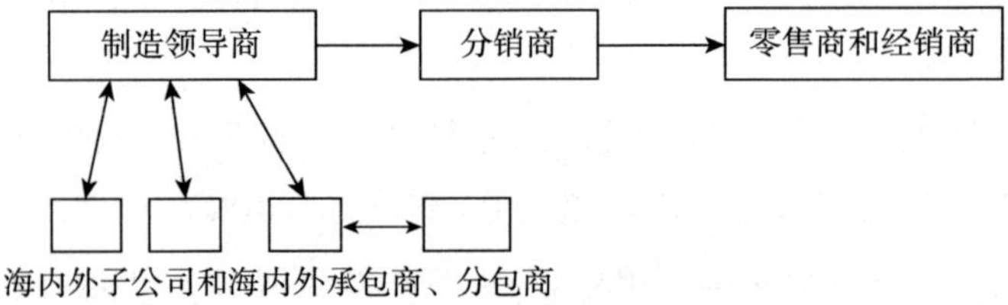

图2-2　生产者驱动型国际生产网络

资料来源：Gereffi，Gary，"International Trade and Industrial Upgrading in the Apparel Commodity Chain，" *Journal of International Economics*，Vol. 48（1），1999。本图中稍有变动。

计、定位、品牌营销等活动，并组织发展中国家的分包商按照规格及时生产、供应成品。其组织结构参见图2-3。有的生产者或购买者驱动型IPN的一些旗舰企业已经虚拟化（概念化），只负责设计或品牌营销。其生产环节已经外包或由合同制造商（也叫旗舰企业）负责。

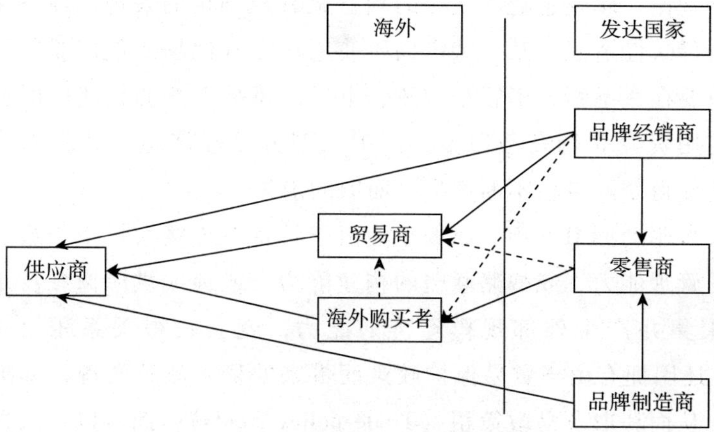

图2-3 购买者驱动型国际生产网络

注：实线箭头表示主要订货关系，虚线箭头表示次要订货关系。

资料来源：Gereffi，Gary，"International Trade and Industrial Upgrading in the Apparel Commodity Chain，" *Journal of International Economics*，Vol. 48（1），1999。本图中稍有变动。

有时IPN内价值链上各个环节内的离散程度通常不一样：接近最终产品的各个环节比较离散，而接近关键零部件的环节仍然保持集中。还有，不同驱动型IPN，其运作不一样，对供应商能力升级的影响也不一样，供应商升级策略也就相应不一样。

4. 网络内价值的分配——经济租

国际生产网络内各个网络成员所拥有的资源对产品价值的增值贡献是不同的，从而拥有不同资源的企业在价值链上的环节不同，对价值链也拥有不同的控制权。企业要是拥有的资源具有重要性、稀缺性、不可替代性，如研发能力、核心技术、国际品牌、关键零部件生产能力等，就处于价值链的核心环节，能够控制生产网络，拥有收益的分配权。[1] 其他供应

① 方世建、徐肖伟：《产业价值链的组织分析和治理研究》，提交给"第三届公司治理国际研讨会"论文，南开大学，2005年11月8~9日，第6页。

商以低劳动力成本、交货及时、反应快等作为其优势资源，但其资源具有一定的可替代性，在交易中处于不利地位，讨价还价能力低，其收益要小得多。

旗舰企业和供应商主要是通过某种契约和交易来实现各自的利益的。据经济学理论，旗舰企业所获得的利益是其经济租的表现。经济租是指资源本身的稀缺性造成在某一特定场所使用比在其他场所使用获得了更多的收入。只要存在垄断，不管是行政、市场，还是天然的，就可能在某一特定场所使用资源获得高额回报，其中大部分是经济租。经济租具有累加性。竞争使得新经济租不断产生，而旧的消失。

购买者驱动型 IPN 中，旗舰企业由于具备对连接大量中小型供应商的供应链的管理能力，或战略联盟的构建能力，或促成供应商在特定区域投资形成聚集并产生外部规模经济的能力，就会获得关系租（Relational Rents）；还因拥有由于贸易保护政策而带来的稀有政策资源，如拥有产品配额等，从而获取贸易政策租（Trade-policy Rents）；拥有以产品差异化为基础建立的国际品牌，其影响力带来的回报，即为品牌租（Brand Name Rents）。生产者驱动型 IPN 中，旗舰企业主要依靠其所拥有的核心生产能力、核心技术具有的不对称性（稀有、重要、不可替代）获得技术租（Technology Rents）；还有依靠从规模化生产转到弹性专精生产时所具有的能力来获得组织租（Organizational Rents），如及时生产（零库存，Just-in-Time）、全面质量监控（Total Quality Control）、模块化生产、预防式维修保养和持续改进等能力；也有因具备组织中小型供应商建立供应网络获得关系租。①

搞清楚各种经济租就有助于弄清楚旗舰企业的收益具体来自何种资源，有利于明确网络内企业升级的目标，衡量升级的阶段。地方供应商应根据行业特点和参与的网络类型，努力提高能力，抓住机会获取稀有资源增加经济租，甚至通过创新等方式获得新型经济租建立自己的生产网络。

5. 国际生产网络治理

随着生产网络的发展，网络内各企业间的协调效率、共享信息、产品

---

① Kaplinsky, Raphael, Michael Morris, "Governance Matters in Value Chains," *Developing Alternatives*, Vol. 9 (1), 2003, pp. 11 - 18.

设计和决策安排等变得愈发重要。网络成员之间不一定有产权关系，但网络的协调治理权力明显是不对称的。旗舰企业由于其促进创新的资源和能力，还有协调不同网络节点间交易和知识交换的能力，就拥有远大于本身资源所带来的组织领导力，① 其所制定的发展战略也是整个生产网络的发展战略。因此，旗舰企业的战略直接影响网络低端参与者如专业供应商和转包商的发展、战略方向和网络位置，而反过来就行不通。② 因此，国际生产网络强调外部治理、共同治理模式，而旗舰企业、各级供应商在网络治理方面有不同的权力和责任。网络的治理往往影响供应商和旗舰企业之间、供应商之间的交易和知识信息传递的方式、复杂程度。当然，由于驱动者的变化、供应商能力的提升，彼此间的权力分享不断变化着。

根据 Gereffi 分析全球商品链的驱动力，将 GVC 的治理模式分为购买者主导和生产者主导已经不符合各产业的发展情况。随后，Gereffi 等将价值链各节点之间知识与信息交易的复杂程度、解码交易信息的难度以及供应方满足交易需要的能力三项综合起来考察治理模式。通过区分这三个变量的难易程度和水平高低，GVC 被分为五种治理模式。③ 国际生产网络治理模式也被分为五种：①市场型治理，交易完成较为容易，产品规格较为简单，供应商通常不需要买方的支持就拥有完成合约的能力，价格为主要的协调机制；②模块型治理，复杂信息被编码化和数字化后传递给供应商，供应商具备提供整套模块的能力而无须买方监督和控制生产流程，产品、产业、质量标准为主要的协调机制；③关系型治理，买方提供隐性信息，供应商拥有独特的或不可复制的能力获取买方信息，信任和声誉为主要的协调机制；④俘获型治理，供应商能力较弱，完全依赖买方的监督、指导和干预完成生产和交易，协调机制就是买方对供应商实现全局控制；⑤层级型治理，产品规格无法被编码化，生产过程无法外包，不存在有能力的供应商，所有环节都在公司内部进行，自上而下的管理为主要协调

① Dunning, J. H., *Governments, Globalization and International Business*, London: Oxford University Press, 1999, pp. 175 - 202.

② Rugman, Alan, Joseph R. D'Cruz, *Multinationals as Flagship Firms: Regional Business Networks: Regional Business Networks*, London: Oxford University Press, 2003, p. 84.

③ Gereffi, Gary, John Humphrey, Timothy Sturgeon, "The Governance of Global Value Chains," *Review of International Political Economy*, Vol. 12 (1), 2005, pp. 78 - 104.

机制。[①]

高级供应商在其生产网络内也存在上述治理关系。上述五种生产网络的治理模式不是截然不同的，也不是静止不变的，在一定条件下可以相互动态转化。通常跨国公司根据利益与风险的权衡来决定采用何种治理模式，[②] 而且生产网络有着由单个向多个公司治理的趋势。

关于 GVC 治理理论，Stefano Ponte 和 Peter Gibbon 通过借鉴惯例理论（Convention Theory），将标准——特别是质量标准及其相关的质量惯例作为 GVC 治理的基本要素，力求借助规范分析和认知分析构造一种一般化的治理理论。以六种惯例原则为基础分析旗舰企业及其治理逻辑，它们分别是：①以竞争为原则的市场惯例，价格是质量的主要标准；②以忠诚度为原则的内部惯例，产品的规格和质量的定义依赖于长期建立起来的人际关系和反复合作的历史；③以生产力为原则的行业惯例，由第三方通过强制测试、认证和检验保障产品符合规范和标准；④以福利为原则的公民惯例，基于对共同福利的承诺，产品生产、营销和出售应当达到一定的标准以满足公众在安全、健康和环境问题上的诉求；⑤以创造性为原则的启发惯例，视创新和创造能力为核心，关注质量，强调产品的新奇性和突破性；⑥以声誉为原则的评价惯例，质量的不确定性问题通过媒体、品牌、口碑以及专家意见解决，质量取决于公众的认可程度。[③] 显然，不同的惯例具有不同的传递和影响范围，在 GVC 中，有些惯例更容易覆盖整个价值链，而有些惯例只能对价值链中的某个或部分节点起作用，这就决定了不同类型的主导企业对相关领域价值链的控制力、影响力和获取租金的能力。以高科技产业为例，在不同价值链范围内，不同惯例的覆盖范围存在显著变化。在研发和设计的价值链中，启发惯例和评价惯例占主导；在生产和外包的价值链中，市场惯例、行业惯例和公民惯例占主导。如今，主导企业越来越多地把复杂的质量信息内化于被广泛接受的标准、编码和认

---

① 这段文字引用秦升《全球价值链治理理论：回顾与展望》，《国外理论动态》2014 年第 12 期，第 14 ~ 21 页。

② 卜国琴：《全球生产网络与中国产业升级研究》，博士学位论文，暨南大学，2007，第 86 ~ 88 页。

③ Ponte, Stefano and Peter Gibbon, "Quality Standards, Conventions and the Governance of Global Value Chains," *Economy and Society*, Vol. 14 (3), 2005, pp. 1 - 3.

证之中，利用质量控制和管理完成对价值链的主导，这已经成为经济全球化最为显著的现象之一。[①] 显然，这些也适用于讨论国际生产网络的治理理论。

第三节　国际生产网络的发展

一　国际生产网络的重要特征：跨界性

Kaplinsky 认为，GVC 各个环节在国家或地区间的空间布局取决于其具有的比较优势，企业应该占据价值链哪些环节取决于其具有的竞争能力。[②] 张辉认为，该观点比波特的观点更能反映价值链的垂直分离和全球空间配置之间的关系。[③] 对国际生产网络来说，情况完全一样。因此，可以认为国际生产网络的一个重要特征就是空间跨界性。另一个重要特征就是组织跨界性。Kimura 和 Ando 对东亚新的生产分工提出了二维分析框架，见图 2 –4。[④] 企业初始主要在国内发展，一段时间后还发展国外业务。在国外寻求原材料或低成本劳动，或者是渗入重要的市场。故在地理空间上自然是首先在本地区扩张，然后到国内其他地区扩张，最后或同时跨过疆界到海外去发展。这就是图 2 – 4 中横轴表示的空间距离（Physical Distance）：由国内的分散生产（Domestic Fragmentation）到跨境生产（Cross-border Fragmentation）。在空间范围不断扩大的过程中，企业采取的经济组织也不断地变化、演进。在原始位置时，企业主要在内部各部门之间进行分工。随后各部门不断分离，或者一些业务不断外包，就产生了各个企业间的产品内分工。作为跨国公司，其对产品生产的整体控制和对各个分工

① 这段文字引用秦升《全球价值链治理理论：回顾与展望》，《国外理论动态》2014 年第 12 期，第 14 ~21 页。

② Kaplinsky, Raphael, "Globalisation and Unequalisation: What Can Be Learned from Value Chain Analysis?" *Journal of Development Studies*, Vol. 37 (2), 2000.

③ 张辉：《全球价值链理论与我国产业发展研究》，《中国工业经济》2004 年第 5 期。

④ Kimura, Fukunari, Mitsuyo Ando, "Two-dimensional Fragmentation in East Asia: Conceptual Framework and Empirics," *International Review of Economics & Finance*, Vol. 14 (3), 2005, pp. 317 – 348.

主体的控制显然有很多种情况。

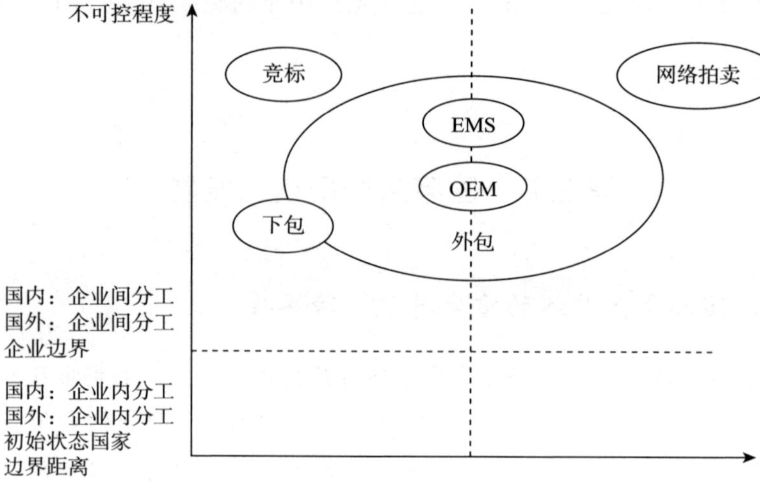

图 2－4　国际生产网络的二维示意

资料来源：Kimura，Fukunari，Mitsuyo Ando，“The Economic Analysis of International Production/Distribution Networks in East Asia and Latin America：The Implication of Regional Trade Arrangements，” *Business and Politics*，Vol. 7（1），2005。本图中稍有变动。

当产品在企业内生产时，跨国公司对产品生产的整体控制和各个分工主体的控制最强，这时可称之为“垂直一体化”（Vertical Integration）。当生产活动由各个企业共同完成时，控制力减弱。它常将业务下包给自己控股或有大部分股份的企业，而对于有长期固定业务往来而无控股权的企业，则常采取 OEM（Original Equipment Manufacturer）或 EMS（Electronic Manufacturing Services）的形式把部分业务外包出去。有时采取全球范围内竞标的方式或网络拍卖的方式将业务外包出去，需要时进行全球采购。这些常称之为“垂直非一体化”（Vertical Disintegration；Devertical Integration）。如图 2－4 纵轴所示，组织管理形式由企业内层级制到市场型，对生产过程的控制越来越弱。

二　国际生产网络发展的基本目的

在讨论国际生产网络形成时已经提到其发展的目的，至今组建国际生产网络的重要目的仍是消减成本、进入市场，实现弹性专精、产品差异化生产，以应对全球市场激烈竞争的需要。其空间布局明确体现了网络旗舰企业利用各地的比较优势降低成本，并规模化生产定制产品。

（一）比较优势

在古典贸易理论中，亚当·斯密和李嘉图认为，劳动生产率的差异导致各国之间的分工和贸易。① 在新古典贸易理论中，Heckscher 和 Ohlin 认为，自然禀赋的差异使得各国通过贸易提高福利水平，资源能够得到有效利用。② 传统贸易一直发生在行业间：发展中国家提供原材料、农产品、初级产品，而发达国家提供工业制成品，双方的效益都得到了增加。20 世纪 70 年代中后期，国际经济学家们发现，规模经济与不完全竞争是当时大部分贸易发展的原因。③ 技术的发展对同行业贸易的推动作用日益得到重视。④ 新贸易理论进一步把企业生产率的差异引进贸易研究中，说明企业异质性促进了企业间、产品内贸易，⑤ 而网络内分工和在各地空间布局的重要原因就是有效利用各地方和供应商（包括劳动力成本、资源禀赋、生产率差异等）的比较优势。

像 IBM 或者 Intel 这样的旗舰企业把价值链的各个环节在国际范围内重新布局在最有效率的地方。在这些地方的布局能够使企业更方便地获取异质资源和能力，大幅降低生产和运营成本，还能促进旗舰企业渗入重要的成长中的市场。

劳动密集型产品如家居品、玩具、鞋帽等，其某些环节是劳动密集型

---

① Smith, Adam, *An Inquiry into the Nature and Causes of the Wealth of Nations*, A. and C. Black, 1863; Ricardo, David, "On the Principles of Political Economy and Taxation. Ed. Ronald Max Hartwell," *Harmondsworth: Penguin Books*, Vol. 165, 1971.

② Heckscher, Eli Filip, Bertil Gotthard Ohlin, *Heckscher-Ohlin Trade Theory*, The MIT Press, 1991.

③ Krugman, Paul R., "Increasing Returns, Monopolistic Competition, and International Trade," *Journal of International Economics*, Vol. 9 (4), 1979, pp. 469 - 479.

④ Markusen, James R. and Lars Sevensson, "Trade in Goods and Factor with International Differences in Technology," *International Economic Review*, Vol. 26 (1), 1985, pp. 175 - 192; Davis, Donald R., "Intra-industry Trade: A Heckscher-Ohlin-Ricardo Approach," *Journal of International Economics*, Vol. 39 (3), 1995, pp. 201 - 226.

⑤ Melitz, Marc J., "The Impact of Trade on Intra-industry Reallocations and Aggregate Industry Productivity," *Econometrica*, Vol. 71 (6), 2003, pp. 1695 - 1725; Antràs, Pol, "Firms, Contracts, and Trade Structure," *The Quarterly Journal of Economics*, Vol. 118 (4), 2003, pp. 1375 - 1418.

的，而有些环节则是资本或技术密集型的。比如服装行业，在其整个价值链环节，款式的设计、市场销售的定位、品牌的创立、高档服装部件的制作等都是资本或技术密集型环节，而裁剪、裁缝组装、纽扣装饰等则是劳动密集型环节。因此，根据各地供应商的比较优势，在网络内把不同环节分包给不同的供应商，或者根据价格进行全球采购。

资本或技术密集型产品如汽车、飞机、半导体、计算机等电子产品，其某些环节是资本、技术密集型的，而其他环节的生产则是劳动密集型的，或是低技术型的。如微型计算机在东亚生产网络的分工：存储器和显示屏主要由日本、韩国、中国台湾和新加坡提供，硬盘（驱动）来自以新加坡为中心的东南亚的三角区，而高精密度、设计密集型部件的生产环节集中程度非常高，这些环节的生产要求企业和生产区具备苛刻的综合能力。例如，PC 处理器只由 Intel、ADM 两家公司及其子公司提供。而处理器使用的晶圆则分布范围广一些，在相对要素成本低的地方生产，在中国有北京、苏州、台湾等地方。

国际生产网络把生产活动在全球的快速分散同生产功能在空间上的聚集相组合。一些资本、高新技术密集型的生产环节聚集在拥有技术、资本和高端研发人才、设计师的发达国家，市场销售、产品定位设计、品牌或营销环节主要被发达国家、跨国公司总部或研发中心所占有。一般生产和服务大部分聚集在低成本、专业化的地方。除了通常提到的亚洲（如中国大陆、韩国、中国台湾、东盟、孟加拉国及印度），还包括中东欧地区，拉美的巴西、墨西哥及阿根廷，还有加勒比地区的一些国家等。

（二）规模经济

Verdoorn 早在 1960 年之前就发现比利时、荷兰和卢森堡之间的贸易常发生在同一产业之内。① 同期，Balassa 发现欧洲共同体各国之间的贸易大多发生在同一标准商品组内，而且这类贸易增长比较快。② Grubel 和 Lloyd

---

① Verdoorn, P. J., "The Intra - bloc Trade of Benelux," *Economic Consequences of the Size of Nations*, 1960, pp. 291 - 329.

② Balassa, Bela, "Tariff Reductions and Trade in Manufacturers among the Industrial Countries," *The American Economic Review*, Vol. 56 (3), 1966, pp. 466 - 473.

发现工业化国家之间的贸易大多发生在产业内部专业化分工之间。[1] 20 世纪 70 年代，Krugman 结合一些相关研究认为，规模经济与不完全竞争是大部分贸易发展的原因。[2] 通过扩大出口，实现规模经济或者实现垄断竞争下差异产品规模化生产，各方福利得以改善。

随着科技的发展，产品的生产环节可分离性增加，一些新出现的产品，如电子产品，其各个零部件分散到各个地方生产，分散程度前所未有。生产环节或工序分离的一个目的是追求每一个环节或工序的生产达到规模化。另外，各个生产环节的零部件通过分散到全球各地进行模块化生产，可以实现规模化生产定制产品或差异产品。

由于不同的要素成本和技术属性，生产流程的不同工序或环节存在不同的有效规模。许多产品内不同生产环节或工序的有效规模或最佳规模往往差异很大，在一国范围内特别是资源小国难以实现生产环节或工序之间不同有效规模的匹配。对许多产品，大部分国家市场有限，使得厂商往往难以将各个生产环节或工序的产量都调整到最佳规模水平上，因而借助国际生产网络在全球范围内进行网络内分工，利用全球要素资源和市场容量实现每一个生产工序的有效规模或最优产量，降低成本和提升效率，从而获得规模经济利益。故各个生产环节或工序之间有效规模差异越大的产品，就越有可能在全球范围内实现环节或工序分工，以便实现各个环节或工序上的内部规模经济。

各个生产环节或工序在某一个地方聚集，还产生外部规模经济和技术溢出效应，提高地方供应商的生产能力，进一步提高国际生产网络效率、竞争力。这样再加上内部规模经济效应，使得对规模经济的追求有助于国际生产网络在全球范围内分散、延伸，同时在各个地方聚集、发展。

正是国际生产网络利用各地的比较优势，可以实行规模化定制生产，使得在获得竞争优势的策略上能够同时兼顾波特认为不可以同时兼顾的低

---

① Grubel, Herbert G., Peter J. Lloyd, *Intra-industry Trade: The Theory and Measurement of International Trade in Differentiated Products*, London: Macmillan, Vol. 12, 1975.

② Krugman, Paul R., "Increasing Returns, Monopolistic Competition, and International Trade," *Journal of International Economics*, Vol. 9 (4), 1979, pp. 469 - 479.

成本化和差异化策略。①

三 国际生产网络的组织选择

国际生产网络是旗舰企业组织、整合自己在全球各地的生产供应、知识、客户关系形成新的经济组织关系，目的是更有效地生产产品或者提供服务。在整合过程中，或者外包，自己仅生产关键零部件，或者在全球采购，自己基本不生产。显然和各个供应商之间的关系不尽相同，而与各个供应商之间的关系，则按照交易成本经济学和现代企业理论进行部分解释。

（一）交易治理影响网络内企业关系

在交易成本经济学中，认为企业的存在是为了节约在市场中交易的费用。企业规模越大，内部化业务越多，市场上交易次数就越少，节约费用就越多。但是，企业内部的管理协调成本在达到一定规模后急剧上升，而且刚性生产模式在市场消费多样化面前表现得明显不足。因此，在管理交易、节约交易费用上，除了企业层级制外，还有介于市场和企业之间的其他组织。Williamson在有限理性和机会主义的假设前提下，提出影响组织内主体关系的三个条件，分别是交易的不确定性程度、交易的频率大小、资产专用性程度，它们各自程度的大小共同决定了组织的内容。② 如果交易的不确定性程度比较高，交易的频率比较大，资产专用性比较高，那么参与交易的相关主体易趋于组合成控制性的股权关系，这三个条件高到一定程度就形成了一个企业。若交易风险比较低，交易频率也很小，资产专用性也很低，则参与交易的主体彼此之间没有股权或其他控制方式存在，易趋于按照市场随机性原则交易，若低到一定程度就完全市场化了，这种情况下的交易成本反倒很小。若三个条件的程度介于上述两种情况之间，主体之间治理交易的组织关系呈现为网络化。

国际生产网络内的各个企业之间的关系，按照上述三个条件程度的高

---

① 〔美〕迈克尔·波特：《竞争优势》，陈小悦译，华夏出版社，2005。

② Williamson, Oliver E., "Transaction-cost Economics: The Governance of Contractual Relations," *Journal of Law and Economics*, Vol. 22 (2), 1979, pp. 233-261.

低就处于企业、市场、网络组织这三种状态。[①]

（二）合约不完备性影响企业 FDI 决策

不完全契约理论认为，在讨论关于企业主体之间的契约带来的收益时，决策者的有限理性、信息的不完全性以及交易事项的风险性，使得主体明确交易涉及资产的所有权利（例如实践中或然事件对策、资产随科技发展等出现新的用处）的成本特别高，签订完全契约是不现实的，不完全契约（Incomeplete Contracts）是普遍的。Grossman 和 Hart 认为，在契约中可实施、可预见的权利对资源配置并不重要，关键是契约中未能提及的资产处置的控制权，即剩余控制权（Residual Rights of Control）。[②] Hart 和 Moore 对 Grossman 和 Hart 的一些观点和模型进行了发展。Hart 和 Moore 假定一项资产可以被不同的人使用，其中一些人拥有产权，是投资人（雇主），其他人可以使用而没有产权（经理），然后再讨论对经理如何激励。[③]

Grossman 和 Helpman 用不完全合约理论分析国际生产网络中旗舰企业对海外经营组织的选择。认为旗舰企业在向外分包业务时，要么选择对外投资或合资建立自己能控股的企业，要么将整个业务外包，自己只需要采购。具体怎么选择，则与东道国具备的区域优势有关。Grossman 和 Helpman 的研究结论如下：如果旗舰企业同东道国技术相差较大，地方供应商投资意愿不大、能力较低的情况下，则很有可能采取 FDI 的方式生产零部件，降低成本；制度环境即契约环境越规范，关联专用性资产投资越多，

---

① Larsson 在 Williamson 三个维度的基础上又增加了内在化成本和外在化成本因素。他认为，在较低的内在化成本和行为者之间信任程度较低的情况下，资产专用性、不确定性和交易频率越高，则越可能采用“看得见的手”来协调。在较低的外在化成本情况下，资产专用性、不确定性和交易频率越低，则越可能采用“看不见的手”来协调。在较低的召集成本和较高的内在化成本或行为者之间信任程度高的情况下，资产专用性、不确定性和交易频率越高，则越可能由作为企业间契约的网络来协调，从而实现了“看不见的手”和“看得见的手”之间的“握手”。参见 Larsson，Richard，“The Handshake between Invisible and Visible Hands,” *International Studies of Management & Organization*，Vol. 23（1），1993。

② Grossman，Sanford J.，Oliver D. Hart，“The Costs and Benefits of Ownership：A Theory of Vertical and Lateral Integration,” *The Journal of Political Economy*，1986，pp. 691 – 719.

③ Hart，Oliver，John Moore，“Property Rights and the Nature of the Firm,” *Journal of Political Economy*，1990，pp. 1119 – 1158.

则选择外包的方式可能性较大（见表 2－1）。①

表 2－1 组织选择：FDI 和外包

旗舰企业组织选择	影响因素			
	技术差距	市场厚度	基础设施	契约环境
FDI	较大	较小	较差	较差
外包	较小	较大	较好	较好

资料来源：转引自刘德伟《东亚区域生产网络与贸易不平衡》，博士学位论文，中国社会科学院研究生院，2011，第 95 页。

事实上，由于不完全合约理论本身不够完善，有时要摆脱资本强权观、资本至上观，应该根据企业的核心资源的拥有和使用情况来设定企业自身的组织形态和激励方式。② 旗舰企业做出 FDI 还是外包的组织选择不完全取决于表 2－1 中的静态因素，有的旗舰企业本身具有强大影响力，可以重塑东道国某些区域的特征，使之具有某一方面的优势，便于 FDI 或外包。一些劳动密集型环节进入门槛比较低，旗舰企业主要还是选择外包方式，而另一些环节，则要考虑上述的四个因素，做出 FDI 或外包的抉择。

四 国际生产网络嵌入性

Ernst 等学者的国际生产网络理论侧重于组织创新、组织治理以及网络内的产业升级等方面的研究，前文有所论述。也有如 Henderson 等被称之为"Manchester 学派"的学者基于经济地理学角度研究国际生产网络。下面根据 Henderson 等的文献简要介绍一下相关理论。③

Henderson 等 Manchester 学派认为，国际生产网络是包括产品制造、产品配送及相关服务等一系列相互联系的活动和功能的网络，其组织结构趋

① Grossman, Gene M., Elhanan Helpman, "Integration Versus Outsourcing in Industry Equilibrium," *The Quarterly Journal of Economics*, Vol. 117 (1), 2002, pp. 85－120; Grossman, Gene M., Elhanan Helpman, "Outsourcing Versus FDI in Industry Equilibrium," *Journal of the European Economic Association*, Vol. 1 (2－3), 2003, pp. 317－327.

② 杨其静：《合同与企业理论前沿综述》，《经济研究》2002 年第 1 期，第 80～88 页。

③ Henderson, Jeffrey, P. Dicken, M. Hess, et al., "Global Production Networks and the Analysis of Economic Development," *Review of International Political Economy*, Vol. 9 (3), 2002, pp. 436－464.

于复杂化，空间分布趋于全球化。一方面，国际生产网络把跨国公司内部各个部门之间、不同国家的企业之间的生产经营活动更加紧密地联系在一起，使得企业边界变得模糊化；另一方面，国际生产网络把各个国家和地区的资源禀赋有效地配置利用，使得生产经营活动打破了地区和国家疆界，使得生产聚集地在全球分散化。文献强调的是，生产分散到全球各地，与当地的社会政治环境互相影响。生产的全球空间布局是国际生产网络的特征。生产网络适应和影响所在区域，这叫嵌入性。

Manchester 学派认为，国际生产网络的三个维度应是价值维度、权力维度、嵌入维度。这三个维度共同组成了国际生产网络的结构和本质。

（一）价值维度

Manchester 学派主要关注国际生产网络内的产品价值是如何创造的、增加的和各主体如何占有价值的。决定创造价值的关键因素是劳动力转化为劳动的条件及企业获取各种形式租金的可能性。就业状况、工作条件、熟练程度、生产技术以及重新组织生产活动的环境都是劳动力转化为劳动的重要条件。企业通过掌握一种或多种经济租获得租金，如技术租、组织租、关系租、贸易政策租、品牌租等。

增加国际生产网络的价值同以下几种情况有关：①获得技术的重要性及来源的范围，范围包括国际生产网络内外的企业或机构；②旗舰企业、高级供应商和供应商之间的知识转换，事关产品的质量和技术含量；③在接受知识的同时，劳动过程对技术水平要求是否提高；④地方企业创造自己的组织租、关系租和品牌租等的努力程度。

各种制度，包括政府机构、工会、雇主组织等，也影响甚至决定着价值的提高。还有，国际生产网络内的地方供应商占有价值的多少，与政府政策、企业产权结构以及企业治理模式有关。

（二）权力维度

Manchester 学派比较关注网络内各行为主体的权力源泉和使用方式。这影响着价值的增加、占有以及网络的发展。国际生产网络内行为主体的权力主要分为三种类型。第一种是公司权力（Corporate Power）。网络内的权力是不对称的，但不是零和的，低层次企业有可能联合起来，特别是同一区域的企业，来提高他们在生产网络中的地位。第二种是制度权力（Institutional Power）。制度权力主要来自以下几个机构：①国家或地方政府；②区域合作组织，如欧盟、东盟、北美自由贸易区；③布雷顿森林体系（世界银行、国际货币基金组织）和世界贸易组织；④联合国相关机构，特别是国际劳工组织；⑤国际信用评级机构，如穆迪、标准普尔等。这些影响投资和各企业决策的权力都反映在国际生产网络的发展和调整中。第三种是集体权力（Collective Power）。一些集体组织的代理机构影响生产网络内的某些地方内企业的权力，有时还影响了政府及像 IMF 和 WTO 一样的国际机构。这些集体组织包括工会、雇主组织以及与人权、环保有关的非政府组织等，有的组织不限于对国内直接或间接地产生影响。

（三）嵌入维度

Manchester 学派主要关注国际生产网络的行为主体和结构如何嵌入空间和社会。国际生产网络不仅把不同功能和地区的企业组织在一起，而且把企业所嵌入的空间、社会结合起来。这些空间和社会影响着企业的战略、价值、各方预期等。企业建立的彼此联系以及嵌入、反嵌入在一定程度上基于企业在空间、社会的原生性和继承性。对企业的发展而言，有时政府与政策的优先事项和战略比劳工、教育和培训还重要。[①] 特定空间和社会的各个方面，如体制、社会、文化等，都会影响企业的产生和外来企业的嵌入。主要有两类嵌入：一是领土嵌入（Territorial Embeddedness），主要是指国际生产网络“锚定”于某些国家和地区，对当地繁荣有重要的影响；二是网络嵌入（Network Embeddedness），主要是指各企业参与网络的程度、与网络关系的稳定性以及参与网络对其的重要性。

领土嵌入方面。国际生产网络不是简单地分布于特定区位，而是与当地的经济活动、社会动态等多方面紧密互动。例如，在转包、建立子公司之前，旗舰企业可以利用当地中小型企业集群与当地重要的要素市场和社会网络互动。利用当地的网络，企业也可以在当地发展新的生产网络，而当地也可以借助网络的发展提振经济和抓住全球化机会。国家或地方政府

---

① Whitley, Richard, *Divergent Capitalisms: The Social Structuring and Change of Business Systems*, Oxford University Press, 1999.

通过制定税收、培训等相关政策引导国际生产网络嵌入特定地方，以促进国际生产网络新节点或“群岛经济新岛”（New Islands of an Archipelago Economy）[①] 的形成。当然，网络对领土嵌入的积极影响在一段时间后未必存在，一旦旗舰企业减少在区域内的联系，如不再投资或关闭企业，反嵌入过程（Process of Disembedding）就会发生，[②] 这可能会破坏经济继续增长和价值获取的基础。

网络嵌入方面。国际生产网络的重要特征除了领土嵌入外，另一个就是不同国籍的网络成员的连接性。这种连接性具有显著的“建构性”：它包含网络总体的结构和演进；还包含参与其中的行为主体之间稳定、持久的正式或非正式关系，这种关系影响着拥有网络的个体对国际生产网络的嵌入，这里的关系是指行为个体和其他各方面的个体之间的关系。国际生产网络总体的结构不仅包括特定产品或服务生产商，还包括广泛的含有非商业机构的制度性网络，如政府、非政府组织都在其中。网络嵌入可以看作各成员之间建立信任的产物，对网络内关系的成败和稳定有着重要意义。即使在企业内部网络，企业各部门、各产权所有者之间的信任对彼此间的关系也是很重要的，如在合资企业内。[③]

Manchester 学派研究了国际生产网络的行为主体和组织如何嵌入空间和社会，一方面，受到所在区域的社会、经济、文化和习俗等的影响；另一方面，也在影响着所在区域的方方面面，如产业升级等。这些研究对研究区域产业升级有重要的意义。

五　网络主体的影响力来源

资源依赖理论认为，很多资源尤其是核心资源不可能在短期内快速完

---

① Hein, Wolfgang, “Die Ökonomie Des Archipels Und Das Versunkene Land. Die Struktur Von Wirtschaftsräumen im Informationszeitalter,” *Entwicklung und Zusammenarbeit*, Vol. 41 (11), 2000, pp. 304 – 07.

② Pike, Andy, Arnoud Lagendijk, Mário Vale, “Critical Reflections on ‘Embeddedness’ in Economic Geography: The Case of Labour Market Governance and Training in the Automotive Industry in the North-East Region of England,” *Restructuring Industry and Territory, The Experience of Europe's Regions*, The Stationery Office, London, 2000, pp. 59 – 82.

③ 刘德伟：《东亚区域生产网络与贸易不平衡》，博士学位论文，中国社会科学院研究生院，2011，第 26 ~ 27 页。

成积累，而且不同时期为应对竞争所需资源也不断变化。因此任何一个企业不可能具备所需的所有资源，必须与其他组织进行交换。这种交换关系使得企业与其他组织之间产生相互依赖关系。资源的稀缺性、重要性和可替代性决定企业在相互依赖关系中是不平等的，地位是不一样的。在相互依赖中，没有核心资源的一方，比较依赖于拥有核心资源的一方。资源越是稀缺，越是重要，越是更加依赖。当这种重要资源不可替代的时候，这种依赖就变成一种类似被控制的关系了。拥有核心资源的一方拥有让依赖自己的企业按自己意愿行事的权力。通常企业都尽力增加组织中其他企业对自己的依赖程度，而设法减少对其他企业特别是对自己影响很大的企业的依赖。Wernerfelt 认为，众多资源中关键的资源通常包括品牌、技术知识、高技能雇员、贸易合同、设备、资本以及高效率工作程序等。① 长期来看国际生产网络内各个企业的依赖关系也是在不断地动态变化中，反映在经济租的获取与消失上。

Prahalad 和 Hamel 的核心能力理论指出，企业的核心能力是组织中的积累性学识，企业的核心能力的积累与企业的核心产品或核心技术的发展过程相伴随。各个企业之间由于核心资源拥有量差异、关键能力高低、动态学习能力差异等方面的原因，因此企业发展速度不同，竞争优势不同，市场影响力也因而不同。② Teece 等和 D'Aveni 认为，企业需要随着经营环境变化而不断建立、调整、重组内外部各项资源来提升自己的能力。要获取持续的竞争优势，一要开发整合企业现有能力和资源；二要开发新的能力，要具备随市场变化迅速利用和重组技术资源、管理资源和组织资源的能力。③

因此，在国际生产网络内各个行为主体占有的稀缺资源不一样，而且在生产网络这一经济组织结构中，占据某一个位置之后就拥有能够排除其

① Wernerfelt, Birger, "A Resource-based View of the Firm," *Strategic Management Journal*, Vol. 5 (2), 1984, pp. 171 – 180.

② Prahalad, C., K. Hamel, "The Core Competence of the Corporation," *Harvard Business Review*, Vol. 68 (3), 1990, pp. 74 – 89.

③ Teece, David J., Gary Pisano, Amy Shuen, "Dynamic Capabilities and Strategic Management," *Strategic Management Journal*, Vol. 18 (7), 1997, pp. 509 – 533; D'Aveni, Richard A., "Coping with Hypercompetition: Utilizing the New 7S's Framework," *The Academy of Management Executive*, Vol. 9 (3), 1995, pp. 45 – 57.

他行为主体的权力。生产网络本身的组建和出现使得处于关键节点的旗舰企业能够利用网络拥有更多的资源，即网络资源，也就拥有更多的对其他供应商企业的控制权，从而影响生产网络的权力结构。因此，生产网络中各个主体凭借自己所拥有的资源占据不同的分工环节，而每一个分工环节在价值链中所处的地位反映了其在生产网络内的权力地位。[①]

具体来说，拥有如下一项或多项资源的跨国公司就能够拥有国际生产网络的控制权：①能够提供产品关键零部件或服务；②雄厚的资本；③拥有品牌或市场销售渠道；④拥有产品或零部件生产的核心技术等。[②] 但是，这些资源的重要性、稀缺性以及不可替代性是不断变动的，因而企业之间的权力和地位也是不断变动的。在国际生产网络内，每一个企业都拥有大小不等的生产网络所带来的能力。

在信息知识时代，拥有了包括技术、品牌、信息、创意等非物质资本的大企业掌握了对这些核心资源的使用权和进入权，[③] 在网络内也就具备了挑选供应商、制定网络战略的能力。

六　生产网络空间分布及其影响

（一）生产网络的空间层次

国际生产网络内沿着价值链上各个环节之间的离散程度通常不一样。接近最终产品的各个环节比较离散，而接近关键精密部件的生产和研发的一些环节仍然保持集中。各个环节之间在全球空间中分散，而每一个环节或一些环节在区域内小空间中聚集。专业聚集地的产业升级轨迹仍具有路径依赖性，因此聚集经济仍是重要的。但是，每一聚集地所在的价值链上的位置不同，创造的价值不同，而占有的价值也不相同。价值链上不同环节获取不同价值，国际生产网络的空间分布就具有层次性。

---

① 景秀艳：《生产网络、网络权力与企业空间行为》，中国经济出版社，2007，第71页。

② Heinrich, Claus, Bob Betts, *Adapt or Die: Transforming Your Supply Chain into an Adaptive Business Network*, Hoboen: John Wiley & Sons, 2003, pp. 20 – 25.

③ Rajan, Raghuram G., Luigi Zingales, "The Firm as a Dedicated Hierarchy: A Theory of the Origins and Growth of Firms," *The Quarterly Journal of Economics*, Vol. 116 (3), 2001, pp. 805 – 851.

为简单起见，本书区分三种聚集地或区域，对应于价值链上不同环节。

能提供独特资源，如研发（R&D）、产品定位、设计、核心技术的“核心区域”（异质资源中心地），往往在全球为数不多的经济中心或大都市，通常在此区域所在的环节上占有较大的附加值。旗舰企业的总部及其一级供应商的总部与它们的研发机构位于核心区域，占据价值链高端环节。它们不仅研发核心技术，负责品牌营销，还从事诸如制定战略、指导国际生产网络发展等生产性服务，而且核心区域不断吸引其他全球供应商前来聚集。因此，核心区域本身也发展成一个高层次生产网络，是国际生产网络的核心网络。

能及时提供低成本服务的“边缘网络”（具有成本优势、快速交货的中心地），往往在发展中国家的工业区或大城市，通常位于该区域的环节的供应商仅占有与成本相接近的价值。标准化零部件或者大部分产品组装业务对成本和市场反应比较敏感，因而就分布在质优价廉的劳动力等资源密集区。发展中国家如东亚国家土地成本低、税收优惠、劳动力丰裕且质优价廉，因此大量的组装业务以及低技术、低资本密集型的生产环节密集分布在东亚区域。边缘网络成了国际生产网络的低层次生产网络部分。

另外，还有连接核心区域和边缘网络的中间区域，往往是旗舰企业区域营运中心和部分高级供应商总部所在的地方，也是一些零部件设计研发中心或产品区域化研发中心。该区域生产、供应一般精密机械设备或一般核心零部件，或是部分高端产品组装基地，或是海外采购中心。该环节使核心区域的战略和指令得以执行，核心区域的技术和设计得以运用或产品本地化，还要管理各个低层次生产网络确保有效运行，不妨称之为“区域中心”。区域中心成为国际生产网络的中等级生产网络部分，往往在发展中国家首都、大城市等地，该区域的运营服从于旗舰企业的利益要求，占有很小的一部分利益。不同的聚集地有不同的产业升级前景，这取决于它们各自的专业化，也取决于其在国际生产网络内产品的分工和空间布局。

为了不断获取核心资源，保持竞争优势，旗舰企业可能在某些专业区域专门负责产品定位、设计、研发，此区域密集大量高级人才、信息和技术，有相当的技术溢出效应和隐性知识交流。像信息产业所在的硅谷，服装业所在的巴黎、米兰等，此类区域大多在发达经济体，有时在公司总部，即核心区域，称之为“网络研发区”。为便于参与决策、技术研发互动，关键供应商通常被旗舰企业要求也在网络研发中心区设立研发机构。

购买者驱动型网络旗舰企业往往占据着销售环节，其重要的核心资源是市场信息。旗舰企业的营销部门分布全球，特别是在重要市场，其收集的信息对于产品的设计、定位以及品牌营销、竞争策略非常重要。在大中城市的销售部门构成网络营销区。

（二）生产网络的布局及影响

在国际生产网络内，旗舰企业占据价值链的高端环节，即核心技术研发和品牌营销环节，尽量把低附加值的标准化零部件生产及组装等环节外包给供应商。

1. 购买者驱动型网络的空间布局

在购买者驱动型国际生产网络内，品牌制造商作为旗舰企业，主要从事服装、鞋类、手工艺品及消费类电子产品等劳动密集型产业。品牌制造商是指拥有国际知名品牌的制造商，如可口可乐、IBM、柯达等。现在已经有很多品牌制造商把生产业务不断转移、外包到海外的边缘网络，特别是服装业如 Sara Lee，现在基本上只负责产品设计、创造品牌和销售，品牌制造商已经概念化，不再生产，位于核心区域。像沃尔玛、家乐福、麦德龙、JC Penney 等国际大零售商在国际零售业中处于寡头垄断地位，只负责营销，它们往往集中于营销区域。其海外机构主要是采购，常常利用其市场信息向其合同制造商提出不断创新的要求，合同制造商也不断地研发创新，他们往往在区域中心；而合同制造商作为旗舰企业，其生产网络大部分是边缘网络。品牌经销商是指一些拥有国际知名品牌而无生产部门的销售商，如 Nike、Adidas、Puma、Reebok、Liz Claiborne 等，它们只负责产品设计和品牌创建、销售，在核心区域和营销区域，其生产业务如同国际大零售商一样也外包给合同制造商。

（1）通过外包与地方供应商连接

通常在一个区域内已经有了由当地人创办的或借助外来资本建立的企业群落，构成一个原生型生产网络。整个地方的原生型生产网络很可能作为边缘网络成为购买者驱动型旗舰企业的供应网络。

原生型生产网络在成长过程中具有自身的社会关系和经营特点，而外来网络有一套自己的运行逻辑，信息传送和交易有内在化倾向，使得与地方生产网络很难融洽。于是，直接投资进入往往非最佳选择，通常通过外包方式将订单交给当地实力比较大的企业去做，为自己贴牌生产。一方面，将国际市场的信息和要求传递给地方生产网络；另一方面，通过提供订单将原生型生产网络纳入自己的国际生产网络体系中，[①] 成为自己的一个边缘网络。

由于市场竞争激烈，购买者旗舰企业总是不断地寻找新的潜力市场和成本低的地方。当发现其他区域更有优势时，逐利的旗舰企业毫不犹豫地转移订单。这时作为边缘网络，要么被舍弃，要么受旗舰企业的影响或被迫到目标市场或成本低的地方转移，发展自己的边缘网络。

（2）购买者主导地方网络的形成

一些区域劳动力和资源成本非常低，但本地生产技术和能力非常落后，本地生产网络基本上是在购买者驱动型旗舰企业的主导下从无到有地发展起来，成为国际生产网络新的边缘网络。其发展所需要的设备，加工用的原材料、辅料，技术指导人员都由旗舰企业及其高级供应商提供，地方只提供劳动力或具备地理优势。如 20 世纪 80 年代初香港在深圳、东莞等地建立服装、电子生产网络，NATA 实施后美国企业在靠近南加利福尼亚的墨西哥尤卡坦地区建立服装生产网络。[②] 旗舰企业在其国际生产网络内利用手中的订单分配权力，或砍价权力迫使其主导的国际生产网络在成本低的地方或重要的发展中市场复制原有企业关系，或者放弃原来生产网络通过投资等在新的成本低的地方建立边缘网络。如美国服装业旗舰企业缩减在东亚的生产基地，另外在墨西哥尤卡坦区建立新的供应基地。

国际生产网络的旗舰企业与高级供应商经常进行信息和技术交流，特别是在购买者驱动型网络的关系型治理模式中，供应商由此不断发展、积

---

① McCann, Philip, Tomokazu Arita, Ian R. Gordon, "Industrial Clusters, Transactions Costs and the Institutional Determinants of MNE Location Behaviour," *International Business Review*, Vol. 11 (6), 2002, pp. 647 - 663.

② Gereffi, Gary, "International Trade and Industrial Upgrading in the Apparel Commodity Chain," *Journal of International Economics*, Vol. 48 (1), 1999.

累了一定的能力。发展新的供应商时可能需要很多时间进行技术指导，还存在合作摩擦等。这期间存在重要技术泄露的可能。故对一些有一定技术含量的产业，如电子消费类产品行业，旗舰企业对原有供应商有着较强的依赖性。于是一旦与本地供应商建立合作关系，双方会长期保持相互依赖关系，旗舰企业往往影响或迫使原有供应商一起去其他的地方复制原有网络关系，并在当地发展新的边缘网络。

（3）对地方企业发展的影响

当旗舰企业与本土生产网络建立联系时，往往首先与当地有实力的企业进行外包采购。这时候，参与国际生产网络的当地企业就有机会获得国际市场信息和先进技术，迅速成长，成为购买者驱动型旗舰企业的高级供应商。高级供应商可能会继续外包部分订单或转移某些生产环节，从而将其他的企业纳入自己的生产体系中。

地方供应商为了能加入国际生产网络或成为一级供应商的下层供应商，主动或被动地改进工艺、改善产品、培训员工、购买新设备、努力提高效率。不合质量标准或达不到低价格就被上层级供应商威胁替换掉。① 它们共同分享着旗舰企业的品牌效应和国际营销能力以及传递过来的生产技术知识和市场信息，生产能力得到迅速提高，并不断发展自己的生产网络，层层转移缓解成本压力，为旗舰企业及时提供质优价廉的产品。

2. 生产者驱动型网络的空间布局

在生产者驱动型国际生产网络内，具有资本、技术独特优势的跨国制造商作为旗舰企业，主要从事汽车、半导体、飞机等资本和技术密集型产业。旗舰企业从事研发设计、系统集成、制定行业标准及关键零部件制造等活动，位于核心区域，它们将产业中的其他环节外包。例如它们将标准化零部件的生产交给海外子公司或供应商生产。旗舰企业或其子公司通常为了进入市场，低成本化或规模定制化生产不断在成本低或有潜力市场的地方建立新的子公司，同时要求供应商也在同一个地区建立子公司，保持原有网络内关系，在新的生产基地复制生产网络。同时，在当地外包一些业务，吸引当地供应商加入，增加嵌入性，发展当地生产网络。海外生产

① Ernst, Dieter, Linsu Kim, "Global Production Networks, Knowledge Diffusion, and Local Capability Formation," *Research Policy*, Vol. 31 (8), 2002.

若因技术、人才等要求比较高，就位于区域中心，较少有边缘网络。

（1）旗舰企业子公司参与并主导地方网络

生产者驱动型旗舰企业作为国际大企业，具有雄厚的资金和先进的核心技术，其对外投资对东道国和当地供应商都有较大的影响。在一个区域内，有了一定规模的生产网络时，生产者驱动型旗舰企业通常通过投资设立子公司进入当地生产区域。

如果当地生产网络基础薄弱，没有大型企业，旗舰企业就接近当地生产网络，并利用自己的资本、技术等核心资源以及全球视角下的管理经验主导当地生产网络的发展。当地的企业通常接受旗舰企业的领导，从而融入国际生产网络，这样要比自己去发展与国际市场的联系效果可能会更好。[①] 如果当地生产网络有一定的基础，则旗舰企业与当地大企业合资成立子公司，或者建立子公司将当地大企业变成自己的一级供应商，或者在当地另建一个自己的生产网络。这些都位于区域中心。

（2）子公司主导新建地方生产网络

虽然有的区域没有相关产业基础，但是出于降低成本、占领市场的目的，生产者驱动型旗舰企业可能向具有比较优势的区域迁移，或者发展新的国际生产网络，而新的国际生产网络的建立具有路径依赖性。技术保密、长期交易形成的依赖性和信任关系，使得在新区域往往选择复制原有生产网络内的企业关系。旗舰企业要求其全球性的专业供应商随同自己一起在新区域投资。这样就在新区域建立非原生型生产网络。新生产网络发展所需的技术、资本、人才、设备，甚至原材料都依靠旗舰企业和高级供应商提供。除非当地企业的加入，并具有社会根植性，否则对当地企业的升级和区域经济发展没有促进作用。

（3）对地方企业发展的影响

在进入当地生产网络后，旗舰企业及其子公司就能共享当地的经济政策、规则，还能进一步促进一个共享资源和知识基地的发展（公地繁荣）。当地人才尤其是创新型人才进一步发展并得到有效的利用，使得当地企业的能力提高并成为其供应商，促使当地生产网络与国际市场接轨。按照世

---

① Rugman, Alan M., Alain Verbeke, "A Perspective on Regional and Global Strategies of Multinational Enterprises," *Journal of International Business Studies*, Vol. 35 (1), 2004, pp. 3 - 18.

界上其他地方生产网络的发展轨迹和价值创造行为，进一步促使当地生产网络发展的规范化、专业化，不断提高层次。

旗舰企业的子公司为了适应当地环境，降低成本，采取本地化策略，不断增加当地根植性。这不仅有利于实现销售增长、市场分享，并对其他边缘网络的发展产生积极影响，[①] 还促进了当地生产网络社会根植性的减少，使其更快地成为自己的边缘网络。

七　生产网络空间分布的动态性

国际生产网络体系内外，竞争都非常激烈。每一个企业都有不断占领价值链更高环节的强烈需要，以及网络内各层次的企业彼此互相影响，国际生产网络内各个行为主体自身能力和相互之间的地位不断发生变化。从而促使核心区域网络、区域中心网络、边缘网络这些不同层级生产网络之间的持续互动。处于国际生产网络第一层级即核心区域网络的品牌大公司或旗舰企业由于核心资源极其稀缺，对价值实现贡献极大，其他网络成员很难与之竞争，因此地位最为稳定。处于二、三层级的区域中心网络和边缘网络的供应商自身结构和在价值链环节上的地位变动较为频繁。不同层级生产网络的自身结构在如下几种情况下发生变化。

第一，核心区域网络内由于旗舰企业不断剥离非核心业务和环节，有些位于区域中心的供应商因其拥有较高的技术水平和较多的人才储备，具备承接能力，自然成为旗舰企业转移非核心业务和环节的首选地。从而该区域中心在国际生产网络内的地位上升。

第二，区域中心网络的关键零部件及其他精密机械等的生产技术逐渐失去市场优势地位，关键零部件降为一般的零部件，精密机械市场上供应增加，产品进入成熟期、标准化时期，为降低成本，规模化、定制化生产开始向边缘网络转移。只要边缘网络的业务不断发生变化，该区域的供应商不断地获取国际转移知识，能力就不断增强并处于追赶当中。

第三，如果边缘网络所在区域或国家的市场潜力很大，很可能会受到

---

① Andersson, Ulf, Ingmar Björkman, and Mats Forsgren, "Managing Subsidiary Knowledge Creation: The Effect of Control Mechanisms on Subsidiary Local Embeddedness," *International Business Review*, Vol. 14 (5), 2005, pp. 521 - 538.

核心区域旗舰企业和区域中心企业的青睐，核心区域旗舰企业可能会直接在边缘网络所在区域或国家建立子公司或专门机构来渗入该区域，避开市场进入壁垒，管理、协调并延伸生产网络，以及组织营销和物流等活动，积极进行产品区域化的应用性研发活动，制定当地营销策略。同时，可能要求、迫使区域中心的供应商跟进，而区域中心的网络企业也可能会积极地把管理服务和研发设计向边缘网络区域转移。所以当边缘网络区域所在地拥有巨大市场潜力时，其在国际生产网络内的地位逐步上升。但是，边缘网络内的企业，作为低级供应商能否把握机会，获得所需的知识和能力去升级，进而在市场中占有一席之地就视情况而定了。

第四，少数位于区域中心网络、边缘网络的供应商可通过吸收先进知识进行技术创新，或通过融资发展成全球性的供应商，将公司总部或研发机构向核心区域靠近。边缘网络的地方生产网络内不断出现的优秀企业为了在国际生产网络内获取更多的核心资源、稀缺资源，不断向区域中心或核心区域的网络靠近，分享高层级生产网络的技术溢出效应。因此，区域中心网络、边缘网络的地位处于不断变化中，其供应商处于不断分化中。

当然，如果政府出台政策抑制或扶持某一个行业，很可能会影响国际生产网络各层次的发展，使得边缘网络的供应商可能掌握更多核心资源进而获得升级。或者通过融资，位于边缘网络的企业可能通过收购而获得整个国际生产网络的控制权，进而成为旗舰企业。

因此，国际生产网络的空间布局和各层次企业的地位在激烈的市场竞争和政府干预下会不断地发生变动，而这些反映了企业实力或升级程度。

第三章　东亚生产网络的发展

本章首先讨论了东亚生产网络发展的主要原因，即跨国公司为应对全球市场激烈竞争，利用东亚低要素成本和开放的积极性，实行弹性专精生产，表现为旗舰企业的FDI和业务外包推动了东亚生产网络的发展。东亚各个经济体竞相推动经济自由化为东亚生产网络的发展提供了良好的制度环境。于是将整个东亚经济体不同程度地纳入跨国公司的全球生产分工布局中。这就意味着东亚生产网络的发展是因应跨国公司即旗舰企业的全球经营战略的需要。本章接着讨论影响东亚生产网络形成的主要原因。最后简单讨论东亚生产网络的运行所具有的FDI与贸易的关联性，从而进一步说明东亚生产网络在快速发展的同时所具有的先天不足，即东亚生产网络只是生产性的，需要靠外部的需求来推动其运转与发展。这由随后所论述的东亚贸易新特征进一步说明和证实。本章说明了东亚生产网络发展越快，东亚出口就越多，从而对区域外市场的依赖就越深。这实际上也是整个东亚经济的追赶式发展和出口导向型发展模式的必然结果。

第一节　东亚雁行模式的演变

一　东亚雁行模式的兴起

（一）二战后东亚的工业基础

第二次世界大战后初期，日本军事工业解体，致力于重塑纺织工业。1951年，纺织工业占制造业生产总额的29.02%，钢铁业占比为18.12%。

当时日本在国际市场上竞争主要依靠其劳动密集型产业。[①] 经过恢复和发展，日本从 1955 年开始进入高速发展时期，1968 年其国内生产总值（GDP）名义值为 1466.01 亿美元，位列世界第二，[②] 其科技实力和产业竞争力直逼美国，而同期其他东亚经济体大都处于非常落后的状态，以农业或种植业或采矿业为主。详细情况见表 3 - 1。1960 年，韩国轻工业占制造业的 75.8%，而纺织和皮革只占制造业的 25.2%，1965 年农业产值占 GDP 份额为 39.36%。1960 年，泰国的农业产值占 GDP 份额为 39.8%，一直到 1980 年，农业产值还大于工业产值。1960 年，马来西亚的农业产值占 GDP 份额为 38%。[③] 新加坡在 1965 年独立，初期主要是传统手工业，如饮料、玻璃、印刷，并开始发展纺织、电子零部件等劳动密集型产业；1975 年农业占比为 2.24%，但工业中制造业占比为 22.20%。菲律宾情况要好一些，在 1960 年的农业所占比重为 26.94%，制造业占比为 24.59%。其他的东亚经济体工业基础也都非常薄弱，与同期的部分拉美地区也有相当差距。

表 3 - 1　东亚部分经济体 1960 年、1968 年、2011 年 GDP

单位：亿美元

年份	中国大陆	中国香港	印度尼西亚	日本	韩国	马来西亚	菲律宾	新加坡	泰国
1960	703.49	—	184.49	7191.65	289.28	66.31	179.91	37.06	87.65
1968	716.96	211.19	237.29	15606.65	514.82	111.80	267.90	74.24	161.78
2011	35478.90	2684.30	2924.80	50587.60	8305.20	1542.60	1340.60	1738.10	1876.40

资料来源：CEIC 数据库，World Bank，其数据按 2000 年美元基价进行折算。部分为经济体的地区生产总值。

（二）雁行模式的发端——日本产业结构不断转型

美国工业产值占 GDP 的比重从 1801 年的 13% 一直增加到 1955 年的 42%，[④] 其占 GDP 的比重随后开始不断下降，到 1970 年下降为 35.24%，

① 薛敬孝、白雪洁等：《当代日本产业结构研究》，天津人民出版社，2002，第 32 页。

② 来自 CEIC 数据库，源于 World Bank。除了另外说明，本节数据都是引用 CEIC 数据库。

③ 张蕴岭：《世界市场与中国对外贸易发展的外部环境》，中国社会科学出版社，2007，第 290、333、390 页。

④ 黄少军：《服务业与经济增长》，转引自周小兵《亚太地区经济结构变迁研究（1950 ~ 2010）》，社会科学文献出版社，2012，第 17 页。

同年服务业占比为61.22%。美国私营制造业产值占GDP的比重从1953年的29.60%不断下降到2002年的13.87%。所以从20世纪50年代后期开始，美国处于向后工业社会转型期，其制造业不断向外转移。这为日本利用自己比较优势恢复、发展工业提供了机会。日本因资源有限提出贸易立国，1946年开始重点发展、出口劳动密集型的纺织工业，积累外汇。美国的大力护持和朝鲜战争特需，使得日本积累了大量的美元储备，从而购买设备和技术，日本的纺织业很快发展起来，同时加快了由轻工业向重化工业升级。1956～1969年，日本把全部产业投资额的76%投向钢铁、机械、电力、家用电器、石油和化工这些重化工业，而向外转移劳动密集型的轻纺工业、组装业。到1970年，包括化工、电气机械、运输机械和精密机械等的重化工业产值占制造业产值比重为68.9%，而美国、英国、联邦德国和法国的比重分别为57.4%、61.0%、62.4%和65.2%。[①] 因此，日本经过不到20年的时间，又实现了重化工业化，轻工业占比已经很小。

1973年，日本一次性能源消费中石油占比接近80%，几乎全靠进口。[②] 在世界经济长期性增长变缓的情况下，第一次石油危机极大地促进了日本产业结构的重大转型。[③] 重化工业中原材料型的发展变慢，除加工组装业继续发展外，知识和技术密集型产业开始得到重点发展。在发展中，以技术密集型产业为主，如汽车成为日本20世纪70年代的支柱产业，后半期电子工业逐渐成为主导产业。该时期，日本很多劳动密集型产业、环境污染严重的或资源和能源消耗大的资本密集型产业加速转移出去。

20世纪80年代，发达国家的贸易保护主义增加严重影响了日本出口。1985年，在达成《广场协议》后，日元急剧升值，使得日本制造业在国际市场中的竞争优势很快丧失，其迅速发展的经济伴随着劳动力成本的急剧增加。到1994年，日本制造业单位劳动力成本是其1980年的2.07倍。[④]

---

① 薛敬孝、白雪洁等：《当代日本产业结构研究》，天津人民出版社，2002，第35页。

② 〔日〕资源能源厅：《综合能源统计》（1976年），转引自薛敬孝、白雪洁等《当代日本产业结构研究》，天津人民出版社，2002，第37页。

③ 1970年每桶石油均价为1.80美元，1973年均价为3.29美元，1974年均价为11.58美元，参见http://www.bp.com/en/global/corporate/about-bp/statistical-review-of-world-energy-2013.html。

④ 〔日〕中古严：《日本经济的历史性转变》（1996年），转引自薛敬孝、白雪洁等《当代日本产业结构研究》，天津人民出版社，2002，第43页。

加上第二次石油危机，这些促使了日本加快进入另一个产业结构调整期。劳动密集型、资源密集型、技术密集型的产业加快对外转移。以电气机械、运输机械、精密机械等为代表的加工组装业继续发展。成功实现由技术密集型产业向高技术或知识密集型产业转移，如电子工业和新材料工业在全球中处于领先地位，以半导体零部件为代表的电子产业是这一时期的支柱产业。

（三）雁行模式的发展——东亚 NIEs 的发展与产业转移

20 世纪，东亚发展比较早、比较快的经济体就是后来被称作“亚洲四小龙”的韩国、新加坡、中国台湾和中国香港。一方面，它们采取出口导向工业化战略；另一方面，抓住发达国家特别是日本在 20 世纪七八十年代对外转移产业的机会，快速发展重化工业，实现工业化。劳动密集型产业、重化工业产业和技术密集型产业已多波次向这些新兴工业经济体（NIEs）转移，而 NIEs 也积极地向其他后发展经济体转移失去竞争力的产业。

1. 韩国产业结构转型

韩国在经济重建和起飞阶段（1953～1961 年、1961～1972 年）大力发展轻工业，以纺织业和皮革加工业为主。两者占制造业的比重：1960 年为 25.2%，1965 年为 28.3%，1970 年就变小为 20.8%。此期间主要依靠劳动密集型的纺织业和皮革加工业出口拉动经济，经济外向性程度高。[①] 但是，韩国自身市场小，缺乏资金和技术，原材料需要大量进口。因而韩国从 1958 年起由进口替代转向出口导向型发展，积极吸引外资。韩国积极承接美国、日本等发达国家转移过来的劳动密集型产业，大力发展加工工业、出口工业，同时借由投资方拓宽国际销售市场。随着轻工业等劳动密集型产业的发展，增加了发展重工业的重要性，加之发展国防的需要，韩国在重化工业阶段（1973～1979 年）由积极鼓励出口转向优先发展重化工业。积极发展钢铁、机械、石油化工等资本密集型产业，同时大力推进造船、电子、有色金属、电子机械、家用电器及汽车等资本密集型产业、技

① 张蕴岭：《世界市场与中国对外贸易发展的外部环境》，中国社会科学出版社，2007，第 272 页。

术密集型产业或高新技术产业的发展。经过几年努力，韩国的产业结构以资本密集型产业为主，1980 年，重化工业已经超过了轻工业，纺织业和皮革加工业占比为 17.7%，机械和化工占比为 43.6%。到 20 世纪 80 年代，重化工业受石油危机的冲击增长变缓，而资本密集型产业、技术密集型产业的加工部门出现较快的增长。从 20 世纪 80 年代中期开始，韩国制定并执行了新的鼓励 FDI 的政策，使得投资韩国的 FDI 大幅增加。在 20 世纪 80 年代末至 90 年代初，技术密集型产业占重要地位。同时，积极开展对外投资，将一些劳动密集型产业、资本密集型产业转移出去。

2. 中国台湾产业结构转型

台湾地区的经济在 1952 年恢复到二战前水平，从 1953 年开始发展进口替代工业，限制进口，保护轻工业发展。但到 20 世纪 60 年代初，内销市场已经饱和。1963 年，工业生产净值首次超过了农业。[①] 台湾于 1958 年至 1961 年逐步实行出口导向工业化，积极吸引 FDI，并实行单一汇率制。随着劳动密集型加工工业的发展，从 1971 年起对外贸易转为顺差。[②] 中国台湾在国际市场竞争中，主要利用其劳动力成本优势，积极发展发达国家转移的产业，从美国和日本进口原料、机械设备，进行加工生产后销往美国等市场。到 20 世纪 70 年代，台湾劳动力价格上升，发展中经济体参与国际市场的劳动密集型产品竞争激烈，又与美国贸易摩擦日增。于是台湾开始了重化工业化进程，将劳动密集型产业转移出去。到 20 世纪 80 年代，大力发展技术密集型即"策略型工业"，将重化工业逐步转移出去。随着产业加快转移出去和内部的升级，台湾工业生产净值在 1987 年占地区生产总值的比重为 47.5%，而到 1988 年第三产业的服务业产值超过了工业，占比为 47.7%，在 1989 年服务业占比进一步增加为 51.2%。[③]

3. 中国香港产业结构转型

香港是自由港，转口贸易发达，其日常消费品、工业用原料都需进

① 张骥、韩晓彬：《论台湾产业结构的演变及其原因》，《台湾研究》2000 年第 3 期，第 53 ~ 59 页。

② 李相文、韩镇涉、叶绿茵：《亚洲"四小龙"》，新华出版社，1988，第 114 页。

③ 张骥、韩晓彬：《论台湾产业结构的演变及其原因》，《台湾研究》2000 年第 3 期，第 53 ~ 59 页。

口，而产品大部分需要出口。20 世纪 50 年代中期后，香港加快发展出口加工业。而此时，利用国际资本和本地劳动力优势，相对于东亚其他发展中经济体，较早地抓住日本向外转移纺织工业的机会，大力发展纺织工业并出口，为香港服装业目前占领高附加值环节打下基础。① 在 20 世纪 70 年代，随着加工贸易的发展，香港在光学产品、精密机械、电子产品等技术密集型产业得到了较快的发展。到 20 世纪 80 年代，发达国家的贸易保护主义和其他发展中经济体的竞争，使得香港加快了产业升级步伐。鉴于自身的资源和条件，直接由劳动密集型的轻工业转型为技术密集型产业、高附加值服务业。这期间，香港大幅增加对部分英联邦成员和中国大陆的投资，转移劳动密集型产业或生产环节。尤其是对中国大陆的投资极大地促进了其加工业的发展。②

4. 新加坡产业结构转型

新加坡在 1965 年退出马来西亚联邦成为独立国家。之前所依赖的转口贸易随周边国家开展直接贸易而不断萎缩，经济形势恶化。新加坡开始大力发展劳动密集型出口产业，如纺织服装业、金属制品、食品、皮革制品等，三大支柱产业即造船、电子和炼油得到重点发展。到 20 世纪 70 年代末，劳动密集型产业面临很多发展中国家的竞争，贸易保护主义又增强，从而在 1979 年提出“第二次工业革命”，向资本密集型、技术密集型出口产业转移，重点生产和出口飞机部件、自动化器材部件、电子计算机及其配件，还有电子仪器、光学仪器、高级化学品等。同时向外转移劳动密集型产业。新加坡大力吸引外资促进产业发展和接受产业转移。从 1965 年到 1975 年年均吸引 FDI 为 1.49 亿美元，1976 年到 1980 年年均为 3.87 亿美元，1983 年为 8 亿美元。其中，1972 年到 1978 年吸引的 FDI 有 84% 投资到制造业。经过 1985 年其国内经济危机的洗礼，1986 年开始重点向服务业发展，并积极对外投资，在中国大陆及其他后发经济体建立工业园区等，转移劳动密集型、低技术密集型产业。这些政策和外商投资加快了新

---

① Gereffi, Gary, “International Trade and Industrial Upgrading in the Apparel Commodity Chain,” *Journal of International Economics*, Vol. 48 (1), 1999, pp. 37 – 70.

② 张蕴岭：《世界市场与中国对外贸易发展的外部环境》，中国社会科学出版社，2007，第 272 页。

加坡经济的发展，使其产业结构发生了根本性变化。

（四）雁行模式的成形——东亚后发展经济体的兴起与产业转移

在经济全球化背景下，东亚后发展经济体在日本、“亚洲四小龙”经济发展的带动和示范效应作用下，纷纷结合国内经济状况，放宽贸易和投资政策限制，实行出口导向型工业化。其中，比较引人注目的是东盟四国（ASEAN4）即马来西亚、泰国、印度尼西亚和菲律宾在20世纪80年代开始的经济起飞以及中国大陆在20世纪90年代全方位的经济开放。

1. 马来西亚的主导产业的转变

马来西亚在1957年独立后实行进口替代工业化，主要是发展劳动密集型产业及矿业采掘业。到1965年，造纸、印刷、初级化工等产业得到较快发展，传统的橡胶、木制品以及食品、饮料、烟草等发展缓慢。进口替代保护只有利于控制资本密集型产业的跨国公司，而且国内市场狭小，加上其他问题，使得马来西亚于1968年出台政策实行出口导向工业化战略。开始大力推动劳动密集型产业的发展，承接发达国家转移过来的产业，发展以橡胶、锡、棕榈油及木材等资源型初级产品加工出口业。后来非资源型加工出口产业增长加快，如电子、电器零部件等。由于外资掌控制造业和相关政策，出口加工对当地产业升级几乎无助益。20世纪80年代初，在继续发展轻工业的同时开始主要靠国际借贷发展重工业，如汽车、电子电器、石化、液化石油气采炼等资本密集型产业，但很快在20世纪80年代中期就中断了。1985年后，日元升值，美元和林吉特贬值以及日本、中国台湾的产业调整和转移加快，马来西亚加快引进外资和先进技术设备，继续发展劳动密集型产业并提高产品档次，加强对部分资本密集型产业、技术密集型产业的投资。在20世纪90年代初期，机械、运输设备和电子产品有了相当大的发展。① 总的来看，1990年和2006年食品、饮料、烟草共占制造业产值比重由13.16%降为8.98%，纺织服装业由6.49%降为2.34%，化工由10.80%增为14.66%，机械交通运输设备由9.29%增为30.41%。1990年和2009年制造业产值占GDP的比重由24.23%降为

---

① 张蕴岭：《世界市场与中国对外贸易发展的外部环境》，中国社会科学出版社，2007，第399页。

23.80%，服务业由42.59%增为49.81%，农业由15.22%降为9.22%。

2. 泰国的主导产业的转变

20世纪60年代起，泰国实施多个五年计划，主要实行进口替代战略，使得劳动密集型产业，如农产品加工业、装配业、纺织服装业等有了较大发展，但是农业仍占主导地位。20世纪70年代后期，全球初级产品价格大幅下跌，外汇收入减少，促使其转向引进外资、全面实行出口导向工业化发展战略，发展劳动密集型的加工出口业。1985年后，日元升值、美元及泰铢贬值，“亚洲四小龙”劳动力成本增加，使得大批制造业从日本、NIEs转移到泰国。泰国出口从1985年到1991年增加了近4倍。这是泰国第一次真正意义上的产业转型，实现了由农业向工业的转移，劳动密集型产业和机械、汽车、电子等资本密集型产业都得到了发展。① 面临来自中国大陆、印度尼西亚等的竞争，从1990年开始大力发展计算机零部件、电器、半导体、汽车及其零部件等中高科技产业。于是1994年，实现了向技术密集型产业转移，其出口值超过了劳动密集型产业商品的出口值。但是，大量引进外资、进口资本品等使得连续几年贸易逆差较大，在1994年占该国收入的6.6%。② 这成为1997年泰铢暴跌、亚洲金融危机的重要原因。总的来看，1990年和2006年食品、饮料、烟草共占制造业产值比重由23.73%降为15.70%，纺织服装业由29.66%降为8.81%，化工由1.59%增为6.31%，机械交通运输设备由10.01%增为35.44%。1990年和2009年制造业产值占GDP的比重由27.20%增为34.15%，服务业由50.27%降为45.20%，农业由12.50%降为11.47%。

3. 印度尼西亚的主导产业的转变

印度尼西亚从1945年独立到1965年是以农业为主体的单一作物种植经济，之后注重发展经济，开始发展进口替代战略，积极引进外资。从1967年到1976年，该国共引进外资50亿美元（相当于其GDP的一半），对其经济发展影响较大。一开始外资集中于矿业、林业及水产业，后来不

---

① 张蕴岭：《世界市场与中国对外贸易发展的外部环境》，中国社会科学出版社，2007，第344页。

② 何春兰：《泰国产业结构正从劳动密集型向技术密集型转化》，《东南亚南亚信息》1995年第7期。

断转向工业。在 1975 年食品工业占工业总产值 47%，纤维纺织占 21%，石油煤炭化工业等约占 13%，机械工业约占 10%。[①] 大多是劳动密集型产业，同时利用油气收入积极发展资本密集型产业，如石化、钢铁、汽车、造船等产业，连同早先发展的轻纺工业，以满足国内需求为主。1982 年和 1986 年，石油等能源价格大跌，初级产品价格也下降很多，使得印度尼西亚国际收支出现较大逆差。于是从 20 世纪 80 年代中期开始重点实行"面向出口"战略来推进非能源产品出口，并实行第二次进口替代推进工业化。面向出口战略就是大力发展加工出口制造业，禁止原料出口但鼓励加工后出口，主要是初级加工的劳动密集型产业。总的来看，1990 年和 2009 年食品、饮料、烟草共占制造业产值比重由 27.48% 降为 22.78%，纺织服装业由 14.61% 降为 10.93%，化工由 8.95% 增为 17.21%，机械交通运输设备由 8.84% 增为 18.36%。1990 年和 2009 年制造业产值占 GDP 的比重由 20.66% 增为 26.36%，服务业由 41.47% 降为 37.06%，农业由 19.41% 降为 15.29%。

4. 菲律宾的主导产业的转变

菲律宾在 1946 年摆脱美国殖民统治实现独立后，就开始了进口替代工业化。1960 年，农业产值占 GDP 的 26.94%，工业占比为 31.27%，其中制造业占比为 24.59%，而韩国 1965 年工业占比为 21.31%，制造业占比为 14.32%。同期在东亚发展中经济体里菲律宾属于工业化较高的国家。在 20 世纪 70 年代，重点发展进口替代工业部门、重化工业部门及面向出口的初级产品生产部门，而面向出口的工业发展受进口替代部门的阻挠一直没有得到重视。但是，这三大部门因 1981 年国内金融危机及国际不利条件出现崩溃或倒退。该国在 1986 年把重组社会经济结构作为政策的核心，如促进私有化来推进工业体制改革、积极吸引外商投资、发展加工贸易。世界银行及国际货币基金组织的严格监督导致政策僵化以及政局不稳定，使得政策调整没有什么成效。在 20 世纪 80 年代后期，政局不稳定使得外资大量进入马来西亚、泰国、印度尼西亚，而很少光顾菲律宾。进入 20 世纪 90 年代，中国的竞争加剧、经济一体化及国际分工的变化使得东盟自由

① 日本海外贸易振兴会雅加达贸易中心报告：《印度尼西亚的工业化进展和对外贸易结构的变化》，谢无忌译，《南洋资料译丛》1979 年第 3 期。

贸易区建设提上日程，这促使菲律宾进行自由化改革，吸引 NIEs 的更多投资，日本也增加了投资但幅度不大。[①] 总的来看，1990 年和 2006 年食品、饮料、烟草共占制造业产值比重由 38.87% 降为 22.34%，纺织服装业由 10.68% 降为 4.92%，化工由 11.80% 降为 6.46%，机械交通运输设备由 3.86% 增为 33.43%。1990 年和 2009 年制造业产值占 GDP 的比重由 24.83% 降为 21.26%，服务业由 43.62% 增为 55.21%，农业由 21.90% 降为 13.08%。

另外，中国大陆在 20 世纪 90 年代积极加入国际分工，对东亚生产分工和 FDI 产生重大影响。东亚 NIEs、日本、美国等成为投资中国大陆的主体，将大量劳动密集型产业转移到中国大陆，同时部分资本密集型产业、技术密集型产业也转移到中国大陆。总的来看，1990 年和 2007 年食品、饮料、烟草共占制造业产值比重由 14.54% 降为 11.81%，纺织服装业由 14.79% 降为 9.98%，化工由 13.11% 降为 10.79%，机械交通运输设备由 15.55% 增为 24.49%。1990 年和 2009 年制造业占 GDP 的比重由 32.66% 略降为 32.30%，服务业由 31.54% 增为 43.43%，农业由 27.12% 降为 10.33%。[②] 该时期，中国出口加工业发展速度比较快。

二　雁行模式的演化

（一）东亚产业分工的雁行模式

从 20 世纪 60 年代开始到 90 年代亚洲金融危机时期，东亚的工业化是建立在发达国家产业不断升级并不断向外转移边际产业的基础上进行的。二战后，东亚各国和地区先后积极实行出口导向政策，东亚产业呈现按梯度先后顺次转移的动态分工模式，即各个经济体产业不断升级的同时不断转移边际产业到技术水平紧接其后的经济体内。

20 世纪 50 年代，日本在接受欧美转移的服装业等产业的基础上发展劳动密集型产业、资本密集型产业，并在购买先进技术、设备的基础上进

---

① 〔日〕森泽惠子：《现代菲律宾经济结构分析》，刘晓民译，《南洋资料译丛》1995 年第 Z1 期。

② 马来西亚、泰国、印度尼西亚、菲律宾、中国的相关数据来自 CEIC 数据库，源于 World Bank。

行产业升级、改造。现已成功掌握服装业等高附加值产业。① 同时，在 20 世纪 50 年代后期开始发展重化工业，仍是在引进美国等技术和设备的基础上进行升级、发展。日本的产业发展大多靠引进技术和最新设备，改良升级，获得利润，再引进技术再改良升级，形成了依靠外国技术的生产体制。日本技术专利贸易一直处于逆差，直到 1992 年还是如此。②

20 世纪 70 年代，一方面，日本继续发展技术密集型的重化工业；另一方面，向外大幅转移资本密集型包括能源及资源消耗型、劳动密集型的重化工业。韩国、中国台湾则利用自身条件发展出口导向加工工业，积极引进发达国家转移过来的劳动密集型产业，并推进资本密集型重化工业的发展。日本重化工业在 20 世纪 70 年代后半期由资本密集型产业升级为技术密集型产业，如电子、精密机械等产业。新加坡和中国香港积极引进劳动密集型的低技术产业，如某些电子产业。

20 世纪 80 年代，特别是 1985 年到 90 年代初，日本不得不加快向东亚转移重化工业，其中部分是技术密集型产业，同时大力发展知识密集型产业、信息技术产业。而此时，“亚洲四小龙”利用自身基础承接发达国家转移过来的技术密集型产业、资本密集型产业，并囿于自身条件所限大幅向外转移劳动密集型产业、重化工业中劳动密集型部分。此时东盟四国、中国大陆及随后的越南积极引进外资，利用自身优势承接“亚洲四小龙”和日本转移过来的劳动密集型产业和部分资本密集型低技术的重化工业。

当某一产业在某一经济体内成为边际产业没有竞争力时就按技术梯度转移出去，同时积极发展新的产业，这种产业转移、升级现象在东亚不同层次经济体间发生。日本学者小岛清把描述国内产业动态变化的雁行模式用来反映东亚产业间分工及分工动态性变化。③ 随后就称上述经济体间的

---

① Gereffi, Gary, “International Trade and Industrial Upgrading in the Apparel Commodity Chain,” *Journal of International Economics*, Vol. 48 (1), 1999, pp. 37 – 70.

② 〔日〕安藤哲生：わが国技術貿易の史的展開，載日本貿易史研究会編『日本貿易の史的展開』，三嶺書房出版社，1997。

③ 小岛清在其“边际产业转移论”的推论中指出，对外直接投资应当立足于“比较成本原理”进行判断，主张对发展中国家工业的投资要按照比较成本及其变动依次进行，并从技术差距小、容易转移的技术开始，按次序进行转移。参见〔日〕小岛清《对外贸易论》，周宝廉译，南开大学出版社，1987。

动态产业分工促进东亚经济发展的模式为雁行模式（The Geese Flying Paradigm）。①

（二）东亚产业雁行分工模式的变异

1. 东亚产业分工的新变化

到20世纪90年代，日本经济增速持续低迷，产业结构调整非常缓慢，又担忧产业空心化，产业向外转移基本上处于停滞状态。进行产业转移的头雁失去了活力，中雁、尾雁位置上的经济体不能承接新的产业转移。此时中国更加积极开放，吸引大量外资，对东盟等形成一定竞争。中国不仅吸引大量劳动密集型产业转移，特别是加工工业，还不断吸引资本密集型产业、技术密集型产业，打破了雁行模式下产业沿着经济体间技术梯度转移的现象。

早在1985年日元急剧升值后，日资组装厂家为保持产品竞争力大幅增加对泰国、马来西亚及印度尼西亚的投资，零部件从日本进口，组装后主要出口欧美。但是，1993年和1994年日元的两次升值使得从日本进口零部件成本大幅增加。于是，日资组装厂家就增加当地零部件采购率，而且日资加大对零部件和器材生产投资。这导致东盟内零部件和器材生产大幅增加。② 事实上，亚洲金融危机前后，随着NIEs实力和投资的增加、东亚后发展经济体生产能力的提高，东亚各个经济体参与产品内垂直分工越来越多，这些分工涉及电子、计算机、电机、运输机械、一般机械等产业，而雁行模式强调的是整个产业的梯次转移。因此东亚新的分工现象越来越背离雁行模式，在20世纪90年代雁行模式总体上被新的分工模式取代了。③

Ando和Kimura认为，东亚区域的零部件、中间品贸易快速增长，大于最终产品贸易的增长速度，这充分证实了东亚生产网络的形成、发展。

---

① 雁行模式概念被认为是日本学者赤松要1935年在《我国羊毛工业品的贸易趋势》中首先提出的。相关讨论见刘德伟《东亚区域生产网络与贸易不平衡》，博士学位论文，中国社会学科院研究生院，2011，第50~51页。

② 〔日〕森泽惠子：《现代菲律宾经济结构分析》，刘晓民译，《南洋资料译丛》1995年第Z1期。

③ Kaplinsky发现，“雁行模式”论的流行在20世纪90年代初达到顶点，之后就很少有人关注。Kaplinsky, Raphael, Michael Morris, “Governance Matters in Value Chains,” *Developing Alternatives*, Vol. 9 (1), 2003.

他们进而强调了东亚中间品贸易以进口为主的特点。[①] Ng 和 Yeats、Athukorala 等也有类似的观点。[②]

2. 东亚生产网络的形成

早在二战后由于财力有限，日本大多以企业集团的形式共同生产产品，而不像美国那样标准化的实行福特制的企业生产产品。日本将边际产业转移出去时，通常是整个集团内企业都在海外某地区进行投资，在海外复制原来的企业网络，这样把整个生产链转移出去。到 20 世纪 80 年代，日本逐渐地把各个生产环节布局在邻近的各个经济体内，以最大化资源配置效率。同期，美国为了因应竞争加剧不断提高海外基地生产能力，并将很多生产环节外包给东亚生产基地。[③] 东亚的华商也逐渐把生产能力转移，把接到的海外订单在其他地方尤其是在中国大陆完成。到 20 世纪 90 年代，随着竞争加剧和更多的经济体加入分工，这种跨境跨企业边界的产品内垂直分工模式越来越成为东亚经济组织中的主流。跨国企业将其整合、管理，组织成国际生产网络。1997 年，由泰铢暴跌引起的亚洲金融危机对东亚国际投资和生产分工产生了重要的影响，实质上是加速了以中国为出口平台的新的分工方式形成，于是东亚生产网络形成了。

三　简介雁行模式的利弊

（一）雁行模式的利

如前所述，二战后东亚经济体除了日本有较好的工业基础和较高技术素养的劳动力外，东亚其他经济体从殖民地半殖民地状态解放出来，现代

① Ando, Mitsuyo, Fukunari Kimura, "The Formation of International Production and Distribution Networks in East Asia," in *International Trade in East Asia*, *NBER-East Asia Seminar on Economics*, University of Chicago Press, Vol. 14, 2005.

② Ng, Francis, Alexander J. Yeats, "Major Trade Trends in East Asia: What are Their Implications for Regional Cooperation and Growth?" *World Bank Policy Research Working Paper 3084*, 2003; Athukorala, Prema – Chandra, "Product Fragmentation and Trade Patterns in East Asia," *Asian Economic Papers*, Vol. 4 (3), 2005.

③ Ernst, Dieter, "Global Production Networks in East Asia's Electronics Industry and Upgrading Prospects in Malaysia," *East-West Center Working Paper*, *Economics Series*, Vol. 44, 2004, pp. 89 – 157.

意义的工业基础非常薄弱。在雁行模式分工下，先发展经济体将直接投资、国际贸易等失去竞争力的边际产业转移到后发展经济体内，促进了当地经济的发展和产业升级，使得各个经济体的产业有了较大的发展。包括日本在内，东亚经济体积极地承接产业转移，引进技术和设备，使得产业不断升级，成为全球跨国公司的供应商，为成为世界制造业中心打好基础。

日本由于要素成本增加、货币升值、国内市场狭小、贸易摩擦不断增加，需要把边际产业不断地转移出去，同时产业在不断升级。“亚洲四小龙”在承接美国、日本等发达国家转移过来的产业时把失去竞争力的边际产业转移到东盟四国和中国大陆等。雁行模式分工优化了东亚资源配置，提高了生产效率，增加了各个经济体的投资、贸易、就业，增加了国民收入，从而带动了东亚经济体先后起飞，雁行模式分工为东亚经济发展创下“东亚奇迹”功不可没。①

雁行模式分工促使东亚各个经济体更加注重参与国际分工，更加依赖世界发展，使得区域一体化增加，还使各个经济体劳动力技术素养得到了提高，现代公民意识不断增强，更有国际视野，而且东亚先发展经济体的成功对后发展经济体具有较强的示范效应、带动效应。雁行模式分工也为发达国家提供大量物美价廉的产品，为发达国家遏制通货膨胀做出贡献，极大地促进了发达国家的福利增加。

（二）雁行模式的弊

东亚各个经济体在短短几十年内就走完了欧美发达国家历经上百年的工业化之路，这就注定了要发挥后发优势，在引进先进技术和设备的基础上实现产业升级。② 雁行模式分工带来的产业转移是通过外商增加垂直型投资、东道国购买技术和设备的形式进行的，因此，雁行模式分工带来的产业升级不是基于内在的创新和技术研发的基础上实现的。引进技术和设备能够节省大量研发经费和时间，风险很小，将引进的技术和设备投入生

① 世界银行于1993年9月出版的《东亚的奇迹：经济增长和公共政策》中首次提出“东亚奇迹”。

② 周小兵：《亚太地区经济结构变迁研究（1950～2010）》，社会科学文献出版社，2012，第17页。

产能很快产生大量经济效益。这对后发展经济体来说，自然形成对引进技术和设备的路径依赖，而缺乏培养自我创新能力的积极性。日本重应用轻基础研发使得其在失去欧美扶持之后，产业升级停滞不前，产业转移趋于保守。[①] 其他东亚经济体也面临着创新不足、产业升级停滞的问题。因此，雁行模式分工不能促进内在的创新能力的培养，甚至排挤了对基础研发的投入。

跨国公司在向东亚后发展经济体投资转移产业时，大多数情况下是为了面向第三市场生产，使得后发展经济体从参与雁行模式分工时就主要为国际市场生产，技术和设备也都需要从外商购买和引进，使得后发展经济体被纳入国际市场时也更加对其依赖。先发展经济体在经济发展到高水平时没有发挥其应有的最终消费市场的作用，从而导致东亚经济体生产越多对外依赖越强。[②] 事实上，雁行模式之所以顺利发展，主要在于美国为其提供市场。随着国际政治经济形势的变化，美国和欧洲要求再平衡呼声很高，外部市场趋于保守。因此，不能提供终端消费市场的雁行模式分工终究需要改变。

第二节　东亚生产网络的形成

目前，作为经济组织最重要的创新，国际生产网络出现的原因在本书基本理论中有所总结，这里讨论发展最快的东亚生产网络形成的具体条件。比较拉美、非洲、东欧、独联体国家和地区的情况，在不考虑国际政治环境的情况下，跨国公司的全球经营战略和东亚国家实行经济自由化，充分发挥比较优势，应该是东亚生产网络快速发展的直接原因，科技发展和国际市场竞争激烈则是根本原因。这里主要讨论经济自由化和比较优势。

---

① 薛敬孝、白雪洁等：《当代日本产业结构研究》，天津人民出版社，2002，第290页。

② 周小兵：《从贸易收支看东亚贸易结构的发展》，载张蕴岭、孙士海主编《亚太地区发展报告（2005）：发展趋势预测与热点问题分析》，社会科学文献出版社，2006，第40～49页。

一　经济制度自由化因素

（一）东亚经济体主动实行经济自由化政策

东亚雁行模式分工的顺利推进实际上是美国对东亚市场开放、东亚各个经济体单方面积极实行投资自由化和贸易自由化的结果。同样，经济自由化也极大地促进了东亚生产网络的形成。

东亚先发展经济体工业产品竞争力强，积极推动自由化。它们除了农业及部分服务部门外，关税比较低，非关税壁垒比较少。例如韩国 1984～1988 年平均未加权关税为 21.0%，1994～1998 年已降为 8.5%，同期使用非关税措施的频率由 53.6% 下降到 31.3%。[①]

从 20 世纪 80 年代到 90 年代初，东亚后发展经济体面临着包括石油、农产品在内的初级产品价格大幅下降、国际贷款环境苛刻、经济发展困难等局面。[②] 它们通过降低关税和大幅减少非关税壁垒来对其进出口政策实行自由化改革。印度尼西亚和中国大陆显著地降低了平均关税水平，泰国和马来西亚的平均关税税率稍有增长后又降低，非关税壁垒普遍有所减少。例如印度尼西亚，其非关税壁垒减少得最多，非关税壁垒范围指标由 1984～1987 年的 94.7% 降到了 1991～1993 年的 2.7%，还通过减免税来鼓励加工出口业进口设备和原料。[③] 泰国 1984～1988 年的平均未加权关税为 41.2%，1994～1998 年已降为 23.2%，同期使用非关税措施的频率由 36.5% 下降到 17.5%，对出口加工贸易实施海关退税、保税仓库及出口加工区政策。[④] 自 1994 年以来，东亚区域的关税平均降低了约 50%。到 2007 年关税仅占进口价值的 5% 左右。[⑤] 相关情况参见表 3－2。

---

① 世界银行编《东亚的复苏与超越》，朱文晖、王玉清译，中国人民大学出版社，2001，第 70 页。

② 20 世纪 80 年代初美国为了遏制通货膨胀，不断加息，推动国际金融市场利率不断提高。石油美元的短缺和借款利率的增加使得拉美地区被长达 10 年的债务危机困扰。

③ 〔日〕浦田秀次郎：《FDI－贸易关联的出现及东亚的经济增长》，载斯蒂格利茨等编《东亚奇迹的反思》，王玉清、朱文晖译，中国人民大学出版社，2000。

④ 世界银行编《东亚的复苏与超越》，朱文晖、王玉清译，中国人民大学出版社，2001，第 70 页。

⑤ 李娇、陆晓丽：《从国际生产网络视角考察东亚贸易模式转变》，《亚太经济》2008 年第 3 期，第 3～9 页。

表 3－2　1980～1993 年东亚部分经济体贸易壁垒消减
（未加权平均百分比）

单位：%

经济体和指标	农产品	工业品	所有产品
中国大陆			
平均关税			
1980～1983 年	46.5	50.5	49.5
1984～1987 年	33.1	41.9	39.5
1988～1990 年	34.1	42.7	40.3
1991～1993 年	31.7	39.7	37.5
非关税壁垒保留百分比			
1984～1987 年	17.8	7.9	10.6
1988～1990 年	27.2	21.9	23.2
1991～1993 年	11.5	11.3	11.3
中国香港			
平均关税			
1984～1987 年	0	0	0
1988～1990 年	0	0	0
1991～1993 年	0	0	0
非关税壁垒保留百分比			
1984～1987 年	6.9	2.1	3.4
1988～1990 年	0.8	0.3	0.5
1991～1993 年	0.8	0.3	0.5
印度尼西亚			
平均关税			
1980～1983 年	23.0	31.3	29.0
1984～1987 年	14.7	19.4	18.1
1988～1990 年	14.8	22.5	20.3
1991～1993 年	13.6	18.3	17.0
非关税壁垒保留百分比			
1984～1987 年	98.9	93.1	94.7
1988～1990 年	15.7	7.0	9.4
1991～1993 年	4.6	2.0	2.7

续表

经济体和指标	农产品	工业品	所有产品
马来西亚			
平均关税			
1980～1983年	4.3	12.7	10.6
1984～1987年	8.6	15.4	13.6
1988～1990年	7.7	14.8	13.0
1991～1993年	7.3	14.7	12.8
非关税壁垒保留百分比			
1984～1987年	4.5	3.2	3.7
1988～1990年	1.6	3.0	2.8
1991～1993年	1.2	2.4	2.1
新加坡			
平均关税			
1980～1983年	0.1	0.4	0.3
1984～1987年	0.1	0.4	0.3
1988～1990年	0.2	0.4	0.4
1991～1993年	0.3	0.4	0.4
非关税壁垒保留百分比			
1984～1987年	15.3	14.1	14.7
1988～1990年	3.0	0.2	1.0
1991～1993年	1.2	0.0	0.3
泰国			
平均关税			
1980～1983年	26.3	34.6	32.3
1984～1987年	28.0	32.5	31.2
1988～1990年	33.4	43.7	40.8
1991～1993年	26.2	41.8	37.8
非关税壁垒保留百分比			
1984～1987年	24.4	7.8	12.4
1988～1990年	7.9	8.8	8.5
1991～1993年	8.8	4.2	5.5

资料来源：*Pacific Economic Cooperation Council*，1995。

东亚发展中经济体在20世纪80年代，结合自身情况对国际投资实行开放政策。特别是东盟四国和中国开始了积极吸引FDI的自由化改革。泰国和马来西亚在1985～1986年，印度尼西亚、中国和菲律宾在1991～1992年分别对外资实行从投资区位到投资领域大幅放开的政策。[①] FDI主要投入进入门槛比较低的部门或生产环节，产品主要面向出口。对于东盟四国和中国，一方面在积极引进FDI，另一方面对国内部分部门实行进口替代保护。为了既能鼓励出口加工业的发展，又能实现进口替代保护，就采取出口退税政策，即对用于出口的进口中间品实行减免或退税政策。各个经济体为吸引FDI不断展开竞争，不断推动其单边贸易自由化，同时，积极致力于提供完善的基础设施等公共品。靠国际借贷、援助或国内融资，大规模兴修和完善道路、机场、水电供应、电子通信等产业基础配套设施，积极发展教育和生产性服务业。努力改革行政审批程序、完善市场运行，为FDI提供便利化政策配套服务。相比较于绝大部分发展中国家，中国政策改革得当、执行得力，加上政局稳定，国际投资和贸易迅速增长。[②]

Moran比较了通过贸易自由化所获得的福利和通过贸易与投资同时自由化所获得的福利，发现同时自由化所产生的福利是仅贸易自由化的10到20倍。[③] 因而东亚经济体实现贸易与投资自由化有助于促使东亚经济快速增长，是其目前成为引领世界经济增长的重要动力之一。由于国际生产网络包含多个不同国籍的企业参与生产同一产品或服务，大量零部件涉及多次往返国境，对关税和通关程序非常敏感。Venables认为，能有效地组建国际生产网络需要关税累加不超过最终产品价值的5%。[④] Hanson、Mataloni和Slaughter分析后发现，关税水平是决定垂直专业化程度的重要因素，

---

① Ando, Mitsuyo, Fukunari Kimura, "The Formation of International Production and Distribution Networks in East Asia," in *International Trade in East Asia*, *NBER-East Asia Seminar on Economics*, University of Chicago Press, Vol. 14, 2005.

② 伯格斯坦、吉尔、拉迪、米切尔：《账簿中国——美国智库透视中国崛起》，中国发展出版社，2008，第102页。

③ Moran, Theodore H., *Strategy and Tactics for the Doha Round: Capturing the Benefits of Foreign Direct Investment*, Asian Development Bank, 2002.

④ Venables, Anthony J., "Fragmentation and Multinational Production," *European Economic Review*, Vol. 43 (4), 1999, pp. 935-945.

其导致分工程度的弹性系数在2和4之间。[①]

在汇率制度方面也相应地采取政策措施，以便扩大出口和引进外资。东亚经济体发展外向型经济初期普遍实行钉住美元的汇率制度。Dooley等称之为复苏或重演的布雷顿森林体系，[②] 并且总体上都采取低估本币汇率的办法来促进对美国等发达市场的出口。东亚先发展经济体，如日本，随着经济实力的增强及布雷顿森林货币体系的解体，货币汇率由固定汇率变为浮动汇率。在1985年达成《广场协议》后货币大幅升值，促进了其大幅增加对外投资。东亚NIEs进入发达经济阵营后也开始了货币升值，扩大对外投资。[③] 人民币在2005年也开始实行有管理的浮动汇率制度，至2013年6月底，已累计升值34%。[④]

（二）多层次性和开放性的国际合作

东亚及亚太区域内多种合作组织对本区域贸易和投资自由化、便利化及经济技术合作起着重要的推动作用。区域经济合作是以开放自己的市场来交换对方的市场，或者部分经济体单方面开放市场，以便其他经济体的产品或投资进入。亚太区域内生产网络的发展需要区域内经济体加强合作，在更高程度上开放市场。从某种意义上讲，东亚区域是跨国公司的生产部门和出口部门，东亚区域合作有利于生产部门提高生产效率，有利于出口部门更有竞争力地占据市场。同时，东亚发展中经济体资源也得到有效配置，取得更多的福利，生产能力得到一定提升。因此，区域合作对生产网络的发展和调整意义重大。据统计，截至2013年11月，东亚经济体已参与实施了62项FTA（包含中国台湾与一些经济体的合作），已签署待实施4项，另有15项正在进行谈判。[⑤] 目前东亚合作既有各种次区域经济

---

① Hanson, Gordon H., Raymond J. Mataloni Jr, Matthew J. Slaughter, "Vertical Production Networks in Multinational Firms," *Review of Economics and Statistics*, Vol. 87 (4), 2005, pp. 664 - 678.

② Dooley, Michael P., David Folkerts-Landau, Peter Garber, *An Essay on the Revived Bretton Woods System*, National Bureau of Economic Research, 2003.

③ 巴拉萨 - 萨缪尔森效应（巴 - 萨效应）可对此现象进行一定解释，是指当一国贸易部门的劳动生产率上升时，该国将面临通货膨胀或者是实际汇率升值。

④ http://finance.chinanews.com/fortune/2013/09 - 27/5332750.shtml.

⑤ http://rtais.wto.org/UI/PublicMaintainRTAHome.aspx。本书补充新加坡、新西兰与中国台湾经济伙伴协议。

合作，如大湄公河次区域经济合作，又有 APEC、东盟、东盟 + X 等区域合作。下面简单介绍一些合作组织。

1. 东盟对区域合作的推动

东盟是“东南亚国家联盟”（The Association of Southeast Asia Nations，ASEAN）的简称，作为东南亚国家协商合作的地区组织，除积极推动东南亚国家之间的更高层次合作外，还积极以集体的力量推动东盟与其他经济体和经济组织之间的合作。①

（1）东盟内部分合作安排

1977 年 2 月，东盟外长特别会议通过了《东盟特惠贸易安排协定》（PTA），该安排适用于基本商品（特别是大米、原油等），东盟工业项目的产品等。规定本区域相关产品如石油优先供应本区域，政府采购优惠，部分产品关税优惠。此后产品类型和数目渐渐增多。② 东盟于 1976 年实行工业化计划，分别在五个成员国内各实行一个工业项目，产品部分供应本区域。

于 1996 年 4 月签署并于当年 11 月实施的东盟工业合作计划（AICO）就是为加强成员国间工业合作，利用各成员国的原料发展工业，成员国间共同组成跨国公司，其产品在成员之间享受特别优惠待遇。③ 于 1998 年签署的《东盟投资区框架协议》，是为了实现东盟自由贸易区及吸引更多投资进入东盟区域。东盟历史上还有其他的小规模区域合作项目，不再列举。

（2）东盟自由贸易区的建设

于 1992 年举办的东盟第四次领导人会议，决定在 2008 年之前建立东盟自由贸易区（ASEAN Free Trade Area，AFTA），希望以统一的市场换来更多投资。AFTA 主要涉及所有制成品及不符合农产品定义的产品分阶段减税。其目标已在东盟六个老成员之间于 2002 年提前完成，并在 2007 年实现零关税。四个新成员力争在 2012 年实现零关税（但允许部分敏感产

① 王玉主：《东盟 40 年——区域经济合作的动力机制（1967 ~ 2007）》，社会科学文献出版社，2011，第 3 页。

② 张振江：《东盟特惠贸易安排：回顾与评价》，《东南亚研究》2006 年第 3 期。

③ 郭芳：《东盟制订“东盟工业合作计划”》，《东南亚南亚信息》1996 年第 18 期。

品延后于2015年)。[1] AFTA促进了东盟地区意识的增强。2015年底东盟轮值主席国马来西亚外长发布声明说，包含政治安全、社会文化和经济的东盟共同体当天正式成立。

(3) 东盟和其他经济体的合作

1997年亚洲金融危机后，欧美市场对外需求减缓，东盟增加了与其他特别是东北亚经济体合作的需求。先后与中国、日本、印度、澳大利亚、新西兰及韩国签订了双边自由贸易区协定。

东盟与中国自贸区：在贸易和投资方面，消除非关税壁垒、增加透明度、简化贸易手续、推动服务贸易的发展以及优化投资环境、避免双重课税等；中国为东盟成员特别是东盟新成员提供技术援助，以帮助它们扩大对中国的出口；在WTO体系内，积极考虑与东盟内非WTO成员的合作形式；扩大在金融、旅游、艾滋病、知识产权保护及环保等领域的合作；为达到高级一体化目标，需在东盟和中国之间建立更加适宜的制度来落实目前的合作框架。[2] 2015年11月双方签订中国—东盟自贸区升级版协议，其中服务贸易是重点组成部分。[3]

东盟和日本的全面经济伙伴关系：协议生效时日本对来自东盟90%的产品实行零关税，并逐步取消另外3%进口品的关税；服务贸易合作包括市场准入和自然人流动两个方面，日本对东盟不同国家开放了数目不等的服务部门；投资协定具体不详，基本上涉及国民待遇、最惠国待遇、一般待遇等；双方经济合作原则、领域等。[4]

2. 亚太经合组织的推动

亚太区域的合作组织包括于1980年成立的官商学参与的太平洋经济合作理事会（Pacific Economic Cooperation Council, PECC），于1989年成立的亚太经济合作组织（Asia - Pacific Economic Cooperation, APEC）及目前

---

① 王玉主：《东盟40年——区域经济合作的动力机制（1967～2007）》，社会科学文献出版社，2011，第133页。

② 王玉主：《东盟40年——区域经济合作的动力机制（1967～2007）》，社会科学文献出版社，2011，第164页。

③ http://epaper.chinanews.com/html/2013-07/02/content_21779.htm.

④ 王玉主：《东盟40年——区域经济合作的动力机制（1967～2007）》，社会科学文献出版社，2011，第201页。

正在热议的FTAAP、RCEP等。对东亚经济体发展已经有较大影响的应该是APEC。APEC成员通过该组织就符合自己和地区利益的活动进行协商对话，推动成员自己采取行动，落实协商一致的目标和议程。作为纯官方的APEC强调目标和议程不需要谈判，依靠各方自己主动落实，因此相关议程对各成员无实质约束力。尽管如此，在20世纪90年代APEC在推进亚太地区贸易和投资自由化、便利化和经济技术合作方面起了积极的作用，取得了实质性效果。

1993年，APEC西雅图会议通过了《APEC贸易和投资框架宣言》，并决定设立贸易和投资委员会来协调和促进亚太区域的贸易、投资活动。此后，APEC由外长会议升格为首脑非正式会议。

1994年，APEC印度尼西亚茂物会议通过了《茂物宣言》。该宣言要求成员应继续减少贸易和投资壁垒，发达成员不迟于2010年，发展中成员不迟于2020年实现贸易和投资自由化，强调反对建立有悖于全球自由贸易目标的内向型贸易集团。

1995年11月，APEC第三次领导人非正式会议通过了执行《茂物宣言》的《大阪行动议程》，APEC实现贸易和投资自由化目标更加明确，并阐明了实施贸易和投资自由化的具体领域。成员从1996年起编制各自的年度单边行动计划，提交当年部长级会议和领导人会议审议。①

1996年，APEC会议发表了《APEC经济领导人宣言：从憧憬到行动》，通过了实施包括各个经济体自由化计划在内的《马尼拉行动计划》及APEC经济技术合作原则框架。这使得APEC从制定目标阶段向付诸行动阶段转变。

每年举行的一次会议都有相关的宣言或计划，对几乎所有成员贸易和投资自由化起着积极的促进作用。但对东亚经济开放及生产网络的形成起较大作用的还是1997年亚洲金融危机前所做的规划和努力。

3. 国际经济组织的推动

二战后的三大国际经济组织即世界贸易组织（前身为关贸总协定，GATT/WTO）、国际货币基金组织（IMF）和世界银行（WB），对贸易自

① 宫占奎：《亚太贸易投资自由化的实现路径》，载唐国强主编《跨太平洋伙伴关系协定与亚太区域经济一体化研究》，世界知识出版社，2013，第16页。

由化和金融自由化进行了不遗余力的推动。

关贸总协定的最后一轮谈判即乌拉圭回合谈判，历经八年于 1994 年结束。该谈判在贸易及投资自由化方面取得了重要进展，如阶段性消除贸易配额限制的时间表、关税税率的降低、知识产权协议、服务贸易的框架性协议、在多边协议框架下的农产品价格稳定措施、更有力的争端解决机制。① 这次谈判建立的 WTO 九大基本原则是无歧视性原则，最惠国待遇原则，国民待遇原则，透明度原则，贸易自由化原则，市场准入原则，互惠原则，对发展中国家和最不发达国家优惠待遇原则以及公正、公平处理贸易争端原则。在 GATT/WTO 的推动下，关税水平稳步降低：工业国对进口制成品平均关税从 1980 年的 10% 降到目前的 3%，发展中国家的平均关税由 25% ~30% 降至 13% 左右。② 这次谈判达成了与贸易有关的投资措施协议（Agreement on Trade – Related Investment Measures，TRIMs），TRIMs 采用列举法来规制成员国的投资措施，不符合总协定的国民待遇原则或禁止数量限制原则的投资措施，成员国应禁止使用。

二战后建立国际复兴开发银行（IBRD）和国际开放协会（IDA），统称世界银行（WB）。这些机构向发展中经济体提供低息或无息贷款、赠款。目前，它的任务是资助国家克服穷困，提高生活水平。国际货币基金组织（IMF）主要是监察货币汇率及各国贸易情况，提供技术和资金协助，确保全球金融制度运作正常。20 世纪 80 年代新自由主义开始盛行。IMF 和 WB 积极推进金融自由化，通过各种“奖励”或“压力”措施，对发展中国家的金融制度改革和开放产生了重要的影响，③ 特别是对陷于债务危机或金融危机国家的影响较大。IMF 和 WB 提倡和鼓励发展中经济体金融自由化、市场化，配合了发达经济体的资本在全球的流动、投机或投资。为发展中经济体带来大量投资的同时，也带来金融危机隐患。总的来说，其增加了对发展中经济体的投资，促使发展中经济体融入区域和全球生产体系当中，加速生产网络的形成。

---

① 王静文：《东亚区域生产网络研究》，博士学位论文，吉林大学，2007，第 46 页。

② 刘德伟：《东亚区域生产网络与贸易不平衡》，博士学位论文，中国社会科学院研究生院，2011，第 103 页。

③ 李晓、丁一兵：《亚洲的超越：构建东亚区域货币体系与“人民币亚洲化”》，当代中国出版社，2006。

二　比较优势

古典贸易理论认为，国际分工来源于双方劳动生产率的相对差别，双方都生产用另一产品衡量的机会成本相对低的产品并进行交换，能够增加双方的效益。Heckscher 和 Ohlin 认为，各国的要素禀赋差异也产生国际分工。一国多出口富含其充裕要素的产品，进口富含其相对稀缺要素的产品。[①] 杨小凯、黄有光认为，不同的分工形成的专业化导致内生比较优势，从而成本不一样，双方交易就有利可图。分工越深入，越需要交易。[②] 波特认为，企业要保持或提高竞争优势，应当实行总成本领先战略（Overall Cost Leading），或差异化战略（Differentiation），或目标聚集战略（Focus），[③] 即低成本，或差异化，或专一化策略。国际生产网络能同时实现这三种策略，主要在于能够同时充分利用各个经济体、各企业的比较优势。因此，比较优势对生产网络的形成有着非常重要的影响。

旗舰企业筹建、发展生产网络时，要涉及原材料和零部件成本、制造成本（固定和可变成本）、交通和物流成本、库存成本、税收和关税等，还涉及产品质量、知识产权保护、上市时间、产能基础等。当调整东亚生产网络时，各个环节重新布局，涉及产业在不同地区的转移。美国咨询公司海克特集团研究发现，发达国家的成本要高于发展中国家成本的 19% 时才会有现存制造生产能力的转移，低成本国家之间的转移为 18%，低成本国家向高成本国家转移为 16%。[④] 在 20 世纪 90 年代大部分东亚经济体实行出口导向型工业化战略，对旗舰企业来说，其优势包括开放而又稳定的政策体系、质优价廉的劳动力和有阶梯性差距的制造业基础、较好的基础设施等。中国就具有上述大部分特点。

在劳动力工资方面，东亚经济体工资一直较低，但是随着经济发展其

---

① Heckscher, Eli Filip, Bertil Gotthard Ohlin, *Heckscher-Ohlin Trade Theory*, The MIT Press, 1991.

② 〔澳〕杨小凯、黄有光：《专业化与经济组织——一种新兴古典微观经济学框架》，张玉纲译，经济科学出版社，1999，第 340～379 页。

③ 〔美〕迈克尔·波特：《竞争战略》，陈小悦译，华夏出版社，2005，第 34 页。

④ 宋泓：《全球产业布局新趋势》，载王洛林、张宇燕主编《2013 年世界经济形势分析与预测》，社会科学文献出版社，2013，第 307 页。

上升也快。1964～1970 年，“亚洲四小龙”的工人日工资最低为 0.48 美元，最高只有 2.80 美元。1970 年，美国半导体行业工资是中国香港的 10.3 倍、韩国的 10.2 倍、新加坡的 11.6 倍。当时墨西哥的工人工资水平高出中国香港、新加坡和韩国等工资的 0.8～1.2 倍，其民用电子工业的工资水平则是后者的 1.8～2.0 倍。[①] 很长一段时间内，中国大陆工人单位小时工资水平只是西方发达国家的 2%～3%。目前，工人工资水平总体上相当于美国的 45%，增长较快。又如 2000 年中国的工人工资水平是墨西哥的 1/4，但在 2010 年上升为 2/3，而越南的工人工资水平只有中国的 1/4，不过中国工人劳动生产率要高很多。[②]

在教育方面，日本、韩国、中国台湾和中国大陆是学历教育重视程度比较高的经济体。高学历意味着高收入。东亚各个经济体在 2000～2004 年统计的成人识字率分别为：中国为 90.9%，越南为 90.3%，老挝为 68.7%，柬埔寨为 73.6%，马来西亚为 88.7%，泰国为 92.6%，新加坡为 92.5%，印度尼西亚为 87.9%，菲律宾为 92.6%，文莱为 98.2%，日本、韩国初等教育净入学率都为 100%。[③] 相比于其他发展中国家，东亚经济体劳动力受教育程度相对要高一些。[④]

据统计，东亚地区既是占世界人口比重大的地区，又是世界上人口稠密的地区之一。东亚地区 1998 年总人口是 18.51 亿人，占亚洲人口的 54.6%，占世界总人口的 33%，人口密度为世界平均水平的 3 倍。中国、印度尼西亚、日本人口超过 1 亿人，越南、菲律宾、泰国人口都已超过 5000 万人。按照联合国 1982 年人口年龄结构类型划分标准：柬埔寨属于年轻型人口国家，日本属于老年型人口国家，其余 14 个经济体属于壮年型人口国家。[⑤] Bloom 等发现，在 20 世纪 60 年代中期，东亚总人口增长率超

---

① 张玉柯、马文秀：《比较优势原理与发展中国家的经济发展》，《太平洋学报》2001 年第 1 期。

② 宋泓：《全球产业布局新趋势》，载王洛林、张宇燕主编《2013 年世界经济形势分析与预测》，社会科学文献出版社，2013，第 307 页。

③ 张蕴岭、魏燕慎主编《简明东亚百科全书（上卷）》，中国社会科学出版社，2006，第 502 页。

④ Adult and Youth Literacy National, Regional and Global Trends, 1985 - 2015, http://www.uis.unesco.org/Education/Pages/education-statistics-mdg.aspx.

⑤ 张蕴岭、魏燕慎主编《简明东亚百科全书（上卷）》，中国社会科学出版社，2006，第 24 页。这里除了本书先前提到的经济体外还包括蒙古和朝鲜。

过劳动适龄人口增长率，但从20世纪70年代开始，劳动适龄人口增长率反超总人口增长率。他们将后者定义为“人口红利”，认为人口比例转变带来的人口红利是东亚快速发展取得奇迹的一个重要因素。①

另外，东亚各个经济体的劳动力的身体素质、健康水平，随着医疗条件的改善不断地提高。与日本在地理位置上比较接近，如中国台湾、韩国等在第二次世界大战前与日本就有较多的经济往来。

在东亚各个经济体中一直进行着较大规模的基础设施等硬件建设，并逐步进行跨境连接建设，以确保人员和物资可以自由跨境通行；加强软件设施的建设，以确保信息和技术的通畅交流；规划将互联互通拓展至东亚地区、亚洲以外地区。② 这为产业的发展和承接产业转移提供了优良的环境和基础。在“一带一路”倡议下，东亚通过产能合作、互联互通等项目，将更大地促进东亚区域生产网络的调整。

三 技术发展

生产力的发展推动社会的进步，科学技术是第一生产力。科技进步促使生产资料和生产工具不断革新，同时促进经济组织形式不断创新。作为影响深远的经济组织形式，国际生产网络是在科技进步推动下由旗舰企业组织形成的。具体来说，科技进步决定了国际分工的广度和深度。它决定了产品本身生产分工的程度，空间参与分工的广泛性，以及可用于国际分工的产品种类。

众所周知，产品生产的分工尤其是制造业产品的分工在其诞生时就已经存在。如果这些分工是在一个企业内完成的，则有可能按照流程顺序，所有零部件依序生产出来后再组装成最终产品，也就是说，按照生产过程或工序先后完成产品生产。二战后很多经济体出现了在企业网络内共同完成最终产品生产的经济现象，比较著名的是日本系列制。国际生产网络的形成关键在于生产环节能够以可接受的成本在国际范围内进行布局、分

---

① Bloom, David E., Jeffrey G. Williamson, "Demographic Transitions and Economic Miracles in Emerging Asia," *The World Bank Economic Review*, Vol. 12 (3), 1998, pp. 419 – 455. 转引自李魁《劳动力负担对东亚经济起飞的影响》，《中国人口科学》2010年第4期，第67～77页。

② http://news.xinhuanet.com/world/2012-05/31/c_112086935.htm.

工。近几十年来，国际范围的科技发展日新月异。在生物科技、信息科技、纳米科技、新能源新材料科技、环境科技这些影响深远的领域取得了重大的发展。科技发展，尤其是生产制造技术、信息通信技术、运输技术对国际生产网络形成和发展的影响比较显著。

（一）生产技术的发展降低进入门槛

随着生产技术的发展，部分制造业技术已经成熟，掌握核心技术的跨国公司不断淘汰成熟技术、标准化技术，甚至作为商品出售给发展中国家，使得发展中国家的制造能力不断提升。生产技术的发展促使产品生产环节不断分割、不断分离，从而不断降低了技术难度，推进操作简单化、标准化，例如设备及其设计的不断改进使其操作简单化。这些使得许多发展中国家都能够有机会进入门槛降低的制造业生产环节，特别是劳动密集型的生产环节，甚至在引进技术和设备的基础上从事低技术密集型生产环节。另外，东亚大部分经济体在二战后比较注重教育，提高识字率，不断提高劳动者的素质和劳动技能。东亚经济体能够在二三十年内就实现发达国家经过上百年才实现的工业化程度，部分是因为技术的突破和大部分技术的普及，降低了制造业进入门槛。这也为国际生产网络的形成和发展提供了技术基础。

（二）信息和通信技术的发展及扩散

这在本书第二章已有论述。这些技术的发展不仅增加了发达国家对ICT需求，而且培育了东亚市场对电子产品的需求。[①] 电子产品已经普及，并且新产品上市时间越来越短，其收入不仅足以支撑其研发、设计、生产等成本，而且继续为旗舰企业带来丰厚利润。[②] ICT产业是东亚各国争相发展的一个产业，对东亚的经济影响与日俱增。ICT产业的发展极大地促进了包括ICT产业在内的国际生产网络的形成、发展、延伸和调整。

---

① 截至2016年12月，仅仅中国大陆网民数量已达到7.31亿人，手机网民达到6.95亿人。数据源于第39次《中国互联网发展状况统计报告》，http://www.cnnic.net.cn/hlwfzyj/hlwxzbg/。

② 据估计，2010年苹果公司不生产任何产品却占利润的60%并享有定价权。见http://tech.sina.com.cn/t/2010-07-06/11484391766.shtml。

ICT使得东亚区域生产更加协同，促进了东亚生产网络的形成。发达国家各产业的旗舰企业借助ICT使其核心资源和能力在东亚跨境中发挥作用。旗舰企业借助于ICT在东亚范围内跨境联系，对产能进行有效整合，将分散的专业集群一体化。就ICT产业而言，美国和日本负责诸如芯片、软件等核心部件设计、研发和生产，“亚洲四小龙”负责内存、高级硬盘、晶圆、显示屏等重要零部件生产，东盟及中国大陆负责其他低技术的零部件生产，还有加工组装环节。ICT产业生产在东亚本身就是一个复杂的国际生产网络。

总之，ICT促进了更有影响力、更加敏捷的东亚生产网络的发展，并打破了企业边界和经济体边界。尽管产品的价值链环节及其供应商是分布于各个经济体内，国际生产网络还是能够使全球旗舰企业对不断变化的国际市场迅速做出反应。

（三）运输技术迅速革新

科技的突破、制造业的进步加上ICT的广泛应用，使得当代运输技术突飞猛进，大大减少了时空摩擦，使得运输、联系成本极大地降低，使得及时供货的范围越来越大，也相应地减少了库存成本。航空、海运及陆地运输等使得全球各大洲紧密联系在一起，成为地球村。东亚各个经济体积极发展运输、物流业，无论是高速公路里程，还是高铁里程在世界上都是比较靠前的。日本新干线早已著名，中国高铁方兴未艾，其他东亚经济体也不甘落后积极发展运输与物流业。区域内海运业和航空业都非常繁忙、发达，东盟内部及中国和东盟之间的互联互通正在积极规划、推进当中。这些都为东亚生产网络的发展和调整准备了良好的、必要的基础。

四　国际市场上激烈竞争

伴随着全球经济自由化，市场的竞争和科技的发展已经显著地改变了竞争的影响。简单来说，竞争有两个方面的影响：竞争范围不断扩展，为应对竞争的所需条件正在变化。相关内容，本书第二章第二节有所论述。

传统大企业是福特制的垂直一体化。这样能提高生产效率，实现规模经济效益。为了尽可能降低单位产品成本，有效降低生产的波动性，就尽量避免在产品生产的任何一个环节出现差错或延误。因而通常将产品生产的所有环节纳入垂直一体化企业。

二战以后，随着科技的进步和世界经济的不断发展，市场竞争不断加剧，产品的生命周期也不断缩短。最终产品用户和资本市场需求多样化以及对产品档次的要求不断提高，这使得企业在进行大规模成批量生产时要注重实现范围经济，而且在大规模生产下，常有技术锁定、产能过剩、劳动力成本较大的情况。在20世纪70年代后，非垂直一体化的日本企业网络及其在东亚的生产体系表现出较强的竞争力，在欧美市场上具有较强的竞争优势，欧美跨国公司节节败退。此后伴随着ICT和运输技术的飞速发展，美国跨国公司为了提高竞争力开始创新经济组织，尤其在电子、汽车方面，企业组织普遍出现了逆垂直一体化的趋势，并组建东亚生产网络。到20世纪90年代，新兴电子产业、服装业等通过生产网络基本上实现了弹性专精客户定制化生产。企业专注于核心业务，分工合作，彼此间交易成本大为节省，不断提高整个生产网络的竞争力。这样网络内企业组织能够以集体的力量应付变化多端的市场竞争和需求。一方面，集中各环节供应商的特长实现规模化生产；另一方面，多样化生产获得范围经济，并且提高集体学习能力和创新能力。卡斯特认为，在技术快速发展的今天，生产网络而非巨无霸式的垂直一体化企业才是实际的经营单位，① 美国企业也因而在20世纪90年代重新获得对日本企业的优势。

二战后东亚大部分经济体是从殖民地或半殖民地半封建社会过来的，而工业发展较早的日本也无足够的实力去发展美国式标准的垂直一体化企业。因此，经济体内企业网络发展较快，企业网络构成了东亚各个国家和地区经济系统的基本单位，② 尤其是在日本。日本在东亚投资的时候，通常在东道国复制国内原有企业网络，将整个生产链迁移出去，即日式系列生产体制在海外的发展成为东亚生产网络发展的开端。海外华人商业圈在东亚经济逐渐发展时，自身不断接受美国的订单，将商业圈逐渐转向具有生产功能的网络。为了降低成本，美国在东亚增加投资，在电子、汽车行业发展了东亚生产供应网络，从而利用东亚的比较优势和美国的技术，美国电子、汽车等行业跨国公司在20世纪90年代又战胜了日本企业取得了

① 〔美〕卡斯特：《网络社会的崛起》，夏铸九等译，社会科学文献出版社，2001，第121页。

② 〔美〕卡斯特：《网络社会的崛起》，夏铸九等译，社会科学文献出版社，2001，第134页。

竞争优势。[①] 这样，来自不同投资主体的三种国际生产网络在东亚相互交错、彼此交流而又竞争，很快形成东亚生产网络现状了。

海外华商、日本、美国、欧盟及韩国等的跨国公司发展东亚生产网络显然也是为了追求规模化生产，降低生产成本。它们在东亚范围内垂直布局各个生产环节，有效配置资源，将实现各个环节的有效规模，降低成本，增加在国际市场上的竞争力。关于规模经济，第二章第二节有所论述。

第三节　东亚生产网络的 FDI－贸易关联

本节主要讨论在东亚生产网络形成、发展时期，FDI 对生产网络的影响及与东亚区域内贸易的关系。东亚区域贸易及对外贸易在下一节重点讨论。外包在东亚生产网络形成初期不起主要作用，外包数据又不易获得，因此本节不讨论外包与东亚生产网络之间的相互影响关系。

一　东亚生产网络形成时 FDI 和贸易快速增长

1986～1997 年，几乎东亚所有发展中经济体出口都获得了高速增长，从而东亚出口在东亚金融危机前扩大了将近 5 倍。中国在 1994～1997 年出口增长速度更是异乎寻常的高。参见表 3－3，1997 年除了中国大陆和印度尼西亚外，其他东亚发展中经济体的出口占 GDP 的比重都超过了 30%，远高于发展中经济体约 23% 的平均水平。[②] 同时，流入东亚发展中经济体的 FDI 从 20 世纪 80 年代中期到 1998 年以显著的速度增长，其速度远高于出口的增长速度。1986～1998 年，流入东亚发展中经济体的 FDI 增长了 12 倍多，从而 FDI 占 GDP 的比重不断增长。结果无论是贸易、FDI 还是 GDP 占全球的份额都得到较快的增长。可以认为，贸易和 FDI 的发展是本地区经济发展的必要条件，是东亚生产网络形成的必要条件。

① 〔美〕博拉斯：《听任自生自灭：亚洲生产网络和美国电子业的复兴》，载巴里・诺顿主编《经济圈——中国大陆、香港、台湾的经济和科技》，贾宗谊、贾志天译，新华出版社，1999。

② Report，W. D.，*World Development Report 1999/2000*：*Entering the 21st Century*，Published for the World Bank，Oxford University Press，2001.

表 3－3　东亚经济体若干年份的出口和 FDI 各占 GDP 百分比

单位：%

经济体	1986 年	1990 年	1994 年	1997 年
	出口占 GDP 百分比			
中国大陆	10.5	17.5	22.3	20.3
中国香港	88.5	109.9	115.7	109.7
韩国	32.0	25.6	25.2	30.8
中国台湾	52.5	41.9	38.5	42.8
印度尼西亚	18.5	22.4	22.6	24.9
马来西亚	49.6	68.8	81.0	80.0
菲律宾	16.0	18.2	20.7	30.5
新加坡	124.7	140.9	136.7	129.8
泰国	20.6	27.0	31.4	37.4
	FDI 占 GDP 百分比			
中国大陆	0.6	1.0	6.2	4.9
中国香港	2.5	1.0	3.2	3.5
韩国	0.4	0.3	0.2	0.6
中国台湾	0.4	0.8	0.6	0.8
印度尼西亚	0.3	0.8	1.2	2.2
马来西亚	1.8	6.8	6.0	5.2
菲律宾	0.4	1.2	2.5	1.5
新加坡	9.5	12.8	12.1	10.1
泰国	0.6	2.8	0.9	2.4

资料来源：转引自 Urata, Shujiro, "Emergence of an FDI－trade Nexus and Economic Growth in East Asia," *Rethinking the East Asian Miracle*, 2001。

二　流入东亚的 FDI 快速增长的原因

二战后东亚发展中经济体的发展起点非常低，面临着市场狭小、资本短缺、技术落后这些严重问题。在日本“贸易立国”战略成功影响下，东亚发展中经济体纷纷采取出口导向发展战略，大力引进 FDI 来增加总供给，积极出口来拉动经济增长。从而 FDI 的持续流入和出口不断扩张成为东亚地区经济增长的非常重要的驱动力。[①]

（一）贸易和 FDI 的自由化

20 世纪 70 年代末发生的第二次石油危机及其后续影响使得许多工业化经济体的经济出现了负增长，进口减少。一些发展中国家出口大幅减少，全球经济放缓，另一些发展中国家出现债务危机。同时，东亚许多发展中经济体实行进口替代的效果不尽如人意，还引起了诸如生产效率恶化等许多问题。为了应对 20 世纪 80 年代初严峻的世界经济形势和国内经济的困境，东亚发展中经济体采取了主要包括贸易和 FDI 自由化，减少政府对经济活动的干预等改革措施。东亚发展中经济体在 20 世纪 80 年代到 90 年代的贸易和 FDI 自由化进程以及全球经济自由化发展在本章上一节已经有所论述，不再赘述。

（二）东亚发展中经济体积极引进 FDI

1. 引进 FDI 推动出口导向工业化发展

东亚先发展经济体，如日本、中国台湾、韩国，在美国大量援助的基础上主要靠自身资本积累成功进行了进口替代工业化。后发展经济体，特别是受新加坡影响的东盟四国，在推进工业化时，国际环境已经大为变化，[②] 竞争激烈无暇积累资本，其主要依靠引进 FDI 来提高生产能力，扩大出口拉动经济。[③] 中国在吸取国内外经验教训的基础上也大力引进 FDI，推进加工贸

---

① Hughes, Christopher W., "Japanese Policy and the East Asian Currency Crisis: Abject Defeat or Quiet Victory?" *Review of International Political Economy*, Vol. 7 (2), 2000, pp. 219 - 253.

② 比如 20 世纪 70 年代石油美元为国际金融市场提供了充足的流动性；发达国家为了解决滞胀采取了扩张性的金融政策降低了国际金融市场的利率；实际有效汇率升值与产业结构调整推动了日本对东亚增加 FDI（Fukasaku, Kiichiro, et al., "Overview, Miracle, Crisis and Beyond," *Institute of Southeast Asian Studies and OECD Development Centre*, *Paris*, 2004）；当时采取出口导向型发展战略的发展中国家数量不多，竞争相对缓和等。

③ 参见李晓、丁一兵《亚洲的超越：构建东亚区域货币体系与“人民币亚洲化”》，当代中国出版社，2006。除了上述时代背景不同之外，Teo 和 Park 认为，还可以从以下两点做出解释：第一，东北亚的政府能力更强，行政效率更高，可以通过产业金融体制对经济发展进行指导和干预，而东南亚国家要相对弱一些；第二，日本、韩国都是单一民族国家，比较排斥 FDI，中国台湾总体上来看对 FDI 比较温和，不过其吸收的 FDI 以“华侨外资”为主，东南亚的新加坡是比较依赖 FDI 的国家，这也明显地影响到了东南亚的其他国家。中国政府能力强，除了通过银行融资扶持产业外还积极吸引 FDI。参见 Teo, W. C. M., D. Park, *East Asian Development Experiences: A Comparative Study*, East Asian Economic Issues, 1998, pp. 254 - 268。

易，要求相关企业以出口为导向、赚取外汇为目的。[①] 与向国际金融机构借债相比，FDI 比较稳定又不需要还本付息。有时随着 FDI 的进入，还带来先进技术和人才流动及国际市场信息。故利用 FDI 是比较安全有效的。

2. 引进 FDI 部分弥补国内金融市场的缺陷

包括日本在内，为快速恢复或实现工业化，东亚经济发展路径通常优先发展工业，政府通过银行体制为工业发展提供支持，形成特有的产业金融体制。[②] 这虽然促进了生产和出口，但也使得东亚尤其是发展中经济体的金融市场发展相对落后，使得较高的储蓄不能有效地转化为实体中的投资，这也使得绕过国内不完善金融市场的 FDI 更有吸引力。

3. 各个经济体相互竞争促进 FDI 流入

进入 20 世纪 80 年代后，东亚各发展中经济体纷纷实行外向型经济，积极承接国际产业或生产环节转移。FDI 在促进东亚出口、经济发展中发挥着重要的作用，从而相互之间为引进 FDI 的竞争日趋激烈。拉美地区经济体如墨西哥，在 20 世纪 90 年代也加入引进 FDI 的竞争行列当中。东南亚一些国家快速出台引进外资的政策和措施，加快金融改革，东盟四国还争相放开了资本项目。金融改革使得进入的外资企业、海外资本不断增加，也提高了国内资金利用效率，但这也是造成东南亚金融危机的重要原因。东南亚金融危机后，对东南亚各国展开的并购（M&A）成为绿地投资（Greenfield Investment）后的另一个重要的 FDI 来源。[③]

（三）汇率因素使得 FDI 增加

除了内因，还有外因。到 20 世纪 80 年代中期，日本和联邦德国在经

---

① Kawai, Masahiro, "Trade and Investment Integration for Development in East Asia: A Case for the Trade - FDI Nexus," *Institute of Social Science*, University of Tokyo, 2004.

② 安忠荣认为，东亚实行出口导向型模式的经济体把金融仅仅作为发展实物经济的支持手段，长期实行由制造业主导的高速增长。金融部门的落后使东亚一些经济体在 1997 年的金融危机中深受打击，成为“自身成功的牺牲品”（Victim of Own Success）。参见〔韩〕安忠荣《现代东亚经济论》，田景等译，北京大学出版社，2004。瑟罗将这种只重视生产而忽视消费的做法称为“生产者主义”，与之相对，主要靠消费驱动增长的美国模式则被称为“消费者主义”。参见〔美〕瑟罗《二十一世纪的角逐：行将到来的日欧美经济战》，周晓钟等译，社会科学文献出版社，1999。

③ Kawai, Masahiro, "Trade and Investment Integration for Development in East Asia: A Case for the Trade - FDI Nexus," *Institute of Social Science*, University of Tokyo, 2004.

常项目下的巨额顺差及美国在经常项目下的巨额逆差成为影响世界经济稳定发展的主要因素。1985 年 9 月，5 个发达国家达成《广场协议》，促使日元和德国马克相对于美元和其他货币升值。在东亚，日元的升值使得东亚其他经济体的产品在国际市场中具有价格优势，从而增加出口。发达经济体和日本之间的贸易摩擦及贸易保护主义倾向使得日本直接减少出口，为其他经济体出口增加提供了机会。东亚一些仍然享受出口美国市场优惠的经济体就吸引到更多的 FDI。

日本为了保护其在发达经济体的市场，直接投资发达经济体，同时在东亚发展中经济体建立出口基地。为了和其他跨国公司竞争，保持在国际市场中的竞争优势，日本公司也将制造基地转移到其他制造总成本较低的地区，因而日本旗舰企业加大对海外的投资。同时，日元的升值通过资产流动效应和财富效应，使得日本企业有更多的资金增加输出 FDI 的数量。

一方面，为了应对来自日本公司的竞争压力及增强自身竞争力，来自欧美的旗舰企业增加了对东亚的投资；另一方面，东亚发展中经济体集体性地钉住美元，汇率浮动减小，彼此间汇率相当稳定，使得国际资本收益风险较小，这也增加了投入东亚的 FDI 的数量。

另外，东亚各个经济体基本上都有比较稳定的国内发展环境，特别是中国大陆；发展中经济体都有质优价廉的劳动力；信息革命引起的技术显著进步带来了通信、运输等服务连接成本的降低。这些都是引进 FDI 的促进因素。

三　流入东亚区域 FDI 的特征

（一）流入东亚区域的 FDI 增长较快

进入 20 世纪 70 年代后，跨国公司的兴起直接引发了全球对外投资的浪潮。按流入计算的世界直接投资规模从 1970 年的 133.46 亿美元上升到 2007 年的 2 万亿美元，[①] 此后受 2008 年全球金融危机、全球主要经济体复苏脆弱性及政策不确定性影响，全球直接投资规模有所下降，2012 年为

① 本段中数据均来自 UNCTAD，http://unctadstat.unctad.org/ReportFolders/reportFolders.aspx。所引数据按 2012 年美元价格和汇率进行了折算。

1.35万亿美元。流入东亚地区的FDI数量在1970年为1.78亿美元，1985年为22.64亿美元，2007年为1.65万亿美元；而拉美地区同期的数据分别是15.99亿美元、62.23亿美元和1.72万亿美元。全球流入的FDI在1985~2007年的年均增长速度为17.67%，同期发展中经济体流入FDI的年均增长速度为18.47%，东亚为21.53%，拉美为16.28%。该时期特别是20世纪90年代，东亚生产网络开始形成、发展。东亚接收到的FDI大多投向制造业部门，而流向拉美的FDI除墨西哥外，大多流向能源、资源部门。从图3-1中可知，同拉美地区相比，在20世纪90年代流入东亚的FDI比较多，增速比较快。

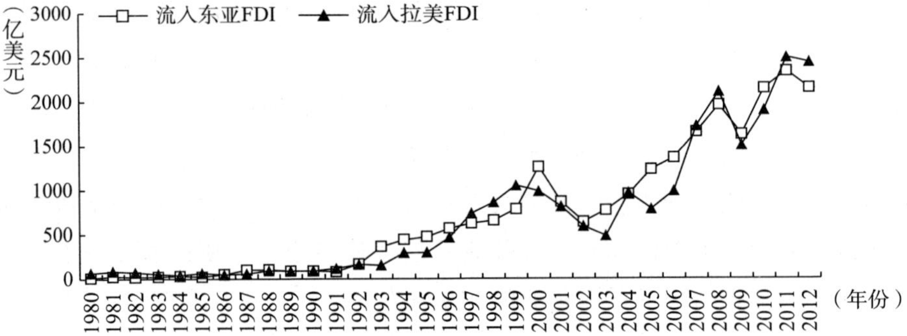

图3-1 东亚与拉美地区1980~2012年的FDI流入量比较

资料来源：基于UNCTAD数据，经笔者整理计算。

（二）投向制造业的FDI大多投向机电产业

总的来说，东亚经济体的制造业吸收的FDI占比较大，而其中大多流向机电产业。截至2010年，美国对东亚地区制造业的投资主要投向东亚NIEs、中国大陆和东盟，三者合计占美国对全球制造业投资存量的15%，而对机电产业的投资占美国对世界机电产业投资存量的25.9%。美国对日本和NIEs的投资以服务业为主。日本对外FDI主要投向亚太地区，其对外投资主要集中在制造业上，占其对外投资的37.8%，仅对机电产业的投资占比为18.3%。2005~2010年，日本对外投资存量中制造业占比增加为45.4%，机电产业占比为19.2%，对金融业投资也有增加的趋势。中国台湾对外投资从1959年到2006年共有306亿美元，投向制造业占比为61.12%，机电产业占比为29.74%，这还不包括对中国大陆的投资存量数据。截至2010年，韩国对外投资存量的41.9%投向东亚；而投向中国占其投资总量的19.4%，其中制造业占其总制造业投资的38.7%；投资占比第二的是东盟。中国香港截至2009年对外投资主要集中在投资控股等服务业上。新加坡截至2009年对中国制造业投资323亿美元，占全部制造业投资存量的比重为38.4%；对东盟制造业投资为289亿美元，占全部制造业投资存量的比重为34.4%。截至2010年，中国对东盟的投资集中在电力等公共设施、金融业、采矿业、批发零售和制造业上，共占对东盟投资存量的70.8%。[①] 这些数据说明东亚区域各个经济体吸引和流出的FDI存量不尽相同，参与国际分工的程度也不相同。

（三）流入东亚的FDI多是效率追逐型的

东亚接收到的FDI主要来自亚太区域内发达经济体。从表3-4可以看出，日本对东亚的投资存量最多为4930亿美元，其次为美国，接着是中国香港、中国大陆等。中国大陆接收FDI最多，为6175亿美元，其次是中国香港、东盟等。因此，东亚发展中经济体接收FDI最多，而接收大量FDI的东亚经济体，市场需求有限，而且FDI大多投入出口加工业，因此这些FDI大多是效率追逐型的。

表3-4　东亚地区及美国对东亚地区的投资
（存量，截至2009年）

单位：亿美元

	中国大陆	日本	中国香港	韩国	新加坡	中国台湾	东盟	合计	亚太总计
日本	693	—	142	141	176	73	583	1808	4930
美国	605	1133	540	302	1060	210	514	4364	4364
中国香港	3524	—	—	—	66	—	118	3708	3707
韩国	345	36	121	—	37	5	203	747	1103
中国台湾	427	11	20	—	27	—	—	485	—
新加坡	581	50	215	26	—	58	847	1777	1897
东盟	—	—	—	—	—	—	—	0	—

① 美国经济分析局（BEA）；日本财务省JETRO报告；中国台湾主管部门统计年报；韩国进出口银行；中国香港特区政府统计处；新加坡2011年年鉴等。

续表

	中国大陆	日本	中国香港	韩国	新加坡	中国台湾	东盟	合计	亚太总计
中国大陆	—	11	1991	6	61	0	83	2152	2200
合计	6175	1241	3029	475	1427	346	2348	15041	18201

注：东盟（不含新加坡）数据截至2009年。

资料来源：各个经济体统计部门，转引自周小兵《亚太地区经济结构变迁研究（1950～2010）》，社会科学文献出版社，2012，第101页。

在东亚生产网络形成、发展时期，即从20世纪80年代中期到90年代末，流向东亚的FDI就主要来自东亚内经济体，见表3－5。NIEs在1985～1989年吸收到的FDI中，来自日本的占了38%，美国占据26%；1990～1997年，来自日本的占比下降，而美国占比稳定，但占比都仍较高。东盟在1985～1989年吸收到的FDI中，来自日本、美国的占比较高，略高于NIEs；1990～1994年，吸收到的FDI中，来自NIEs的占比较高，高于日本和美国所占的份额。中国大陆在1985～1997年吸收到的FDI中，NIEs占比特别多，最高为74%，远高于发达国家占比。由此可初步断定，日本、美国先向NIEs投资，转移产业或生产环节，而NIEs同期大幅向中国大陆、东盟转移产业或生产环节。在NIEs、东盟吸收到的FDI中，欧盟在20世纪90年代占比也不少。结合同期各个经济体人均GDP的变化，可见流入东亚的大部分FDI随着要素成本的变化，其流向不断地发生变化。这些也表明流入东亚的FDI多为效率追逐型。

表3－5　东亚地区吸收FDI的地域结构

单位：%

经济体	年份	东亚内	NIEs	ASEAN	中国大陆	日本	美国	欧盟
NIEs	1985～1989	45	4	0	3	38	26	16
	1990～1994	38	7	2	1	28	34	20
	1995～1997	33	6	6	0	21	34	21
ASEAN	1985～1989	46	20	1	0	25	23	15
	1990～1994	45	30	2	0	13	7	11
	1995～1997	42	19	5	0	18	7	21
中国大陆	1985～1989	59	50	0	—	9	7	3
	1990～1994	82	74	2	—	6	7	4
	1995～1997	77	66	2	—	9	8	7

续表

经济体	年份	东亚内	NIEs	ASEAN	中国大陆	日本	美国	欧盟
东亚 9个经济体	1985～1989	48	23	0	1	24	20	13
	1990～1994	57	43	2	0	12	10	9
	1995～1997	56	38	4	0	14	11	15

注：表中数据为投资经济体所占百分数。

资料来源：Isogai, Takashi, Shunichi Shibanuma, *East Asia's Intra and Inter-regional Economic Relations*; *Data Analyses on Trade*, *Direct Investments and Currency Transactions*, Bank of Japan, 2000，转引自王静文《东亚区域生产网络研究》，博士学位论文，吉林大学，2007，第58页。

（四）投向东亚的FDI多是出口导向型的

浦田秀次郎及Kawai认为，日本和NIEs的FDI多为效率追逐型和出口导向型。[①] 由理论分析表明，跨国公司（旗舰企业）投向东亚的FDI基本上都是效率追逐型的，而流向东亚的FDI促进了东亚地区各个经济体的制造能力不断提高，从而促使各个经济体参与东亚生产网络分工。每一个经济体和每一个企业根据其比较优势参与产品内垂直分工，从而促进东亚各个经济体之间及其各个企业之间产品内贸易激增，而具有竞争力的大部分最终产品出口到区域外市场。这被相关数据所证实，详见本章第四节和第五章。旗舰企业投向东亚的巨额FDI、组建东亚生产网络是为其全球经营战略服务的。旗舰企业在东亚组建生产网络是为了充分利用东亚比较优势，使得其生产的产品在东亚区域外发达市场上更具有竞争力。因此，投向东亚的大部分FDI寻求效率的目的是更好地出口。

四 投资与贸易的关联性理论分析

（一）FDI和贸易关系理论

研究投资和贸易关系的理论模型目前主要有两个。①Mundell的贸易和投资相互替代模型。Mundell从Heckscher和Ohlin理论的分析框架出发，

① 〔日〕浦田秀次郎：《FDI－贸易关联的出现及东亚的经济增长》，载斯蒂格利茨等编《东亚奇迹的反思》，王玉清、朱文晖译，中国人民大学出版社，2000；Kawai, Masahiro, "Trade and Investment Integration for Development in East Asia: A Case for the Trade-FDI Nexus," *Washington DC*: *World Bank*, *Europe Meeting*, 2004。

认为在自由贸易条件下，若生产要素可以自由流动且生产函数相同，一国对另一国的投资将减少投资国的生产能力而扩大东道国的生产能力，从而减少了贸易。在有贸易壁垒的情况下，跨国直接投资就能在相对最佳的效率基础上实现对商品贸易的替代。常把为了绕过关税壁垒而进行的投资，称为关税引致的投资，表现为 FDI 对贸易的替代，FDI 是占领市场型的。①②Markusen 和 Sevensson 提出的互补关系模型。他们认为，如果资本的流动不是关税所致，并且主要流入东道国的出口部门，那么投资和贸易的关系将不是替代关系而是互补。从而 FDI 将促使东道国更多、更加专业化的参与国际分工，从而扩大贸易规模。② Neary 认为，资本和贸易关系是不确定的。③

Fukao 等将 FDI 分为水平型和垂直型两类：目标是占领东道国市场的 FDI 就是水平型的，这将产生贸易替代效应；目标是返销母国或其他国际市场的 FDI 就是垂直型的，这将产生贸易创造效应。④ 小岛清发现不同类型的 FDI 对贸易有不同的影响。他将 FDI 分为逆贸易导向型（Anti-trade Oriented）和顺贸易导向型（Pro-trade Oriented），认为后者会增加投资母国和东道国之间的贸易，而前者会减少两国之间的贸易。他认为，日本对外的投资多会促进日本和东道国的贸易，而欧美之间的 FDI 则会减少贸易。⑤ Kawai 将 FDI 细分为六种类型，分别是资源开发型（Resource-extracting）、劳动寻求型（Labor-seeking）、部件外包型（Component-outsourcing）、差异化水平投资型（Horizontal Investment in Differential Products）、服务业相关型（Service-related）、市场寻求型（Market-seeking）。每一种类型的 FDI 都会产生贸易替代或贸易创造效应。⑥

---

① Mundell, R. A., "International Trade and Factor Mobility," *American Economic Review*, Vol. 47 (3), 1957, pp. 321 – 335.

② Markusen, James R., Lars Sevensson, "Trade in Goods and Factor with International Differences in Technology," *International Economic Review*, Vol. 26 (1), 1985.

③ Neary, J. P., "Factor Mobility and International Trade," *Canadian Journal of Economics*, 1995.

④ Fukao, Kyoji, Hikari Ishido, Keiko Ito, "Vertical Intra-industry Trade and Foreign Direct Investment in East Asia," *Journal of the Japanese and International Economies*, Vol. 17 (4), 2003.

⑤ 〔日〕小岛清：《对外贸易论》，周宝廉译，南开大学出版社，1987。

⑥ Kawai, Masahiro, "Trade and Investment Integration for Development in East Asia: A Case for the Trade – FDI Nexus," *Institute of Social Science*, University of Tokyo, 2004.

（二）FDI 与东亚贸易、经济增长具有高正相关性

按照经济增长理论，通常投资能拉动经济增长，流入东亚的 FDI 显然也能促进经济的增长。表 3－6 反映了在 1999 年东亚发展中经济体吸入的 FDI 占 GDP 的比重是比较高的。Fukao 等认为，流入东亚的 FDI 大多是寻求效率型、出口导向型的。FDI 的大量流入加速了东亚的出口和生产网络的发展，使东亚发展中经济体作为生产网络内供应商的角色快速参与国际生产分工，即加入东亚生产网络。[①]

表 3－6　1999 年流入 FDI 存量占 GDP 的百分比

单位：%

地区	百分比
欧盟	22.20
发展中欧洲国家	18.80
北美	12.20
拉丁美洲	25.60
东亚与东南亚（不含日本）	34.40
日本	1.00

资料来源：UNCTAD（2001），World Investment Report 2001。转引自 Fukao，Kyoji，Hikari Ishido，Keiko Ito，"Vertical Intra-industry Trade and Foreign Direct Investment in East Asia，" *Journal of the Japanese and International Economies*，Vol. 17（4），2003。

丁剑平考察了韩国、中国、泰国的 GDP 与 FDI 流入及其出口的相关性。研究表明，在这三个国家 FDI 流入与 GDP 变动的相关性超过了 0.8，而出口与 GDP 的相关性更高，都超过 0.95。[②] 图 3－2 反映了东盟流入 FDI 的增长率通常要比其出口增长率大，东盟出口增长率约在 2/3 时间内超过 GDP 增长率。事实上，中国大陆、NIEs 等东亚经济体也都存在这种现象。[③] 图 3－2 中东盟流入的 FDI 与出口的相关系数为 0.978，出口与 GDP 的相关系数为

① Fukao，Kyoji，Hikari Ishido，Keiko Ito，"Vertical Intra-industry Trade and Foreign Direct Investment in East Asia，" *Journal of the Japanese and International Economies*，Vol. 17（4），2003.

② 丁剑平：《亚洲金融危机后亚洲各国汇市的波动特征改变了吗》，《经济学》（季刊）2003 年第 2 期。

③ 刘洪钟：《论东亚地区经济的关联机制》，《世界经济与政治》2000 年第 5 期，第 51～54 页。

0.983（利用数据自算）。这些可以说明，东亚生产网络形成、发展期间流入东亚的FDI同东亚经济体的出口、经济发展有着非常强的正相关关系。

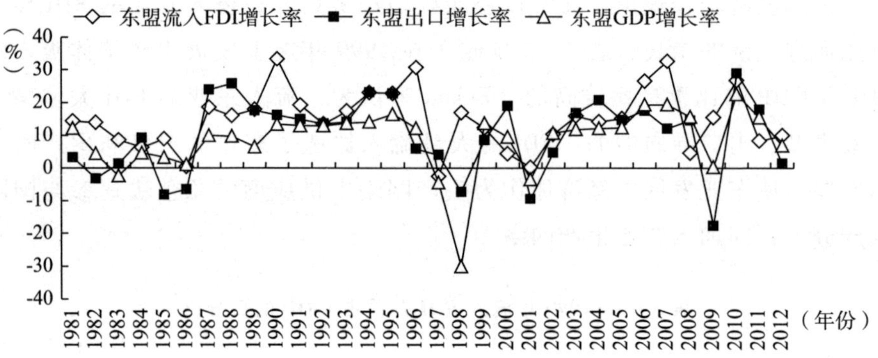

图3-2　东盟1981～2012年FDI、出口、GDP增长率比较

注：东盟十国FDI数据来源于UNCTAD，出口数据来源于IMF，GDP数据来源于WDI。笔者整理计算。

（三）东亚生产网络的FDI-贸易关联性

大量流入东亚的垂直性FDI、东亚吸引FDI的积极性及对加工贸易的大力支持对东亚生产网络的形成和快速发展有着重要作用。与拉美等地区相比，这种积极主动开放可以说是东亚生产网络发展的主要动因。这些FDI在雁行模式下实际上反映了产业的调整和迁移，在20世纪80年代后主要体现为不同生产环节在东亚垂直性分布和延伸。Ando认为，日本和东亚NIEs的FDI是东亚生产网络形成的最重要的因素。① 浦田秀次郎认为，日本和NIEs的FDI多为效率追逐型和出口导向型，从而导致东亚区域内形成了"FDI-贸易关联"（FDI-trade Nexus）。② Kawai认为，FDI和贸易关联既是东亚生产网络形成的直接推力，也是其主要特征。当各个经济体生产能力有了一定基础后，不断接受跨国公司外包业务，从而进一步促进了东亚生产网络的发展。③

① Ando, Mitsuyo, "Fragmentation and Vertical Intra-industry Trade in East Asia," *The North American Journal of Economics and Finance*, Vol. 17 (3), 2006, pp. 257-281.

② 〔日〕浦田秀次郎：《FDI-贸易关联的出现及东亚的经济增长》，载斯蒂格利茨等编《东亚奇迹的反思》，王玉清、朱文晖译，中国人民大学出版社，2000。

③ Kawai, Masahiro, "Trade and Investment Integration for Development in East Asia: A Case for the Trade-FDI Nexus," *Institute of Social Science*, University of Tokyo, 2004.

Feenstra[①]、Jones 和 Kierzskowski[②]、Navaretti 等[③]研究贸易时发现，国际生产组织形式决定着贸易模式。他们认为：①产品生产过程不断地持续分散到不同的国家和地区，从而导致零部件的贸易份额逐年增加；②已经参与国际生产网络并成为其一部分的经济体无一例外拥有最快的工业化。一些发展经济学家如 Grossman 和 Helpman 在这些分析基础上建立增长模型。[④] 由旗舰企业的 FDI 推动建立起来的东亚生产网络本身就是生产组织，决定了贸易模式为产业内贸易，而数据也显示东亚零部件贸易在生产网络发展的同时快速增长。Ando 和 Kimura 认为，进入 20 世纪 90 年代后东亚区域的零部件贸易快速增长，这充分体现了东亚生产网络的形成和发展，并强调了东亚区域零部件贸易以进口为主的特点。[⑤] 在同拉美地区做比较后，这点更加明显。Ng 和 Yeats、Athukorala 等也有类似的观点。[⑥]

在 20 世纪最后十几年内不断增加的 FDI 促进了东亚生产网络的快速形成，而东亚生产网络的快速形成带来了贸易的飞速发展，即东亚生产网络具有 FDI - 贸易关联性。

（四）东亚生产网络 FDI - 贸易关联性的实证分析

在实证研究方面，Hein 基于拉丁美洲和东亚的相关数据，认为这两个

① Feenstra, Robert C., "Integration of Trade and Disintegration of Production in the Global Economy," *The Journal of Economic Perspectives*, Vol. 12 (4), 1998, pp. 31 - 50.

② Jones, R., H. Kierzskowski, "A Framework for Fragmentation," in S. Arndt and H. Kierzkowski, eds., *Fragmentation and International Trade*, Oxford University Press, 2000.

③ Navaretti, Giorgio Barba, Jan I. Haaland, Anthony Venables, "Multinational Corporations and Global Production Networks: The Implications for Trade Policy," *Centre for Economic Policy Research*, 2002.

④ Grossman, Gene M., Elhanan Helpman, "Integration Versus Outsourcing in Industry Equilibrium," *The Quarterly Journal of Economics*, Vol. 117 (1), 2002, pp. 85 - 120.

⑤ Ando, Mitsuyo, and Fukunari Kimura. "The Formation of International Production and Distribution Networks in East Asia," in *International Trade in East Asia*, *NBER-East Asia Seminar on Economics*, University of Chicago Press, Vol. 14, 2005.

⑥ Ng, Francis, Alexander J. Yeats, "Major Trade Trends in East Asia: What are Their Implications for Regional Cooperation and Growth?" *World Bank Policy Research Working Paper 3084*, 2003; Athukorala, Prema - Chandra, "Product Fragmentation and Trade Patterns in East Asia," *Asian Economic Papers*, Vol. 4 (3), 2005.

地区的出口早于FDI也即出口引致了 FDI。[①]

Athukorala 等讨论了东盟自由贸易区及东盟内出现的投资贸易关联。文中先分析了流入东盟四国（ASEAN4）的 FDI 的类型变化，由寻找原材料到商业服务关联，再到出口导向为目的。20 世纪 80 年代到 90 年代，流入 ASEAN4 的 FDI 多为效率追逐型，在 ASEAN 内促进了垂直供应生产链的发展，各个经济体分工于价值链内。这些促进了 ASEAN 加工出口业的发展，促进了贸易的发展，因此在 ASEAN 存在明显的投资贸易连接关系。[②]

Urata 利用重力模型来分析东亚地区的投资和贸易的关联性。重力模型常用于分析影响双边贸易流量的决定因素。他在解释变量中添加了 FDI 变量，考察了东亚及亚太区域内其他几个经济体在 1980 年和 1994 年的数据。发现 FDI 促进了对外贸易的增长，且不同年份对贸易的影响不同，这可能受跨国公司海外子公司与母公司联系减少的缘故。[③] 因此，尽管 FDI 对贸易的影响在 1980 ~ 1994 年有下降趋势，但是研究数据表明东亚地区内 FDI 的增长是促进区域内贸易增长的关键因素。浦田秀次郎也通过重力模型的一个应用发现 FDI 促进贸易的增长，在东亚存在 FDI – 贸易关联。[④]

王静文以日本为例，讨论日本对外的投资和日本对外贸易之间的关系。通过对数据的稳定性检验、协整检验，然后对贸易数据和 FDI 数据进行格兰杰因果检验来考察日本 FDI 和对外出口之间的因果关系。结论是日本对东亚的 FDI 与出口之间存在相互促进的关系，但是贸易和 FDI 之间哪一个是因，哪一个是果，东道国不同结论也不同。但基本上可以确定的是，东亚先发展经济体对后发展经济体的投资，与母国对东道国的出口是

① Hein, S., "Trade Strategy and the Dependency Hypothesis: A Comparison of Policy, Foreign Investment, and Economic Growth in Latin America and East Asia," *Economic Development & Cultural Change*, Vol. 40 (3), 1992, pp. 495 – 521.

② Athukorala, Prema – Chandra, Jayant Menon, " AFTA and the Investment-Trade Nexus in ASEAN," *The World Economy*, Vol. 20 (2), 1997.

③ Urata, Shujiro, "Emergence of an FDI – trade Nexus and Economic Growth in East Asia," *Rethinking the East Asian Miracle*, 2001.

④ 〔日〕浦田秀次郎：《FDI – 贸易关联的出现及东亚的经济增长》，载斯蒂格利茨等编《东亚奇迹的反思》，王玉清、朱文晖译，中国人民大学出版社，2000。

相互促进的。①

可见，自20世纪90年代以来在东亚是旗舰企业的FDI引致经济组织发生变化，即东亚生产网络形成，进而引起贸易特别是零部件贸易的快速发展。这就表明东亚生产网络是旗舰企业的生产车间，靠外需拉动。关于东亚FDI－贸易关联性的实证还很多，本书就不再赘述了。

第四节　东亚生产网络加重对外依赖性

东亚生产网络的快速发展使得东亚贸易内容和方向发生了深刻的改变，东亚总体对区域外市场的依赖性增加了，从而也证实东亚生产网络运转的动力在于区域外市场的需求。

一　东亚生产网络形成使贸易特征发生变化

日本以贸易立国获得了成功，产生了“相邻效应”（Neighboring Effect），影响了东亚其他经济体快速实现经济现代化的路径选择。东亚经济体在大力引进FDI的同时，积极开拓海外市场，增加出口；彼此间的“相互学习效应”（Mutual Learning Effect）② 使得东亚基本上成为“贸易国家”。雁行模式分工和东亚生产网络的形成，使得不同层次的经济体参与国际分工，同时与国际市场相衔接。显然参与的分工方式和程度不同，贸易模式、贸易方向及贸易利益分配不同。在雁行模式分工下，主要是垂直型的产业间贸易。东亚生产网络在形成和发展的过程中，各个经济体凭要素优势参与产品内垂直分工，中间品或零部件贸易逐渐成为东亚贸易的重要组成部分。关于东亚贸易的讨论，通常有三个方面。

第一个方面主要讨论在东亚区域内各个经济体之间的贸易关系和贸易方向变化，如Wong等、张蕴岭、赵江林等。他们的主要观点是，东亚区

① 王静文：《东亚区域生产网络研究》，博士学位论文，吉林大学，2007。

② 参见〔韩〕安忠荣《现代东亚经济论》，田景等译，北京大学出版社，2004。Ito和Weinstein（1996）也提到，当日本于1950～1960年实现经济高速增长时，有人认为这是日本独特的制度安排结果。而此后东亚出现继起的高增长时，人们才意识到日本的发展并不是独特的，而是可以借鉴甚至模仿的。

域内贸易比重逐渐增加，已经超过总贸易的一半；经济体之间的贸易联系日益密切，形成新“三角贸易”格局，对区域外市场依赖仍然严重。研究表明东亚生产网络的发展对区域内贸易方向和贸易关系的影响非常大。但东亚生产网络的运行加重了对区域外需求的依赖。①

第二个方面主要是从产品层面讨论东亚贸易构成的变化。Ando、喻春娇等在研究中将东亚机械产品贸易分为单向贸易、垂直产业内贸易和水平产业内贸易。他们都发现，20 世纪 90 年代初以来零部件贸易中的垂直产业内贸易出现持续地快速增长。② Athukorala 和 Yamashita 也进行了实证分析，得出了类似的结论。③ 相关分析反映了东亚生产网络内分工形式，即经济组织形式决定了经济体间贸易构成的变化和内容。

第三个方面综合贸易趋势及贸易构成的演变来考察区域内经济发展和贸易变动。Ng 和 Yeats 通过考察经济体间贸易和产品分类构成数据，发现如下经济现象：中国在 1995 ~2001 年同区域内经济体在经济上越来越相互依赖；东亚经济体间进出口产品的相似程度越来越高，成为区域内贸易扩张的一个重要因素；日本和北美在东亚出口中地位有所下降；零部件贸易额逐步增加，超过制成品的 1/5。④ 这方面的研究表明，东亚生产网络的发展将促使区域内贸易不断扩张，使得区域经济更加融合及经济发展内向性趋于增加。

本节在总结、讨论上述情况时，主要侧重于讨论东亚生产网络的发展对东亚贸易方向的影响，以便找到并证实东亚生产网络本身运转的动力。

---

① Kiyota, Kozo, Yoko Sazanami, Yu Ching Wong, “Intra-regional Trade in Asia: Dynamics of Production Sharing,” 2005, https://www.univ-lehavre.fr/actu/itlcsge/kiyota_2.pdf；张蕴岭：《世界市场与中国对外贸易发展的外部环境》，中国社会科学出版社，2007；赵江林：《亚太地区的资本流动》，载周小兵主编《亚太地区经济结构变迁研究（1950 ~2010）》，社会科学文献出版社，2012。

② Ando, Mitsuyo, “Fragmentation and Vertical Intra-industry Trade in East Asia,” *The North American Journal of Economics and Finance*, Vol. 17 (3), 2006；喻春娇、徐玲：《中国在东亚生产网络中的分工地位——基于机电行业零部件贸易的考察》，《中国经贸》2010 年第 2 期。

③ Athukorala, Prema - Chandra and Nobuaki Yamashita, “Production Fragmentation and Trade Integration: East Asia in a Global Context,” *North American Journal of Economics and Finance*, Vol. 17 (3), 2006.

④ Ng, Francis, Alexander Yeats, “Production Sharing in East Asia: Who Does What for Whom and Why?” *World Bank Staff Paper*, 2002.

二 东亚零部件贸易规模与贸易方向

据SITC的分类，零部件主要集中在SITC分类中的第7类（SITC7）和第8类（SITC8）。[①] 此外，SITC5中的化工、SITC6中的医药及SITC9中的仪器设备、软件外包，也存在相当数量的零部件贸易，但其分类和数据在获得上存在困难，所以讨论零部件贸易问题时通常不考虑这些行业中的情况，从而造成对分工范围的低估及对贸易构成的了解不够准确。SITC7和SITC8类中的零部件贸易约占据全部零部件贸易的70%，从而即便在实证上也不会影响判断结果。

（一）全球范围内零部件贸易额比较

在国际生产网络内，零部件在世界不同经济体间来回出口中被计算了多次，而作为"贸易增加值"只应该被计算一次。联合国贸易和发展会议发布的《2013年世界投资报告》显示，2010年全球19万亿美元的净出口中约有5万亿美元被重复计算。全球中间产品和服务贸易额约占总贸易的60%，中间产品和服务在最终产品和服务生产的不同阶段被吸收。[②]

全球各个区域的零部件贸易都在增长，但是各个区域零部件贸易占全球总零部件贸易份额的情况及其增长速度是明显不同的。从表3－7中可知，全球零部件出口总额从1992年的4470亿美元增加到2003年的10480亿美元，进口总额从1992年的4080亿美元增加到2003年的10440亿美元。其进出口增速较全球贸易增长是非常快的。

表3－7 1992～2003年各区域零部件贸易占全球零部件贸易份额

单位：亿美元，%

区域	出口			进口			贸易平衡		
	1992年	1996年	2003年	1992年	1996年	2003年	1992年	1996年	2003年
东亚	30.6	38.3	42.7	25.5	32.8	41.5	23.9	11	3.1

① 国际贸易标准分类（SITC）为用于国际贸易商品的统计和对比的分类方法，已经修改了四次。详细分类情况见联合国贸易和发展会议，http://unstats.un.org/unsd/cr/registry/regdnld.asp?Lg=1 有关资料。

② 《2013年世界投资报告》，来源于UNCTAD。

续表

区域	出口			进口			贸易平衡		
	1992 年	1996 年	2003 年	1992 年	1996 年	2003 年	1992 年	1996 年	2003 年
发展中东亚	15.8	22.8	31.5	22.1	28	37.1	-27.9	-28.1	-17.4
东盟	6.4	11.8	12.5	9.6	14.5	12	-37.7	-27.8	4.3
南亚	0.1	0.2	0.2	0.7	0.4	0.6	-376	-146.3	-162.4
CER	0.1	0.4	0.4	0.3	1.3	1	-219.3	-218.5	-166.3
NAFTA	25.4	24	21.5	25.5	25.8	22.3	8.2	-11.8	-3.2
MERCOSUR	0.6	0.6	0.5	1.1	1.6	1	-85	-185.3	-114.4
欧洲	45.3	53.9	36.2	46.6	49.7	34.8	6	4.2	4.2
欧盟	43	38	32.2	43.4	33.8	30.2	7.7	7.6	6.4
东欧	0.3	0.9	2.4	0.5	1.4	2.8	-28.2	-46.6	-13.6
发达国家	84.1	75.7	64.7	73.3	65.5	55.8	20.4	16.3	14
发展中国家	15.9	24.3	35.3	26.7	34.5	44.2	-54.2	-37.5	-24.7
贸易总额	4470	7290	10480	4080	7569	10440			

注：贸易余额这里定义为（出口-进口）/出口。发展中东亚包括韩国、中国大陆、中国香港、中国台湾、新加坡、马来西亚、泰国、印度尼西亚、菲律宾、越南。CER 为澳大利亚和新西兰更紧密经贸关系。MERCOSUR 为南美洲南方共同市场。

资料来源：UN Comtrade，转引自 Athukorala，Prema - Chandra and Nobuaki Yamashita，"Production Fragmentation and Trade Integration：East Asia in a Global Context，" *North American Journal of Economics and Finance*，Vol. 17（3），2006。

从表 3-7 中可知，在零部件出口中，东亚零部件出口占全球总零部件贸易的份额从 1992 年的 30.6% 增加到 2003 年的 42.7%，其中发展中东亚由 15.8% 增加到 31.5%，超过东亚的一半；在零部件进口中，东亚零部件进口占全球总零部件贸易的份额从 1992 年的 25.5% 增加到 2003 年的 41.5%，其中发展中东亚由 22.1% 增加到 37.1%，远超东亚的一半。全球其他区域无论是出口还是进口份额增长速度与东亚相比都较小。这说明，在全球三个区域生产网络中东亚生产网络的发展比较快。

在零部件贸易中，机械零部件贸易是增长最快的一部分。① 参看表 3-8，全球机械零部件贸易额从 1987 年的 3360 亿美元增加到 2003 年的

① Kimura，Fukunari，Yuya Takahashi，Kazunobu Hayakawa，"Fragmentation and Parts and Components Trade：Comparison Between East Asia and Europe，" *The North American Journal of Economics and Finance*，Vol. 18（1），2007，pp. 23-40.

12990 亿美元，增长了 287%。东亚的机械零部件贸易同期增长 521%，远高于欧洲及全球的增长率，而且东亚零部件占全球机械贸易总额之比变化也是最大的。零部件贸易为全球和区域贸易的扩张贡献最大。

表 3－8　1987～2003 年机械产品出口变化情况

单位：亿美元，%

		总额	机械	最终产品	零部件	零部件/总额	零部件/机械总额
全球	1987 年	21270	8370	5020	3360	16	40
	2003 年	65260	29130	16130	12990	20	45
	增长率	207	248	222	287		
东亚	1987 年	4450	2300	1520	770	17	34
	2003 年	17590	9960	5180	4780	27	48
	增长率	295	333	241	521		
欧洲	1987 年	11680	4400	2760	1630	14	37
	2003 年	31160	12920	7800	5130	16	40
	增长率	167	194	183	215		

注：全球、东亚、欧洲数据来自各个国家加总并计算的。这里东亚共 9 个经济体。欧洲选取了 18 个国家及其他 29 个国家。总计所指为所有产品，不只包括机械产品。最终产品指最终的机械产品；零部件指的是机械零部件。详见原文献。

资料来源：UN Comtrade，转引自 Kimura，Fukunari，Ayako Obashi，*Production Networks in East Asia：What We Know so Far*，Springer Japan，2016。

（二）区域内零部件贸易增加

自 20 世纪 80 年代中期以来，随着区域内投资增加，东亚生产网络急速形成，零部件贸易也随着 FDI 的增加而迅速增加。Ng 和 Yeats 发现，东亚区域内零部件贸易从 20 世纪 80 年代中期到 90 年代中期年均增长率为 21%，而区域内整体贸易增长率约为 14%，东亚区域内零部件贸易显然要快于其他区域生产网络内零部件贸易，并且零部件贸易迅猛增长的势头一直持续。[①] 经济体接收和流出 FDI 越多，零部件贸易就越多，参与东亚生

① Ng，Francis，Alexander J. Yeats，"Major Trade Trends in East Asia：What are Their Implications for Regional Cooperation and Growth?" *World Bank Policy Research Working Paper 3084*，2003.

产网络的程度越深。从表3－9中可以看到，包括零部件和最终产品的制成品在东亚区域内的出口由1992年的36.6%增加到2003年的45.6%，而进口由1992年的55.2%增加到2003年的65.6%。在同一年份内，零部件在东亚区域内进口份额明显大于出口份额，考虑到零部件跨边境进出口，可以初步认为大部分零部件在本区域生产、组装。最终产品出口到本区域的份额明显小于进口份额，也就是说最终产品大部分份额出口到区域外。北美自由贸易区（NAFTA）零部件或最终产品区域内出口比重较高，而区域内进口比重较低，表明该区域需要从其他区域进口较高份额的制成品（实际上不仅从东亚进口大量最终产品还进口零部件），最终产品主要出口到本区域。欧盟（EU）各项比重虽呈减小趋势但都非常高，说明其经济区域内向性非常高，即一体化程度高。

表3－9　1992～2003年制成品、零部件及最终产品在各区域内贸易份额

单位：%

		东亚	发展中东亚	AFTA	NAFTA	EU
制成品						
出口	1992年	36.6	35.6	19.5	44.6	64.1
	1996年	43.8	35.6	23.8	48.0	59.4
	2003年	45.6	37.6	21.7	55.2	50.8
进口	1992年	55.2	34.7	14.4	34.4	66.8
	1996年	55.7	34.7	17.3	38.5	63.5
	2003年	65.6	45.4	22.7	35.3	52.8
总额	1992年	44.1	35.3	16.8	39.0	65.4
	1996年	50.1	36.2	21.5	42.8	61.3
	2003年	53.2	40.4	21.6	43.3	51.7
零部件						
出口	1992年	44.4	46.9	29.3	46.2	62.1
	1996年	52.3	46.8	32.7	43.5	55.9
	2003年	64.9	58.9	28.5	48.6	49.1
进口	1992年	59.3	31.4	21.0	42.7	67.4
	1996年	59.7	32.0	21.7	39.5	59.7
	2003年	69.7	45.9	24.9	41.5	52.8

续表

		东亚	发展中东亚	AFTA	NAFTA	EU
零部件						
总额	1992 年	50.9	38.1	24.6	44.5	64.6
	1996 年	55.7	38.8	26.7	41.5	57.7
	2003 年	67.3	52.5	27.0	45.0	50.9
最终产品						
出口	1992 年	35.0	33.7	16.3	44.1	64.4
	1996 年	41.2	32.5	19.3	49.6	60.0
	2003 年	38.8	30.1	17.0	57.3	51.1
进口	1992 年	54.3	35.7	11.9	32.6	66.7
	1996 年	54.1	35.4	14.5	38.2	64.3
	2003 年	61.9	43.3	18.7	34.1	52.8
总额	1992 年	52.5	44.6	23.9	37.6	65.5
	1996 年	46.8	33.9	16.8	43.2	62.0
	2003 年	47.6	35.2	17.7	42.9	51.9

注：制成品由零部件和最终产品组成，AFTA 是东盟自由贸易区。

资料来源：UN Comtrade，转引自 Athukorala，Prema - Chandra and Nobuaki Yamashita，“Production Fragmentation and Trade Integration：East Asia in a Global Context，” *North American Journal of Economics and Finance*，Vol. 17（3），2006。

考察发展中东亚、东盟自由贸易区（AFTA）的数据可以发现，它们自身的零部件区域内进口比重较小，最终产品的进出口比重较小，说明它们需要从区域外（主要从东亚其他先发展经济体）进口大量先进零部件和最终产品，向区域外出口大量最终产品。因此，随着整个东亚区域经济内向性提高，而对外依赖性也在增加，这也反映了东亚生产网络在快速发展。

（三）各个经济体零部件贸易规模与贸易方向

东亚各个经济体及其他区域经济体在 1992 年、1996 年和 2003 年的零部件进出口占世界零部件进出口的份额，如表 3 - 10 所示。从表 3 - 10 中可以发现，东亚区域零部件贸易发展速度在世界各区域生产网络内是较高的，因而在东亚贸易扩张中的作用最为明显。一些经济体在零部件贸易中是顺差的，表明大量输出零部件。

表 3-10　经济体零部件贸易占世界零部件贸易份额

单位：%

经济体	出口			进口			贸易平衡		
	1992 年	1996 年	2003 年	1992 年	1996 年	2003 年	1992 年	1996 年	2003 年
日本	14.9	15.5	11.2	3.4	4.7	4.4	78.8	68.4	60.7
中国大陆	0.8	1.7	5.7	2.6	2.9	10.1	-191.7	-78.5	-76.9
中国香港	3.1	0.9	6	3.8	4.6	6.3	-10.9	-408.9	-5.1
韩国	2.5	3.8	4.1	3	3.3	3.4	-7.5	10.5	18.3
中国台湾	2.9	4.5	3.2	3	2.8	5.3	3.2	36	-65.4
印度尼西亚	0.1	0.3	0.4	0.9	0.9	0.3	-517.5	-259.3	27.5
马来西亚	2.2	3.4	3.2	2.7	3.8	3.5	-9.5	-16	-7.9
菲律宾	0.2	1.2	2	0.5	1.5	1.8	-144.3	-24	8.1
新加坡	2.9	5.6	5.4	3.9	6	4.7	-22.9	-10.3	12.2
泰国	0.9	1.2	1.5	1.7	2.3	1.6	-65.1	-89.5	-9.2
越南	0	0	0.1	0	0.1	0.1	-1275	-371.7	-155.6
美国	20.4	18.7	16.3	17.6	17.7	14.4	21	1.7	11.9
加拿大	3.5	3.3	2.6	5.9	5.2	4	-53.3	-61.2	-54.1
墨西哥	1.5	1.9	2.7	2	2.9	3.9	-21	-58.2	-46.7
东欧	0.3	0.9	2.4	0.5	1.4	2.8	-28.2	-46.6	-13.6

注：贸易平衡这里定义为（出口-进口）/出口。

资料来源：UN Comtrade，转引自 Athukorala，Prema-Chandra and Nobuaki Yamashita，"Production Fragmentation and Trade Integration：East Asia in a Global Context，" *North American Journal of Economics and Finance*，Vol. 17（3），2006。

从表 3-11 的 A 和 B 两部分可看到，中国大陆是本区域最大零部件出口的经济体，在 2012 年向表中其他 9 个经济体共出口 1735.5 亿美元，约占东亚零部件区域内总出口的 22.4%，占中国大陆向东亚出口的 99.5%；接着是中国香港、新加坡、日本；韩国和马来西亚也比较多。从本区域进口零部件最多的是中国大陆、中国香港（部分转口到中国大陆），这两者进口占了东亚总进口的 43.2%；新加坡和日本等也是相当多的。从中国大陆、中国香港、日本的进口几乎占所有经济体进口的最多份额，新加坡、韩国占据各个经济体进口份额也比较多。这可理解为作为技术发达的东亚经济体日本起着输出资本密集型、技术密集型的关键零部件的作用；新兴经济体输出资本密集型、技术密集型的一般零部件或部分关键零部件；中国大陆因其规模较大，技术水平提升也较快，使得其成为包括日本在内的大部分经济体的重要的零部件来源地。这也反映了各个经济体在东亚生产网络内的地位，但以后的分析表明这并不完全反映各个经济体在剩余价值分配中的地位。

表 3－11A　东亚经济体 2012 年零部件贸易区域内贸易矩阵及贸易平衡

单位：亿美元

	出口方									
进口方	菲律宾	韩国	马来西亚	日本	泰国	中国香港	新加坡	印度尼西亚	越南	中国大陆	东亚
菲律宾	—	21.8	7.6	35.4	8.8	14.3	23.1	3.0	2.6	16.4	155.0
韩国	8.2	—	12.4	96.9	9.6	38.9	86.3	1.7	4.4	195.3	527.2
马来西亚	4.6	14.2	—	57.1	23.8	18.9	149.3	4.6	9.2	66.1	375.9
日本	24.8	58.0	30.1	—	38.5	50.8	81.2	9.1	14.4	233.0	607.4
泰国	13.2	14.0	33.8	139.8	—	24.4	71.7	8.6	3.1	54.2	380.9
中国香港	26.7	156.0	64.4	114.0	36.5	—	270.6	5.7	20.6	999.9	1912.0
新加坡	35.9	56.2	93.3	55.9	18.8	30.5	—	21.8	1.9	84.1	519.5
印度尼西亚	3.3	10.5	8.1	55.5	17.5	7.4	92.0	—	1.7	35.7	236.2
越南	1.5	50.5	6.4	25.6	7.6	18.1	17.5	1.8	—	50.8	185.8
中国大陆	23.4	425.8	104.0	412.8	27.8	1412.9	193.0	3.5	15.0	—	2863.7
总计	141.6	807.0	360.1	993.0	188.9	1616.2	984.7	59.8	72.9	1735.5	7763.6

注：菲律宾从东亚进口 155.0 亿美元，要大于从表中其他 9 个经济体进口总和，其余类似理解。
资料来源：基于 UNCTAD 数据，笔者整理计算。

表 3－11B　份额及出口方贸易平衡状况

单位：亿美元，%

下列为进口方	菲律宾	韩国	马来西亚	日本	泰国	中国香港	新加坡	印度尼西亚	越南	中国大陆
菲律宾	0	23.5	8.2	38.0	9.5	1.2	24.9	3.2	2.8	17.7
韩国	2.1	0	3.1	24.4	2.4	9.8	21.7	0.4	1.1	49.2
马来西亚	1.4	4.4	0	17.5	7.3	5.8	45.8	1.4	2.8	20.3
日本	5.2	12.1	6.3	0	8.0	10.6	16.9	1.9	3.0	48.6

续表

下列为进口方	菲律宾	韩国	马来西亚	日本	泰国	中国香港	新加坡	印度尼西亚	越南	中国大陆
泰国	4.1	4.3	10.5	42.0	0	7.6	22.2	2.7	1.0	16.8
中国香港	1.8	10.3	4.3	7.5	2.4	0	17.9	0.4	1.4	66.1
新加坡	6.3	9.8	16.3	9.8	3.3	5.3	0	3.8	0.3	14.7
印度尼西亚	1.9	6.1	4.7	32.3	10.2	4.3	53.6	0	1.0	20.8
越南	0.8	28.3	3.6	14.4	4.2	10.1	9.8	1.0	0	28.4
中国大陆	1.3	22.8	5.6	22.1	1.5	75.7	10.3	0.2	0.8	0
占东亚的份额	100.0	99.9	99.8	99.9	97.5	100.0	99.4	99.8	97.9	99.5
占全球的份额	70.9	62.6	64.2	51.2	59.8	85.7	69.9	70.8	66.0	52.6
东亚区域贸易余额	48.7	410.9	35.2	510.0	-128.9	91.5	417.5	-111.7	-104.2	-122.5
余额占比	34.4	50.9	9.7	51.5	-66.6	5.7	42.2	-186.7	-140.0	-7.0

注：菲律宾从韩国进口占从东亚进口的23.5%。菲律宾向表中其他9个经济体出口占其向东亚出口的份额为100%，占其向全球出口的份额为70.9%。其余类似理解。贸易余额=出口-进口，余额占比=(出口-进口)/出口。这里只计算在东亚区域进出口余额。

资料来源：基于UNCTAD数据，笔者整理计算。

三　零部件贸易方式与内容

（一）垂直型产业内零部件贸易增多

东亚生产网络与各个经济体根据比较优势参与产品价值链的分工相互促进。Fukao等对欧盟及东亚区域内贸易类型进行分析并比较，然后讨论两个区域产业内的贸易状况。[①] 贸易类型分为产业间贸易（Inter-industry Trade）和产业内贸易（Intra-industry Trade）。产业内贸易又分为垂直型产业内贸易（Vertical Intra-industry Trade，VIIT）和水平型产业内贸易（Horizontal Intra-industry Trade，HIIT）。[②] 所得数据参见表3-12。从表中数据

① Fukao, Kyoji, Hikari Ishido, Keiko Ito, "Vertical Intra-industry Trade and Foreign Direct Investment in East Asia," *Journal of the Japanese and International Economies*, Vol. 17 (4), 2003.

② 计算产业内贸易程度的指数可用Grubel和Lloyd提出的G-L指数。进一步区分VIIT和HIIT，参看第五章第二节。参见Grubel, Herbert G., Peter J. Lloyd, *Intra-industry Trade: The Theory and Measurement of International Trade in Differentiated Products*, London: Macmillan, Vol. 12, 1975。

可以发现，和欧盟相比较，东亚产业间贸易占绝大部分，并且产业内贸易增长较快，从1996年到2000年增加了10个百分点。很明显，东亚垂直型产业内贸易数据远大于水平型产业内贸易，尽管各自都有所增加。G－L指数虽有所增加，但相比于欧盟是较低的。

表3－12　欧盟和东亚各自区域内贸易类型及G－L指数

单位：%

年份	产业间贸易		垂直型产业内贸易（VIIT）		水平型产业内贸易（HIIT）		G－L指数	
	欧盟	东亚	欧盟	东亚	欧盟	东亚	欧盟	东亚
1996	34.0	78.7	37.5	16.6	28.5	4.7	38.8	17.5
1997	35.0	76.1	38.9	17.8	26.1	6.1	38.4	18.1
1998	33.5	75.0	40.0	20.0	26.5	5.1	39.5	18.5
1999	33.2	70.3	40.6	24.6	26.2	5.1	39.4	19.9
2000	34.1	68.7	40.0	23.7	25.8	7.6	38.4	20.5

注：这里欧盟包括比利时、丹麦、法国、德国、希腊、爱尔兰、意大利、卢森堡、荷兰、葡萄牙、西班牙及英国。东亚包括中国大陆、东盟四国、中国香港、韩国、新加坡及日本。

资料来源：转引自Fukao，Kyoji，Hikari Ishido，Keiko Ito，"Vertical Intra-industry Trade and Foreign Direct Investment in East Asia," *Journal of the Japanese and International Economies*, Vol. 17（4），2003。

Fukao等人将单向贸易（One－Way Trade）直接等同于产业间贸易。Ando和Kimura则认为，单向贸易既有可能是产业间贸易，也有可能是零部件贸易。这主要是由于零部件贸易也有可能发生在产业间，如同样电子产品零部件既可以用在劳动密集型或原材料密集型产品的智能化中，也可以用作资本密集型或技术密集型的关键组件。如果零部件贸易发生在同一类产业内，就是垂直型或水平型产业内贸易了。表3－13简单地总结了相关贸易分类理论。①

Ando和Kimura对东亚地区20世纪90年代以来出现的国际投资、贸易及国际生产分工的新现象或新趋势进行考察、总结。他们认为最需要关

① Ando, Mitsuyo, Fukunari Kimura, "New Dimensions of International Production Sharing in East Asia: Evidence from International Trade Data and Japanese Micro Data," 2004, http://www.fbc.keio.ac.jp/jsie/12－1_Ando_full.pdf.

表 3-13　贸易类型、方式及相关理论

产业层面的贸易分类	理论依据	产品层面的贸易方式
产业间贸易	传统的比较优势理论	单向贸易
产业内贸易	生产的国际分散化（零部件）	垂直型产业内贸易
	垂直型产品差异（最终产品）	
	水平型产品差异（最终产品）	水平型产业内贸易

资料来源：转引自 Ando, Mitsuyo, "Fragmentation and Vertical Intra-industry Trade in East Asia," *The North American Journal of Economics and Finance*, Vol. 17（3）, 2006。

注的新现象或新趋势：第一，自 20 世纪 90 年代以来，东亚各个经济体之间的贸易模式显著地由单向贸易向产业内贸易模式过渡；第二，东亚的产业内贸易模式目前以垂直型为主，水平型正在增加；第三，东亚垂直型产业内贸易大部分并不符合垂直型产品差异模型（同一产业的产品发生在不同收入水平之间表现为不同质量和价格的贸易）。[①] 这主要是东亚垂直型产业内零部件部分在不同经济体之间来回"流转"造成的，即东亚不同经济体之间进出口的零部件在价格和质量上没有太大的区别。

（二）机电产业内零部件贸易增长特快

东亚产业间贸易的重要性不断降低，产业内贸易重要性急剧上升。这主要是由于产业内贸易特别是零部件贸易的份额快速增长，增速远大于最终产品。同时，属于水平型产业内的零部件贸易虽然不断增加，但在东亚其比重较小。属于垂直型产业内的零部件贸易之所以增速较快，主要是不断增加的 FDI 使得东亚生产网络快速发展，导致不同环节之间的零部件多次跨境交易，当然每一次跨境交易其附加值就有所改变，价格不一样而质量甚至没有发生明显变化的，仍属于同一产品类项目下，当然外包对零部件贸易也起着积极的推动作用。

数据表明，从 20 世纪 90 年代起随着东亚生产网络的形成和发展，东

① Kimura, Fukunari, "International Production and Distribution Networks in East Asia: Eighteen Facts, Mechanics, and Policy Implications," *Asian Economic Policy Review*, Vol. 1（2）, 2006, pp. 326-344; Ando, Mitsuyo, "Fragmentation and Vertical Intra-industry Trade in East Asia," *The North American Journal of Economics and Finance*, Vol. 17（3）, 2006, pp. 257-281.

亚零部件贸易主要发生在机电产业，尤其是信息产业的零部件贸易增长更是迅速。20 世纪 90 年代东亚主要经济体的机电零部件贸易占机电总贸易的比重参见表 3－14。由此可知机电类零部件贸易发展很快，其占比到 2000 年都已经超过一半。

表 3－14 机电类零部件贸易占机电总贸易的比重

单位：%

地区	1990 年	1996 年	2000 年
中国大陆	40	42	53
印度尼西亚	39	50	52
菲律宾	—	72	80
泰国	59	58	68
马来西亚	60	63	71
韩国	42	47	54
中国香港	43	49	60
新加坡	49	57	67
日本	36	48	52

资料来源：转引自 Ando，Mitsuyo，"Fragmentation and Vertical Intra-industry Trade in East Asia，" *The North American Journal of Economics and Finance*，Vol. 17（3），2006。

资本密集型、技术密集型机电类产品归于 SITC7 类产品目录下。[①] 通过测算各个经济体显性比较优势指数（RCA）可以看出，大部分经济体的 SITC7 类具有比较优势（见表 3－15）。再细分考察发现除了印度尼西亚、文莱、越南之外的经济体的 ICT 产品都具有比较优势。自 20 世纪 90 年代以来，东亚经济体重视发展电子信息产业，推出扶持政策并积极吸引 FDI。同时，纷纷加入信息技术协议（ITA）。按照 ITA 要求，从 1997 年开始不断消减 ICT 产品关税，发达国家到 2001 年 1 月 1 日，发展中国家到 2005 年 1 月 1 日，关税及其他税费全部取消。这不仅使得旗舰企业的 ICT 市场竞争加剧，还使得东亚吸引到大量效率型 FDI，从而使得东亚各个经济体

① SITC 第三版的 SITC7 和 SITC8 中已将零部件分类编码单独列出，第四版的也有，但包含内容有区别。

在办公设备（SITC759）、通信设备（SITC764）、半导体（SITC772）及其零部件（SITC776）这四种产品上出口不断增加，在2003年就已经占到东亚区域零部件贸易的80%。

表3-15 东亚部分经济体SITC分类下各产业显性比较优势指数

	日本		韩国		中国台湾	
SITC	1995年	2003年	1995年	2003年	1995年	2003年
5	0.6	0.6	0.7	0.7	0.7	0.6
6	0.6	0.6	1.2	0.9	1.2	1.0
7	1.5	1.5	1.2	1.3	1.2	1.3
75-77	1.6	1.4	1.9	1.9	1.9	2.2
78	1.7	1.9	0.7	1.0	0.4	0.2
8	0.6	0.6	0.8	0.5	1.1	0.8
9	0.5	0.4	0.6	0.4	0.3	0.3
	中国香港		新加坡		文莱	
SITC	1995年	2003年	1995年	2003年	1995年	2003年
5	0.3	0.3	0.5	1.1	0	0
6	0.9	1.0	0.2	0.2	0	0.1
7	0.9	0.9	1.4	1.3	0	0
75-77	1.7	1.8	2.7	2.4	0	0
78	0	0	0	0	0.1	0
8	3.1	2.7	0.4	0.4	1.0	1.0
9	1.0	1.7	0.7	0.7	0.3	0.2
	印度尼西亚		马来西亚		菲律宾	
SITC	1995年	2003年	1995年	2003年	1995年	2003年
5	0.4	0.5	0.2	0.3	0.1	0.1
6	1.6	1.3	0.4	0.3	0.4	0.2
7	0.2	0.4	1.2	1.3	1.1	1.4
75-77	0.4	0.8	2.5	2.6	2.2	2.9
78	0.1	0.1	0.1	0	0.1	0.1
8	1.7	1.4	0.6	0.5	1.6	0.6
9	0.1	0.6	0.4	0.2	0.4	0.4

续表

	泰国		中国大陆		越南	
SITC	1995 年	2003 年	1995 年	2003 年	1995 年	2003 年
5	0.3	0.5	0.4	0.3	0.1	0.1
6	0.7	0.7	1.0	0.9	0.5	0.5
7	1.0	1.1	0.6	1.0	0	0.3
75 - 77	1.8	1.7	1.1	1.8	0	0.4
78	0.1	0.5	0.1	0.1	0.1	0.1
8	1.4	1.1	3.9	2.7	3.1	4.2
9	0.4	0.5	0.2	0.2	0.2	0.1

注：SITC 75 - 77 是 ICT 类产品，SITC78 是运输机械类产品。

资料来源：World Bank，World Integrated Trade Solution（WITS）Database，转引自 Kiyota, Kozo, Yoko Sazanimi and Yu Ching Wong, "Intra-Regional Trade in Asia: Dynamics of Production Sharing," 2006, http://www.univ-lehavre.fr/actu/itlcsge/kiyota_2.pdf。

四　东亚生产网络增加东亚对外依赖性

（一）东亚经济体之间贸易强度增加

随着东亚生产网络在东亚区域展开，经济体之间的贸易联系更加紧密。衡量经济体之间贸易关系的一个指标是贸易强度指数，也叫作贸易密度指数（Trade Intensity Index）。[①] 利用 1992 年、1999 年和 2012 年的 SITC7、SITC8 类贸易数据计算各个经济体之间的贸易强度，见表 3 - 16 的 A、B、C 部分。从表 3 - 16 中可知，从 1992 年到 2012 年东亚各个经济体之间的贸易强度有明显增加的趋势。在 1992 年和 1999 年，东亚整体上与日本、新加坡、韩国等之间的贸易强度非常大，而在 2012 年，与中国大陆、日本、新加坡、韩国等之间的贸易强度非常大。各个经济体之间的贸易强度整体上有了较大幅度的增强，区域内贸易依赖性由此大幅增加。

① 贸易强度指数（Trade Intensity Index，或称为贸易密度指数），计算公式为：

$$TII_{ij} = \left(\frac{X_{ij}}{X_{it}}\right) \Big/ \left(\frac{X_{wj}}{X_{wt}}\right)$$

X_{ij}表示 i 对 j 的出口，X_{it}表示 i 的总出口；X_{wj}表示全球对 j 出口，X_{wt}表示全球的总出口。本书中，若 TII 大于 1，i 的 SITC7 和 SITC8 类产品内分工主要与中国进行；小于 1，则 i 与中国的分工对 i 来说是非主要的；等于 1，表明 i 与中国的分工关系是中性的。

表 3 - 16A 东亚部分经济体之间在 1992 年的贸易强度指数

经济体	中国大陆	中国香港	印度尼西亚	日本	马来西亚	菲律宾	韩国	新加坡	泰国	越南
中国大陆	—	40.1	0	17.3	0.1	0	1.1	0.8	0	0
中国香港	32.9	—	0.2	18.3	1.2	0.2	2.4	3.4	0.8	0
印度尼西亚	8.0	16.9	—	216.1	6.2	0.2	32.9	0	2.3	0
日本	1.3	1.5	0.2	—	0.5	0.1	1.9	0.7	0.8	0
马来西亚	0.9	3.1	0.3	36.7	—	0.1	5.0	24.8	2.5	0
菲律宾	6.5	60.7	1.7	313.6	10.2	—	30.0	48.6	12.1	0
韩国	0.7	2.5	0.2	29.0	0.5	0.1	—	1.8	0.3	0
新加坡	0.7	4.5	1.4	18.2	11.0	0.2	4.3	—	3.7	0
泰国	2.3	5.9	0.7	81.5	4.9	0.3	6.0	23.6	—	0
越南	—	—	—	—	—	—	—	—	—	—

资料来源：基于 UNCTAD 数据，笔者整理计算。只是 SITC7 和 SITC8 类总体情况。

表 3 - 16B 东亚部分经济体之间在 1999 年的贸易强度指数

经济体	中国大陆	中国香港	印度尼西亚	日本	马来西亚	菲律宾	韩国	新加坡	泰国	越南
中国大陆	—	13.9	0	6.2	0.4	0.2	2.0	1.2	0.3	0
中国香港	14.7	—	0.1	8.8	1.5	1.0	2.2	3.2	0.7	0
印度尼西亚	30.6	17.2	—	125.3	22.2	3.3	39.7	0	6.7	25.8
日本	3.9	1.6	0.3	—	1.1	0.7	1.6	1.2	0.9	0
马来西亚	1.1	1.4	0.4	10.1	—	1.8	3.8	18.1	1.5	0.1
菲律宾	3.8	5.1	0.6	32.0	3.9	—	10.3	9.2	2.5	1.7
韩国	3.0	2.3	0.1	13.7	0.9	0.8	—	2.6	0.4	0.1
新加坡	2.2	2.7	1.8	8.8	7.5	1.6	2.7	—	2.6	0
泰国	3.6	5.2	0.8	36.6	8.5	3.8	4.6	17.8	—	1.5
越南	114.1	60.9	10.2	305.8	45.4	2.7	160.9	180.0	64.5	—

资料来源：基于 UNCTAD 数据，笔者整理计算。只是 SITC7 和 SITC8 类总体情况。

表 3 - 16C 东亚部分经济体之间在 2012 年的贸易强度指数

经济体	中国大陆	中国香港	印度尼西亚	日本	马来西亚	菲律宾	韩国	新加坡	泰国	越南
中国大陆	—	3.6	0.0	1.7	0.3	0.1	1.5	0.5	0.2	0.1

续表

经济体	中国大陆	中国香港	印度尼西亚	日本	马来西亚	菲律宾	韩国	新加坡	泰国	越南
中国香港	37.2	—	0.1	3.1	1.1	0.6	3.0	4.2	1.1	0.4
印度尼西亚	155.5	16.5	—	112.3	20.7	4.3	25.5	163.3	50.4	5.3
日本	24.3	3.8	0.9	—	1.7	1.3	3.3	2.8	2.6	1.6
马来西亚	40.5	5.7	2.4	18.9	—	1.0	5.5	37.4	9.6	2.5
菲律宾	111.3	32.4	13.2	105.8	17.3	—	47.7	48.9	32.4	7.8
韩国	22.6	2.9	0.4	10.8	0.9	0.5	—	4.7	0.7	1.0
新加坡	20.7	4.3	3.7	8.5	10.5	3.0	8.5	—	3.3	0.8
泰国	32.7	7.5	3.8	50.2	11.6	3.3	5.2	18.0	—	2.2
越南	114.1	20.5	2.9	38.4	9.2	1.7	54.1	25.5	13.3	—

资料来源：基于 UNCTAD 数据，笔者整理计算。只是 SITC7 和 SITC8 类总体情况。

（二）东亚生产网络的发展使经济体之间更加依赖

东亚生产网络的形成增加了各个经济体之间在生产分工等各个方面的依赖程度。由日本亚洲经济研究所编制的包括美国和东亚主要经济体在内的投入产出表，从数量关系上直接、详细地反映了各个经济体之间的依赖程度。① 从投入产出表可以确定各个经济体生产投入的来源和贸易方向。如表 3 - 17 的 A 和 B 两部分所示。

表 3 - 17A　美国和东亚部分经济体之间投入产出情况

单位：%

	年份	印度尼西亚	马来西亚	菲律宾	泰国	新加坡	中国台湾	韩国	中国大陆	日本
本国（地）投入	1985	35.17	33.67	38.43	40.73	29.76	46.14	44.35	50.08	47.37
	1990	37.24	37.72	37.91	37.34	25.65	42.88	45.27	55.42	46.01
	1995	39.20	33.71	33.85	37.19	34.33	38.63	47.82	55.47	43.95
	2000	38.73	31.84	31.78	38.79	35.45	36.79	43.03	57.36	42.79

① 由于构造这种表的数据非常庞大，而且数据往往滞后，所以该研究院至今只完成了 1985 年、1990 年、1995 年、2000 年四年美国和东亚各个经济体的投入产出情况。

续表

	年份	印度尼西亚	马来西亚	菲律宾	泰国	新加坡	中国台湾	韩国	中国大陆	日本
总进口投入	1985	6.24	17.18	7.97	9.96	33.53	13.71	12.89	4.17	4.81
	1990	7.65	14.96	12.16	15.20	36.64	14.11	10.97	4.51	3.79
	1995	6.92	23.96	14.52	16.05	28.68	16.27	6.11	6.13	3.05
	2000	9.98	30.05	19.87	17.97	30.65	16.88	12.78	6.78	3.65
来自NIEs3	1985	0.62	2.98	0.45	1.06	1.17	0.22	0.24	0.10	0.22
	1990	0.83	3.15	1.53	2.09	1.88	0.56	0.30	0.31	0.24
	1995	0.79	3.97	1.98	1.89	2.60	0.90	0.31	0.71	0.22
	2000	0.93	7.07	3.32	2.05	1.53	1.54	0.47	1.35	0.29
来自ASEAN4	1985	0.07	0.73	0.67	1.12	6.35	0.62	0.95	0.11	0.53
	1990	0.17	0.47	0.54	0.69	4.62	1.24	0.62	0.21	0.33
	1995	0.18	0.96	0.84	0.97	5.53	0.94	0.60	0.26	0.27
	2000	0.55	2.61	1.56	1.39	4.95	1.53	0.86	0.36	0.35
来自中国大陆	1985	0.12	0.28	0.40	0.21	3.50	0	0	0	0.19
	1990	0.18	0.32	0.13	0.49	1.21	0	0	0	0.13
	1995	0.18	0.52	0.36	0.42	0.72	0.44	0.53	0	0.15
	2000	0.41	0.95	0.43	0.86	1.14	0.59	0.64	0	0.20

注：产出 = 总投入 + 增加值；总投入 = 本国（地）投入 + 总进口投入；总进口投入 = 来自东亚的投入 + 来自世界其他地区的投入；东亚投入 = 来自 NIEs3 投入 + 来自 ASEAN4 投入 + 来自日本投入 + 来自中国大陆投入。NIEs3 包括韩国、中国香港、新加坡。

资料来源：日本亚洲经济研究所，转引自王静文《东亚区域生产网络研究》，博士学位论文，吉林大学，2007。下同。

表 3－17B　美国和东亚部分经济体之间投入产出情况

单位：%

	年份	印度尼西亚	马来西亚	菲律宾	泰国	新加坡	中国台湾	韩国	中国大陆	日本
来自日本	1985	1.21	2.87	0.51	1.50	3.38	2.42	2.41	0.95	0
	1990	1.19	3.11	1.73	3.06	7.36	3.00	2.26	0.53	0
	1995	1.00	5.60	1.91	3.39	6.63	3.42	1.96	0.95	0
	2000	0.99	5.16	3.10	3.33	4.45	3.58	1.76	0.87	0

续表

	年份	印度尼西亚	马来西亚	菲律宾	泰国	新加坡	中国台湾	韩国	中国大陆	日本
来自东亚	1985	2.02	6.86	2.03	3.89	14.40	3.26	3.60	1.16	0.94
	1990	2.37	7.05	3.93	6.33	15.07	4.80	3.18	1.05	0.70
	1995	2.15	11.05	5.09	6.67	15.48	5.70	3.40	1.92	0.64
	2000	2.88	15.79	8.41	7.63	12.07	7.24	3.73	2.58	0.84
来自世界其他地区	1985	4.23	10.33	5.95	6.07	19.13	10.45	9.30	3.02	3.87
	1990	5.27	7.90	8.23	8.88	21.57	9.98	7.80	3.46	3.09
	1995	4.76	12.91	9.44	9.39	13.20	10.51	2.71	4.21	2.42
	2000	7.11	14.27	11.46	10.33	18.58	9.63	9.05	4.21	2.82
增加值	1985	58.59	49.15	53.60	49.31	36.71	40.15	42.76	45.75	47.82
	1990	55.11	47.32	49.93	47.46	37.71	43.01	43.76	40.07	50.20
	1995	53.88	42.33	51.63	46.76	36.99	45.10	46.07	38.40	53.00
	2000	51.29	38.11	48.35	43.24	33.90	46.33	44.19	35.86	53.56
产出	1985	100	100	100	100	100	100	100	100	100
	1990	100	100	100	100	100	100	100	100	100
	1995	100	100	100	100	100	100	100	100	100
	2000	100	100	100	100	100	100	100	100	100

从表3-17中A和B两部分可以发现，在产出中，中国大陆本地的投入在1985年为总产出的50.08%，其后不断增加，到2000年为57.36%；进口投入在1985年为总产出的4.17%，2000年增加到6.78%，其中来自东亚的投入在1985年为总产出的1.16%，其后不断增加，到2000年为2.58%。来自东亚的投入份额增加较多的有马来西亚、菲律宾、中国台湾等，只有新加坡和日本有所减少。在此期间波动较大的是新加坡，韩国和日本波动较小。与1985年相比，2000年除了新加坡、日本和韩国外其余都是总进口投入增加的经济体；而除了新加坡和日本外来自东亚的投入都是增加的。还可以发现，从1985年到2000年来自东亚投入的增加值整体上大于来自世界其他地区的。其中马来西亚从东亚进口投入增加了8.93个百分点，而从世界其他地区进口投入增加了3.94个百分点；中国台湾的分别是3.98个和-0.82个百分

点；菲律宾的分别是6.38个和5.51个百分点；中国大陆的分别是1.42个和1.19个百分点。在所列举的9个经济体中（包括日本），与1985年相比，2000年从日本进口投入增加的有5个，从NIEs3进口投入都是增加的，来自中国大陆的进口投入增加的有7个，等等。整体来看，增加的幅度不算太小。因此，可以说东亚经济体在东亚生产网络形成过程中，彼此间在生产上的依赖程度加大。

从增加值角度来看，相比于1985年，2000年所占份额增加的有中国台湾，增加了6.18个百分点；日本增加了5.74个百分点；韩国增加了1.43个百分点，其余的都是减少的。减少比较多的有马来西亚，减少了11.04个百分点；中国大陆减少了9.89个百分点，为第二；印度尼西亚减少了7.30个百分点；泰国减少了6.07个百分点；菲律宾减少了5.25个百分点；新加坡减少了2.81个百分点。因此，在东亚生产网络形成过程中，东亚各个经济体都积极参与东亚生产网络，但是投入的增加值是不断减少的。中国大陆、印度尼西亚、马来西亚等资源和劳动力都比较充裕，加入劳动密集型的生产环节，处于价值链的低端，获取的附加值很少，甚至是不断减少的。

（三）东亚生产网络的形成增加东亚整体对外依赖性

1. 中国贸易地位上升

在东亚生产网络形成之前，区域内由雁行模式带来的贸易关系基本上是产业间关系。到20世纪七八十年代，随着日本向外转移产业和“亚洲四小龙”产业生产能力增强，逐渐形成“三角贸易”格局，即东亚NIEs从日本进口资本品或中间品，进行加工或组装后形成最终产品出口到欧美市场。东盟和中国主要作为原料或能源产地，为先发展经济体提供资源密集型产品。

从20世纪80年代中期开始，在国际FDI尤其在东亚NIEs的FDI的推动下，中国和东盟快速加入并延伸了日本和NIEs产业内分工体系。尤其是进入20世纪90年代后，中国凭借巨大优势吸引的FDI越来越多，对外贸易快速增长。随着东亚生产网络的形成，中国对东亚区域内贸易尤其是零部件贸易逆差越来越大，而中国对欧美尤其是对美国的最终产品出口不断增加。

从图 3 – 3 中可以看出，中国大陆在东亚经济体出口市场中占据重要地位。1981 年，东亚 14 个经济体（不含中国台湾）对 APEC 的出口中，其中 4.17% 是对中国大陆的出口，而其中的 35.09% 是对美国的出口。其后一段时间对中国大陆和美国的出口整体上在增加。在 1986 年对 APEC 的出口中有 46.6% 是对美国出口的，接着就呈现下降趋势，而对中国大陆的出口整体上在增加，2009 年所占比重为 20.51%，超过了对美国出口所占的比重。

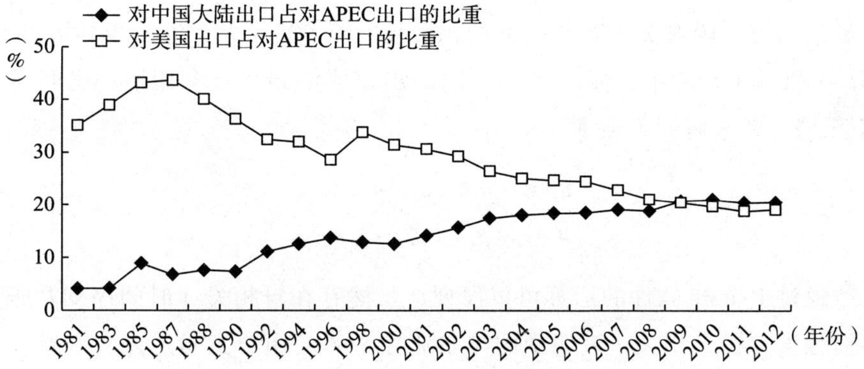

图 3 – 3　东亚出口情况

资料来源：CEIC 数据库，IMF 数据。中国台湾数据源自其官方发布的数据，且只有 1998 ~ 2011 年的，而 2012 年中国台湾对中国大陆出口数据来自中国大陆公布的数据，中国台湾以前数据缺失不影响发展趋势。笔者整理计算。

2. 中国成为东亚出口平台

下面分析东亚 NIEs3（中国台湾、韩国、新加坡）与中国大陆的顺差、ASEAN4（印度尼西亚、菲律宾、泰国、马来西亚）与中国的顺差、日本与中国的顺差分别同中国与欧美、中国与美国之间的顺差关系。设 X = NIEs3 对中国大陆的出口 – NIEs3 从中国大陆的进口；设 Y = ASEAN4 对中国的出口 – ASEAN4 从中国的进口；设 Z = 日本对中国的出口 – 日本从中国的进口；设 L = 中国对欧美的出口 – 中国从欧美的进口；设 M = 中国对美国的出口 – 中国从美国的进口。利用 1984 年到 2012 年双边的贸易数据，可得如下相关系数，如表 3 – 18 所示。

表 3－18　相关系数（1984～2012 年）

	M（中对美顺差）	L（中对欧美顺差）
X（NIEs3 对中国大陆顺差）	0.985	0.959
Y（ASEAN4 对中顺差）	0.958	0.951
Z（日本对中顺差）	0.903	0.915

资料来源：基于 CEIC 数据库及 IMF，笔者整理计算。

从表 3－18 中可以发现，中国大陆对 NIEs3 及中国对 ASEAN4、日本的逆差与其对欧美、美国的顺差存在极高的正相关关系。如日本对中国的贸易余额与中国对美国贸易余额的相关度为 0.903。为了进一步弄清日本、NIEs3 和 ASEAN4 中，哪一个对中国的出口影响最大，利用回归分析分别用 X、Y、Z 来解释 L 或 M。

$$L = c_1 + \alpha_1 X + \alpha_2 Y + \alpha_3 Z + \varepsilon_1 \quad (1)$$

$$M = c_2 + \beta_1 X + \beta_2 Y + \beta_3 Z + \varepsilon_2 \quad (2)$$

通过 Eviews 软件的运算可以发现，虽然存在自相关（时间序列数据都不同程度存在自相关，表明中国与东亚经济体的历史贸易逆差对与欧美的当年顺差有影响），但可以充分证实中国大陆对 NIEs3 及中国对日本的逆差较大影响了中国对欧美的顺差；大陆对 NIEs3 的逆差与中国对美国的贸易顺差，影响最大（见附表 3－19、附表 3－20）。这些初步证实中国与日本、NIEs3 及美国构成了新的规模较大的“三角贸易”格局，而中国作为贸易格局中的枢纽地位日益突显，与东盟的逆差从属于这一贸易格局。进一步证实了区域外市场的需求是贸易关系能运转、发展下去的动力支撑。

3. 东亚对外贸易依赖性增加

本节论述已经说明，随着东亚生产网络的发展，东亚内部依赖性在增加，中国作为东亚出口平台的地位日益明显。因而东亚对外部市场的依赖相当程度上转化为中国对区域外市场的依赖。因此，综合来讲，东亚生产网络的形成要靠旗舰企业的 FDI 推动，而东亚生产网络的运转要靠区域外市场，尤其是美国市场巨大需求的拉动。随着东亚生产网络的生产能力不断扩大，整个东亚，实际上是作为出口平台的中国对美国等发达市场需求的依赖性在不断增加。从而东亚整体上对美国等发达市场的依赖性在增加。中国对外零部件和最终产品的贸易情况在本书第五章第三节将有详细的论述，此处篇幅所限不再赘述。

附 表

表 3－19 对 *L* 的影响因素中，*X*、*Z* 是显著变量

Dependent Variable：*L*；dl = 1. 27；du = 1. 56				
Variable	Coefficient	Std. Error	t-Statistic	Prob.
C	－19289. 79	8689. 09	－2. 220001	0. 0353
X	1. 721016	0. 268631	6. 406612	0
Z	2. 467572	0. 922354	2. 675298	0. 0127
R-squared	0. 93708	Mean dependent var		92317. 92
Adjusted R-squared	0. 932241	S. D. dependent var		133374
S. E. of regression	34718. 13	Akaike info criterion		23. 84561
Sum squared resid	3. 13E＋10	Schwarz criterion		23. 98705
Log likelihood	－342. 7613	F-statistic		193. 6132
Durbin-Watson stat	0. 878584	Prob （F-statistic）		0

表 3－20 对 *M* 的影响因素中，只有 *X* 是显著变量

Dependent Variable：*M*；dl = 1. 34；du = 1. 48				
Variable	Coefficient	Std. Error	t-Statistic	Prob.
C	－7369. 104	3200. 232	－2. 302678	0. 0292
X	1. 344376	0. 044719	30. 06275	0
R-squared	0. 970992	Mean dependent var		56975. 36
Adjusted R-squared	0. 969917	S. D. dependent var		73869. 64
S. E. of regression	12812. 21	Akaike info criterion		21. 82066
Sum squared resid	4. 43E＋09	Schwarz criterion		21. 91495
Log likelihood	－314. 3995	F-statistic		903. 7691
Durbin-Watson stat	0. 676766	Prob （F-statistic）		0

第四章　东亚生产网络内产业升级利与弊

要了解东亚生产网络的调整对参与生产网络的经济体产业升级的影响，就需要了解东亚生产网络微观运行机制和知识转移理论。本章首先介绍和分析东亚生产网络内，日本式生产网络、美国式生产网络、华商式生产网络各自微观运行及治理特点。自1990年以来，在诸如机电行业的生产网络内，日本式生产网络对东亚各地供应商的升级影响不大，而美国式和华商式生产网络对各地供应商能力的影响较大。其次讨论生产网络内的先进知识传递机制和缺陷。东亚生产网络作为经济组织，其内一群企业为了实现最终产品或服务的价值而紧密地跨境连接在一起，共享各种资源，而分享资源的效果因企业能力不同而不同。但是，加入东亚生产网络，与旗舰企业保持联系对本地供应商的能力提高非常重要。本章分析日本式生产网络、美国式生产网络、华商式生产网络各自传递先进知识的特点，从高科技产品出口份额、知识产权使用费、专利申请数目等各个指标分析东亚整体的产业升级现状。虽然微观升级数据及实证分析欠缺，但这些指标的考察能够总体上反映目前东亚主要的国际分工，即东亚生产网络带来的产业升级现状，这也是本书的目的。

第一节　东亚生产网络的微观运行

一　企业网络国际化

波特认为，企业要保持或增强竞争优势，实行的竞争战略应当是总成本领先战略、差异化战略、目标聚集战略，即低成本、差异化及专一化策略，而企业组建企业网络、国际生产网络可以同时实现低成本、差异化和专一化策略。因此，企业网络的国际化，进而国际生产网络的出现是世界经济发展到一定阶段的必然产物。①

企业网络演化为国际生产网络后，分为生产者驱动和购买者驱动的国际生产网络或两者同时驱动的生产网络。生产者驱动的国际生产网络主要是由旗舰企业通过 FDI 的方式将跨界生产垂直一体化到网络内部；购买者驱动的国际生产网络主要由旗舰企业通过在海外设立生产基地或外包的方式将生产环节分离出去，形成生产网络。生产者驱动和购买者驱动的国际生产网络，会在全球范围内加强经济主体之间的联系。各国的供应商加入国际生产网络后，通过建立与旗舰企业、一级供应商之间的连接和交流来获得先进技术、管理知识以及网络内其他资源，进而来促进自身能力的提高。另外，其他诸如生产性服务业主体，如第三方物流（Third-party Logistics），为不同的产业或产品生产网络服务，或加入某些生产网络内，进一步完善生产网络的发展。②

企业在形成企业集团、企业网络时，往往会受到所在社会的制度、历史、文化、风俗等的深刻影响。企业和个人不是无差异的空间自由运动的个体，他们的各种交换活动是嵌入各种社会联系的网络之内的，网络主体的组织资源、捕获信息、决策制定都受到既定的社会网络的约束，同时每一个个体也不同程度地参与网络塑造，影响网络演化的轨迹。③ 因此，不同的社会经济背景下的企业往往有其自身独特的企业组织安排。当其跨境组建分公司或子公司时，不由自主地受到已形成的企业组织安排制度和企业治理模式的影响。企业网络本身镶嵌有较多的制度或文化因素，当其跨境复制时，或者旗舰企业在国际范围内重新组织分工体系形成生产网络时，企业网络内形成的治理模式和经营方式很可能会较多地体现在国际生产网络的运行当中。

在东亚区域内根据旗舰企业属地，可以大致将东亚大部分产业生产网络

---

① 〔美〕迈克尔·波特：《竞争优势》，陈小悦译，华夏出版社，2005。

② 王静文：《东亚区域生产网络研究》，博士学位论文，吉林大学，2007。

③ Granovetter, Mark, "Economic Action and Social Structure: The Problem of Embeddedness," *American Journal of Sociology*, Vol. 91 (3), 1985.

分为三大类：旗舰企业来自日本的，具有日本国内企业网络特征的生产网络，简称为日本式生产网络；旗舰企业来自美国的，具有美国国内企业网络运营特征的生产网络，简称为美国式生产网络；来自中国香港、中国台湾、新加坡等的华商将原有的华人商业网络转型为生产性的，在承包发达国家跨国公司业务的基础上发展起来的生产网络，具有华人社会特色，简称为华商式生产网络。显然，来自不同社会、文化背景的旗舰企业在组建生产网络时，自然有其特殊的地方。这对加入网络内供应商的升级具有不同的影响。

二　东亚的日本式生产网络

（一）日本企业组织安排制度：系列生产体制

日本在其经济发展过程中形成了不同于欧美的独特的企业组织安排制度，常被称为系列生产体制，简称系列制或下请制、分包制、下承包制。系列制（Keiretsu）是指以某行业内的大企业为顶点，以众多从事专业化生产的中小企业为基础的垂直型协作生产体系，结构呈金字塔形态。[①] 系列制也即垂直系列，即所谓的下请制（即转承包制），大企业利用资金、技术及市场营销上的优势，通过分包业务将中小企业纳入其生产经营链条内，还通过垂直持股、人员派遣、系列融资等对其在一定程度上进行管理或“控制”。[②] 中小企业通过与某些大企业的合作来获得更多生存和发展机会。垂直系列或下请制常见于诸如汽车、电子等机械产业，是日本具有特色的供应商制度。

日本部分企业在二战后重新组合，发展成“水平”系列，即所谓的大企业集团，大企业集团内各个企业保持长期交易关系、交叉持股、互派管理人员及主银行制。以三菱集团、三井集团和住友集团为主的旧财阀系企业集团及以芙蓉集团、三和集团、第一劝业银行集团为主的新兴银行系企业集团先后出现，每一个企业集团包括众多下请中小企业。这些企业集团打破了金字塔状垂直控制系列，通过相互持股、共同组成经理会来维持集

---

① 陈莉：《从日本系列化生产体制变革趋势看中小企业活力源泉》，《中国石油大学学报》（社会科学版）2006 年第 2 期，第 19 ~ 22 页。

② 伞锋：《交易成本节约与规模经济——日本系列化生产体制浅析》，《外国问题研究》1995 年第 2 期，第 45 ~ 48 页。

团成员的平等地位，但企业集团以金融机构为核心，是银行资本与工业资本的联合体。企业集团常以银行、综合商社为核心，以重工业、轻工业等第二产业为依托，向第一、第三产业大规模扩张。

日本企业组织安排制度实质上是介于市场和企业之间的组织，即企业网络（Keiretsu Networks），表现为在各种市场范围内各种企业之间形成长期交易合作。例如，在资本市场上与以银行为主的金融机构结盟，在研发新技术上甚至与竞争对手合作，在零部件外包上与分包厂商结盟，在各种产品市场上与综合贸易商社合作。企业网络的优势在于专业化分工合作增加了效益以及获得了规模经济。[①] 中小企业在企业网络内能够较快地获取和吸收大企业的先进技术、管理经验等异质资源，大企业可集中资源于关键的产品研发与生产过程。[②] 在其演进过程中，企业之间的“战略仿效”和政府的大力推动起了重要的作用。[③] 例如，1969 年出台的《中小企业下请促进法》，在系列生产体制的建立、协调大企业与中小企业的关系上发挥着重要的作用，促进了企业网络的发展。[④]

研究人员常把系列生产体制作为日本工业特别是机械制造业具有强大国际竞争力的重要原因。大企业向下属企业采购零部件比自己生产至少节约 20% 的成本，因此获得了成本和质量方面的竞争优势。中小企业在资金、技术、设备、产品质量和市场信息方面得到稳定的援助和保障。[⑤]

随着经济全球化和科技的快速发展，日本的系列生产体制也在发生着变化。首先，原有系列生产体制不断开放。大企业引进了更多的下请企业，而作为承包企业的下请企业主动为更多的大企业服务。其次，与大企业的交易占下请企业业务的比例在降低。这是由于下请企业能够承担从零部件设计、开发到制造零部件的更加专业化生产，能力不断提高，经营不断完善，从而逐渐地脱离原有的系列生产体制。再次，也是更为重要的，

① 伞锋：《交易成本节约与规模经济——日本系列化生产体制浅析》，《外国问题研究》1995 年第 2 期，第 45～48 页。

② 王静文：《东亚区域生产网络研究》，博士学位论文，吉林大学，2007，第 93 页。

③ 欧志明、张建华：《企业网络组织的演进及类型研究》，《决策借鉴》2002 年第 1 期，第 2～6 页。

④ 陈莉：《从日本系列化生产体制变革趋势看中小企业活力源泉》，《中国石油大学学报》（社会科学版）2006 年第 2 期，第 19～22 页。

⑤ 李国庆：《日本系列生产制带给我们的启示》，《中国改革》1998 年第 7 期。

随着系列生产体制的更加开放、脱下请化，企业网络不断走向国际，国际化趋势非常明显，即系列生产体制的交易方式国际化。在1985～1991年日本对外直接投资第三次浪潮中，中小企业随着大企业积极对外投资。据统计，中小企业的海外投资在不同经济体都占到日本企业海外投资的31%～60%。① 因此，系列制中的中小企业为日本向外转移产业和在东亚组建生产网络起着重要的补充作用。最后，随着国际化扩张、下请企业实力的增加及东道国企业的加入，金字塔形的系列生产体制正在转向更加扁平化的网络经济组织，主要表现为：不仅大企业对下请企业进行指导、支援，而且下请企业注重创新掌握某些技术专利进而同大企业进行更多的研发合作。甚至有的企业在获得核心技术后就转而把生产转包给大企业，自己专门负责研发。随着市场需求的多样化、高级化、个性化或专业化，中小企业的灵活经营方式使得其适应市场更加主动、有效，② 促使系列生产体制更加扁平化发展。

（二）东亚日本式生产网络的发展

1. 日本大企业在东亚建立生产基地

日本对外FDI要么是市场寻求型的，要么是效率追逐型的。自20世纪80年代以来，发达经济体经济放缓，贸易保护主义倾向增强，日本企业遭遇更多的贸易摩擦。日本国内诸如劳动力、地价等要素成本不断增加，产业升级进展缓慢，日元不断升值，在国际市场上的竞争优势不断消减。为了降低成本、绕过贸易壁垒，日本于20世纪80年代中期开始了大规模投资浪潮。日本企业集团在向东亚进行FDI并转移产业时，通常是大企业先行，中小企业在压力下或自愿主动跟进，不断成功地把日本国内特有的系列生产体制即其企业网络复制到东亚区域。③ 此后，日本不再仅仅把东亚作

---

① 陈莉：《从日本系列化生产体制变革趋势看中小企业活力源泉》，《中国石油大学学报》（社会科学版）2006年第2期，第19～22页。

② 陈莉：《从日本系列化生产体制变革趋势看中小企业活力源泉》，《中国石油大学学报》（社会科学版）2006年第2期，第19～22页。

③ Peng, Mike W., Seung - Hyun Lee, J. Justin Tan, "The Keiretsu in Asia: Implications for Multilevel Theories of Competitive Advantage," *Journal of International Management*, Vol. 7 (4), 2002, pp. 253 - 276.

为转移对发达国家出口的迂回生产基地和出口平台，还在雁行模式基础上通过复制日本式企业网络和基于不同的比较优势整合不同的资源，将东亚各个经济体连接在一起，形成以日本旗舰企业为核心的区域生产网络。

2. 以制造业为主的 FDI 建立和发展日本式生产网络

在东亚，日本式生产网络的形成和发展，主要是由日本的制造业跨国公司通过对东亚 NIEs、东盟及中国大陆进行 FDI 来推动的。本书第三章已经提到日本对东亚的投资大多流向了制造业部门，尤其是机电产业。日本本身依靠贸易立国战略，大力发展制造业。为继续保持制造业竞争优势，以及东亚后发展经济体制造能力落后的现实，日本的跨国公司主要以 FDI 的形式将生产和出口能力不断向东亚转移。

作为日本出口主力的制造业部门，虽然独自也能够在海外投资建立生产基地，但很难保证其产品达到严格要求的质量及交货期，甚至获得维护竞争优势的成本。[①] 因此，系列生产体制即企业网络内的大企业（旗舰企业）就要求甚至威胁下请企业也跟随其到东亚其他地区一起投资，建立零部件供应生产基地，提供维修服务。有的下请企业自立性不断增强，能够生产高质量或精密零部件，能够承担零部件设计和研发，逐渐拥有自己的核心技术和品牌。这类企业积极扩大海外投资，在旗舰企业子公司附近（不一定位于同一经济体内）投资设立自己的子公司。Peng 发现，日本在亚洲的 FDI 约有 40% 是由下请企业即中小企业负责投资的。这样日本旗舰企业和下请企业（拥有专利技术的供应商和普通供应商）将生产基地分布在东亚各个经济体以充分利用其比较优势，从而建立实现资源优化配置的东亚生产网络。[②]

（三）日本式生产网络的特征

1. 日本式生产网络的垂直性

20 世纪 50 年代初，因多方面限制因素，日本中小企业在引进设备和技术、自我改进方面进展迟缓，与富有成效地引进技术、改善经营管理的大企

① 例如，在 2009～2010 年丰田汽车公司因油门踏板问题引发的全球召回事件，问题油门踏板的供应商是美国的 CTS 公司，作为核心企业的丰田公司为此蒙受了重大损失。

② Peng, D. J., "Invisible Linkages: A Regional Perspective of East Asian Political Economy," *International Studies Quarterly*, Vol. 46 (3), 2002.

业形成鲜明对比，从而进一步拉大了企业之间的差距。借鉴二战时经济体制下扶持参与分包供货的中小企业的经验，日本政府认为，建立起从生产零部件的中小企业到完成最终产品的大企业的系列化生产体制能够提高产业链的效率，从而加大力度促进系列生产体制的建立，如1969年出台的《中小企业下请促进法》。大企业借由资本、技术护持和市场销售保障，对中小企业进行较高程度的控制。到20世纪70年代，大多中小企业拥有较高的生产技术水平和质量管理水平，产品竞争力不断增强，与大企业间的关系也不断加深，以至于共同协调开发、生产产品，分获长期稳定交易带来的较高利益。日本企业网络有所扁平化，但是总体上领导企业仍然控制着销售及核心技术等关键资源。因此，日本的企业网络是垂直的、封闭的。当日本在东亚复制其企业网络、建立生产网络时，这种垂直性很大程度上保持着。

2. 日本式生产网络的封闭性

日本在20世纪80年代中期开始的大规模对外投资主要是日本的装配制造业，特别是汽车和电子产业。这些产业的生产环节可分性强，模块化生产方式比较盛行。但相当多环节的质量要求比较高、精细化生产较高、市场需求多样化、需求信息变化快，这使得日本旗舰企业对其原有企业网络内的供应商，尤其是掌握了一些技术专利的专业化供应商依赖性强。因此，旗舰企业在转移生产基地时，在东亚区域整合、形成生产网络时会利用自己的采购权、核心技术等关键资源来动员、要求供应商（下请企业）随同前往，一起投资，而且强令不得向其他尤其是竞争方旗舰企业或供应商供货。一方面，东亚各个发展中经济体相关产业基础薄弱，生产能力比较低下，只能参与一些低技术含量的劳动密集型生产环节，如组装、简单维修等；[①] 另一方面，日本企业不愿培养、提高本地供应商的能力以免增加竞争对手，这使得海外供应商处于最外围层次，很难进入高附加值环

① 东亚文化使东亚企业更愿意接受系列集团下的分包机制。一方面，日本文化与东亚文化的同质性更多，商业惯例也更相似。从而日本企业很熟悉如何在东亚进行商业运作；另一方面，系列集团分包制下的东亚成员企业也不想脱离企业组织。虽然系列成员未必能确保更高的利润率，但是与非系列企业相比，绩效的波动性较小，而且系列集团成员可以更快地从危机中解脱。由于东亚企业喜欢来自系列企业网络的确定性和保护机制，其一般不愿意与日本旗舰企业终止长期的交易关系。参见林季红《日本分包制的经济学分析》，《世界经济》2002年第7期。

节。日本式生产网络整体上具有较强的封闭性。①

因此，按照 Gereffi 等人的观点，日本式生产网络是控制型或领导型（Captive/Directed Networks）治理方式，具有封闭性。② 也有学者研究发现，随着生产网络的发展和竞争更加激烈，一些电子产业的日本式生产网络渐趋开放，吸纳新的供应商加入，或者为其他生产网络供应零部件。③

三 东亚的美国式生产网络

（一）美国企业网络：温特制

美国在第二次工业革命中逐渐形成了福特制生产组织形式，并取得了巨大的成功。福特制主要是指为节约交易成本、降低生产波动性，将产品或服务价值链的至少两个阶段都集中在一个企业内进行的生产组织形式。在福特制发展的鼎盛时期，通常一个大企业几乎囊括了所有主要过程。产品的生产过程包含技术密集度不同的程序或环节。在生产组织方面，常把生产过程的大部分环节，如采购、设计、制造、营销等，集中于一个企业统一管理的情况称为垂直一体化（Vertical Integration）。福特制主要建立在三个原则的基础上：第一，根据特长分工明确，研发人员负责研发、设计，管理人员负责监管，技术工人、一般工人按其所能负责维修或简单工作；第二，采用泰罗制将工艺流程不断分工以至于细微的地步；第三，企业内进行标准化管理，并不断在设计、生产、管理等方面寻找最佳的方法，不断提高效率和节省成本。④ 在高度垂直一体化生产时代，企业主要是通过兼并快速扩张成为巨无霸式企业。

随着经济的发展，消费水平快速提高，从而消费多样化增加，市场竞

---

① 例如，当克莱斯勒想在东南亚获得零部件供货合同时，日本的供应商当即给予拒绝。如果这些供应商与克莱斯勒进行交易，系列集团中的大企业就威胁断绝其业务往来，克莱斯勒只好从亚洲当地的供应商寻找零部件供应，而其生产率和质量远低于那些日本的供应商。参见林季红《日本分包制的经济学分析》，《世界经济》2002 年第 7 期。

② Gereffi, Gary, John Humphrey, Timothy Sturgeon, "The Governance of Global Value Chains," *Review of International Political Economy*, Vol. 12 (1), 2005.

③ Ernst, Dieter, "Searching for a New Role in East Asian Regionalization: Japanese Production Networks in the Electronics Industry," *East-West Working Paper*, *Economics Series*, 2004.

④ 黄卫平、朱文晖：《温特制：美国新经济与全球产业重组的微观基础》，《美国研究》2004 年第 2 期，第 7 ~ 25 页。

争加剧。福特制企业在20世纪70年代输给实行“丰田制”的日本企业。丰田制企业注重充分发挥员工的积极性，紧密结合不断变化的市场需求，实行零库存管理，全面监控产品质量，上下游企业间建立良好的信任合作关系，丰田制本质上是改良的福特制结合日本的社会文化所形成的日本特有的生产方式，也是系列生产体制的发展。这种生产方式极大地推动了日本制造业，特别是汽车业在国际市场中的迅速扩张。巨无霸式的福特制企业则不能很快适应多变的市场以及越来越挑剔的消费者的多样化需求，而且竞争越来越要靠不断削减产品成本来实现。

就在20世纪80年代西欧和日本全力模仿计算机代表企业IBM的福特制生产方式时，美国个人电脑的突然普及迅速改变了整个计算机行业的竞争模式。在个人电脑的销售量于1985年超过科研或工业用的大型机、微软和英特尔迅速发展并多年结合的背景下，整个计算机行业迅速从垂直型结构走向水平型结构。生产分工从以IBM为代表的垂直一体化转向水平分工为主，每个水平分工的参与者专业化经营计算机产品价值链中的一个价值环节（如硬盘、内存条、芯片、显示器、键盘及鼠标等）。[①] 在20世纪90年代初的计算机产业中，涌现出微软、英特尔、戴尔、康柏、希捷、甲骨文等历经激烈竞争成长起来的全新企业，它们只专攻计算机价值链中某个环节，如康柏主要负责制造、组装和销售并借此培养自己的品牌，微软负责操作系统、文档等软件，英特尔负责CPU芯片等产品，它们的业务范围单一，完全不同于多元化经营的垂直一体化企业。事实上，个人电脑行业价值链的每一个环节都有众多专业化企业参与激烈竞争，将所有的节点或环节的产品（零部件）组装在一起就是一台完整的个人电脑。每一个环节的激烈竞争导致不断创新或推出差异化零部件，从而推动整个计算机产业不断升级或差异化生产。每一个环节的众多企业都实现了规模化生产，其中不同企业的不同零部件保证了个人电脑的差异化生产，只要符合电脑接口规则和功能标准即可。因此，在计算机产业，制订规则和标准的企业是核心企业。随着技术的提高，规则和标准的不断变化带动各个环节的零部

① 1981年IBM推出的个人电脑，采用微软的操作系统和英特尔公司的芯片作为配置，奠定了整个产业水平化分工的基础。参见王雪佳《美国新经济与东亚信息产业发展研究》，博士学位论文，中国人民大学，2001。

件厂商不断地在满足标准和规则的基础上进行充分的创新和差异化生产，计算机性能也不断地提高，从而大大缩短了计算机生产的生命周期。这显然不同于福特制的分工生产，它就是基于模块化生产和现代物流业的温特制（Wintelism）生产分工方式。[①] 温特制下的各个企业往往通过外包的方式分离非核心业务，[②] 通过模块化生产，实现在满足市场标准下不断进行创新和改进，并且实现低成本的大规模定制化生产，满足差异化需求。作为企业网络的一种形式，温特制很快被运用到汽车产业、半导体产业及其他机械制造产业，极大地提高了美国企业的竞争力。

（二）美国企业网络的国际化：美国式生产网络

1. 美国企业网络的国际化发展

在温特制生产体系中，核心企业不断提高产品市场标准，各个环节内竞争激烈，迫使参与各个价值环节上的企业不断开发出满足新市场标准和具有竞争力的零部件或中间品。这使得参与水平生产的企业特别是核心企业在不断提高的市场标准中获得大量利润。由于快速升级，产品生命周期变短。例如，在个人计算机行业、手机中，产品生命周期往往很短。新产品的垄断利润期往往就是新产品刚投放市场那一段较短的时间。然而不断升级需要投入大量的高风险研发，更需要足够规模的销售，否则利润难以保证，甚至亏损。这就迫使各个企业积极开展外包业务，在全球建立模块化生产网络以保证新投放的产品能够同时在全球上市，即主要是在成本低的地方建立供应生产网络，为主要消费市场提供具有竞争优势的零部件或

---

① “Wintelism”由微软公司的视窗系统产品（Microsoft Windows）和英特尔（Intel）公司的微处理器产品（Intel Microprocessors）的英文缩写而成。转引自王德建、杨蕙馨《温特制生产：动因、运行机制与企业竞争优势重构》，《山东大学学报》（哲学社会科学版）2011 年第 2 期，第 121 ~ 127 页。

② 美国加州国际汽车经济研究所的调查报告显示，1991 ~ 2000 年的 10 年间，工业化国家汽车零部件外包合同金额年均增长率为 17.25%，其中 1996 ~ 2000 年的 5 年间年均增幅达 22.9%。1996 ~ 2000 年的 5 年间，美国三大汽车制造企业零部件外包金额年均增长 19.6%，2000 年达到 1350 亿美元，而且未计入技术开发等软性承包业务。令人关注的是，近几年国际汽车行业接二连三的兼并行动，不仅未影响外包业务的发展，而且规模更大。例如，美国克莱斯勒与德国奔驰合并后，两家公司 1999 年外包业务规模扩大了 10%，2000 年外包业务再次提高 16.5%。参见刘林森《国际汽车市场面临变革》，《经济世界》2002 年第 3 期。

组装好的产品。20世纪90年代，微软和英特尔的快速发展促进了包括网络在内的信息技术（IT）的发展，进而促进电子商务迅速发展，而且为现代物流业提供了强大的技术支持。通过在全球建立生产网络，一方面，能够迅速提供具有差异化特征的产品；另一方面，由于面对全球市场，生产达到有效规模。于是在外包的推动下，基于模块化生产的温特制，借助于电子商务和现代物流业，全球市场和全球生产体系紧密地衔接为一体，形成美国式国际生产网络。

2. 东亚美国式生产网络的形成

既然温特制企业必须通过全球生产网络来实现参与企业的利润，这就要求不仅核心企业，而且承接外包业务的生产关键零部件的一级供应商需要在全球范围内根据比较优势建立生产网络，或者不断提高各地的低级供应商的能力从而不断外包业务。在各地建立生产网络供应基地时，不仅需要提高生产能力，还需要大量的投资以实现规模经济效应。

在温特制迅速发展时，美国大企业在东亚积极寻找合适的供应商，组建以东亚为基地、以中华圈和新加坡为支点的国际生产网络，并使其成为美国全球生产网络的重要一部分。从表3－5中的数据可知，NIEs具备一定制造业基础和吸收先进技术知识的能力，从而使得它们首先受到美国旗舰企业的青睐而接受大量的外包订单，它们又利用东亚发展中经济体劳动力质优价廉的优势，将劳动密集型、低技术密集型生产环节转包给这些经济体。事实上，东亚供应商的成长对美国电子、汽车等产业的发展，重新战胜日本电子或汽车等产业发挥了决定性的作用。某种意义上，没有东亚地区企业之间的紧密联系并形成跨境生产网络，美国的温特制企业网络也不能如此成功。①

自20世纪90年代以来，东亚NIEs在制造业方面具备非常强的生产能力，而且在东亚已经发展了其生产外包网络，② 还拥有较发达的资本市场

① Borrus, M., "The Resurgence of US Electronics: Asian Production Networks and the Rise of Wintelism," in Borrus & Ernst & Haggard, eds., *International Production Networks in Asia: Rivalry or Riches?* Routledge, 2004, pp. 57－79.

② Gefeffi, Gary, "A Commodity Chains Framework for Analyzing Golobal Industries," *Institute of Development Studies*, Vol. 8 (12), 1999; Ernst, Dieter, "Searching for a New Role in East Asian Regionalization: Japanese Production Networks in the Electronics Industry," *East-West Working Paper*, *Economics Series*, 2004.

便于美国 FDI 以并购为主的方式进入。它们已成为美国在亚洲的生产供应基地。美国企业将专职负责研发和品牌销售，东亚负责硬件生产，这样就促进了东亚地区特别是 NIEs 的技术升级以及东亚美国式生产网络的形成和发展，更为美国出现“新经济”现象以及首先进入信息经济时代奠定了基础。

（三）美国式生产网络的特征

东亚一些经济体尤其是中国台湾和韩国在电子产业方面的快速成长，是与其参与美国式生产网络分不开的。可见，美国快速发展的旗舰企业对东亚生产网络的形成和发展具有非常重要的作用。下面简单分析一下在东亚的美国式生产网络的特征。

1. 美国式生产网络发展以外包为主

由于温特制下产品生命周期缩短、研发压力较大、投资数额巨大及折旧速度较快，美国很多跨国公司不再参与制造等业务，往往将普通的制造、物流、原材料筹供等环节外包出去。不仅温特制平台中的核心企业，还有各环节上的企业都向外外包业务，尤其是向成本要素较低的地方开展外包业务，它们同时成为国际生产网络旗舰企业。在外包业务的同时，这些旗舰企业或高级供应商在既有品牌形象的基础上致力于发展核心业务，如金融、研发、市场营销等生产性服务业或制造核心零部件等。这就促使一大批合同制造商自 20 世纪 80 年代中期快速发展起来，著名的如电子产业中的 Flextronics 和 Solectron、汽车产业中的 Delphi 等，它们专门为 IBM、思科或通用、福特等生产最终组装品或零部件。①

在东亚地区整合、组建国际生产网络时，美国的旗舰企业在东亚的分支机构通常扶持地方供应商提高生产能力，再通过采取外包即合同制造或战略联盟的方式，在东亚区域建立并发展了业务联系。旗舰企业或高级供应商只关注新产品的定义、设计，而在东亚区域采购制成品。它们以自己

---

① 2007 年 10 月 19 日，Flextronics 以 36 亿美元收购了 Solectron，形成了最多元化的全球高级设计和垂直整合电子制造服务提供商。收购之后，Flextronics 拥有广泛的全球 EMS 能力，从设计资源一直到垂直整合全球供应链服务，并增强了它向客户提供设计、建造和运输产品的能力。

的品牌通过自己的营销渠道进行销售，扮演成东亚供应商的最终产品购买者角色。虽然它们与东亚供应商是互补的关系，但供应商更加依赖旗舰企业。不过东亚本地供应商承担了更多制造和组装责任，在选择旗舰企业、零部件生产等方面有着更大的自主性。

2. 美国式生产网络的模块化治理模式

与美国国内的企业网络——温特制一样，美国旗舰企业在东亚组建的国际生产网络仍主要是基于法律合同而不是股权关系。合同一结束，外包关系就结束了，若没有后续的业务外包，则生产网络就不再存在。这与日本式东亚生产网络不同。美国旗舰企业或高级供应商可以在本地选择不同的供应商，本地供应商可以为多家旗舰企业或高级供应商供货（或不同的品牌商）。在温特制下，产品生命周期较短，供应商必须不断地紧跟技术发展，这也意味着网络主体之间的交易复杂程度较高。

供应商生产的零部件多是模块化生产，其标准化程度较高，而且具有规模化、差异化生产特点，即弹性专精化生产，这也是温特制模式的特点。有些符合 Krugman 的垄断竞争模型。

本地供应商自身供应能力较强，能够提供品牌商所需要的低成本的产品，还能够很快吸收新转移过来的知识。高级供应商通常具有“通用”的制造能力，能够为不同品牌商提供产品，与旗舰企业有着较为密切的联系，有的成为交钥匙（Turn-key）供应商。高级供应商通常把部分承包过来的订单在本地或海外由自己的子公司或其他供应商来完成，以保证柔性生产方式的同时尽可能降低成本，实现及时的规模化生产。这使得旗舰企业或核心企业即品牌商实现虚拟化生产，只负责产品的创新、品牌创立与开拓、市场营销等。

四　东亚的华商式生产网络

（一）东亚华商式生产网络的形成

1. 二战后东亚工业化战略带来的机遇

在历史上，出于重农抑商的需要，东亚各政府对工商业一直不支持，甚至打压和抑制。近代以来，东亚各政府对企业肆意课税，扶持乏力，再加上外来殖民者的排挤，甚至毁灭性的挤压，海外华商的发展历经艰辛。①二战后东亚经济体摆脱殖民统治，经济获得独立发展。各个经济体重视发展经济，以进口替代战略推进工业化，然后又转为出口导向工业化发展战略。虽然有些国家偏袒某些企业团体压制华商，华商仍能抓住全球经济发展的机遇，利用自身社会网络的优势，快速发展起来。随着加入发达国家跨国公司的生产网络，华商大多由商业资本转向产业资本，并开始跨界组建自己的生产网络以便更有效地完成订单。

美国未来学家约翰·奈思比特（John Naisbitt）发现，20 世纪 90 年代以来，中国海外的华人掌控的资产为 2 万亿～3 万亿美元，已经成为全球第三大经济势力。其有如下特点：①若将全球华人当作一个国家来计算，他们的经济实力仅次于美国和日本；②中国香港、中国台湾及新加坡的华人，在亚洲的投资超过日本；③华人成为马来西亚、泰国、菲律宾、印度尼西亚和越南等的最大外来投资者；④中国大陆 80% 的外资来自海外华人。还有，海外华人在亚洲的新兴国家中拥有的庞大资产，远超过他们的人数所占比例，例如，在印度尼西亚占 4% 的华人拥有 70% 的经济实力，在泰国占 3% 的华人拥有 60% 的经济实力，在菲律宾占 3% 的华人拥有 70% 的经济实力。②

2. 参与国际分工发展生产网络

华商最初主要在东亚区域从事商贸，后来不断开展多元化经营。华人企业大都是家族企业，初始规模都很小、技术落后、资本弱小。因此，一开始无法进入资本密集型的重化工业及技术密集型产业。Carney 认为，家族企业特别适合于有效组织低要素成本和管理费用较低的低技术密集型产业，也具有较大的网络式生产优势。③ 因为技术水平较低和规模有限，许多中小企业很难单独完成一种产品的整个价值链，只能进入某一个环节，与其他企业合作完成价值链，从而彼此间依赖非常大。通过这种合作的方

① 对华商的界定范围有不同的说法。本书是指中国大陆以外的华商，以海外华商称之。通常包括东南亚各国的华商，港澳台地区的华商，北美、欧洲及其他地方的华商。本书以前两部分为主。

② 〔美〕约翰·奈斯比特：《亚洲大趋势》，尉文译，外文出版社，1996，第 9～14 页。

③ Carney, Mick, "The Competitiveness of Networked Production: The Role of Trust and Asset Specificity," *Journal of Management Studies*, Vol. 35 (4), 1998, pp. 457－479.

式，有效完成越来越多的订单，而其中某些环节的企业又将其接到的任务转包、分包给与自己有密切联系的其他中小企业。通过人际关系发展出来的这种转包制度及企业间的合作协调关系，促进了华人企业之间复杂、紧密的企业网络的形成、发展。

对于跨国公司来说，当地的华商具有较好的经商才干、生产能力以及良好的信誉、富有成效的社会网络，还有与各个经济体政府关系密切等优势，所以它们愿意选择华商作为其合作伙伴。对于华商来说，通过与跨国公司开展合作，很可能会获得资金、先进技术、管理知识和国际市场营销渠道。20 世纪 80 年代中期以后，由于日本和东亚 NIEs 的货币升值及欧美越来越多的贸易保护等原因，它们不断地把产业向外转移。华商充分发挥自己的优势，成为外资在东南亚的主要合作伙伴；华商积极承接转移过来的产业，企业生产能力快速成长。他们还积极地承担大型建设项目，快速积累资本，并通过收购、兼并、参股等形式，迅速扩大经营领域和范围，发展为多元化经营的跨国企业集团。①

美国企业为了与日本企业竞争，增加了在东亚与华商的合作程度。迪肯发现，美国跨国公司早在 20 世纪 60 年代到 70 年代在东亚寻找低成本要素生产区，建立生产基地，产品销往发达国家市场。1980 ~ 1985 年，对东亚的生产基地进行技术升级，扩大生产范围，如从简单的芯片生产到复杂的测试，同时其子公司开始在东亚发展生产网络。从 20 世纪 80 年代中期到 90 年代，美国跨国公司更多地专注于创新和营销，进一步升级在东亚的生产基地。东亚的供应商承担了更多的制造责任。② 华商抓住美国产业转移的机会，利用美国式开放、灵活的特点，积极升级，大力发展代工业，加入美国旗舰企业组建的生产网络，并发展自己的生产网络。

华商式生产网络是内涵丰富的华商网络的一个方面或主要部分，本质上就是介于市场和企业之间的以个人和商业机构为主体服从某些约束的关系，是以境外华人（主要是指港澳台地区和东南亚各国的华人商人）为特定主体，以家族、族群、籍贯、行业、社团等为社会基础，以

---

① 刘德伟：《东亚区域生产网络与贸易不平衡》，博士学位论文，中国社会科学院研究生院，2011。

② 〔英〕彼得·迪肯：《全球性转变——重塑 21 世纪的全球经济地图》，刘卫东等译，商务印书馆，2007，第 363 ~ 364 页。

亲缘、地缘、神缘、业缘、商缘即五缘关系为连接纽带，[①] 以共同经济利益为核心的生产分工网络。华商式生产网络大多为发达国家的品牌商或旗舰企业提供产品或服务，同时积极培养自己的品牌。大多华商式生产网络的旗舰企业实际上是发达国家品牌商或全球合同供应商的高级或一级供应商。

（二）华商式生产网络的发展

一些表现优异的华商在为跨国公司代工中不断升级，从 OEM（Original Equipment Manufacturing）到 ODM（Original Design Manufacturing），有的同时培养自己的品牌，成为 OBM（Original Brand Manufacturing）。比较著名的有中国台湾的鸿海集团、宏碁集团、台塑，中国香港的肇丰集团、伟易达等。在新加坡、马来西亚、泰国等的华商也都获得较大的发展，纷纷到东亚其他经济体创建、发展自己的生产网络。

华商里发展比较好的如中国台湾的鸿海集团：鸿海集团又称鸿海精密集团，是全球 3C（电脑、通信、消费性电子）代工领域规模最大、成长最快、评价最高的集团，其前身是 1974 年成立的台湾鸿海塑胶企业有限公司，现已成为专业研发生产精密电气连接器、精密线缆及组配、电脑机壳及准系统、电脑系统组装、无线通信关键零部件及组装、光通信元件、消费性电子、液晶显示设备、半导体设备、合金材料等产品的高新科技企业。鸿海曾被美国《财富》杂志评鉴入选为全球最佳声望标杆电子企业 15 强，并成为全球唯一能连续六年名列美国《商业周刊》（*Business Week*）科技百强（IT100）前十名的公司。鸿海集团在中国内地、墨西哥、匈牙利、印度、芬兰、捷克、俄罗斯和越南等均建有生产基地，不仅为苹果公司代工精密产品，也为戴尔、惠普和索尼代工笔记本电脑和配件，还自己生产富士康牌电脑配件，并积极尝试建立自有营销渠道。

Borrus 认为，20 世纪 90 年代美国电子行业之所以取得惊人的成就，

---

① 1986 年，苏东水在福建泉州调研时首次提出了“六缘”的概念，即为血缘、地缘、人缘、文缘、商缘和神缘，后来概括为“五缘”，即亲缘、地缘、文缘、商缘、神缘（参见苏东水《泉州发展战略研究》，复旦大学出版社，1999）；1992 年，林其锬认为“五缘”应为亲缘、地缘、神缘、业缘和物缘（参见林其锬《五缘文化：寻根与开拓》，载林文豪主编《海内外学人论妈祖》，中国社会科学出版社，1992，第 51 ~ 60 页）。

很大程度上归功于其位于东亚中华圈的供应商在技术水平和竞争力方面的快速提高。美国企业在精密零部件和关键技术方面一度依赖日本企业，竞争中很被动。这促使美国企业在基础技术方面对华商更加开放，使其从简单的装配分厂变成能够与日本进行竞争的生产企业。① 卡赞斯坦认为，美国式生产网络与华商生产网络的衔接融合降低了美国企业与东亚本地供应商对日本供应商的依赖。预计当地的供应商将成为该行业的领导厂商，尤其是中华圈内的企业。②

（三）华商式生产网络的特征

1. 开放与封闭的统一体

由于美国温特制平台下产业技术升级较快，生产专业化强，作为其外包供应商能够不断提高生产能力，华商建立并控制的生产网络借助跨国公司提供的全球销售能力就能够迅速发展起来。Borrus 认为，海外华人网络主要参与可以全部转包给家庭作坊和家庭工人承担的复杂生产任务的分工，如负责零部件制造。大部分网络主体以最低资本投资条件进行小规模经营，并且在血缘或朋友关系基础上联系在一起。③ 华人之间正是由于靠“熟人”关系建立社会网络，网络内的交易稳定而且可靠，交易频繁而且效率高，但这种网络优势很难溢出网络之外。事实上，华人企业之间的交易和商业往来大多不是基于市场契约基础上的，基本上是建立在企业主的血缘、婚缘、地缘等私人关系产生的信任基础上的。没有信任关系是不能产生交易的，不能加入某一生产网络。因此，华商之间的交易往往在家族内部、熟人圈子内部进行，财务管理也是非公开的运行，故华商网络表现出封闭性。不过自 20 世纪 90 年代以来，由于交易规模渐大，交易网络越来越复杂，华商也越来越重视商业契约的签订，而且越来越多的采取法律

---

① Borrus, M., “Left for Dead: Asian Production Networks and the Revival of US Electronics,” in Barry Naughton, eds., *The China Circle: Economics and Electronics in the PRC, Hong Kong and Taiwan*, Washington, DC: Brookings Institution, 1997, pp. 139 - 163.

② 〔美〕彼得·卡赞斯坦：《地区构成的世界：美国帝权中的亚洲和欧洲》，秦亚青、魏玲译，北京大学出版社，2007，第 118 ~ 119 页。

③ Borrus, M., “Left for Dead: Asian Production Networks and the Revival of US Electronics,” in Barry Naughton, eds., *The China Circle: Economics and Electronics in the PRC, Hong Kong and Taiwan*, Washington, DC: Brookings Institution, 1997.

途径解决商业纠纷。①

通常只要按照“五缘”建立了关系，而且符合生产规格要求就能够承接转包业务。也即在婚缘、地缘或业缘等上找到信任关系，或者在上一辈都进行过交易从而有了信任关系，这些都可以促使某一个华人企业在完成已有订单任务的基础上接受其他华商转包过来的业务，为其他华商生产网络供货，或者某一个华商网络和另一个华商网络进行衔接融合，构成华人企业集团控制下的更大规模的华商式生产网络。华商在接受旗舰企业大量外包订单时，除了转包给已有伙伴外，还积极地通过 FDI 等方式在东亚区域内寻找效率最高的生产区位，继续延伸生产网络。实际上，成功的华商不可能总是局限于已有的传统的经济网络组织中，这与华人社会网络不同，他们根据现实的需要不断选择、更改，甚至抛弃已有的网络联系，不断和具有异质经济资源的企业，不仅仅是在华人圈内，还在包括日本、美国等的跨国企业建立新的联系，甚至对来自其他族的人也委以重任。这些表明华商式网络又具有开放性。随着区域经济相互依赖性增加，华商式生产网络开放性也会增加。

2. 以关系型治理模式为主

由于种种原因，华人企业集团相对发达国家跨国公司来说，规模不大，技术水平较低。从事劳动密集型产业的大多没有自己的国际市场销售渠道或品牌，从事技术水平较高的计算机产业或电子产业等制造业的没有核心技术或不能生产关键零部件。但是，华商大多有着较强的生产优势，在劳动密集型或低技术产业有着较强的供应能力。

华商式生产网络大部分为跨国公司代工或者主要为发达国家市场服务。因此，华商式生产网络为了以较低价格或较高质量完成外包要求，需要通力合作，尽量减少交易成本，并尽快升级。发达国家市场竞争非常激烈，需求档次不断提高，产品升级较快，所以新的外包订单要求常常已经升级，或有了新的供货要求，这使得华商之间的交易复杂程度较高，零部件或最终产品的标准化程度较低。比如，服装业、工艺品、玩具、ICT 产品零部件等需要旗舰企业和高级供应商之间面对面地交流、沟通。有的虽

① 刘德伟：《东亚区域生产网络与贸易不平衡》，博士学位论文，中国社会科学院研究生院，2011。

已经参与模块化生产，但发达国家市场的迅速变化仍需要网络主体之间频繁的信息交流。

由于网络交易是以“熟人”信任关系为基础组建起来的，因此供应商之间交往密切，在长期合作中相互提携。这使得华商非常注重信用、声誉。华商之间的交易纠纷常常自行协商或找双方都信任的人仲裁处理，都不愿把事情闹大以致对簿公堂。

因此，华商式生产网络基本上是关系型治理模式。网络参与者通过面对面地交流信息，大大提高了生产组织的柔性化、敏捷化，能够短周期交货、迅速进入或退出市场。

第二节　国际生产网络内知识转移理论

如果要研究东亚生产网络的调整对产业升级的影响，必须要弄清楚生产网络这一新经济组织内知识转移的动力、转移的机制、知识转移对各个网络主体的影响等。

一　生产网络内知识的转移

（一）向外转移知识的动力

1. 竞争需求

伴随着经济全球化和自由化，信息和通信技术已经显著地改变了竞争所需条件。为了在竞争中获胜或占据优势，竞争所需要的条件和其不断增长的复杂性已经改变了企业组织、企业增长及生产空间布局的决定因素。没有一个企业，包括主要的市场品牌商，能够内在地具备应对全球竞争所需要的所有不同能力和资源。因此，竞争成功的关键在于能够在企业之外成功寻找专业能力，从简单的合同组装能力到相当复杂的设计能力等。为此，原来的跨国公司就转变为旗舰企业，组建国际生产网络，而已组建的国际生产网络仍然面临需要不断地提高技术水平、加强差异化生产和提高生产效率等问题。参与市场竞争的主体不再单单是一个个企业，而是企业所在的国际生产网络。企业之间的竞争转变为生产网络之间的竞争、企业群体之间的竞争。因此，增强网络整体竞争力是各个网络主体尤其是获利最多的旗舰企业的首要任务。

旗舰企业为培养当地供应商的能力就必须不断转移相关的生产技术和管理知识，从而出现网络内部知识流动。旗舰企业最低的要求是使供应商能够掌握相关产品或零部件生产所必须具备的技术和管理知识，尤其是新的零部件或产品的相关技术要求。通过转移知识和实践培训，供应商的能力进一步得到提高，这样才能够向其转移更复杂、更高端的知识，并让其承担更多、更复杂的任务，甚至是管理部分生产网络。这样旗舰企业和高级供应商自身才可以集中资源和精力从事更具战略性的环节，以便在日益激烈的全球市场竞争中占据有利地位。因此，网络主体之间知识转移和扩散的主要动力在于提高供应商的生产效率与生产能力或者管理生产网络的能力，从而提高整个生产网络的运行效率和协调效率，尽可能降低旗舰企业和高级供应商的各种成本，最终使整个生产网络的竞争力不断提高。

为了适应日益激烈的市场竞争，为了能继续加入国际生产网络，从而能够获得稳定的销售渠道和先进的技术知识，各个地方供应商只有努力学习、增加知识储备、提高生产能力，才能加速知识在生产网络内的传播。

2. ICT 的快速发展与扩散

信息和通信技术（ICT）的快速发展与扩散有助于网络内知识的有效转移和创新。目前，国际化生产已成为国际市场持续扩张的驱动力。在此背景下，需要传播的知识量、信息量急剧增加，同时对传播的安全和速度的要求也不断提高，而在大幅增加传播效率方面，ICT 毫无疑问发挥着重要的作用。公司借助 ICT 使其特有的知识和技术迅速跨境传播；ICT 技术有助于更大范围的跨境联系，将分散的专业创新集群一体化；ICT 为组织创新提供有效的基础设施（Infrastructures），便于能够远距离联系和灵活协调经济活动，[①] 从而进一步促进创新团队的扩大。包括网络技术的 ICT 使得各种知识和信息传播、分散速度急剧增加，企业获得知识和信息的渠道大大增加了。因此，ICT 的快速发展和扩散有助于国际市场上各类差异化

① Hagström, Peter., "New Wine in Old Bottles: Information Technology Evolution in Firm Strategy and Structure," *The Flexible Firm Capability Management in Network Organizations*, Oxford University Press, 2000.

产品层出不穷，促进了电子商务的快速发展。网络销售等营销手段也因此花样翻新，令人眼花缭乱，并随着网络影响全球各个角落。于是国际市场上的竞争越发激烈，国际市场信息瞬息万变。国际生产网络内的各个行为主体压力较大，彼此之间的交流日益频繁，创新的速度大大提高。这些都促进了国际生产网络内的知识传播和扩散。

3. 利润需求

国际生产网络内通常有低级供应商与高级供应商之间的分工合作，高级供应商与旗舰企业之间的分工合作。在这两种分工合作中，尽管知识转移的层次和具体内容可能会有所不同，但知识转移的途径和机制基本是相同的。网络内的旗舰企业或高级供应商决定是否转移某项技术或管理知识，取决于相关转移活动的边际收益与边际成本的衡量。要是相关转移行为所带来的收益（如效率提高、竞争力增强带来的收益增加）大于相关转移行为所造成的损失（如技术外传可能造成的潜在威胁），或者旗舰企业处于垄断地位没有竞争或竞争对手弱，会基于整体利益最大化的动机向网络内供应商主动转移相关知识。

除上述的主动性的知识转移外，生产网络内的各个主体之间还普遍存在大量经常性的、非主动性的知识传播和扩散。各种知识的传播和扩散是否有效达到目的，除了取决于旗舰企业的积极主动和各级供应商吸收能力及努力程度外，在很大程度上还取决于知识的类型及转移机制。[①]

（二）知识转移机制

1. 基本理论

依据使用的目的，知识可以分为许多种类。Polanyi 把知识分成显性知识和隐性知识。[②] 显性知识是指能用正式的、系统的语言加以编码化的知识。它是能被组合、储存、恢复，并通过各种机制和媒介传播的知识。隐性知识是指在人的潜意识中存在而难以编写和交流的知识。它是在特定的

---

① 卜国琴：《全球生产网络与中国产业升级研究》，博士学位论文，暨南大学，2007，第66页。

② Polanyi, Michael, *Personal Knowledge: Towards a Post-critical Philosophy*, New York: Psychology Press, 1962.

环境和场合下，通过行动、“现身说法”和主动参与才能表达的知识。它的有效扩散需要学徒式的培训和面对面的互动，还需要观察、模仿和实践。现在有些文献证实，隐性知识也能够通过人类某些知识的载体的运动被转移。只有当隐性知识能使个体和组织理解并利用它时，与之相关的显性知识才能传播，才会有用处。关于隐性知识的某些研究正在进行中。①

本书下面提到的分类首先是由 Collins 提出的，② 后来被 Blackler 扩充过，③ 是应用较广的分类：隐性知识以技术的形式变成人体技能的一部分（Embodied Knowledge），即技能型知识（常表现为无意识的动作或技能）；以认知能力变成人类能力的一部分（Embrained Knowledge），即智能型知识；表现为组织实践中的惯例（Embedded Knowledge），即嵌入式知识；作为基本假定、信仰和规则反复灌输于组织中（Encultured Knowledge），即文化型知识。不同类型的隐性知识体现在组织活动的不同方面，并且具有不同的转移难度。

企业主要是通过显性知识和隐性知识之间的动态转换过程创造知识的。④ 当个体的隐性知识通过培训与其他个体共同分享时，隐性知识的转换（称之为社会化）才会发生。当个体或群体把离散的显性知识整合成一个新的整体时，显性知识的转换（称之为结合）才会发生。当个体或群体能够准确地表达出个体隐性知识的主体时，隐性知识才会转换为显性知识（称之为外部化）。当新的显性知识被集体分享并且开始使用它去拓宽、延伸和再构造它们自己的隐性知识时，显性知识就会转换为隐性知识（称之为内部化）。

2. 主体间知识转移机制

生产网络内的旗舰企业通过多种机制越过边界转移知识。一方面，知识买卖者双方实行市场交易，签订正式合同，涉及包括费用支付的条款和

---

① 卜国琴：《全球生产网络与中国产业升级研究》，博士学位论文，暨南大学，2007，第48页。

② Collins, Harry M., "The Structure of Knowledge," *Social Research*, Vol. 60 (1), 1993, pp. 95 – 116.

③ Blackler, Frank, "Knowledge, Knowledge Work and Organizations: An Overview and Interpretation," *Organization Studies*, Vol. 16 (6), 1995, pp. 1021 – 1046.

④ Nonaka, Ikujiro, "The Knowledge-creating Company," *Harvard Business Review*, Vol. 69 (6), 1991, pp. 96 – 104.

条件。当然知识也可能不经支付任何费用而非正式转移。另一方面，旗舰企业可能发挥积极作用，使高层次网络主体传播知识给地方供应商并被其吸收、使用；旗舰企业也可能发挥消极作用，在促使地方供应商利用可获得知识上几乎毫无建树。这些传递的知识要么体现在实际物品上，要么是脱离实体的，主要是市场导向和旗舰企业对其传递能够发挥作用。现提供一个实用的 2×2 的矩阵，如表 4-1 所示，可以方便确定通过国际生产网络传递知识的不同机制。[①]

表 4-1 知识传递机制

市场作用	市场交易	正式机制 （FDI、FL、全资工厂、技术顾问） （象限 1）	商品贸易 （标准机械转让） （象限 2）
	非市场交易	非正式机制 （旗舰企业提供技术援助地方供应商） （象限 3）	非正式机制 （逆向工程、参观、文献） （象限 4）

第一个方框（象限 1）表达的意思是，生产网络旗舰企业主要用诸如 FDI（Foreign Direct Investment）、FL（Foreign Licensing）、技术顾问等正式机制向子公司或合资企业等地方供应商按市场行情转移知识。例如 Intel、Motorola、Texas Instruments 及 Fairchild 等旗舰企业决定外包它们的半导体设备组装业务时，就以 FDI、FL、技术顾问等方式在菲律宾和其他东南亚国家建立它们的子公司。[②] 它们坚持拥有子公司的绝大多数股份，对其发放许可证并转移完整的生产设备。

第二个方框（象限 2）表达的意思是，独立的地方供应商在生产运营时严重依赖购买标准设备来改善生产能力。对它们来说，购买机械是其重

① Kim, Linsu, "Pros and Cons of International Technology Transfer: A Developing Country View," in Agmon, T., Von Glinow, M. A., eds., *Technology Transfer in International Business*, New York: Oxford University Press, 1991, pp. 223-239.

② Antonio, E. T., Country Sector Study: Philippines (paper presented at the Progress Review Meeting of the International Competitiveness of Asian Economies: A Cross-Country Study, Asian Development Bank, Manila, February 2001), pp. 9-11.

要的工艺创新来源。[①] 旗舰企业不必是设备的供应者，但它们能够迫使独立的地方供应商购买先进设备来提高它们的生产能力。例如，韩国一个主要的汽车部件供应商 Mando，购买了一系列机器人来自动化它们的生产流程，并且每一个机器人都包含了最新的生产知识，然而设备供应商对 Mando 员工通过使用机器人来内化知识几乎没有提供帮助。

第三个方框（象限 3）表达的意思是，旗舰企业主要通过类似产品代工这样的非正式机制向独立的地方供应商更加直接地转移知识。像在象限 1 中一样，旗舰企业积极通过图纸、技术说明和技术援助等方式向独立供应商传递知识，但绝大部分是免费的而不是按市场行情转移知识，并要求所生产的产品和服务满足旗舰企业的技术规格。例如，Boeing 外包一部分机身零件给在日本、中国台湾和韩国的地方独立供应商。在这种情况下，Boeing 积极地提供给地方供应商技术文献、产品规格和技术援助以便帮助它们满足自己的规格要求。

第四个方框（象限 4）表达的意思是，地方独立供应商采取对使用的机械设备进行逆向工程、参观等方式来加速升级它们的能力，旗舰企业就像象限 2 中一样，几乎不发挥直接的影响。例如，在韩国，小型产业升级社团和相关产业的中小型企业协会把经常组织参观海外企业旅游团（观摩会）作为一种获得新知识的方式。象限 4 里所涉及的人员流动，不仅仅包括海外培训过的一流工程师的回国[②]，还包括积极招聘海外经验丰富的工程师，这种情况雇用期限比较短，常称之为“兼差之人”。

从跨国公司到国际生产网络旗舰企业的转变，增加了知识转移的途径和数量。跨国公司为了渗透到未开放的市场或者利用差异成本要素而建立海外工厂时，主要采取象限 1 中的知识转移机制。在国际生产网络内，旗舰企业不仅仅通过象限 1 里的机制还采取象限 3 里的机制转移知识。由于分工的内容和重要性不一样，旗舰企业通常倾向于比垂直一体化的跨国公司转移更多的知识给地方供应商。为了促使地方供应商提供给旗舰企业具

---

① Abernathy, William J., Phillip L. Townsend, “Technology, Productivity and Process Change,” *Technological Forecasting and Social Change*, Vol. 7 (4), 1975, pp. 379 - 396.

② Saxenian, Anna Lee, “Transnational Communities and the Evolution of Global Production Networks: The Cases of Taiwan, China and India,” *Industry and Innovation*, Vol. 9 (3), 2002, pp. 183 - 202.

有竞争力的产品和服务，并能够同变化中的市场和技术要求相一致，这种知识转移是非常必要的。①

（三）国际生产网络内知识转移机制

旗舰企业是供应商非常重要的销售渠道，因此旗舰企业能够对地方供应商施加巨大的升级压力，特别是发展中小国的供应商。与此同时，国际生产网络还充当着强大的传输知识者的角色。首先，旗舰企业需要向地方供应商传递技术知识和管理知识。这对于提高地方供应商的技术和管理技巧是必需的，这样它们就能满足旗舰企业的技术规格要求。其次，一旦网络供应商成功地提升它们的能力，就会促进旗舰企业转移更多的复杂知识，包括技术设备、产品和过程开发。这反映了旗舰企业积极应对本书前面提到的竞争需求的增长。例如，在电子行业中，产品生命周期已经缩短到六个月，有时更短。当旗舰企业同海外附属机构及其供应商无障碍地分享关键设计信息时，众多新产品推出后很快就能放在海外生产，实现全球同步上市。要实现产品加速上市就要求各个环节的工程师常态化地绕过国际生产网络的不同节点，在线地和面对面地参与旗舰企业产品设计讨论。

当然对于知识的有效扩散来说，仅仅是知识的转移不是很充分的条件，只有当转移的知识被地方供应商内在化并且形成它们的能力，知识扩散才算实现了。② 知识能够被内在化大部分还依赖于涉及的知识类型和旗舰企业用以传播不同类型知识的机制。

第一，先考察网络内显性知识转移机制。旗舰企业通常给地方供应商提供编码化知识，如包含新知识的技术设备、图纸、生产和质量控制手册、产品和服务说明书以及培训讲义等。地方供应商的有关人员理解并努力消化转移过来的显性知识并转化为它们自己的隐性知识（见图 4 -1，内部化）。这有助于供应商能够按照预期的质量和价格生产产品和服务。

通常，由于复杂的显性知识在实践运营中要能运用自如就需要大量的

---

① Ernst, Dieter, Linsu Kim, "Global Production Networks, Knowledge Diffusion, and Local Capability Formation," *Research Policy*, Vol. 31 (8), 2002, pp. 1417 - 1429.

② Kim, Linsu, *Imitation to Innovation: The Dynamics of Korea'sTechnological Learning*, Harvard Business Press, 1997; Ernst, Dieter, Tom Ganiatsos, Lynn Mytelka, *Technological Capabilities and Export Success in Asia*, London: Routledge, 1998.

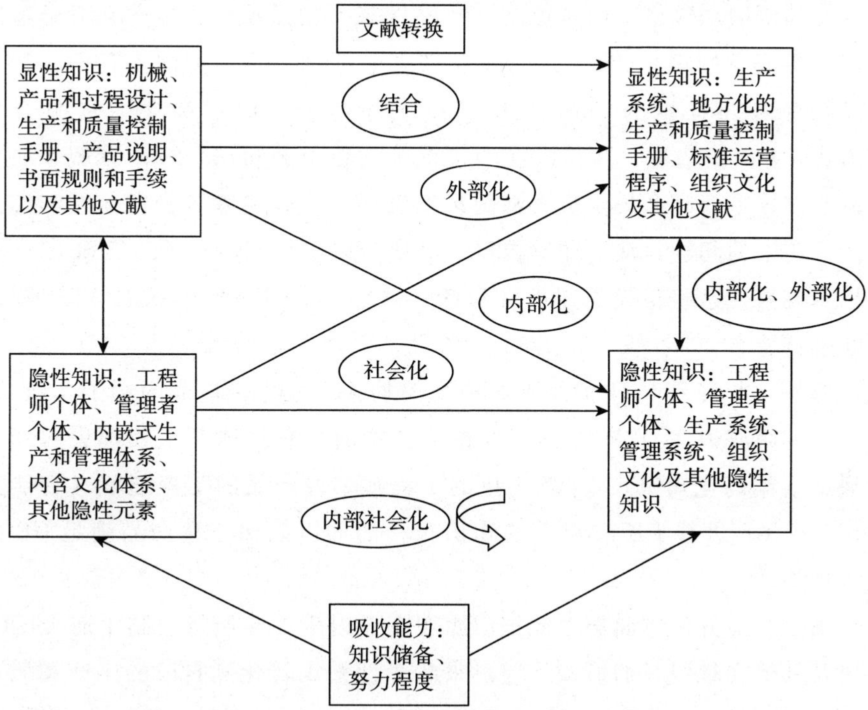

图 4 -1　国际生产网络内知识转移过程

隐性知识，故对地方供应商消化吸收并能够运用而言，只是获取显性知识通常是不够的。因此，为了增大显性知识传递效果，网络旗舰企业通常邀请地方供应商的工程师和管理者到它们最佳工厂实践，以便于它们能够接受系统的培训和观察实际生产系统如何运行。这样有助于从文献中获得的知识快速转化到生产实践中（内部化）。这也使得地方供应商的工程师能够内部化旗舰企业管理系统和生产系统的知识（嵌入式知识内部化），去吸收由海外工程师通过培训（社会化）直接转移过来的隐性知识。然而，当这些工程师返还本国，试图转移他们在旗舰企业所学的知识到国内的运行系统时还会遭遇各种预见不到的问题。因此，旗舰企业通常也派出它们自己的工程师（具备技能型和智能型知识）去帮助地方供应商的工程师调试、排除各种工程和制造系统中的问题（社会化）。

对照图 4 -1 地方供应商能力形成过程，考察表 4 -1 的象限 1 中有关的子公司或合资企业的例子。当 Sony 在韩国建立 Hwashin 电子公司作为合资企业来外包其消费电子产品时，它不仅给合资伙伴提供了规模化生产系统所需的机械和设备，而且提供了产品图纸、产品说明、生产和质量控制手册（编码化知识）。另外，Sony 旗舰企业邀请了许多韩国工程师、技术员和管理者到日本的 Sony 工厂接受关于生产、组织和人力资源管理（HRM）方面的培训，转移内在的包含于文化中的知识。Sony 旗舰企业也派遣了许多工程师和技术员去韩国帮助韩国工程师排除各种在运行和维修生产系统中的问题，从而能够控制产品质量以确保 Hwashin 满足 Sony 产品的技术规格。这些正式的知识转移活动作为 Sony 对 Hwashin 的 FDI 和 FL 不断进行着。

另外，考察表 4－1 的象限 3 中有关的独立地方供应商的例子。当 GE 决定把其微波炉在 OEM 安排下外包给三星时，它派遣其工程师去解释技术规格（编码化知识），并教三星的工程师掌握产品的工程细节（智能型知识）。[①] GE 进行了所有免费的知识转移活动以确保三星产品满足 GE 的技术规格。

第二，地方供应商努力地把由旗舰企业以生产和质量控制手册、HRM 手册及其他文献资料的形式传递过来的显性知识转化到自己的生产和质量控制手册和 HRM 手册当中去，这样就更加与地方制度和商业行为相适应。随着显性知识的不断更新，地方供应商不断与不同的显性知识相结合。在这个过程中，由地方工程师和管理者的隐性知识转换到新的各种手册中，其显性知识的外部化也在不断地发生着。例如，在亚洲金融危机后，Volvo 接收三星的重型机械分部的所有权并将其转变为它的亚洲供应商的时候，Volvo 就向其推荐了自己的管理体系，这反映了 Volvo 的管理要求和在地方制度影响下的企业惯例的融合。每一次形成一套新的手册，实际上就是各种知识的内部化、结合和外部化。

第三，与国际生产网络的密切联系会促进地方供应商自身内部的知识转换。通过参与国际生产网络，与旗舰企业和高级供应商建立联系，就能够获得扩散来的知识或参与相关培训。经过旗舰企业培训的工程师和管理者所掌握并积累的已社会化、内在化的知识扩散成为供应商的能力。这是关键。随着公司内外越来越多的人员参与知识转换活动，积累的知识就需

① Magaziner, Ira C., Mark Patinkin, "Fast Heat-How Korea Won The Microwave War," *Harvard Business Review*, Vol. 67 (1), 1989, pp. 83－92.

要在地方供应商内通过社会化的螺旋式过程来分散传播。由于地方供应商企业内的参与人员不断在显性知识和隐性知识之间相互转换，内部化和外部化就内在地不断发生，内嵌入的知识就逐渐积累起来。例如，三星电子有一次派出一群 HRM 专家去 GE 学习其 HRM 系统，临近返回时，这些专家已经和 GE 的 HRM 专家举办了一系列的研讨会来分享 GE 的知识，这就促使了新的 HRM 政策和程序的发展以及新的嵌入知识的逐渐形成。这些专家回去后，就应该积极扩散知识，转化为企业的能力。

第四，知识转换过程的效率和速度并不是取决于旗舰企业转移知识的数量和质量，而是取决于地方供应商的吸收能力。不管什么知识转移机制，这都将成立。在转换过程中，隐性知识起着中心作用。即使在显性知识到显性知识的转换中也是如此。再一次强调，地方供应商发展丰富的隐性知识库是非常重要的。企业内（国内）知识基础的厚薄决定着转移知识的先进程度，而高强度的努力则加速转换过程。反过来，知识转换的螺旋过程决定了公司内部化知识库的水平。因此，地方领导供应商应加大投资力度到大学里招聘精英，同时进行较多培训项目去增加自己的知识基础和人才储备。

（四）影响供应商能力形成的因素

1. 吸收能力

随着越来越多的企业内和企业间成员参与知识的转换，网络内知识以螺旋式过程传递和转换的速度越来越快，规模上越来越大。[①] 要达到有效的知识转换及富有成效的学习，还需要确认两个重要的条件：已有的知识储备和能力（大部分是隐性知识）、努力学习的程度。Cohen 和 Levinthal 将这两个条件称之为“吸收能力”。[②] 只有地方供应商已经发展了它们自己的能力，它们才能有效地吸收生产网络旗舰企业传播过来的知识。知识内在化和能力培养需要个体和组织学习。在学习和知识创造方面，个体是主

---

① Nonaka, Ikujiro, *The Knowledge-Creating Company: How Japanese Companies Create the Dynamics of Innovation*, New York: Oxford University Press, 1995.

② Cohen, Wesley M., Daniel A. Levinthal, "Absorptive Capacity: A New Perspective on Learning and Innovation," *Administrative Science Quarterly*, Vol. 35 (1), 1990, pp. 128 – 152.

要参与者。[①] 他们可能在群体组织级别上结合并形成地方企业的能力。然而组织学习并不仅仅是个体学习的累加，只有有效地组织才能将个体的学习和能力转变成组织的学习和能力。除了市场竞争压力和旗舰企业压力外，供应商内部还必须有相应的激励措施，鼓励个体和组织努力的学习，投入更多的精力，积累更多的显性知识甚至隐性知识，不断增加吸收能力。这样知识储备不断增加，能力不断提高，也就不断提高了吸收能力。

2. 吸收速度

就速度而言，地方供应商通过学习内部化和将迁移过来的知识转化为它们自己的能力的快慢程度和成功程度，很大程度上取决于它们的吸收能力和持续增加的研发能力。所具备的隐性知识使个体以及组织在各种相关场合能够使用可获得的显性知识和隐性知识，并且能够在生产和研发活动中通过各种知识转换活动创造新的知识，增加吸收速度。还有，努力程度决定了知识转换的速度。它代表着一个组织中的成员投入转换和获取知识的激情、智力和体力的程度。个体和企业接触再多相关外部知识也不一定能提升能力，除非他们有意识的努力抓紧时间实现外部知识内部化并使用它。因而必须投入大量的精力去努力学习，[②] 这就能加快吸收和转化知识进程。相比较而言，全身心努力和投入是比知识基础更加重要的。这是因为前者能创造后者，反之则不可行。[③]

3. 网络内的学习便利性

Carayannis 认为：在经济学中，学习被认为是可触摸的、可量化的价值增值活动；在管理学中，学习被看作持续竞争效率的源泉；而在创新理论中，学习则被认为是创新效率的源泉。[④] Teece 认为，学习既是一个个体

---

① Hedberg, Bo, "How Organizations Learn and Unlearn," in P. C. Nystrom and W. H. Starbuck, eds., *Handbook of Organizational Design: Adapting Organizations to Their Environments*, New York: Oxford University Press, Vol. 1, 1981, pp. 3 – 26.

② Kim, Linsu, "Crisis Construction and Organizational Learning: Capability Building in Catching-up at Hyundai Motor," *Organization Science*, Vol. 9 (4), 1998, pp. 506 – 521.

③ Ulrich, Dave, "Intellectual Capital = Competence x Commitment," *Sloan Management Review*, Vol. 39 (2), 1998, pp. 15 – 26.

④ Carayannis, Elias G., "The Strategic Management of Technological Learning in Project/Program Management: The Role of Extranets, Intranets and Intelligent Agents in Knowledge Generation, Diffusion, and Leveraging," *Technovation*, Vol. 18 (11), 1998, pp. 697 – 703.

化的过程，又是一个组织化的过程。[①] 对于组织化过程的学习来说，它是一个集体或社会现象，要求共同协调的探索程序和交流基础。积累性学习（Accumulative Learning）和适应性学习（Adaptive Learning）是组织学习的两种基本形式。国际生产网络内的适应性学习不仅包括对外部环境的适应性，还包括成员在企业间的适应性。国际生产网络为共享其资源提供了一个沟通、协调的平台；相对来说，国际生产网络内信息传递快、障碍少、显性知识内部化成本低，这为组织和企业个体提供学习、创新的便利性。国际生产网络内企业积极努力地通过便利性的学习、创新，促使企业能力更快地形成并不断提高，实现核心资源、技术的积累和掌握，这就能够促使各个环节内企业在国际生产网络内不断升级。因此，生产网络内联系越紧密，学习便利性就越强，越能尽快掌握更多知识。

（五）国际生产网络内知识转移局限性

1. 旗舰企业的限制

很显然，国际生产网络内的旗舰企业或者高级供应商主要是基于自身的利益来转移知识的。跨国公司一直把知识转移和扩散作为经营的重要内容，在转移知识过程中力图实现利益最大化目标。跨国公司以自己的经济利益为核心，通过权衡利弊得失，比较某项知识转移的边际成本与边际收益，在不影响公司长期发展而又能带来边际利润回报时将采取并促进知识转移活动。[②] 如果转移知识提高供应商的能力，威胁了自身利益，旗舰企业将停止知识转移。

旗舰企业或者高级供应商的知识转移是依据自身利益的，因而对东道国的利益基本很少考虑。旗舰企业或者高级供应商提供各项技术知识和管理知识的先进程度是以自己公司的利益为标准的，并不考虑当地经济发展需求和地方供应商自己的发展战略。[③]

---

① Teece, David J., Gary Pisano, Amy Shuen, "Dynamic Capabilities and Strategic Management," *Strategic Management Journal*, Vol. 18 (7), 1997, pp. 509 – 533.

② 卜国琴：《全球生产网络与中国产业升级研究》，博士学位论文，暨南大学，2007，第 64 页。

③ Carayannis, Elias G., "The Strategic Management of Technological Learning in Project/Program Management: The Role of Extranets, Intranets and Intelligent Agents in Knowledge Generation, Diffusion, and Leveraging," *Technovation*, Vol. 18 (11), 1998.

比较中国台湾和韩国的信息产业，如韩国的三星电子和中国台湾的鸿海及 HTC 等代工、生产企业，可以发现要想掌握不断发展的先进技术、核心技术，还需要自身增加投资、努力研发等。

2. 对旗舰企业的依赖

国际生产网络内旗舰企业或者高级供应商的有管控的知识转移很可能导致供应商始终处于对它们依赖的地位。旗舰企业或者高级供应商的知识转移战略使受让方始终处于不断学习和依赖状态，因而其很难根据国际市场需求或者自身战略进行重大的技术革新，这进一步有利于旗舰企业或者高级供应商保持它们的技术垄断地位。事实上，没有核心技术的供应商、低层次的供应商很容易被旗舰企业或高级供应商“俘获”而“锁定”在供应链上，企业能力升级一直处于追赶或者干脆一直处于组装环节，升级的潜力是很低的。

3. 有保留地转移知识

旗舰企业在利用国际生产网络向低级供应商转移知识时，根据需要和组织关系密切程度进行有保留的向外转移知识，特别是一些比较先进、复杂的技术知识，常常有策略地在网络内转移知识。

分级推广：旗舰企业或者高级供应商通常根据对象不同，实行分等级先后传授最新技术的策略，通常按技术水平高低程度从低到高向外转移，同时按照战略联盟企业（如高级供应商）、发达国家一般供应商、国外合资企业、发展中国家供应商这一顺序向外转移。

化整为零：只要技术上可行，旗舰企业或者高级供应商对某些先进技术采取化整为零的办法，转移和传授的只是整体中的一部分。一般只将某一生产环节或某一成套设备中的单机技术进行转移，这样使得技术受让方不能掌握完整的技术知识，特别是一些“诀窍”，在整个工艺设备或整条生产线的更新改造上受到限制，产品的推陈出新也很难展开，而客观上有些供应商对复杂的高新技术吸收能力有限，也影响了整个技术知识的快速完整转移，只能逐渐积累技术知识，由量变到质变。但是不可一直“组装”而无功能升级。

4. 转移时附加苛刻条件

旗舰企业向高级供应商或者高级供应商向低级供应商在转移先进技术

和管理知识时，通常要附加苛刻的限制条件来确保旗舰企业或高级供应商的利润最大化。这些条件诸如技术的使用范围、技术的改进、技术的管理与扩散，甚至产品的销售方向等。[①] 供应商引进的关键的先进设备通常被要求不得挪动在厂房内的位置或变动方向。这些使得供应商在接受技术后很难有较大的改进和创新，更不大可能通过逆向工程获得设备和产品内嵌的先机技术和制造知识。网络外企业也很难通过供应商获得技术，网络的关联溢出效应就相应小很多。

二　抓住机遇主动升级

本书初步论证了国际生产网络能够加速促进先进知识的跨界传播，为发展中国家供应商的能力形成提供了新的机遇。经济自由化、信息数字融合、不断加剧的全球竞争已经导致重要的组织创新：从开发利用各国差异要素成本的“跨国公司”转型为整合它们分散的供应基地、各方面的知识和各地客户群为国际或区域生产网络的“旗舰企业”。在旗舰企业的压力下，本身也强烈需要升级的地方供应商内部化各种形式转移过来的知识，然而这种情况发生的最低要求是地方供应商必须具备相应的吸收能力，这决定了供应商能力形成的效率。无情的全球竞争意味着通常仅有极少数足够强大的高层级供应商可以应付各种挑战，而在高层级供应商排外的小圈子之外，大部分地方供应商前景如何就不得而知了。为了能留在国际生产网络内，地方供应商必须持续提高它们的吸收能力，若能不断提高研发能力则更有主动权。因此，地方供应商为了把握住国际生产网络加速知识传播速度的机遇，必须发掘、培养和留住技术人才。为维持员工高强度的努力，对他们充分的激励是必需的。

在生产网络内知识转换过程中没有任何不劳而获。地方供应商必须采取积极主动的方法来最大化它们加入生产网络所获得的利益。旗舰企业分配业务订单并且向地方供应商传递有价值的知识，而传递知识的唯一目的是增加它们组建的国际生产网络的竞争力。作为对加剧的全球竞争的反应，旗舰企业对参与外包的供应商的要求变得更加苛刻。比较典型的是，

① 卜国琴：《全球生产网络与中国产业升级研究》，博士学位论文，暨南大学，2007，第65页。

旗舰企业常根据如下三条标准选择供应商：良好的财务状况，交货、质量等绩效的季度测评为优，反应速度快。这后两者是极其重要的，供应商凭着较低价格、较短交货时间和近期表现的可信度及优质产品，常被期望能够数小时内对订单和市场做出反应。这意味着供应商只能不断努力升级管理技能、工艺水平等，否则被踢出生产网络而面临困境。

对于国内产业升级，供应商不断努力参与国际生产网络并建立与旗舰企业或高级供应商的联系是至关重要的。若没有参与国际生产网络，一些高层级供应商的网络一体化很可能加剧网络内外企业间和地区间的差距，即参与生产网络并利用信息和知识与不参与生产网络不能利用信息和知识两者之间的差距不断加大。这些信息和知识是网络参与者能够获取网络利益所必需的。因而许多人担忧，不参与国际生产网络不能利用信息和知识将导致差距加大，进而可能会导致经济不断衰退和福利不断减少。本书也证实了存在可以引起谨慎乐观的原因：积极参与生产网络可能会增加向发展中国家的地方企业和工业区有效地传播知识的新机会，再加上合适的制度和支持性政策出台，将使得地方供应商能够开发、利用参与生产网络带来的机会和压力。有关政策和体制的作用不是本书讨论的内容。

通常，供应商不断增强的能力符合旗舰企业或高级供应商利益最大化的要求。旗舰企业在不损害其利益的情况下转移知识和出售设备。由于不断接到订单而生存无忧，供应商主动升级的压力可能降低，但是存在被锁定在固定环节很难继续升级的可能。因此，要掌握核心技术和关键零部件的生产能力，必须在获得传递过来的知识的基础上积极主动的、前瞻性的提高生产能力、研发能力，或提高销售能力，增加销售渠道，从而提高在价值链上的位置。

第三节　东亚产业升级现状

一　东亚生产网络知识转移特点

近二十多年来，东亚工业特别是参与东亚生产网络的机电产业快速增长、不断升级；东亚区域内贸易和区域外贸易一直快速发展，东亚地区成为世界上经济增长最快的地区。正是由于东亚各个经济体努力完善基础设施推进对外开放，积极引进外资发展出口贸易，东亚生产网络的发展有了较好的环境，获得了快速的增长。东亚生产网络的形成和发展不仅使得东亚的各个经济体能够充分利用比较优势，使得其实力不断增长、技术水平不断提高，还使得东亚各个经济体的相互依赖程度比以往任何时候都要深，东亚经济一体化和制度合作水平不断提高。当然也加深了东亚区域对发达国家市场的依赖。这也是1997年东亚金融危机能够在东亚迅速传播，而东亚也能很快地转危为安并且恢复到危机前的发展势头的重要原因。东亚在2008年金融危机期间所受影响较小，成为推动世界经济摆脱低迷、稳健发展的重要力量。因此，参与国际分工带来的产业升级对东亚经济至关重要。东亚生产网络转移知识的动力和机制在本章第二节已经阐述，这里简单讨论不同东亚生产网络类型对本地供应商升级的影响情况。东亚生产网络主要包括日本式生产网络、美国式生产网络、华商式生产网络，欧盟在东亚的生产网络和韩国生产网络因规模小、影响小，且与其他类似，暂不予讨论。它们为东亚经济的发展、出口导向工业化的推进和产业升级各起了不同程度的促进作用。鉴于日本对东亚经济发展的重要影响，这里就稍详细讨论日本式生产网络。

（一）日本式生产网络保守性增加

1. 日本产业结构高级化变慢

日本自20世纪90年代以来的二十多年间，基本上处于经济发展缓慢甚至萎缩的状态。日本作为发达国家，与欧美不同的是尽管一直倡导消费但内需仍是不振，一直处于低迷状态。日本从1991年到1999年民间消费支出增长率为11%，同期民间住宅支出增长率为-15%。泡沫经济破灭后，企业的投资一直处于低迷状态，这些使得经济增长乏力。由于创新企业的生成环境一直不完善，① 无论是个人还是企业大多对高风险投资趋于

① 创新企业的生成环境是指企业自身因素以外的客观上有利于企业生成与发展的环境，主要包括政府政策、资本市场、基础设施服务等有关方面。特别是风险投资体制的完善与否是创新企业生成率和存活率的决定因素。见薛敬孝、白雪洁等《当代日本产业结构研究》，天津人民出版社，2002，第283页。

保守，偏好低风险、低收益的投资。[①] 日本从 1991 年到 1999 年民间设备投资支出增长率为 -9%，同期公共投资增长率为 30%，出口增长率为 40%，但进口增长率为 38%。[②] 可见，日本仍依赖公共投资和出口拉动经济，但进口增长率过快会抵消一部分内需增长。

日本风险投资体制不够完善，使得其风险投资较少。1990~1997 年，美国的风险投资增长了 3.3 倍，其中一半投资于软件、通信和计算机等 IT 产业领域，而日本 1997 年的风险投资总额与 1990 年相比不升反降，其中投资于 IT 产业领域的仅仅 10% 多一点。从表 4-2 中的数据可知，日本在 2001 年的风险投资额相当于美国的 5.9%，在 2005 年为 7.8%；其占欧洲的份额更少。

表 4-2　2001~2006 年美日欧年度风险投资额

单位：100 亿日元

地区	2001 年	2002 年	2003 年	2004 年	2005 年	2006 年
美国	478	257	231	256	258	—
欧洲	348	395	416	528	672	—
日本	28	17	16	15	20	23

资料来源：转引自梁鹏、滨田康行《日本风险投资的新发展及其对我国的启示》，《科技进步与对策》2008 年第 6 期，第 190~194 页。

日本科研开发体制中重应用轻基础制的特点制约了日本基础研究能力的发展，使得其基础研发能力较欧美薄弱，以至于离开了欧美的合作就很难有所突破。日本在基础科学研究的投入一直不足成为产业创新的障碍，日本 1997 年研究人员的平均研究费用是美国的 70%。[③] 市场的竞争使得欧美 20 世纪 90 年代在科研方面对日本有所保留。日本国内影响企业进入、退出市场及风险投资的规制改革缓慢，整体结构性困境难以摆脱，使得日本的产业结构新陈代谢放缓。在信息经济时代日本产业结构调整一直没有大的变化。

2. 向外转移技术保守性增加

二战后日本向外转移产业基本上遵循“边际产业转移理论”，将落后的

① 裴桂芬、刘光辉等：《2008 年度日本经济财政白皮书述评》，《日本问题研究》2009 年第 1 期，第 60~64 页。

② 这里数据及以上数据都是来自〔日〕《国民经济计算年报》，2000。

③ 薛敬孝、白雪洁等：《当代日本产业结构研究》，天津人民出版社，2002，第 89、287 页。

产能淘汰到东亚发展中经济体，形成雁行分工模式。近二十多年来，由于日本产业结构调整步伐放缓，新兴主导产业缺位，在进入后工业化社会时向外转移产业趋于保守。由于产业升级慢，日本旗舰企业及其下请企业仍大多从事设备制造业务。对外转移高精尖技术的积极性也就很低，核心技术和研发仍留在母国旗舰企业总部。旗舰企业通常只将价值链低端的生产环节外移，高附加值的零部件以及许多使用这些零部件的终端产品仍然在日本生产。① 这使得海外的供应商之间以及海外的分公司与当地的供应商之间的关系很松散，因此在向接收FDI的东道国转移技术方面，日本企业相对保守，甚至部分日本企业公开声称对亚洲国家必须保持10~15年的技术差距。

来自日本的FDI一直是中国和东盟吸引外资的重要来源。从表4-3中可以看到，20世纪80年代到90年代，日本在东亚对NIEs和东盟投资较多，2000年后对中国大陆的投资大幅度增加。与投向美国等发达国家不同，日本投向中国大陆和东盟的FDI主要是寻求效率型，充分利用当地质优价廉的劳动力等低成本要素布局劳动密集型生产环节。日本在2002年能够与新加坡签订经济伙伴协定，除了不需要开放农业外还因为日本许多跨国公司的东南亚总部在新加坡，从而双边协议使得日本旗舰企业更方便控制其在东南亚的生产网络。② 日本无论是中小企业还是大企业，大多没有从生产和制造环节退出，因而无动力向当地供应商转移先进的技术，避免培养同自己竞争的对手。这些可以表明，日本在东亚布局生产网络时，只是想充分利用东亚的比较优势，又尽力维持自己在东亚的技术优势、避免培养出新的竞争对手。这就使得日本式生产网络在进一步提高当地供应商的能力上动力不大，其对东亚发展中经济体的FDI主要以绿地投资为主，技术溢出效应比较微弱，以致形成“无技术工业化”（Technologyless Industrialization）。③ 在日本国内产业结构转变缓慢、增长乏力，又有韩国等

① Sturgeon, Timothy, Richard K. Lester, “The New Global Supply Base: New Challenges for Local Suppliers in East Asia,” *Global Production Networking and Technological Change in East Asia*, 2004.

② Yun, Chunji, *Rise of the Chinese Economy and East Asian FTA: Japan's Strategic Change and Continuity*, Inst. für Weltwirtschaft u. Internat. Manage-ment, Univ. Bremen, Fachbereich Wirtschaftswiss, 2004.

③ Tachiki, Dennis, “Between Foreign Direct Investment and Regionalism: The Role of Japanese Production Networks,” *Remapping East Asia: The Construction of a Region*, 2005.

追赶的情况下，日本式生产网络内技术转移的保守性不会减少。当东亚要素成本增加时，日本式生产网络将重新布局。这几年日企经营欠佳，东芝面临破产、鸿海收购夏普等情况表明日企发展面临瓶颈。

表4－3　日本对亚太地区的直接投资累计数据

单位：亿美元，%

地区	1951～1979年	1980～1989年	1990～1999年	2000～2007年	2008～2012年
美国	74	970	1883	839	1112
中国大陆	0	25	171	864	468
东亚 NIEs	32	168	281	345	360
ASEAN4	53	122	370	254	315
世界	318	2221	4718	3309	4938
占日本对世界直接投资的比重					
美国	23.2	43.7	39.9	25	22.5
中国大陆	—	1.1	3.6	10	9.5
东亚 NIEs	9.9	7.5	5.9	7	7.3
ASEAN4	16.7	5.5	7.8	8	6.4

注：NIEs包括韩国、中国台湾、中国香港、新加坡；ASEAN4包括泰国、马来西亚、菲律宾、印度尼西亚。1951～1999年数据为登记制，2000～2010年数据为账户净流入。

资料来源：日本财务省JETRO报告；2000年以前部分转引自周小兵《亚太地区经济结构变迁研究（1950～2010）》，社会科学文献出版社，2012，第56页。

（二）美国式生产网络转移知识的开放性、灵活性

20世纪80年代，美国经济结构经历了深刻的调整，以信息产业为核心的高科技产业快速成长，传统产业改造成功，国际竞争力明显增强。到20世纪90年代，温特制在美国创新能力突出、人才储备充裕、金融市场高度发达、消费者偏好新产品的基础上渐成主流，推动了一大批以高科技为基础的新兴企业的成长。美国经济持续增长，市场竞争加剧，从而带动东亚的美国式生产网络的形成和发展。如前所述，温特制下企业网络的创新能力强和产品技术升级快。旗舰企业或高级供应商不断寻找制造能力强和低成本供应商，但通常首先寻找具有竞争力的长期合作的供应商作为合作伙伴，目前全球已经形成为数不多的全球合同制造商（Contractor Manufacturing，CM），它们主要为核心企业提供零部件或最终产品。这使得温特

制不断地高效运转、扩张。旗舰企业需要不断转移知识促进供应商不断提高生产能力，很多情况下也需要高级供应商参与产品研发、设计、定位，便于更好、更快地制造出新的产品。由于产品生命周期缩短，从而研发投入剧增。大量投资带来的厂房、机器设备，甚至无形资产也会迅速的折旧。因此核心企业和旗舰企业选择合适的产品和时机很重要，更需要产品在全球市场同时上市以分散风险投资压力，还需要全球布局生产以降低成本增加竞争优势。这意味着，参与美国式生产网络的各类供应商必须发展能够为同一类产品的不同品牌商提供产品的能力，同时为了尽可能减少成本，还不断地在成本低的地方寻找外包商或投资建立子公司。因此，美国式生产网络在转移先进技术知识以及网络成员的自主程度都具有相当程度的开放性和灵活性。这使得发展中地区的供应商能够凭借要素优势和一定的生产能力参与美国式生产网络，并分享网络内的特有资源，使自身能力获得一定程度的提升。

美国跨国公司的东亚子公司是以发达国家市场为目标的，其生产的零部件、最终产品必须在竞争激烈的发达国家市场赢得立足之地。联系并扶持东亚供应商参与美国式东亚生产网络，使得其作为美国公司的全球生产网络的一部分而发展起来，产品尤其是信息与通信技术产品，基本上是全球同步发售。这与日本企业最初向东亚转移边际产业或低成本要素密集型生产环节去生产价格优势产品不同。由于美国式东亚生产网络被融入服务于发达市场的国际生产网络之中，或者直接面向全球竞争激烈的市场，核心企业就根据所服务的发达国家市场，如美国市场的消费偏好、需求状况来促使其产品升级换代，进而促使旗舰企业及高级供应商升级。也就是说，它们是根据发达国家市场而不是产品制造地的产品生命周期进行升级的。这就使得参与东亚美国式生产网络的供应商能够不断地与世界市场保持联系并不断获取转移过来的先进知识，从而能够不断地升级。当然，美国旗舰企业由于成本等各种原因可能在其他地方如墨西哥等发展新的生产网络，扶持新供应商取代旧供应商，这就给东亚的供应商带来了很大的压力和挑战。因此东亚本地的供应商不仅需要加强合作，充分利用各地的要素优势组织好国际分工，达到资源配置最优化，还要主动地向更高价值环节升级，提高自身制造能力和研发能力，增加专业性和竞争力，实现比较优势动态变化和升级。

（三）关系型华商式生产网络促进知识传递

华商式生产网络总体上是代工网络，所获价值附加值很少，在全球生产网络内起着价格制动器或缓冲器的作用。所以为了尽可能降低成本，需要迅速扩大在要素成本低的地方的投资，设立子公司或者利用地缘或族缘等关系联系、发展新的供应商，并通过面对面地交流信息等方式积极扶持新供应商的生产能力。实际上，华人之间的交易主要靠信任关系，华商式生产网络吸收供应商，往往在成本低的地方借助地缘或族缘甚至血缘等关系进行。由于彼此信任，熟人关系使然，在传递先进技术知识和管理知识方面，高层级供应商和低层级供应商之间倾向于无保留。华人之间还有着同文同种的优势。随着生产网络规模的扩大进而交易规模的扩大和复杂化，竞争趋于激烈，转移一些技术使得整个生产网络更加有竞争力，能够不断争取到订单，同时可以利用群体的力量进行研发，创设自己的品牌。在中国台湾的一些公司，如鸿海、HTC、宏碁、联电、华硕等做得较成功，对其供应商和合作伙伴仍然保持一种开放态度。

中国自改革开放以来，政治稳定，劳动力、土地等要素充裕廉价，基础设施日渐完善。基于中国政府的强力支持和较好的环境，其在 FDI 和加工贸易等的推动下已经成为国际生产网络的重要一环。由表 3 - 5 等数据可以知道，中国大陆吸引的资本有相当一部分来自中国香港、中国台湾以及东南亚的华人资本。截至 2010 年底，中国香港对中国大陆投资最多，占中国大陆吸引资本总数的 44.9%，中国台湾占到 5.8%，新加坡占到 4.5%，东盟四国占到 1.4%，共计 56.6%。[①] 鉴于华商在东亚一些经济体中的地位和华商投资偏好，可以认为这些投资大部分来自华商。美国、日本、韩国等恐怕用不着绕道中国香港投资中国大陆。这说明，中国大陆较多地参与了华商式生产网络，初步反映了华商式生产网络的发展和分布在东亚有以中国大陆为重点的趋势。

中国台湾在华商生产网络内具有重要地位，担任技术供应者的角色。

① 中国商务部网站，转引自周小兵编《亚太地区经济结构变迁研究（1950～2010）》，社会科学文献出版社，2012，第 119 页。

自20世纪90年代以来，中国台湾中小企业通过为跨国公司代工建立本地化生产网络与全球供应网络衔接，加入国际生产网络。其又与美国硅谷之间有着密切的人员来往、技术交流，使得中国台湾ICT产业迅速成长起来。中国香港在华商式生产网络内发挥着资金、技术、市场信息、人员交流的桥梁作用，同时是国际金融中心。中国改革开放后香港华商以珠江三角洲为生产加工基地（如服装业、电子业等），① 与广东以“前店后厂”的方式密切合作，中国香港逐渐发展为中国独特的转口贸易港。来自华商的FDI给中国大陆带来了中国香港的现代企业管理制度和市场营销经验，带来了中国台湾和新加坡的技术和制造能力，等等。② 由于华商和跨国公司的密切联系，中国企业能够参与全球市场竞争，作为金融中心的香港成了中国重要的转口贸易渠道和资本流入渠道。这些对参与华商式生产网络的本地供应商的能力提高有着重要的扶持、促进、引领作用，对中国相应产业的升级起了重要的促进作用。

华商式生产网络基本上是关系型治理模式。关系型治理的生产网络本身就较易促进生产网络内国际先进知识的传递和共享，能够使本地供应商的技术不断升级。③ 华商式生产网络往往将其内在的优势带到本地供应商组成的网络内。亨廷顿认为，由同一种语言和文化产生的关系可以弥补法治的缺乏和法规制度透明度的缺少。④ 华商式生产网络扩展到中国大陆后，可以以最小的成本在最短的时间将一个产品概念生产为实际产品。很多情况下，海外华商式生产网络的决策比日本大企业还快。在注重速度和创新的信息经济时代，海内外华商生产网络具有较强的机动性和适应能力。因此，参与海外华商生产网络的本地企业也能够获得网络内的优势和资源，从而促进了自身竞争力和能力升级。

---

① Gefeffi, Gary, “A Commodity Chains Framework for Analyzing Golobal Industries,” *Institute of Development Studies*, Vol. 8 (12), 1999.

② 王静文：《东亚区域生产网络研究》，博士学位论文，吉林大学，2007。

③ 卜国琴：《全球生产网络与中国产业升级研究》，博士学位论文，暨南大学，2007。

④ 一位美国商人认为，海外华人“有商业技巧，懂语言，他们把来源于家庭关系的关系网带到了契约中，相对于那些必须向阿克伦或费城的董事会请示的人，这就是一个巨大的优势”。参见〔美〕亨廷顿《文明的冲突与世界秩序的重建》，周琪等译，新华出版社，2010。

二　东亚区域内产业升级现状

(一) 高科技产品出口比较优势增强

东亚生产网络的发展，使东亚各个经济体参与生产网络，与全球市场保持联系的产业都不同程度地得到发展，表现在各个产业的比较优势有了显著的改变。进步比较明显的是 SITC7 类产品目录下的机械产品、ICT 产品。各个经济体显性比较优势指数（RCA，见表 4－4）显示，大部分经济体在 SITC7 分类下的各项产品的 RCA 值大于 1，具有比较优势。除了印度尼西亚、文莱、越南之外的大部分经济体在 ICT 产品上具有比较优势。因此自 20 世纪 90 年代以来，东亚经济体的 ICT 等产业在生产网络分工下发展迅速。这也与加入信息技术协议（ITA）有关。ITA 要求，从 1997 年开始不断消减关税，发达国家到 2001 年 1 月 1 日，发展中国家到 2005 年 1 月 1 日，ICT 产品关税及其他税费全部取消。一方面，这使得国际 ICT 市场竞争加剧，导致不断推陈去新，缩短产品生命周期；另一方面，FDI 增加，使得东亚各个经济体吸引到大量效率型的 FDI，建成出口导向 ICT 产品企业。虽然 ICT 产品比较优势来自这些外资企业，但它们积极扶持本地供应商，促进它们提高生产能力。尤其是办公设备零部件（SITC759）、通信设备（SITC764，其零部件编号为 7649）、半导体（SITC772）及其零部件（SITC776）四类产品出口不断增加，2003 年就已经占到东亚区域零部件贸易的 80%。发展中经济体特别是中国大陆、越南，在 SITC8 类产品上，由于劳动力成本优势而具有非常强的比较优势，中国香港作为中国转口贸易港，本身也具有较强的比较优势。SITC5 和 SITC6 类是化工产品和劳动密集型产品，发展中经济体普遍不具备比较优势，这是由于缺少资源，特别是缺少技术和资本。

表 4－4　东亚部分经济体 SITC 分类下各产业显性比较优势指数

	日本			韩国			中国台湾		
SITC	1995 年	2000 年	2003 年	1995 年	2000 年	2003 年	1995 年	2000 年	2003 年
5	0.6	0.7	0.6	0.7	0.8	0.7	0.7	0.6	0.6
6	0.6	0.6	0.6	1.2	1.1	0.9	1.2	1.1	1.0
7	1.5	1.5	1.5	1.2	1.2	1.3	1.2	1.3	1.3
75－77	1.6	1.4	1.4	1.9	1.7	1.9	1.9	2.0	2.2

续表

	日本			韩国			中国台湾		
SITC	1995 年	2000 年	2003 年	1995 年	2000 年	2003 年	1995 年	2000 年	2003 年
78	1. 7	1. 8	1. 9	0. 7	0. 8	1. 0	0. 4	0. 3	0. 2
8	0. 6	0. 7	0. 6	0. 8	0. 5	0. 5	1. 1	0. 8	0. 8
9	0. 5	0. 4	0. 4	0. 6	0. 4	0. 4	0. 3	0. 3	0. 3
	中国香港			新加坡			文莱		
SITC	1995 年	2000 年	2003 年	1995 年	2000 年	2003 年	1995 年	2000 年	2003 年
5	0. 3	0. 3	0. 3	0. 5	0. 7	1. 1	0	0	0
6	0. 9	0. 9	1. 0	0. 2	0. 2	0. 2	0	0	0. 1
7	0. 9	0. 9	0. 9	1. 4	1. 3	1. 3	0	0	0
75 - 77	1. 7	1. 6	1. 8	2. 7	2. 3	2. 4	0	0	0
78	0	0	0	0	0	0	0. 1	0	0
8	3. 1	3. 0	2. 7	0. 4	0. 4	0. 4	1. 0	1. 3	1. 0
9	1. 0	0. 9	1. 7	0. 7	0. 7	0. 7	0. 3	0. 2	0. 2
	印度尼西亚			马来西亚			菲律宾		
SITC	1995 年	2000 年	2003 年	1995 年	2000 年	2003 年	1995 年	2000 年	2003 年
5	0. 4	0. 6	0. 5	0. 2	0. 3	0. 3	0. 1	0. 1	0. 1
6	1. 6	1. 5	1. 3	0. 4	0. 3	0. 3	0. 4	0. 2	0. 2
7	0. 2	0. 4	0. 4	1. 2	1. 3	1. 3	1. 1	1. 4	1. 4
75 - 77	0. 4	0. 7	0. 8	2. 5	2. 4	2. 6	2. 2	2. 6	2. 9
78	0. 1	0. 1	0. 1	0. 1	0. 1	0	0. 1	0. 1	0. 1
8	1. 7	1. 5	1. 4	0. 6	0. 5	0. 5	1. 6	0. 7	0. 6
9	0. 1	0. 2	0. 6	0. 4	0. 3	0. 2	0. 4	0. 6	0. 4
	泰国			中国大陆			越南		
SITC	1995 年	2000 年	2003 年	1995 年	2000 年	2003 年	1995 年	2000 年	2003 年
5	0. 3	0. 6	0. 5	0. 4	0. 3	0. 3	0. 1	0. 1	0. 1
6	0. 7	0. 8	0. 7	1. 0	1. 0	0. 9	0. 5	0. 5	0. 5
7	1. 0	1. 0	1. 1	0. 6	0. 8	1. 0	0	0. 2	0. 3
75 - 77	1. 8	1. 6	1. 7	1. 1	1. 3	1. 8	0	0. 3	0. 4
78	0. 1	0. 3	0. 5	0. 1	0. 2	0. 1	0. 1	0. 1	0. 1
8	1. 4	1. 2	1. 1	3. 9	3. 4	2. 7	3. 1	3. 6	4. 2
9	0. 4	0. 4	0. 5	0. 2	0. 2	0. 2	0. 2	0. 1	0. 1

注：SITC 中，75 - 77 是 IT 产品，78 是运输机械。

资料来源：World Bank，World Integrated Trade Solution（WITS）Database，转引自 Kiyota，Kozo，Yoko Sazanimi and Yu Ching Wong，"Intra-Regional Trade in Asia：Dynamics of Production Sharing，" 2006，http:/www. univ-lehavre. fr/actu/itlcsge/kiyota_2. pdf。

现在考察东亚经济体及美国的高科技产品出口情况，主要是考察高科技产品出口占制造业产品出口的比重，见图4－2和图4－3。图4－2反映出发达经济体高科技产品占比一直较高，不受1997年东亚金融危机的影响，进入21世纪后发达经济体普遍有下降的趋势。图4－3表明，东亚发展中经济体高科技产品占比整体在增加。这与发达国家的高科技制造业一直向发展中经济体转移、发展中经济体制造能力不断提高有关。新加坡制造业比较单一，高科技占比较高，近七年来下降幅度也大；美国近期高科技占比下降幅度较大；日本、韩国近期比较稳定。这说明影响东亚经济体升级的主要是美国等发达经济体。

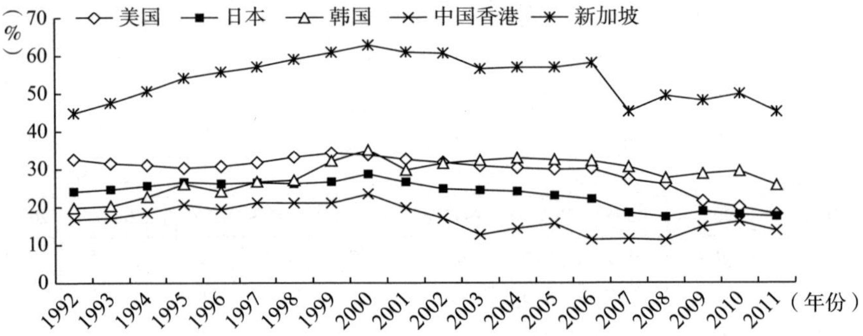

图4－2　部分发达经济体高科技产品出口占制造业出口的比重

资料来源：CEIC数据库，World Bank（WBI），笔者整理计算。

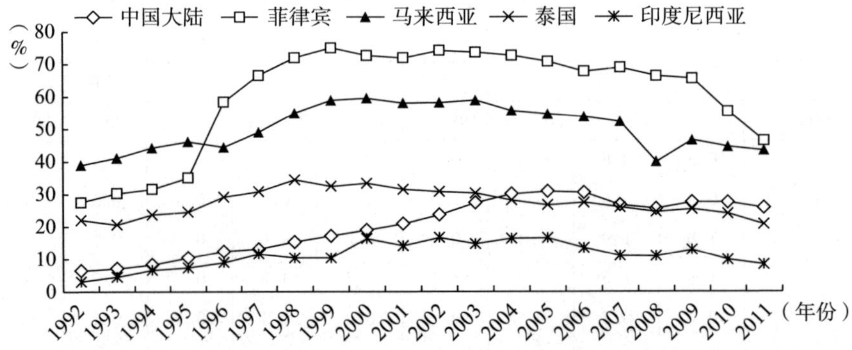

图4－3　部分发展中经济体高科技产品出口占制造业出口的比重

资料来源：CEIC数据库，World Bank（WBI），笔者整理计算。

总体上，发展中经济体高科技产品出口占制造业出口比重要比发达经济体高。其中，菲律宾、马来西亚的占比是较高的。这反映了高科技产业向其转移幅度较大，发展较快，出口具有比较优势，当然出口产品种类不多也是一方面。总体上，中国高科技产品出口占制造业出口的比重整体在增加，2008 年金融危机期间稍有些下降。泰国占比相对不高，近七年来缓慢下降。印度尼西亚的占比一直相对不高，进入 21 世纪以来有所增加，不过近期有所缓慢下降。

2008 年世界金融危机后，美国和东亚这 9 个经济体高科技产品出口占比普遍趋缓甚至下降。一方面，表明全球市场需求增速减缓；另一方面，可能部分转移到其他经济体，即东亚生产网络在调整，但目前东亚其他经济体表现一般。从东亚出口的比较优势和高科技产品出口来看，东亚的科技实力在加入东亚生产网络后有了较大的提高。高科技产品出口比重也一直较高而近期不断下降反映了东亚生产网络内发展中经济体的发展主要是外向型的，是跨国公司寻求效率型投资带来的，受外部需求影响较大。

现分析东亚经济体高科技产业信息与通信技术产品及服务的出口数据所反映的情况。从表 4－5 中可知，2005～2012 年，菲律宾、中国大陆、马来西亚等发展中经济体出口额年均增长率都非常高，而发达经济体的出口额年均增长率也都不小，特别是新加坡、韩国、美国。这说明东亚各个经济体都深度参与生产网络内分工，经济体之间的依赖加深，而发展中经济体的发展明显比较快。故东亚生产网络显著地促进了各个经济体的产业升级。

表 4－5 部分经济体 ICT 产品及服务出口额及年均增长率
（国际收支，现价美元）

单位：亿美元，%

经济体	2005 年	2007 年	2009 年	2011 年	2012 年	年均增长率
美国	—	945.72	1077.53	1319.49	1439.62	9.07
日本	202.38	263.65	360.30	385.88	277.95	4.64
韩国	99.22	153.08	128.61	194.71	239.30	13.40
中国香港	87.30	104.34	113.82	140.44	—	7.03
新加坡	102.92	175.87	203.98	275.29	285.32	15.68
中国大陆	222.03	391.11	458.68	606.91	685.41	17.47
菲律宾	11.22	32.43	72.68	128.03	125.14	41.13

续表

经济体	2005 年	2007 年	2009 年	2011 年	2012 年	年均增长率
印度尼西亚	40.21	36.69	36.84	74.46	90.33	12.26
马来西亚	38.23	49.05	55.10	89.14	105.53	15.61
泰国	51.26	60.41	72.96	71.28	80.38	6.64

资料来源：CEIC 数据库，World Bank Institute（WBI），笔者整理计算。年均增长率是 2005 ~ 2012 年的。美国和中国香港各缺一个数据，进行了平滑处理以便计算增长率。

（二）东亚研发费用不断增加

东亚各个经济体随着经济不断增长，为应对日益激烈的竞争，越来越重视基础科学研究、技术研发、设计理念创新。从表 4 - 6 中可发现，东亚无论是发达经济体还是发展中经济体，其研究费用开支占国家或地区生产总值的比重整体上是不断增加的。虽然增加幅度很小，但考虑到东亚经济体总体规模不断增长，可以判定研发费用绝对数量还是较为可观的。与 1996 年相比，2010 年投入研发费用增幅较大的主要是发展中经济体，如马来西亚、中国大陆，部分原因是其在 1996 年研发投入太少。发达经济体如新加坡、韩国投入增幅也都比较大，日本、美国也不少。这有力地支撑了产业升级所需要的基础研发、应用技术研发，促进了其吸收转移技术知识能力的增强。显然，大量的研发投入使得东亚技术水平不断提高，经济发展具备可持续性，各个经济体间的竞争也越发激烈，进而促进东亚生产网络整体竞争力不断增强。

表 4 - 6　部分经济体若干年份研发开支占当年国家或地区生产总值的比重

单位：%

年份	韩国	新加坡	马来西亚	日本	泰国	中国香港	中国大陆	美国
1996	2.425	1.335	0.216	2.765	0.120	—	0.568	2.552
1998	2.342	1.752	0.398	2.960	—	0.428	0.653	2.596
2000	2.296	1.851	0.469	3.002	0.252	0.465	0.903	2.709
2002	2.404	2.098	0.653	3.116	0.244	0.581	1.070	2.616
2004	2.683	2.132	0.600	3.133	0.255	0.722	1.230	2.545
2006	3.009	2.163	0.611	3.409	0.249	0.795	1.388	2.654

续表

年份	韩国	新加坡	马来西亚	日本	泰国	中国香港	中国大陆	美国
2007	3.210	2.369	—	3.461	0.214	0.752	1.396	2.722
2008	3.361	2.836	0.788	3.467	—	0.720	1.470	2.857
2009	3.561	2.428	1.010	3.357	0.251	0.773	1.702	2.915
2010	3.738	2.093	1.070	3.258	—	0.749	1.759	2.834

资料来源：CEIC 数据库，World Bank Institute（WBI），笔者整理计算。

（三）东亚专利申请数目快速增长

1. 境内公民申请专利数目普遍增加

在参与东亚国际分工后，各个经济体的企业的研发实力不断增强，这表现在各个经济体大部分年份申请专利的数目是在增加的，包括1997年的东亚金融危机期间和2008年世界金融危机期间大多有所增长。当然各个经济体增长幅度不一，有的还是负增长（见图4－4、图4－5）。具体来说，发达经济体的增长率相对较小，但考虑到其基数较大，每年新增的专利申请数目是相当大的。1995年，美国公民专利申请数目是123962项，日本的为333770项，韩国的为59228项，中国香港的为23项，新加坡的为145项。2011年，美国公民专利申请数目是247750项，日本的为287580项，韩国的为138034项，中国香港的为181项，新加坡的为1056项。发达经济体增长率比较稳定，只有中国香港变动比较大，而日本最为稳定。实际上，日本近二十年来大部分是负增长，但1995年其基数最大，可见在科技应用方面，日本创新力相当强，但明显趋于变弱。

近二十年来，发展中经济体申请专利数目有了较大幅度的增加。1995年，中国大陆公民申请的专利数目为10011项，菲律宾的为169项，马来西亚的为141项，泰国的为145项，印度尼西亚的为61项，越南的为23项。2011年中国大陆公民申请的专利数目是415829项，菲律宾的为186项，马来西亚的为1076项，泰国的为927项，印度尼西亚的为541项，越南的为300项。可见增幅是相对较大的。增长率波动很大，最大的是越南，其次是印度尼西亚、泰国。中国大陆的增长率较稳定，总体上是处于高位稳定的，这由表4－7中的数据确认。

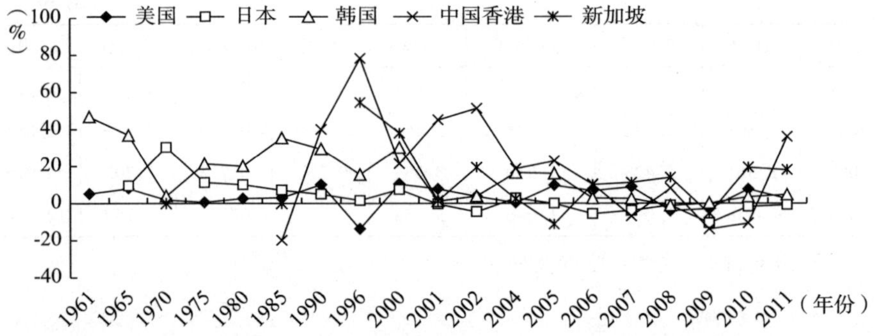

图 4－4　部分发达经济体公民申请专利数目若干年份年增长率

资料来源：CEIC 数据库，World Bank Institute（WBI），笔者整理计算。

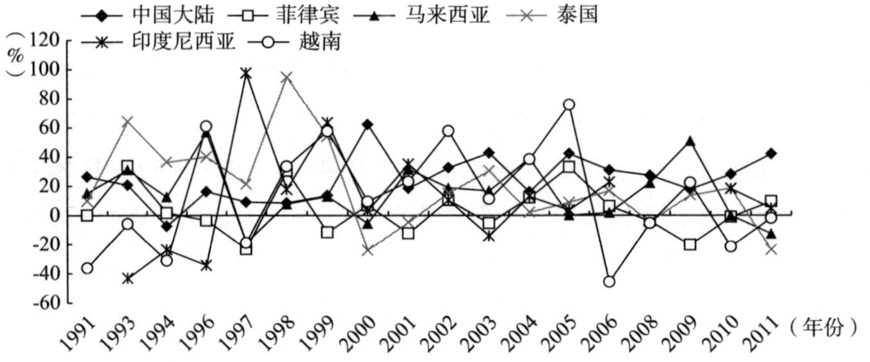

图 4－5　部分发展中经济体公民申请专利数目若干年份年增长率

资料来源：CEIC 数据库，World Bank Institute（WBI），笔者整理计算。

2. 接收海外企业申请专利数目普遍增加

参与国际分工的程度提高，尤其是东亚生产网络的迅速发展，使得东亚经济体逐渐融入国际市场。一个重要的表现是，东亚经济体接收到海外企业逐年增加的大量专利申请。海外企业在境内的专利申请数目不断增加反映了境内市场的开放程度越来越高、竞争越来越激烈，更反映了本地区参与国际分工的程度。从数据上可以看到，东亚经济体接收到的海外企业专利申请数目增长率的变动受区域外大环境的影响，1997 年东亚金融危机期间和 2008 年世界金融危机期间都有所波动，特别是在世界金融危机期间的波动较明显（见图 4－6、图 4－7）。具体来说，发达经济体接收到专利申请数目的增长率相对较小。但考虑到其基数较大，每年新增的专利申请数目还是不小的。1995 年，海外企业在美国的专利申请数目是 104180 项，在日本的为 35061 项，在韩国的为 19271 项，在中国香港的为 1938 项，在新加坡的为 2412 项。2011 年，海外企业在美国的专利申请数目是 255832 项，在日本的为 55030 项，在韩国的为 40890，在中国香港的为 13312 项，在新加坡的为 8738 项。中国香港、新加坡增长率波动很大，而美国最为稳定。美国、中国香港和新加坡接收到的海外企业申请专利数目大于公民申请的数目，中国香港和新加坡海外企业申请专利数目与公民申请数目相差非常大；而日本和韩国与此相反，公民申请专利数目大于海外申请数目，相差比较大。这在一定程度上反映了美国竞争力很强，市场环境非常好，也相当开放，吸引非常多的海外企业申请专利。中国香港、新加坡与日本、韩

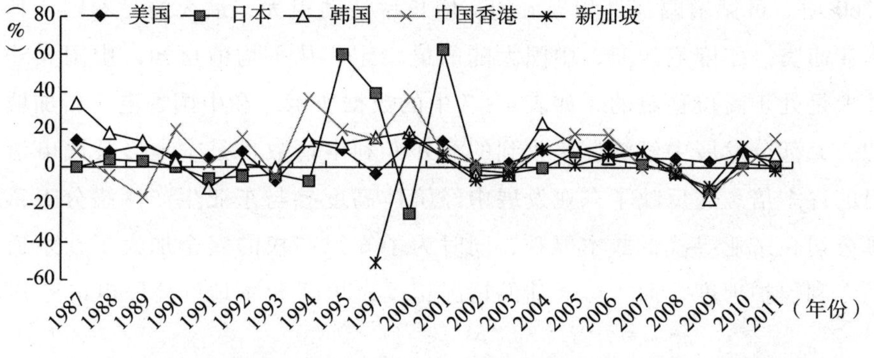

图 4-6　部分发达经济体接收海外企业申请专利数目若干年份年增长率

资料来源：CEIC 数据库，World Bank（WBI），笔者整理计算。

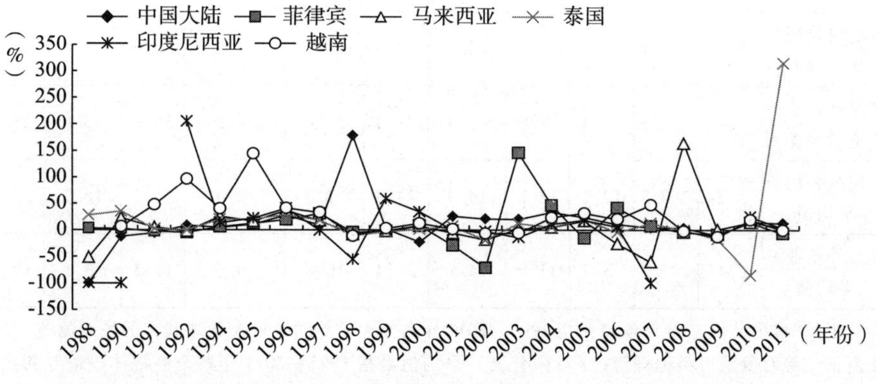

图 4-7　部分发展中经济体接收海外企业申请专利数目若干年份年增长率

资料来源：CEIC 数据库，World Bank Institute（WBI），笔者整理计算。

国不同，吸引较多产业转移，产业升级与引进专利相关。这部分说明了其参与国际分工比较倚重跨国公司的投资带动。日本、韩国产业升级主要靠内生的创新研发，其参与国际分工主要以自己企业参与高附加值环节或海外投资为主。

近二十多年来，海外企业在东亚发展中经济体申请专利的数目有了大幅增加。1995 年，海外企业在中国大陆申请的专利数目为 8688 项，在菲律宾的为 2207 项，在马来西亚的为 3911 项，在泰国的为 3387 项，在印度尼西亚的为 2813 项，在越南的为 659 项。2011 年，海外企业在中国大陆申请的专利数目是 110583 项，在菲律宾的为 3010 项，在马来西亚的为 5376 项，在泰国的为 2997 项，在印度尼西亚的为 5297 项，在越南的为 3260 项。可见增幅都是相当大的。增长率波动很大，最大的是泰国，其次是菲律宾、印度尼西亚，中国大陆的最稳定。从平均值可知，中国大陆总体上是处于高位稳定的，如表 4－7 中的数据所示。和中国香港、新加坡类似，大部分发展中经济体接收到的海外专利申请数目是本地区公民申请数目的许多倍。这反映了东亚发展中经济体高度参与东亚生产网络分工，跨国公司在东亚寻找低成本要素，同时为了知识产权的安全加大了在东道国的专利保护力度，而中国大陆的情况相反，2011 年本地区公民申请专利数

表 4－7　部分经济体接收境内公民、海外企业申请专利数目增长率统计描述

	美国	日本	韩国	中国香港	新加坡	中国大陆	菲律宾	马来西亚	泰国	印尼西亚	越南
（境内公民）绝对偏差	5.7	3.1	15.4	51.8	12.2	12.9	11.7	19.2	20.6	33.0	28.7
（海外企业）绝对偏差	4.4	16.3	7.4	57.0	48.4	21.3	27.6	24.5	36.9	25.6	23.8
（境内公民）平均值	5.3	-0.5	12.1	32.6	14.3	24.8	1.2	12.4	14.5	16.7	21.9
（海外企业）平均值	6.1	7.7	5.7	34.6	25.1	21.4	10.8	9.6	17.5	3.1	19.8

注：（境内公民）绝对偏差是指 1995～2011 年各个经济体申请专利数增长率的绝对偏差，（海外企业）绝对偏差可类似理解；（境内公民）平均值是指 1995～2011 年各个经济体申请专利数增长率的平均值，（海外企业）平均值可类似理解。绝对偏差反映增长率波动幅度；平均值反映增长率总体上高低程度。

资料来源：CEIC 数据库，World Bank（WBI），笔者整理计算。

目是海外企业的3.7倍多，说明中国企业创新正处于活跃期的开端。

（四）知识产权使用费的国际支付增加

东亚经济体知识产权使用费的国际收支能够进一步说明一个国家或地区的科技研发实力和参与国际分工的程度。通过表4－8发现，美国和日本的知识产权使用费的国际收支是顺差的，而且美国接收与支付之比一直要大于日本。但日本接收增长速度要快于美国，支付增长速度低于美国。这说明了日本虽然发展较快，但美国的研发实力和参与国际分工的规模、程度仍然远大于日本，2009年后差距还有拉大的趋势。整体来说，美国和日本特别是美国，知识产权使用费的国际收支规模反映了其一直是技术输出的重要强国的原因。

表4－8　部分经济体知识产权支付或接收使用费（国际收支，现价美元）

单位：百万美元，%

经济体	类别	2005年	2007年	2009年	2011年	2012年	年均增长率
美国	支付	25577	26479	31297	34786	39889	6.6
美国	接收	74448	97802	98406	120718	124182	7.6
日本	支付	14653.5	16677.8	16834.7	19172.7	19897.6	4.5
日本	接收	17655.3	23228.6	21698.0	28989.3	31892.3	8.8
韩国	支付	4560.8	5133.8	7187.6	7294.5	8386.9	9.1
韩国	接收	1908.4	1735.1	3199.1	4335.6	3435.5	8.8
中国香港	支付	1288.8	1504.4	1699.8	2009.3	—	6.5
中国香港	接收	245.2	357.9	383.4	459.3	—	9.4
新加坡	支付	9316.8	8921.0	11755.4	16390.7	16511.0	8.5
新加坡	接收	516.1	697.8	842.3	1637.0	1649.0	18.1
中国大陆	支付	5321.3	8192.1	11065.3	14706.1	17749.0	18.8
中国大陆	接收	157.4	342.6	429.5	743.3	1044.1	31.0
菲律宾	支付	265.0	385.0	421.0	442.0	504.0	9.6
菲律宾	接收	6.0	5.0	2.0	5.0	8.0	4.2
印度尼西亚	支付	960.9	1085.5	1530.1	1788.0	1800.1	9.4
印度尼西亚	接收	263.3	30.7	38.1	78.8	58.0	－19.4

续表

经济体	类别	2005 年	2007 年	2009 年	2011 年	2012 年	年均增长率
马来西亚	支付	1369. 7	1185. 2	1133. 1	1634. 2	1532. 4	1. 6
马来西亚	接收	27. 0	37. 0	265. 7	149. 0	135. 4	25. 9
泰国	支付	1674. 1	2286. 8	2250. 1	3118. 9	3609. 6	11. 6
泰国	接收	16. 8	54. 1	145. 2	177. 3	240. 8	46. 3

资料来源：World Bank（WBI），笔者整理计算。年均增长率是2005～2012年的。中国香港缺两个数据，进行了平滑处理以便计算年均增长率。

东亚新兴经济体和发展中经济体普遍存在知识产权使用费的国际收支为逆差的现象。先发展经济体中比较好的是韩国，知识产权使用费国际收支不平衡状况一直都是较好的，其次是中国香港，然后是新加坡。发展中经济体中，菲律宾的收支逆差一直都非常严重，2011 年支付的费用是接收的 88. 4 倍，2012 年的为 63 倍。情况稍好一点的是印度尼西亚，再好一点的是中国大陆。马来西亚情况最好，2011 年支付的是接收的 10. 97 倍，2012 年的为 11. 32 倍。2005～2012 年，发展中经济体知识产权接收使用费的增长速度普遍是比较高的，前三位分别是泰国、中国大陆、马来西亚；而支付的增长速度总体上也是比较高的，前三位分别是中国大陆、泰国、菲律宾。这说明了东亚发展中经济体和新兴工业化国家在不断扩大参与东亚生产网络的背景下，不断提高自己的技术水平和创新能力，同时积极引进 FDI、先进技术。东亚生产网络的形成和发展应该说为东亚产业升级起了很好的促进作用。

三　综述

东亚各个经济体自加入东亚生产网络后，产业升级获得了较大的成就。但是，产业升级的快慢、程度和影响范围显然大不相同，而具体到各个地方供应商，它们的产业升级程度和快慢也不尽相同。这取决于各方面的因素。就东亚生产网络而言，日本式生产网络、美国式生产网络和华商式生产网络对各自的供应商的产业升级影响自然不太一样。同一种生产网络内不同供应商的产业升级也不一样。但是，国际生产网络对本地供应商的升级既有积极的一面，又有消极的一面。本地供应商应该利用国际生产网络传递知识的机制和与旗舰企业的联系，抓紧时间努力学习，提高自身能力。这既有应对竞争压力的需要，又有自身发展、提高实力的需要。

从东亚生产网络内的主要参与分工产业即机电产业的出口比较优势以及高科技产业出口结构、ICT出口额变化、申请专利数目、知识产权使用费的国际收支等方面可以看出，东亚各个经济体发展较快，科技研发实力不断提高。这些成就正是在东亚生产网络蓬勃发展、深入东亚每一个经济体的背景下获得的。这些成就不能说与东亚生产网络毫无关系，甚至可以认为，参与国际分工、与旗舰企业保持联系、参与国际市场竞争才是东亚经济体产业快速升级的主要原因。然而这些升级都是以不损害所在生产网络的旗舰企业的利益为前提的，是有限的。如果生产网络不进行调整，各个经济体研发投入不继续进行、扩大，产业升级、研发能力发展到一定程度后是否保持较快发展速度值得怀疑。

案 例

中国高端手机芯片严重依赖国际旗舰企业供货①

2016年，中国集成电路（又称芯片：Integrated Circuit，IC；IC制造和设计是IT产业的上游产业，其产品包括CPU、IC卡、手机芯片等）产值不足全球的7%，而市场需求却接近全球的1/3；② 中国集成电路进口额依然高达2271亿美元，连续4年进口额超过2000亿美元，与原油并列为最大进口产品。与此同时，集成电路出口金额为613.8亿美元，贸易逆差为1657亿美元。③ 权威机构发布的《二十国集团（G20）国家创新竞争力发展报告（2011～2013）》指出，目前中国仍是一个技术和知识产权净进口国家，关键技术对外依赖度非常高，每年80%的芯片来自进口。工信部统计显示，2012年中国制造1.3亿台彩电、3.5亿台计算机、11.8亿部手机、823.1亿块电子集成电路，都位居世界第一。④ 但嵌在其中的高端芯片专利费用却让中国企业沦为国际厂商的打工者。

---

① 本处参考http://finance.ifeng.com/a/20130926/10759359_0.shtml。转引自李娜、吴斯丹《中国空“芯”之忧：一年进口芯片总值远超石油》，《第一财经日报》2013年9月26日。

② 联合国贸易和发展会议的UNCTAD数据，集成电路的编码SITC7764为SITC第三次修订版下的分类。

③ http://www.21jingji.com/2017/3-17/xMMDEzODFfMTQwNDcxMA.html.

④ http://www.miit.gov.cn/n11293472/n11293832/n11293907/n11368223/15173081.html.

在电子信息产业界，苹果牌手机畅销至缺货时，则其他手机品牌就面临着高端芯片供应不足的问题。这是由于芯片厂商在供应客户时优先供应苹果等手机厂家，中国手机厂商往往靠后。目前，苹果牌手机已走下“神坛”，但国内不能供应高端芯片的局面仍未改变。

目前，国际市场上高端手机产品采用高通公司提供的芯片，中低端的手机就用联发科、展讯及海思提供的芯片。高通公司拥有多项技术专利，是至今全球唯一支持微软、谷歌、苹果三大软件平台的移动芯片厂，而后者所在国内产业链严重缺乏先进工艺。在全球 IC 设计业内，2012 年在美国排名第一的高通公司销售额高达 129.76 亿美元，在中国台湾地区排名第一的联发科公司销售额为 33.95 亿美元，而在中国大陆排名第一的华为海思芯片销售额约为 11.92 亿美元，占到高通销售额的 9.2%、联发科销售额的 35.1%。事实上，高端手机芯片的利润率最高。表 4－9 中的销售数据可以进一步详细说明所存在的巨大差距。

表 4－9　2009～2011 年 IC Fabless 供应商排名

单位：百万美元，%

2011 年排名	2010 年排名	2009 年排名	公司名称	总部属地	2009 年销售额	2010 年销售额及增幅		2011 年销售额及增幅	
1	1	1	Qualcomm	美国	6409	7204	12.4	9910	37.6
2	2	3	Broadcom	美国	4271	6589	54.3	7160	8.7
3	3	2	AMD	美国	5403	6494	20.2	6568	1.1
4	6	5	Nvidia	美国	3151	3575	13.5	3939	10.2
5	4	6	Marvell	美国	2690	3592	33.5	3445	－4.1
6	5	4	Mediatek	中国台湾	3500	3590	2.6	2969	－17.3
7	7	7	Xilinx	美国	1699	2311	36.0	2269	－1.8
8	8	10	Altera	美国	1196	1954	63.4	2064	5.6
9	9	8	LSI Corp.	美国	1422	1616	13.6	2042	26.4
10	10	11	Avago	新加坡	858	1187	38.3	1341	13.0
11	13	12	Mstar	中国台湾	838	1065	27.1	1220	14.6
12	11	13	Novatek	中国台湾	819	1149	40.3	1198	4.3

续表

2011年排名	2010年排名	2009年排名	公司名称	总部属地	2009年销售额	2010年销售额及增幅		2011年销售额及增幅	
13	15	16	CSR	欧洲	601	801	33.3	845	5.5
14	12	9	ST - Ericsson	欧洲	1263	1146	-9.3	825	-28.0
15	16	15	Realtek	中国台湾	615	706	14.8	742	5.1
16	17	17	Hisilicon	中国大陆	572	652	14.0	710	8.9
17	27	67	Spreadtrum	中国大陆	105	346	229.5	674	94.8
18	19	19	PMC - Sierra	美国	496	635	28.0	654	3.0
19	18	14	Himax	中国台湾	693	643	-7.2	633	-1.6
20	21	—	Lantiq	欧洲	0	550	—	540	-1.8
21	33	30	Dialog	欧洲	218	297	36.2	527	77.4
22	22	21	Silicon Labs	美国	441	494	12.0	492	-0.4
23	29	20	Megachips	日本	445	337	-24.3	456	35.3
24	23	24	Semtech	美国	254	403	58.7	438	8.7
25	24	23	SMSC	美国	283	397	40.3	415	4.5
前25名总计			—		38242	47733	24.8	52076	9.1
非前25名总计			—		11091	14781	33.3	12811	-13.3
总计			—		49333	62514	26.7	64887	3.8

资料来源：各公司提供，IC Insights' Strategic Reviews Database。ST - Ericsson 主要为意法半导体销售。

目前，国产芯片企业和国际芯片企业的差距表现为：①企业生产组织上的差距，美国有很多 IDM 公司①，而韩国有完整的产业链，中国企业各自为战，尚无清晰的集体组织模式；②龙头企业实力差距，销售额排名上中国大陆前四名在海外都排不上，芯片设计公司方面，2012 年高通公司年销售额近 130 亿美元，展讯则为 7 亿美元；③研发能力、技术和生产工艺

① Integrated Design and Manufacture，IDM。全球芯片制造业中，像英特尔那样，把设计、制造、封装测试及销售等全部价值链环节垂直分布在企业内的为 IDM 公司；像 AMD、ARM、高通、博通等只有设计没有工厂制造（fab），称为 Fabless；只代工（fab）不做设计的叫作 Foundry（代工厂），如台积电等。代工的进入门槛最低。

上的差距；④资本差距，Intel、台积电等每年投入100亿美元，中国大陆的公司只有四五亿美元。国际企业如高通、博通等通过并购做大，然而国内厂商缺乏相应的资本。[①]

国内芯片厂商起步晚、起点低，在某一个产品周期内追赶时，刚刚有所进展，国际市场上新的产品周期又开始了，以致耗资巨大却在差距上又保持原样。从65纳米（纳米，为晶体管栅极宽度，半导体产业习惯上用宽度来代表硅芯片生产工艺的水平）、45纳米发展到22纳米、16纳米（Inter公司已经发展到14纳米），芯片研发成本越来越高，在22纳米时达到盈亏平衡的生产线预计投资需要80亿～100亿美元，16纳米时可能需要120亿～150亿美元。[②] 目前，全球只有极少数高端芯片设计公司能承担如此巨额研发费用，而中国芯片制造企业则不可能负担如此巨额费用。

2013年，中国移动的TD－LTE（4G）招标结果显示，中标的终端产品中使用高通一家芯片的占50%以上，而国产的只有华为海思被中标产品使用。据了解，高通的芯片能适应多模多频信号网络，能够支持不同运营商的网络制式。基于高通开发的芯片平台，手机厂商就不需要针对不同运营商另外做产品。对手机厂商更重要的是，和高通合作在一定程度上意味着能获得高端技术知识。与技术雄厚的高通合作并不仅仅是接受外包订单，更是要参与芯片差异化研发。因此，高通公司对供应商的硬件研发能力要求很高。能与高通等公司合作体现了供应商和手机厂商的实力、水平。手机厂商对芯片的选择主要依据两点：一是芯片供货和质量的稳定性；二是技术支持，芯片供应商能及时提供服务以解决产品使用中的问题。据反映，目前国内还没有做得比较稳定的手机芯片厂商，与国际高通、三星等相比，国产芯片还有很大差距需要克服。

追赶机会：4G时代已经开启，手机芯片市场将面临新一轮的竞争和淘汰。

据认为，目前国产TD－LTE芯片生产商主要是华为、展讯等少数厂家，其技术成熟度与国际品牌有较大差距，它们目前几乎没有实力和高通

---

① http://finance.ifeng.com/a/20130926/10759359_0.shtml.

② http://finance.ifeng.com/a/20130926/10759359_0.shtml.

竞争。虽然中国企业在 TD－SCDMA 上有专利、知识产权以及技术积累优势，但是 TD－LTE 是多模标准，而中国厂商在 WCDMA 和 LTE 领域几乎没有专利和技术积累，这导致中国企业在竞争中受到很大制约。① 有的业内人士比较乐观：已经成功开发全制式的 4G 手机芯片的厂商，目前也只有高通、海思和 Marvell 公司（印度尼西亚华侨 1995 年在美国加州硅谷设立，在上海有研发中心）等少数几家，像博通、英伟达等国际厂商还需要半年到一年的时间才能成功开发全制式的 4G 手机芯片。这为国产芯片商提供了一定的赶超机会。目前，海思、展讯、联发科、创毅视讯、联芯科技等中国企业均已涉足 TD－LTE 芯片设计制造。值得一提的是，海思是除了高通以外唯一已经大量出货的厂商，已经在中国、日本、亚太、欧洲、拉美等全球市场大规模发货，其 4G 手机芯片被业内人士看好。② 2007 年至今，展讯收入从 12 亿元增长至 120 亿元，10 年增长 9 倍；2017 年，展讯芯片出货量达到 7 亿套片，占全球基带芯片市场的 27%，连续多年位列全球第三，排在高通、联发科之后；但是，展讯绝大多数收入来自低端市场；搭载展讯芯片的手机 80% 销往海外，畅销于印度、拉美等国家和地区。③

目前，国内终端厂商投资研发芯片更多是处于战略决策，希望不仅可以保证特殊芯片的供应，还可以增加同芯片供应商讨价还价的权利。业内人士认为，产业发展到高级阶段，竞争的核心不再仅是拥有技术本身，而是能组建、控制价值链或发展生产网络。终端厂商必须要和芯片商结成固定的企业关系，要找准芯片供应商，这显然是既合作又竞争的关系。2012 年，芯片领头企业 Intel 高层曾预言，随着芯片工艺越来越复杂，没有自己研发的芯片代工商将日益艰难。④ 国家也计划投入巨资支持包括移动终端使用的芯片产业的研发与制造。

目前，芯片产业已被作为国家战略性产业来加以支持。2013 年开始，中国政府决心发展集成电路产业，出台《集成电路产业推进纲要》。同时，包括国家大基金、地方政府基金在内，国内集成电路产业基金总额已经超

① http://finance.ifeng.com/a/20130926/10759359_0.shtml.

② http://finance.ifeng.com/a/20130926/10759359_0.shtml.

③ http://www.21jingji.com/2017/3－17/xMMDEzODFfMTQwNDcxMA.html.

④ http://servers.pconline.com.cn/news/1205/2780764_all.html#content_page_2.

过4600亿元。在政策、资本的双重驱动下，过去3年来，中国集成电路产业发生近百起并购整合，包括中芯国际、紫光集团等龙头企业已成规模，Intel、高通、德州仪器等国际巨头也已经在中国提高资本、技术投入。[①] 这些将极大地促进中国芯片产业的升级和赶超。

① http://www.21jingji.com/2017/3-17/xMMDEzODFfMTQwNDcxMA.html.

第五章　中国在东亚生产网络内的困境

众多数据显示，在巨大的高科技产品贸易数据背后，中国所获得的产品附加值非常少。在许多生产网络内还处于价值链的低附加值环节，尤其是在分工发达的 ICT 等产业的生产网络中。中国主要处于东亚产品内垂直分工的加工组装环节。中国不断水平扩张加工组装能力，自愿或被迫地“锁定”在生产网络内劳动密集型或低技术密集型环节上，而没有提高核心零部件的制造能力、研发能力或销售能力，甚至出现排斥提高研发能力或销售能力的惯性发展模式。目前，中国加工贸易方式仍依赖关键零部件进口，最终产品依赖外部市场，能源、原材料消耗大，环境污染严重，成本优势不断消减。东亚生产网络在中国发展得越快，中国越依赖发达市场，产业升级越受束缚。

就整个东亚而言，一方面，外部对东亚产品需求的增长速度相对于东亚生产网络不断扩张的生产能力变慢，甚至外部需求在金融危机期间急剧下降；另一方面，东亚依赖外部需求加剧了全球经济失衡，不断扩大的生产能力导致对外依赖越来越严重，而区域内发展失衡。这种发展方式需要不断转型，经济发展才可持续，东亚生产网络的调整要有紧迫性。中国在整个东亚的影响日益剧增，中国的产业升级将影响整个东亚的发展方式转型。

第一节　中国深度融入东亚生产网络

一　总体贸易结构变化情况

自改革开放以来，中国积极引进 FDI，发展出口贸易。在 FDI 和外包的促进下，中国迅速参与国际分工并成为东亚生产网络重要成员，使东亚成为全球制造中心。中国对外贸易迅速增长，贸易结构发生变化。中国在1992年的总出口为849.40亿美元，在2003年为4382.28亿美元，在2016年为21189.81亿美元。在1992年的总进口为805.85亿美元，在2003年为4127.60亿美元，在2016年为15886.96亿美元。2013年总贸易额在世界上排名第一。

中国在1992年初级产品出口占总出口的百分比为20.01%，在2003年为7.94%，在2016年为4.97%。在工业品中，1992年化工产品出口占总出口的百分比为5.12%，2003年为4.47%，2016年为5.79%。原材料制成品在1992年的出口占总出口的百分比为19.00%，2003年为15.75%，2016年为16.91%。机械和运输设备产品的出口占总出口的百分比在1992年为15.54%，在2003年为42.85%，在2016年为46.76%。杂项产品的出口占总出口的百分比在1992年为39.85%，在2003年为28.77%，在2016年为25.29%。[①]

中国主要的贸易产品机械和运输设备产品出口占总出口的比重不断增长，近几年上升变缓；化工产品的比重基本上没有变动；初级产品出口所占比重一直下降，近来也趋于稳定；原材料制成品出口略有波动，但波动幅度不大；劳动密集型杂项产品出口在总出口中占第二位，但所占比重一直下降，近几年下降速度变慢。

中国在1992年初级产品进口占总进口的百分比为16.44%，在2003年为17.63%，在2016年为27.67%。在工业品中，化工产品进口占总进口的百分比在1992年为13.88%，在2003年为11.87%，在2016年为10.28%。原材料制成品的进口占总进口的百分比在1992年为23.92%，在2003年为15.48%，在2016年为7.77%。机械和运输设备产品的进口占总进口的百分比在1992年为38.17%，在2003年为46.72%，在2016年为41.54%。杂项产品的进口占总进口的百分比在1992年为6.86%，在2003年为8.00%，在2016年为7.86%。

初级产品进口比重增幅较大，特别是矿物燃料、润滑油及有关原料进口占总进口的比重从1992年的4.43%增加到2012年的17.22%，反映了中国对能源等资源的需求增长，近年略有降低；化工产品的进口比重先升后缓慢下

① 按照SITC（Rev.3）分类来讨论，限于篇幅只给出三个同类数据。数据源于UNCTAD，由笔者自己整理。

降，近几年基本稳定；机械和运输设备产品的进口比重也是先升后降，现在略有提升，为国内主要进口产品，近几年基本稳定；杂项产品进口变化不大。

从上述贸易结构的演变可以发现，机械和运输设备产品在20世纪90年代迅速成为中国对外贸易的主要产品，其进出口所占比重近几年基本上处于稳定状态。这说明中国参与国际分工极大地促进了其机械和运输设备产品的贸易。杂项产品在出口方面仅次于机械和运输设备产品，而初级产品进口仅次于机械和运输设备产品。这说明，中国仍大量参与劳动密集型国际分工及对资源仍有大量需求。

二　中国零部件贸易发展迅速*

（一）东亚生产网络中中国日益重要

1992～2016年的数据显示，东亚区域内部零部件贸易快速增长。东亚区域内2016年的零部件贸易额是1992年的11.60倍，年均增长率为10.75%。[①] 在1992年东亚区域内零部件贸易额占东亚区域零部件总贸易额的比重为54.03%，比重一直在增加，在2000年开始超过60%，到2016年该比重为71.77%。东亚区域内2016年的零部件进口额是1992年的11.29倍，而2016年的出口额是1992年的11.90倍。东亚区域内零部件进口占东亚零部件进口总额的比重在2016年为74.28%，在1992年为62.28%；区域内零部件出口占东亚零部件出口总额的比重在2016年为69.58%，在1992年为47.80%，从1995年开始超过了50%。

---

* 数据源于UNCTAD，按照SITC（Rev.4）5位编码分类，零部件分类共有231项。为获得更多年份零部件贸易数据并考虑统计误差，在Athukorala［2005，按SITC（Rev.3）分类］和Ng、Yeats［2002，按SITC（Rev.2）分类］的基础上基于SITC（Rev.3）分类，将部分合并为3位编码分类，共有136项。参见Athukorala，Prema - Chandra，"Product Fragmentation and Trade Patterns in East Asia，" *Asian Economic Papers*，Vol.4（3），2005；Ozawa，Terutomo，"The 'Flying-Geese' Paradigm：Toward a Co-evolutionary Theory of MNC-Assisted Growth，" in K. Fatemi（ed.），*The New World Order*：*Internationalism*，*Regionalism and the Multinational Corporations*，Pergamon，Amsterdam and New York，2000。

① 这里东亚包括菲律宾、韩国、柬埔寨、老挝、缅甸、马来西亚、日本、泰国、文莱、中国香港、新加坡、印度尼西亚、越南、中国大陆和中国台湾（其数据通过特殊处理获得）共15个经济体。老挝、缅甸等数据太少有时没有考虑；泰国、文莱、越南的2016年数据暂时不能获得，故涉及2016年的结果可能偏小。

2016年中国在东亚区域内零部件贸易额为4881.78亿美元，是1992年的42.28倍，年均增长率为16.88%；2016年中国区域内零部件贸易额占东亚区域内零部件贸易总额的29.36%，而在1992年为8.05%。[①] 2016年中国出口到东亚区域的零部件总额为2018.74亿美元，是1992年的61.98倍，年均增长率为18.76%；中国出口到东亚区域零部件总额占东亚区域内零部件总出口的23.46%，而在1992年该比重为4.50%。2016年中国从东亚区域进口零部件总额为2863.03亿美元，是1992年的34.54倍；占东亚区域内零部件总进口的35.68%，而在1992年该比重为11.67%。这些数据表明，中国一直在大范围内积极参与东亚生产网络，同时从东亚进口零部件的比重远大于零部件出口到东亚的比重，中国大量消费零部件（作为资本品，或生产资料）。

东亚生产网络的分工主要集中于SITC7类和SITC8类产品。由表5－1及其他数据可知，东亚区域内SITC7类零部件贸易占区域内SITC7类产品

表5－1　东亚区域内及其与中国间SITC7类产品及零部件进出口比重

单位：%

年份	区域内7类零部件进口占区域内7类产品进口之比重	区域内7类零部件出口占区域内7类产品出口之比重	中国从区域进口7类零部件占区域内7类零部件进口比重	中国出口到区域7类零部件占区域内7类零部件出口比重	中国从区域进口7类零部件占其从区域内进口7类产品之比重	中国出口到区域7类零部件占其出口到区域内7类产品之比重
1992	45.96	45.66	10.51	3.98	40.51	27.35
1995	51.89	52.51	8.64	4.14	43.29	35.58
1997	53.82	55.78	10.44	5.25	55.34	39.04
1999	58.03	62.92	13.94	6.63	61.36	45.47
2001	57.93	61.16	17.60	9.58	61.84	44.41
2003	60.53	62.13	25.01	12.27	63.22	45.73
2005	63.23	62.42	28.16	15.53	69.88	45.90

① 2000年中国开始出现巨额零部件复进口数据，2015年中国零部件复进口贸易额为842.64亿美元，但2016年为零。虽然复进口部分是国际生产网络分工导致，但数额巨大，其他因素影响较大。书中中国零部件贸易总额都是已经扣除了复进口之后的数据。印度尼西亚、泰国、马来西亚等零部件进口也有复进口现象，但数额相对较小，总额中没有扣除。

续表

年份	区域内7类零部件进口占区域内7类产品进口之比重	区域内7类零部件出口占区域内7类产品出口之比重	中国从区域进口7类零部件占区域内7类零部件进口比重	中国出口到区域7类零部件占区域内7类零部件出口比重	中国从区域进口7类零部件占其从区域内进口7类产品之比重	中国出口到区域7类零部件占其出口到区域内7类产品之比重
2007	64.69	62.48	31.02	18.24	71.94	45.58
2009	62.98	61.43	31.04	18.85	70.06	42.59
2011	60.51	58.39	33.34	19.40	67.63	39.86
2013	63.34	61.77	35.03	25.93	75.16	47.54
2015	64.26	62.21	34.12	24.59	75.79	45.03

资料来源：笔者利用UNCTAD数据库SITC（Rev.3）数据整理计算，其他年度数据限于篇幅没有给出。限于篇幅表中零部件编号前未加SITC。

贸易的百分比从1995年就超过了50%，在2003年第一次超过了60%。SITC7类零部件在区域内无论是出口还是进口都占SITC7类产品区域内出口或进口的较高比重，而且呈增长态势。1992~2016年，区域内进口SITC7类零部件占区域内进口SITC7类产品的比重与SITC7类零部件出口占比基本相当。零部件进出口占比高、比重相当反映了SITC7类零部件生产水平较高，供应链较完整。[①] 这些表明SITC7类产品在东亚生产网络内的分工程度相当高，贸易一体化程度高。

中国从区域进口SITC7类零部件占区域内SITC7类零部件进口的比重一直增加，到2016年达到了35.98%，而出口SITC7类零部件占区域内出口的比重为23.06%。似乎还有继续增加的趋势。中国从区域进口SITC7类零部件占其从区域内进口SITC7类产品的比重由1992年的40.51%增加到2016年的76.60%，对应的出口占比由1992年的27.35%增加到2016年的45.31%。由此可见，中国快速而广泛地参与东亚生产网络，进口大量零部件，出口大量最终产品。中国生产的SITC7类产品是东亚生产网络

① Kimura认为，尽管考察东亚生产网络的详细结构及其所涵盖的错综复杂的公司内及公司间交易情况需要运用公司层面的微观数据，但运用细分行业的贸易数据也是考察东亚生产网络的性质及其运行特点的有效方法。转引自喻春娇、徐玲《中国在东亚电子行业生产网络中的分工地位研究——以ICT部门为例》，《世界地理研究》2010年第4期。

的主要组成部分。这些数据显示中国似乎是最大获利者。

由表 5 - 2 及其他数据可知，1992 ~ 2016 年东亚区域内 SITC8 类零部件进口占区域内 SITC8 类产品进口之比重一直没有超过 9%。区域内 SITC8 类零部件出口占区域内 SITC8 类产品出口之比重也是一直较低，2003 年以后一直没有超过 10%。与 SITC7 类产品相比，SITC8 类产品在东亚生产网络分工程度较低、规模较小。这应该与 SITC8 类产品大部分属于劳动密集型产品及其生产可分性低有关。中国从区域进口 SITC8 类零部件占区域内 SITC8 类零部件进口之比重在 2015 年为 20.99%，而出口占比在 2015 年为 33.10%。中国进出口 SITC8 类零部件在 SITC8 类产品中占比不大。这些表明中国在 SITC8 类劳动密集型方面比较优势有增加的趋势，对东亚生产网络和东亚贸易具有重要的影响力。

表 5 - 2　东亚区域内及其与中国间 SITC8 类产品及零部件进出口比重

单位：%

年份	区域内 8 类零部件进口占区域内 8 类产品进口之比重	区域内 8 类零部件出口占区域内 8 类产品出口之比重	中国从区域进口 8 类零部件占区域内 8 类零部件进口比重	中国出口到区域 8 类零部件占区域内 8 类零部件出口比重	中国从区域进口 8 类零部件占其从区域内进口 8 类产品之比重	中国出口到区域 8 类零部件占其出口到区域内 8 类产品之比重
1992	8.38	11.38	25.86	9.47	31.46	2.87
1995	7.54	9.76	18.50	12.32	24.08	3.75
1997	7.54	9.41	17.98	13.39	25.38	3.37
1999	7.07	9.31	18.75	14.45	22.24	3.70
2001	7.39	10.00	16.73	14.61	17.16	3.87
2003	7.91	9.88	17.04	17.42	8.48	4.39
2005	7.46	9.28	16.15	21.21	5.50	5.10
2007	6.51	8.18	17.31	25.67	4.56	5.02
2009	6.71	8.05	21.48	28.77	5.81	5.63
2011	7.54	8.17	21.83	30.27	6.23	5.75
2013	7.84	8.41	20.34	35.58	6.10	5.70
2015	8.80	9.17	20.99	33.10	7.14	6.06

资料来源：笔者利用 UNCTAD 数据库 SITC（Rev. 3）数据整理计算，其他年度数据限于篇幅没有给出。限于篇幅表中零部件编号前未加 SITC。

（二）零部件贸易结构以ICT产业为主

1992年中国从东亚进口零部件（包含SITC7和SITC8类零部件）占中国零部件总进口的67.96%，2002年为67.45%，2016年为66.01%。出口到东亚零部件占出口到全球零部件的百分比在1992年为76.17%，2002年为64.70%，2016年为56.34%。东亚区域是中国零部件主要贸易对象。

中国从东亚进口的零部件中，1992年SITC7类零部件占了83.41%，此后SITC7类零部件所占比重不断增加，到2015年SITC7类零部件占98.22%，则SITC8类零部件所占比重相应为16.59%、1.78%。出口到东亚的零部件中，在1992年SITC7类零部件占79.81%，比重也一直增加，在2015年为95.38%。中国从全球进口零部件中，SITC7类零部件在1992年占87.00%，在2015年为97.46%。中国出口到全球的零部件中，SITC7类零部件在1992年占80.96%，在2015年为93.19%。[①] 可见中国SITC7类零部件贸易一直占零部件贸易绝大部分的比重。整个东亚区域的零部件贸易构成也是如此。

表5-3、表5-4给出零部件贸易结构中的主要产品。SITC7649作为通信设备的零部件，在1992年出口的零部件中，占比最多，占比排在第二的是SITC759（办公设备SITC751、IT产品SITC752的零部件），然后是半导体类SITC772，接着是SITC776（SITC772的零部件和附件，芯片类）。而这些零部件在1992年的进口中也占有较多份额。这些零部件在2016年进出口中的份额也是令人瞩目的。这表明中国深度参与东亚ICT高新技术产业生产网络。另外，SITC784（汽车的零部件和附件）也在进出口中占有较大的份额，它属于中高等技术行业。从表5-3、表5-4还可以看出，中国在SITC8519、SITC8218等劳动密集型零部件方面也有一定的贸易份额。而在高新技术零部件方面进口的比较多。

从上述分析可知，在东亚生产网络所涉及的15个经济体中，无论是零部件贸易的绝对数量还是相对数量，中国都非常高。非常突出的一点是，中国零部件进口总额远超零部件出口总额，例如，2016年中国出口到东亚

① 这里零部件贸易数据仅包括SITC7和SITC8类的，囊括东亚15个经济体的数据。因暂时缺泰国、文莱、越南2016年数据，故没有给出2016年的计算结果。

表 5－3　1992 年中国零部件贸易前十名的 SITC 编号及比重

单位：%

出口名次	1	2	3	4	5	6	7	8	9	10	其他 1	其他 2
SITC 编号	7649	759	772	776	7781	8519	784	7169	88599	78537	7764	77689
所占比重	16.53	13.56	12.51	7.26	6.33	3.69	2.95	2.92	2.30	2.28	1.10	0.63
进口名次	1	2	3	4	5	6	7	8	9	10	其他 1	其他 2
SITC 编号	7649	776	784	772	759	7929	7169	8519	7139	7285	7764	77689
所占比重	15.11	14.21	7.45	7.23	5.70	4.95	3.88	2.98	2.93	2.68	6.83	0.25

注：SITC77689 是 SITC7764 的零部件，SITC7764 是 SITC776 的一部分；SITC776 是 SITC772 的零部件和附件，而 SITC772 作为半导体，本身也被作为零部件来统计相关数据；SITC7764 是电子集成电路类产品，其零部件是 SITC77689，这两类属于高新技术行业产品。

资料来源：笔者利用 UNCTAD 数据库 SITC（Rev. 3）数据整理计算，零部件的 SITC 编号是三位还是四位视情况而定。

表 5－4　2016 年中国零部件贸易前十名的 SITC 编号及比重

单位：%

出口名次	1	2	3	4	5	6	7	8	9	10	其他 1	其他 2
SITC 编号	776	7649	772	759	784	7781	7139	7169	82119	8218	7764	77689
所占比重	25.38	17.43	11.01	9.20	7.98	3.46	1.41	1.07	0.91	0.91	17.70	0.08
进口名次	1	2	3	4	5	6	7	8	9	10	其他 1	其他 2
SITC 编号	776	7649	772	784	759	7781	7139	8843	7285	7149	7764	77689
所占比重	59.34	11.22	8.21	5.92	4.16	0.99	0.75	0.73	0.61	0.59	52.69	0.16

注：SITC77689 是 SITC7764 的零部件，SITC7764 是 SITC776 的一部分；SITC776 是 SITC772 的零部件和附件，而 SITC772 作为半导体，本身也被作为零部件来统计相关数据；SITC7764 是电子集成电路类产品，其零部件是 SITC77689，这两类属于高新技术行业产品。

资料来源：笔者利用 UNCTAD 数据库 SITC（Rev. 3）数据整理计算，零部件的 SITC 编号是三位还是四位视情况而定。

的零部件贸易额相当于从东亚进口的70.51%，2002年为59.14%，1992年为39.29%。这说明中国已经很高程度地参与东亚生产网络内的分工，生产能力不断提高，零部件贸易快速发展。中国供应商每年消费大量零部件，在东亚生产网络内多处于加工组装环节，尤其是在SITC7机电产业内。

（三）零部件贸易逆差增加

虽然中国SITC8类零部件贸易额占中国零部件贸易总额的比重非常小，研究中国参与东亚生产网络情况时，除了机电行业SITC7类产品内分工情况外，还得讨论参与SITC8类产品内分工情况，毕竟也是东亚生产网络的一部分。

从表5-5A并结合更详尽数据可知，中国大陆在近25年内，与东亚SITC7类零部件贸易一直是逆差。在2016年零部件贸易平衡为-890.32亿美元，也即逆差为890.32亿美元，仅次于2011年的贸易逆差912.97亿美元。其中，与中国台湾的零部件贸易平衡（逆差）贡献了84.29%，也即与中国台湾的零部件贸易逆差为750.45亿美元（890.32×84.29%≈750.45，因四舍五入，与计算结果略有差距）。而与中国香港的零部件贸易则是顺差：890.32×106.23%≈945.79亿美元。

表5-5A 中国大陆与14个经济体SITC7类零部件、最终产品的贸易平衡贡献率、贸易平衡

单位：亿美元，%

经济体	1992年	2002年	2012年	2016年	1992年	2002年	2012年	2016年
日本	-44.69	-52.31	-43.99	-26.28	-148.52	-445.17	-4.08	-0.93
中国台湾	-13.57	-45.85	-74.31	-84.29	-53.66	-486.26	-2.42	-0.81
韩国	-3.14	-22.00	-68.60	-62.54	-6.73	-302.72	4.46	5.38
中国香港	-40.58	45.44	135.89	106.23	95.10	1171.84	80.94	70.47
新加坡	0.15	0.09	-1.13	1.30	1.67	24.07	10.00	7.82
马来西亚	0.43	-12.86	-38.48	-27.48	2.27	7.92	1.90	2.44
菲律宾	0.18	-9.40	-11.53	-7.95	0.82	-0.62	-1.29	1.54
泰国	0.21	-4.15	-2.04	-3.09	4.06	13.55	-1.28	1.54
印度尼西亚	0.68	-0.12	2.74	2.76	2.99	47.33	7.03	5.75
越南	0.04	0.80	0.55	0.46	0.32	40.19	2.17	4.05

续表

经济体	1992 年	2002 年	2012 年	2016 年	1992 年	2002 年	2012 年	2016 年
缅甸	0.27	0.32	0.52	0.58	1.22	23.13	1.72	1.98
老挝	0.03	0.02	0.11	0.14	0.39	3.39	0.37	0.31
柬埔寨	0.01	0.02	0.23	0.17	0.06	2.99	0.39	0.36
文莱	0	0	0.03	0.02	0.01	0.36	0.09	0.08
与东亚贸易平衡	-43.15	-214.75	-697.85	-890.32	-32.48	10.09	1304.62	1461.35

注：这里最终产品即完整产品，最终产品和零部件统称制成品。贸易平衡 = 出口额 - 进口额。这里，与东亚个别经济体贸易平衡占与东亚贸易平衡的百分比就是与该经济体贸易的贡献率。表中后四列是最终产品贸易平衡贡献率，其余是零部件贸易平衡贡献率。最后一行后四个是当年与东亚的最终产品贸易平衡额，其余是零部件贸易平衡额，单位是亿美元。从上往下基本上是按总贡献值绝对值大小排序的。

资料来源：笔者利用 UNCTAD 数据库 SITC（Rev. 3）数据整理计算，其他年度数据限于篇幅没有给出。

与日本、中国台湾、韩国（把历年贡献值相加得总贡献值，按其绝对值大小排列，下同）的 SITC7 类零部件贸易一直是逆差，与它们的 SITC7 类最终产品贸易只有韩国最近几年才出现顺差。与中国香港、新加坡的最终产品贸易都是顺差，显然与中国香港最终产品贸易平衡贡献率特别大。更详细的数据表明与中国香港零部件贸易大多是顺差，而与新加坡的零部件贸易大多是逆差。

与马来西亚、菲律宾、泰国之间的零部件贸易，中国大陆最近二十年来一直是逆差。显然与马来西亚的贸易对逆差的贡献率最大。而与它们的最终产品贸易，中国大陆大多是顺差，但与菲律宾、泰国的贸易顺差的年份要远少于马来西亚。与印度尼西亚、越南、缅甸、老挝、柬埔寨、文莱的零部件贸易或者最终产品贸易，中国大陆整体上是顺差。

以上分析表明，中国大陆主要从日本、中国台湾、韩国进口大量的高技术密集型的关键零部件和最终产品。向中国香港出口大量零部件和最终产品，香港是转口港；从新加坡进口零部件并向其出口大量最终产品。中国大陆从马来西亚、菲律宾、泰国进口不少零部件，与它们的最终产品贸易这几年趋向顺差。这些初步说明中国大陆不仅是东亚生产网络的加工组装环节，还是最终产品出口平台。中国大陆与印度尼西亚、越南、缅甸、老挝、柬埔寨、文莱的零部件和最终产品贸易整体上是顺差，初步表明正发生着产品内生产环节的转移。

从表 5－5B 并结合相关数据可知，中国大陆与中国台湾的 SITC8 类零部件和最终产品贸易一直都是逆差，而且与其贸易平衡贡献率非常大。与日本的 SITC8 类零部件贸易从 2003 年开始转为顺差，与其最终产品贸易一直都是顺差，两者的平衡贡献率都非常大。与韩国的 SITC8 类零部件和最终产品贸易大多是逆差，而与中国香港的 SITC8 类零部件和最终产品贸易整体上是顺差。东亚其他的经济体，包括新加坡、泰国、马来西亚、越南等，中国与它们的 SITC8 类零部件和最终产品贸易基本上是顺差。

表 5－5B　中国大陆与 14 个经济体 SITC8 类零部件、最终产品的贸易平衡贡献率、贸易平衡

单位：亿美元，%

经济体	1992 年	2002 年	2012 年	2016 年	1992 年	2002 年	2012 年	2016 年
中国台湾	－48.73	－238.22	－3.04	－17.40	－0.49	－8.06	－18.11	－12.25
日本	－16.93	－123.71	6.05	5.18	14.87	47.40	25.39	22.36
韩国	－1.11	－72.07	－1.79	3.74	0.51	4.87	－14.58	－4.28
中国香港	－35.01	529.11	58.45	72.48	83.92	49.21	79.60	61.40
泰国	0.27	－51.88	1.17	1.34	0.12	0.44	3.46	1.68
马来西亚	0.34	－6.50	13.21	2.01	0.14	1.27	8.63	8.67
新加坡	0.31	－10.41	9.73	7.55	0.81	2.70	1.59	6.65
越南	0.01	28.83	6.58	15.15	0.01	0.36	5.07	4.29
印度尼西亚	0.26	18.51	7.38	5.12	0.01	0.72	4.39	3.39
菲律宾	0.41	12.22	－0.60	1.07	0.05	0.93	3.11	7.55
柬埔寨	0	9.10	0.92	2.49	0	0.05	0.20	－0.13
缅甸	0.17	4.69	0.28	0.99	0.02	0.10	0.38	0.41
文莱	0	0.29	1.39	0.26	0	0.01	0.77	0.21
老挝	0	0.05	0.25	0.01	0.01	0	0.11	0.05
与东亚贸易平衡	－7.17	0.91	55.11	46.03	192.64	272.31	972.53	814.40

注：这里最终产品即完整产品，最终产品和零部件统称制成品。贸易平衡＝出口额－进口额。这里，与东亚个别经济体贸易平衡占与东亚贸易平衡的百分比就是与该经济体贸易的贡献率。表中后四列是最终产品贸易平衡贡献率，其余是零部件贸易平衡贡献率。最后一行后四个是当年与东亚的最终产品贸易平衡额，其余是零部件贸易平衡额，单位是亿美元。从上往下基本上是按总贡献值绝对值大小排序的。

资料来源：笔者利用 UNCTAD 数据库 SITC（Rev. 3）数据整理计算，其他年度数据限于篇幅没有给出。

综上所述，中国大陆在东亚区域进口大量高新技术密集型零部件和最终产品，加工组装后，将制成品大量出口到东亚及其他市场。但这种状况明显有了调整的迹象。

由表5－6A及相关数据可知，中国大陆与东亚或全球的SITC7类零部件贸易一直都是逆差并有扩大趋势，与东亚的贸易平衡贡献率都很高，在近25年内，后十年比前十年要高得多。与美国的零部件贸易从2002年开始转为顺差。与东亚、美国和全球的最终产品贸易在1996年后几乎是顺差并有增加的趋势。这说明，中国大陆目前仍处于进口零部件、加工组装后出口最终产品的环节。中国大陆与美国的最终产品贸易平衡贡献率在2011年

表5－6A　中国大陆与东亚、美国SITC7类零部件、最终产品的贸易平衡贡献率、总贸易平衡

单位：亿美元，%

年份	与东亚零部件贸易平衡贡献率	与美国零部件贸易平衡贡献率	总贸易平衡	与东亚最终产品贸易平衡贡献率	与美国最终产品贸易平衡贡献率	总贸易平衡
1992	－60.35	－10.66	－71.5	－31.21	－17.07	－104.1
1995	－71.06	－6.62	－86.1	－39.22	3.72	－126.2
1997	－67.00	－6.98	－114.2	17.20	112.28	23.6
1999	－66.61	－6.69	－167.1	－0.35	84.74	60.9
2001	－63.19	－2.36	－246.0	27.19	54.00	124.9
2003	－77.57	8.22	－465.8	5.95	59.68	415.3
2005	－82.08	11.36	－669.0	21.72	39.53	1286.5
2007	－86.98	14.12	－783.4	23.92	30.09	2435.0
2009	－83.07	13.13	－660.0	27.93	28.09	2488.7
2011	－115.07	26.75	－793.4	29.60	27.96	3510.2
2013	－62.73	16.46	－863.7	37.88	25.26	4152.0
2015	－89.05	31.34	－755.3	38.07	23.15	4543.4
2016	－100.45	28.86	－886.3	34.84	25.00	4194.3

注：表中第二列是中国大陆与东亚的零部件贸易平衡占与全球贸易平衡的百分比，与全球零部件贸易平衡额是第四列，第三列是中国大陆与美国的零部件贸易平衡所占的百分比，第五列是中国大陆与东亚最终产品贸易平衡占与全球最终产品贸易平衡的百分比，第六列是与美国最终产品贸易平衡所占的百分比，第七列是与全球最终产品贸易平衡额，与第四列一样，单位都是亿美元。

资料来源：笔者利用UNCTAD数据库SITC（Rev.3）数据整理计算，其他年度数据限于篇幅没有给出。

之前一直大于与东亚的贸易平衡贡献率，从2011年开始，就反过来了，与东亚的贸易平衡贡献率变大了。因此，虽然在中国大陆的最终产品贸易中美国一直很重要，但相对不如以前，东亚的重要性增加趋势明显。

从表5－6B中发现，中国大陆与全球的SITC8类零部件和最终产品贸易基本上是顺差且有增加趋势，在2001年以后更是如此。一开始与东亚的零部件贸易平衡贡献率为负数，后来为正数，表明中国大陆在SITC8类产品内分工上，比较优势增加。2001年底中国加入世贸组织，此后与美国的零部件贸易平衡贡献率虽然比与东亚的零部件贸易平衡贡献率小，但也相当大。与东亚、美国和全球的最终产品贸易一直都是顺差。与中国大陆和

表5－6B　中国大陆与东亚、美国SITC8类零部件、最终产品的贸易平衡贡献率、总贸易平衡

单位：亿美元，%

年份	与东亚零部件贸易平衡贡献率	与美国零部件贸易平衡贡献率	总贸易平衡	与东亚最终产品贸易平衡贡献率	与美国最终产品贸易平衡贡献率	总贸易平衡
1992	－93.02	－6.28	－7.7	66.21	13.46	290.9
1995	－212.77	82.07	－1.8	45.67	26.20	463.0
1997	－2384.04	921.14	0.1	47.64	26.09	615.8
1999	－148.45	146.45	1.4	40.36	29.40	625.3
2001	－3.17	80.55	3.8	38.88	29.11	716.5
2003	34.35	66.48	6.6	27.85	31.20	924.2
2005	44.84	39.04	23.7	17.61	35.00	1309.5
2007	39.38	30.56	49.8	15.60	31.21	2047.1
2009	32.05	28.67	57.8	15.68	30.21	2082.7
2011	32.66	24.81	96.4	18.11	27.49	3215.5
2013	37.21	17.85	182.9	27.90	23.90	4229.8
2015	37.74	23.13	140.8	21.71	27.51	4387.2
2016	34.70	24.98	132.7	20.48	28.15	3977.2

注：表中第二列是中国大陆与东亚的零部件贸易平衡占与全球贸易平衡的百分比，与全球零部件贸易平衡额是第四列，第三列是中国大陆与美国的零部件贸易平衡所占的百分比，第五列是中国大陆与东亚最终产品贸易平衡占与全球最终产品贸易平衡的百分比，第六列是与美国最终产品贸易平衡所占的百分比，第七列是与全球最终产品贸易平衡额，与第四列一样，单位都是亿美元。

资料来源：笔者利用UNCTAD数据库SITC（Rev.3）数据整理计算，其他年度数据限于篇幅没有给出。

东亚最终产品贸易平衡贡献率相比，中国大陆与美国的最终产品贸易平衡贡献率一开始比较小，2002 年后就相差不大，有时候还大一些。表明中国在劳动密集型、熟练劳动密集型的 SITC8 类产品分工上，出口美国的比较优势有增加趋势。

因东亚生产网络的主要参与者是东亚和美国，故没有讨论中国与欧盟等其他地区的制成品贸易情况。从上述情况可以看出，中国企业在许多零部件和最终产品上仍处于比较劣势，处于加工组装环节。而在低技术密集型、劳动密集型或熟练劳动密集型零部件和最终产品上，中国的比较优势还是很大的，甚至有增加的趋势。贸易平衡数据再次说明，中国从东亚进口大量零部件，加工组装后，将最终产品主要出口到美国、东亚等经济体。但一些低技术、低熟练劳动密集型环节正在往印度尼西亚、越南、缅甸等转移。

三　主要产业零部件生产能力

（一）参与分工的主要产业的贸易方向

在 SITC7 类项目中，办公设备（SITC751）及 IT 产品（SITC752，信息自动处理设备等）方面的零部件编码为 SITC759，电信（通信）等（SITC7641、SITC7642、SITC7643 及 SITC7648 等）设备的零部件编码为 SITC7649，半导体（SITC772）的零部件编码为 SITC776，特别是其中电子集成电路（SITC7764）的零部件编码为 SITC77689。根据英国经济学家拉奥（Lall）的划分，[①] 参与这些零部件的生产属于高技术产品方面的分工。车辆（SITC722、SITC781、SITC782、SITC783）零部件编码为 SITC784，该零部件的生产属于中等科技程度的分工。Amighini 等认为，SITC751、SITC752、SITC776、SITC772 及它们的零部件等属于信息通信产业（ICT 产业）。[②] 此处

---

① 转引自喻春娇、徐玲《中国在东亚生产网络中的分工地位——基于机电行业零部件贸易的考察》，《中国经贸》2010 年第 2 期，第 12～18 页。

② 有很多的零部件本身又有许多零部件，如书中零部件 SITC772 又作为最终产品，其自身的零部件是 SITC776，参见 Ng，Francis，Alexander Yeats，"Production Sharing in East Asia：Who Does What for Whom and Why?" *World Bank Staff Paper*，2002；Athukorala，Prema－Chandra，"Product Fragmentation and Trade Patterns in East Asia，" *Asian Economic Papers*，Vol. 4（3），2005；Amighini，Alessia，"China in the International Fragmentation of Production：Evidence from the ICT Industry，" *European Journal of Comparative Economics*，Vol. 2（2），2005。

研究中国参与 ICT 和汽车产业的分工程度，主要从与东亚和全球的贸易份额来考察。① 前文已述，这几个产业零部件贸易占据中国零部件贸易的大部分。

从表 5－7 及相关数据可知，中国 SITC759 类零部件出口到东亚占该零部件总出口的份额从 1992 年的 77.45% 下降到 2016 年的 48.53%，中国从东亚进口 SITC759 零部件占该零部件总进口的份额从 1992 年的 89.36% 下降到 2016 年的 58.58%，两者整体上在 50% 以上。2003 年之后，进出口份额在 50% ~60% 波动，两者相差不大。数据显示，中国 SITC759 类零部件相当一部分出口到美国，出口到美国的金额占该零部件总出口的份额在 1993 年为 27.85%，在 2016 年为 23.89%。中国出口到东亚和美国的份额之和一直在 70% 以上。总之，美国对该产业在东亚生产网络的分工有着重要影响。而中国在该产业的分工不仅局限于东亚，越来越多的参与更多区域生产网络。

结合表 5－7 和有关数据可以发现，中国 SITC7649 类零部件对东亚进出口的份额在 2003 年以后稳定在一定区间波动。出口到东亚所占的份额明显要比从东亚进口所占的份额多，近六年相差 20 多个百分点。至于从区域外进口的大量 SITC7649 零部件质量和出口到东亚的同类零部件质量相比如何，需要进一步探讨。

表 5－7　中国部分零部件对东亚进出口占中国同类总进出口百分比

单位：%

年份	出口 759 占比	进口 759 占比	出口 7649 占比	进口 7649 占比	出口 776 占比	进口 776 占比	出口 7764 占比	进口 7764 占比	出口 77689 占比	进口 77689 占比	出口 784 占比	进口 784 占比
1992	77.45	89.36	93.66	78.54	88.88	92.09	85.01	91.74	95.31	93.67	39.84	41.67
1995	59.19	90.79	82.73	71.15	82.55	89.63	81.31	91.38	86.46	75.28	35.14	32.38
1997	54.19	86.38	80.49	59.14	82.21	86.15	83.59	85.45	64.88	87.03	38.36	20.90
1999	58.51	78.07	73.59	48.79	78.39	80.16	71.70	77.69	88.88	69.61	26.91	30.09
2001	65.07	61.87	72.07	45.39	79.94	79.15	75.73	79.50	83.31	79.85	30.57	36.73

① 按照 OECD 及中国的高技术产业界定标准，高技术产业包括航空航天器制造业、电子计算机及办公设备制造业、电子与通信设备制造业、医药制造业、医疗设备及仪器仪表制造业共五类行业。因此，ICT 产业实际上对应着高技术行业中的两大类行业。

续表

年份	出口759占比	进口759占比	出口7649占比	进口7649占比	出口776占比	进口776占比	出口7764占比	进口7764占比	出口77689占比	进口77689占比	出口784占比	进口784占比
2003	60.08	59.72	66.32	56.40	83.35	84.93	83.09	90.11	88.66	89.94	27.86	45.44
2005	55.30	55.97	66.14	53.98	79.75	81.50	82.52	89.04	88.43	93.32	26.79	67.78
2007	53.53	57.58	66.91	49.75	76.22	78.97	87.42	88.52	85.12	91.61	24.52	55.11
2009	55.10	55.31	65.30	49.65	69.60	72.71	89.53	87.94	90.55	90.49	24.87	61.98
2011	53.28	58.39	62.80	42.28	57.49	77.98	89.09	89.85	92.43	90.70	23.97	54.43
2013	56.42	52.13	72.68	44.21	87.72	75.91	94.40	88.20	93.64	90.76	25.45	45.76
2015	51.08	57.38	72.48	46.78	85.12	77.72	92.77	91.72	92.98	85.97	23.61	42.83
2016	48.53	58.58	68.64	48.00	84.32	78.76	93.78	80.79	93.44	70.97	23.59	44.52

注：本表给出中国与东亚进口或出口某种零部件贸易额占中国进口或出口该零部件总贸易额的百分比。限于篇幅各类零部件编号前未加 SITC。

资料来源：笔者利用 UNCTAD 数据库 SITC（Rev. 3）数据整理计算，其他年度数据限于篇幅没有给出。

结合表 5 -7 和有关数据可以发现，中国 SITC776 类零部件对东亚出口额或进口额占对全球出口额或进口额的份额一直很高，而中国从东亚进口 SITC776 类零部件所占份额大体上和出口所占份额相接近，最近四年出口份额多一点。这说明在技术含量较高的半导体产品生产网络分工上，中国的生产能力基本上大部分参与东亚生产网络分工。至于半导体零部件中技术含量较高的电子集成电路 SITC7764 和其零部件 SITC77689，中国在东亚生产网络内进出口占全球的比重都非常高。这三类零部件出口东亚的份额与从东亚进口的份额相差较小，而且都在高位区间波动。

中国汽车业 SITC784 类零部件出口到东亚占该零部件出口到全球的比重处于缓慢降低状态，从 1992 的 39.84% 降低到 2016 年的 23.59%；2003 年之后，出口份额在 20% ~30%，基本稳定。从东亚进口汽车零部件占从全球进口汽车零部件的比重在 1992 年为 41.67%，在 2016 年为 44.52%，中间波动较大。中国汽车零部件出口到东亚的份额要明显小于从东亚进口的份额。这初步说明中国供应商从东亚进口大部分零部件，而向区域外出口大部分零部件，这两者的质量孰优孰劣，需进一步讨论。中国汽车产业参与东亚生产网络的规模和程度不如 ICT 产业，应该广泛参与其他区域汽车产业生产网络。

总的来说，中国已经广泛参与东亚生产网络内分工，高新技术产业如ICT产业是中国参与东亚生产网络分工的主要产业，中国的这些产业贸易发展非常快。对东亚的进出口占全球的份额在过去25年中呈下降稳态趋势，表明中国正积极地参与全球各个区域生产网络。

（二）中高技术产业零部件生产能力

1. 中高技术零部件供给状况

零部件的供给能力部分反映在零部件贸易平衡状况上。由表5-8和其他的数据可以发现，中国大陆办公设备和IT产品类的零部件SITC759与日本、韩国、中国台湾和东盟大多是贸易逆差，而与新加坡、中国香港、美国及在对东亚、全球上大部分是贸易顺差。中国香港是主要转口港。对菲律宾、泰国以及近几年对马来西亚和越南都是贸易逆差，对印度尼西亚不断反复，对其他东盟国家一直是顺差。结合前面各种分析可推断，中国大陆此类零部件的生产能力在增加，而内部消耗也在增加。中国大陆主要从发达经济体进口核心或高质量零部件，从泰国、菲律宾等进口一般廉价零部件，进行加工或组装成半成品或最终产品出口到美国等区域内外市场。

表5-8　中国大陆与部分贸易对象SITC759类零部件贸易平衡状况

单位：亿美元

年份	日本	韩国	中国台湾	新加坡	中国香港	东盟	东亚	美国	全球
1992	-2.121	-0.010	-0.309	-0.007	0.732	-0.009	-1.718	0.097	-1.150
1995	-7.229	-0.329	-0.117	-0.254	2.395	-0.617	-5.897	1.956	-0.751
1997	-7.596	-1.000	-0.739	-5.419	2.729	-7.961	-14.566	4.707	-7.457
1999	-6.647	-1.224	-2.886	-0.935	7.219	-5.105	-8.643	1.772	-0.695
2001	-7.252	-0.554	-5.042	2.354	29.832	-5.689	11.293	6.793	13.731
2003	-8.016	-5.297	-11.006	3.930	61.136	3.208	40.025	31.372	65.866
2005	-12.867	-12.984	-6.837	5.049	87.215	12.736	67.263	48.624	123.753
2007	-2.008	-33.378	-6.253	2.011	112.272	7.295	77.928	65.137	162.518
2009	-1.851	-18.287	-9.040	2.286	104.405	-0.809	74.418	48.917	135.757
2011	-14.318	-22.490	-14.097	0.438	135.575	-25.808	58.861	66.484	134.629

续表

年份	日本	韩国	中国台湾	新加坡	中国香港	东盟	东亚	美国	全球
2013	-12.881	-14.265	-11.314	-0.353	142.063	-22.946	80.657	58.518	123.782
2015	-9.291	-19.339	-7.070	4.672	114.880	-19.478	59.702	80.110	144.360
2016	-8.767	-15.858	-5.056	5.595	93.852	-10.127	54.045	75.234	148.890

资料来源：笔者利用 UNCTAD 数据库 SITC（Rev.3）数据整理计算，其他年度数据限于篇幅没有给出。

由表5-9可知，除了中国香港作为转口港，对其贸易整体为顺差外，中国大陆的半导体零部件 SITC776 对外贸易几乎都是逆差，而且包括对新加坡、马来西亚、泰国、菲律宾、越南等的逆差都有增大趋势。在东亚，除了中国香港，只对柬埔寨、老挝、缅甸、文莱一直有非常小的顺差。这表明了中国对半导体各种技术密集度的零部件的需求量很大，产能不断扩张，处于加工组装环节。半导体产业的东亚生产网络是中国参与最为广泛、规模最大的一个网络。

表5-9　中国大陆与部分贸易对象 SITC776 类零部件贸易平衡状况

单位：亿美元

年份	日本	韩国	中国台湾	新加坡	中国香港	东盟	东亚	美国	全球
1992	-3.58	-0.94	-1.09	-0.10	-7.57	-0.03	-13.20	-0.27	-14.23
1995	-16.91	-3.36	-5.19	-0.34	2.52	-1.13	-24.07	-0.86	-25.83
1997	-19.29	-7.01	-9.76	-1.23	0.96	-2.79	-37.88	-3.56	-43.08
1999	-34.80	-15.94	-20.86	-1.72	3.60	-10.27	-78.26	-9.05	-96.81
2001	-50.49	-23.97	-39.50	-3.54	1.43	-34.92	-147.46	-14.18	-186.80
2003	-102.44	-54.52	-103.75	-13.85	19.14	-117.81	-359.37	-15.24	-421.22
2005	-111.02	-145.67	-190.23	-22.03	53.97	-221.12	-614.06	-27.72	-749.03
2007	-163.01	-201.58	-295.75	-7.13	100.84	-315.76	-875.27	-53.86	-1095.92
2009	-137.91	-193.39	-286.42	1.28	120.03	-217.19	-714.88	-51.86	-965.96
2011	-174.46	-317.70	-414.18	-14.12	189.35	-412.71	-1129.70	-26.77	-1265.80
2013	-123.34	-457.01	-691.73	-20.55	720.24	-410.59	-962.43	-110.89	-1449.81
2015	-104.59	-494.19	-631.43	3.14	454.53	-379.54	-1155.22	-84.67	-1580.97
2016	-130.64	-452.33	-695.18	-9.78	410.89	-400.63	-1267.89	-61.09	-1668.41

资料来源：笔者利用 UNCTAD 数据库 SITC（Rev.3）数据整理计算，其他年度数据限于篇幅没有给出。

根据表 5－10 可知，由于与转口港中国香港的贸易顺差数额较大，中国大陆通信设备零部件 SITC7649 的贸易从 2001 年以后总体上是处于顺差地位，不断增加的顺差数据表明中国大陆的通信设备零部件的生产能力是不断增强的。对日本、韩国、中国台湾这 25 年内大多是逆差。对东盟的菲律宾、马来西亚和泰国也是以逆差为多数，而对东盟的新加坡、印度尼西亚、越南主要是顺差。结合总体数据情况，能够发现通信设备的高技术密集型、高质量零部件大多由日本、韩国、中国台湾生产，非核心、劳动密集型零部件由菲律宾、马来西亚、泰国等生产，中国参与加工组装较多，参与规模也远不如半导体部分。

表 5－10　中国大陆与部分贸易对象 SITC7649 类零部件贸易平衡状况

单位：亿美元

年份	日本	韩国	中国台湾	新加坡	中国香港	东盟	东亚	美国	全球
1992	－1.700	－0.248	－1.015	0.049	－4.970	0.078	－7.856	－0.619	－11.364
1995	－7.166	－1.346	－1.527	－1.275	1.370	－0.722	－9.391	－2.559	－16.176
1997	－4.716	－1.935	－1.518	0.113	4.423	1.021	－2.725	－2.555	－14.703
1999	－3.606	－1.344	－1.463	0.677	6.969	0.761	1.316	－1.634	－16.286
2001	2.273	－2.435	－2.383	1.861	11.328	2.709	11.492	－4.018	－13.610
2003	－1.811	－10.115	－3.230	2.152	30.908	3.745	19.497	5.328	11.611
2005	－12.509	－24.475	－4.827	7.342	80.977	6.015	45.181	18.276	27.809
2007	－11.302	－7.208	－6.071	10.247	146.143	1.919	123.482	21.764	121.305
2009	－8.390	3.717	－1.491	2.567	135.021	－10.053	118.804	22.918	127.590
2011	2.882	－1.097	－1.326	3.186	200.345	－2.915	197.890	39.905	203.727
2013	2.676	－41.577	－3.731	2.504	253.192	25.042	235.602	41.115	133.194
2015	－5.662	－17.123	－16.086	5.558	244.226	32.027	237.382	36.769	155.740
2016	－9.132	－21.698	－16.459	3.348	225.389	15.636	193.736	37.016	136.487

资料来源：笔者利用 UNCTAD 数据库 SITC（Rev.3）数据整理计算，其他年度数据限于篇幅没有给出。

从表 5－11 可以发现，中国大陆汽车产业零部件 SITC784 与美国的贸易顺差数额较大，这对中国大陆 SITC784 类零部件贸易在全球范围内最近五年为顺差有较大贡献。与日本的逆差数额较大，是中国大陆在东亚为贸易逆差的主要原因。在东亚除了对日本、韩国总体是贸易逆差外，对其他经济体几乎都是贸易顺差，对中国台湾也是由 2008 年开始转为顺差。从贸易额来看，中国参与汽车产业的分工规模相对不大。从东亚大量进口零部件，对美国保持一定规模的顺差，表明中国不仅参与东亚的分工，还与美国有着较高程度的分工合作。

表 5－11　中国大陆与部分贸易对象 SITC784 类零部件贸易平衡状况

单位：亿美元

年份	日本	韩国	中国台湾	新加坡	中国香港	东盟	东亚	美国	全球
1992	-3.393	0.019	-0.143	0.118	0.072	0.161	-3.285	0.108	-7.828
1995	-1.870	-0.282	-0.057	0.186	0.109	0.526	-1.575	1.044	-5.186
1997	-0.797	-0.092	0.008	0.119	0.140	0.470	-0.271	1.030	-5.049
1999	-1.977	-0.226	-0.013	0.069	0.169	0.322	-1.724	2.110	-4.903
2001	-5.177	-0.434	-0.433	0.110	0.196	0.639	-5.207	4.839	-11.895
2003	-14.235	-6.576	-2.268	0.106	0.343	1.054	-21.682	9.498	-38.293
2005	-15.297	-14.832	-1.385	0.431	0.552	3.061	-27.900	23.469	-1.057
2007	-28.357	-7.698	-0.027	0.859	2.022	5.546	-28.513	37.190	16.947
2009	-48.561	-8.878	0.588	0.843	1.775	6.960	-48.115	29.796	-7.587
2011	-65.043	-15.044	0.407	0.823	1.961	11.215	-66.504	54.647	-7.123
2013	-46.857	-21.597	1.497	0.977	2.774	18.458	-45.726	66.745	14.394
2015	-26.810	-28.420	1.454	1.052	3.263	16.713	-33.800	81.869	48.844
2016	-33.254	-31.707	1.092	0.604	3.111	13.463	-47.295	77.282	28.164

资料来源：笔者利用 UNCTAD 数据库 SITC（Rev. 3）数据整理计算，其他年度数据限于篇幅没有给出。

总之，中国在高技术含量的零部件生产上虽有较大的进步，但仍需进口大量零部件。即使在中高技术含量的汽车零部件上也是如此，遑论轿车核心部件如发动机、底盘、变速箱等最新的关键部件。中国在高技术密集型、高质量型零部件上比较劣势明显，处于加工组装环节。

2. 在中高技术零部件上的比较优势

利用 Lafay 提出的贸易平衡贡献指数（CTB）① 来分析中国在 ICT 产业几

① 贸易平衡贡献指数（CTB）又称国际专业化系数，其计算公式简化表示为：

$$CTB = 100\frac{X-M}{X+M}\left(\frac{X_j-M_j}{X-M}-\frac{X_j+M_j}{X+M}\right)$$

这里 X 表示某国的总出口，M 表示总进口，X_j 表示该国 j 产品（产业）的出口额（或对某地区出口），M_j 表示该国 j 产品（产业）进口额（或从某地区进口）。CTB 为正时，值越大，该国在 j 产品（产业）上专业化越强，比较优势越大；若为负时，值越小比较劣势越明显。若是对某地区的进出口额，则是相对于该地区来比较的。参见 Lafay, Gerard, "The Measurement of Revealed Comparative Advantages," in M. G. Dagenais and P. A. Muet, eds., *International Trade Modeling*, London: Chapman and Hill, 1992, pp. 209－234。

个部门及汽车产业的竞争地位。贸易平衡贡献指数，有文献称之为国际专业化系数，是针对总体贸易平衡，根据某种产品的贸易平衡在总体贸易平衡中的相对重要性来衡量该种产品贸易对贸易平衡的贡献。计算中又减去该产品贸易占总贸易的份额，该指标能够控制宏观经济变动或周期性的影响因素在短期内影响贸易的规模，从而避免贸易流动出现异常或扭曲。该指标比显性比较优势指标更好地衡量特定产业在国际市场上的竞争地位。[①]首先考察某类产品整体上所处的竞争优势。由表 5 - 12 及相关数据可知，SITC7 类制成品的 CTB 指数在后 13 年都大于零，表明中国机电行业在全球范围内整体上已经从严重劣势转变为较强优势。中国在零部件上劣势明显，其 CTB 指数围绕 -5 上下波动，而最终产品在 1999 年就开始具有较强优势。在 SITC8 类制成品和最终产品上，中国在全球具有极强优势，这两者的 CTB 指数反映了比较优势逐渐减少，最近十年稳定下来。SITC8 类零部件由略微劣势转为略微优势。这表明中国在最终产品上优势极强，而技术密集型为主的零部件生产处于严重劣势，劳动密集型为主的不明显。

表 5 - 12　中国与全球 SITC7 和 SITC8 类制成品、零部件、最终产品的 CTB 指数

年份	7 类制成品	7 类零部件	7 类最终产品	8 类制成品	8 类零部件	8 类最终产品
1992	-11.3050	-4.5428	-6.7622	16.4847	-0.5041	16.9888
1995	-9.3397	-3.6243	-5.7155	15.1004	-0.1325	15.2329
1998	-6.4879	-5.8278	-0.6601	15.7902	-0.1128	15.9031
2001	-4.1296	-5.6008	1.4713	13.2469	0.0340	13.2129
2004	0.0817	-5.8282	5.9100	8.7058	0.0922	8.6135
2007	2.0694	-6.0622	8.1316	7.4936	0.1367	7.3568
2010	5.0458	-3.8836	8.9294	7.8570	0.1439	7.7131
2013	5.2856	-3.2644	8.5500	9.5365	0.3804	9.1561
2016	2.7050	-5.2693	7.9743	8.4765	0.2164	8.2601

注：设最终产品 + 零部件 = 制成品，CTB 指数也有类似关系。限于篇幅表中在零部件编号前未加 SITC。

资料来源：笔者利用 UNCTAD 数据库 SITC（Rev. 3）数据整理计算，其他年份数据限于篇幅没有给出。

① 张蕴岭：《世界市场与中国对外贸易发展的外部环境》，中国社会科学出版社，2007；喻春娇、陈咏梅、张洁莹：《中国融入东亚生产网络的贸易利益——基于 20 个工业部门净附加值的分析》，《财贸经济》2010 年第 2 期。

从表 5－13 及其他数据、图像可知，中国大陆在办公设备和数据自动处理设备（IT 产品）方面，在全球范围内有较强的优势，对全球、美国、东亚、中国香港的 CTB 指数的图像的波动很相似，大多在 2010 年后逐渐下降。在东亚优势地位要弱得多，相对于发达经济体具有比较优势，但优势不强，相对于东盟 5 国等处于轻度劣势。零部件生产在全球范围内从 2001 年开始转为优势。在中国加入 WTO 之后几年内，中国大陆相对于中国香港、全球、东亚、美国都达到了顶峰，随后优势地位都有减少的趋势。受与中国香港贸易影响，中国大陆在东亚从 2001 年开始转为优势，但优势地位不明显。对日本、韩国、中国台湾、东盟 5 国等处于一定的轻度劣势地位。可以发现，中国零部件生产的劣势在减少，但趋于稳定。总之，中国在最终产品上优势极强，在零部件上优势、劣势都比较轻微。这进一步表明了中国处于加工组装分工地位。

表 5－13　中国大陆办公设备和 IT 产品及其零部件的 CTB 指数

年份	日本	韩国	中国台湾	中国香港	新加坡	东盟 5 国	东亚	美国	全球
1992	-0.0648	-0.0006	-0.0196	0.1804	-0.0039	-0.0015	0.0900	-0.1130	-0.0182
1995	0.1331	-0.0056	-0.0331	0.1597	0.0803	0.0015	0.3360	0.0832	0.6285
1998	0.0620	-0.0014	-0.0171	0.2534	0.0134	0.0003	0.3107	0.5211	1.5545
2001	0.2285	0.0028	-0.0224	0.5383	-0.0454	-0.0929	0.6093	0.4376	1.6972
2004	0.4789	0.0692	0.0094	0.9091	-0.0296	-0.3408	1.0969	1.4942	3.9293
2007	0.2784	0.0308	0.0388	0.9225	0.0498	-0.3796	0.9413	1.3984	3.9498
2010	0.2450	0.1276	0.0384	0.7899	0.0828	-0.3311	0.9535	1.5580	4.1979
2013	0.2350	0.0138	0.0103	0.7743	0.0767	-0.1525	0.9588	1.2385	3.3818
2016	0.1583	0.0303	-0.0124	0.6342	0.0614	-0.1919	0.6813	0.9882	2.4407
年份	日本	韩国	中国台湾	中国香港	新加坡	东盟 5 国	东亚	美国	全球
1992	-0.1320	-0.0009	-0.0192	0.0320	-0.0006	-0.0001	-0.1208	0.0041	-0.0897
1995	-0.2800	-0.0146	-0.0102	0.0693	-0.0137	-0.0145	-0.2638	0.0602	-0.0982
1998	-0.2430	-0.0262	-0.0430	0.0967	-0.2087	-0.2355	-0.6597	0.0947	-0.4532
2001	-0.1586	-0.0144	-0.1097	0.5545	0.0404	-0.1797	0.1326	0.1160	0.1295
2004	-0.0874	-0.0881	-0.0719	0.6412	0.0347	0.0151	0.4437	0.3568	0.7673
2007	-0.0402	-0.1817	-0.0450	0.4518	-0.0027	-0.0115	0.1708	0.2542	0.4064
2010	-0.0546	-0.1156	-0.0650	0.4194	0.0017	-0.0787	0.1073	0.2150	0.2781

续表

年份	日本	韩国	中国台湾	中国香港	新加坡	东盟5国	东亚	美国	全球
2013	-0.0396	-0.0382	-0.0311	0.3201	-0.0039	-0.0649	0.1426	0.1302	0.2037
2016	-0.0406	-0.0557	-0.0213	0.2193	0.0102	-0.0647	0.0471	0.1733	0.2128

注：办公设备SITC751和IT产品SITC752为最终产品（表5-13的上栏），其零部件编号为SITC759（表5-13的下栏）。东盟5国即为菲律宾、马来西亚、泰国、印度尼西亚、越南，同类表格类似表示。

资料来源：笔者利用UNCTAD数据库SITC（Rev.3）数据整理计算，其他年份数据限于篇幅没有给出。

从表5-3、表5-4可知半导体类及其零部件贸易是中国大陆零部件贸易额增加的主力，它们是高技术密集型产品。从表5-14及相关数据可以发现，除了中国香港、新加坡发达经济体及老挝、缅甸等极落后国家外，无论在全球还是在东亚，中国大陆的半导体类和其零部件基本上一直是处于比较劣势，就是存在优势也非常小。尤其是在零部件生产上劣势非常明显，中国台湾的最为严重，其次是韩国，再次是日本、马来西亚、菲律宾、美国及泰国，程度最轻的是印度尼西亚。

表5-14 中国大陆半导体及其零部件的CTB指数

年份	日本	韩国	中国台湾	中国香港	新加坡	东盟5国	东亚	美国	全球
1992	-0.0703	-0.0028	-0.0252	-0.0361	0.0031	0.0037	-0.1274	-0.0185	-0.2326
1995	-0.1557	-0.0136	-0.0661	0.1695	0.0013	0.0111	-0.0522	0.0126	-0.1663
1998	-0.2399	-0.0363	-0.1079	0.1100	-0.0237	0.0014	-0.2941	-0.0073	-0.4626
2001	-0.2589	-0.0601	-0.1536	0.1671	0.0141	-0.0580	-0.3472	-0.0083	-0.6213
2004	-0.2178	-0.0780	-0.1968	0.2410	-0.0004	-0.0185	-0.2697	0.0071	-0.6407
2007	-0.2382	-0.1019	-0.1771	0.3568	0.0125	-0.0378	-0.1852	0.0163	-0.6524
2010	-0.1956	-0.0956	-0.0997	0.3532	0.0034	-0.0212	-0.0540	0.0344	-0.3740
2013	-0.1167	-0.1007	-0.0764	0.3123	0.0062	-0.0014	0.0261	0.0429	-0.1695
2016	-0.1475	-0.0786	-0.0901	0.3111	0.0058	0.0088	0.0123	0.0618	-0.1810
年份	日本	韩国	中国台湾	中国香港	新加坡	东盟5国	东亚	美国	全球
1992	-0.2224	-0.0585	-0.0681	-0.4762	-0.0061	0.0038	-0.8275	-0.0174	-0.8922
1995	-0.6448	-0.1291	-0.1978	0.0662	-0.0157	-0.0321	-0.9533	-0.0372	-1.0293
1998	-0.8138	-0.3402	-0.5143	-0.0538	-0.0599	-0.1258	-1.9079	-0.2397	-2.2793
2001	-1.0460	-0.4995	-0.8136	0.0021	-0.0820	-0.6507	-3.0897	-0.2982	-3.9130

续表

年份	日本	韩国	中国台湾	中国香港	新加坡	东盟5国	东亚	美国	全球
2004	-1.0144	-0.7912	-1.3632	0.3156	-0.1583	-1.3052	-4.3166	-0.2699	-5.2653
2007	-0.8658	-1.0761	-1.5514	0.3805	-0.0749	-1.6252	-4.8130	-0.2980	-6.0444
2010	-0.5796	-1.0520	-1.3535	0.4585	-0.0697	-1.2129	-3.8088	-0.2203	-4.4718
2013	-0.3314	-1.1833	-1.7925	1.6225	-0.0675	-1.0254	-2.7657	-0.2958	-4.0536
2016	-0.4409	-1.4690	-2.2136	0.9588	-0.0672	-1.2497	-4.4807	-0.2150	-5.8243

注：本身就是零部件的半导体类SITC772作为最终产品（表5-14的上栏），其零部件编号主要为SITC776（表5-14的下栏）。

资料来源：笔者利用UNCTAD数据库SITC（Rev.3）数据整理计算，其他年份数据限于篇幅没有给出。

从表5-15可以看出，中国大陆电信设备等最终产品在中国香港、东亚、全球、美国方面转为轻度比较优势，但是对近邻韩国、日本及中国台湾具有轻度劣势，对新加坡及东盟5国总体上趋向比较优势；零部件在全球、东亚、美国及中国香港上具有比较强的优势，对日本、韩国、中国台湾及东盟5国具有轻度优势。总之，可以初步认为中国在零部件方面的优势还在增加，出口零部件进口最终产品，而最终产品慢慢地也在好转。

表5-15　中国大陆电信等设备及其零部件的CTB指数

年份	日本	韩国	中国台湾	中国香港	新加坡	东盟5国	东亚	美国	全球
1992	-0.1089	-0.0159	-0.0635	-0.3239	0.0026	0.0015	-0.5081	-0.0389	-0.7271
1995	-0.2960	-0.0561	-0.0587	0.0284	-0.0524	0.0163	-0.4183	-0.1011	-0.6876
1998	-0.1693	-0.0710	-0.0533	0.1161	-0.0101	0.0142	-0.1736	-0.0798	-0.6398
2001	0.0146	-0.0576	-0.0501	0.2054	0.0324	0.0083	0.1526	-0.0927	-0.3938
2004	-0.1155	-0.1524	-0.0616	0.3766	0.0653	-0.0103	0.1030	0.1046	-0.0576
2007	-0.0865	-0.0731	-0.0413	0.5825	0.0377	-0.0576	0.3619	0.0794	0.2150
2010	-0.0051	-0.0112	-0.0136	0.5419	0.0100	-0.0660	0.4565	0.1124	0.5343
2013	-0.0027	-0.1299	-0.0150	0.5684	0.0046	0.0405	0.4667	0.0913	0.1543
2016	-0.0556	-0.1181	-0.0572	0.5250	0.0062	-0.0248	0.2775	0.0828	-0.0458
年份	日本	韩国	中国台湾	中国香港	新加坡	东盟5国	东亚	美国	全球
1992	-0.3551	-0.0090	-0.0220	1.4295	-0.0003	0.0248	1.0686	-0.0536	0.9032
1995	-0.0823	-0.0173	-0.0539	0.4464	0.0389	0.0302	0.3656	0.3848	0.6305

续表

年份	日本	韩国	中国台湾	中国香港	新加坡	东盟5国	东亚	美国	全球
1998	0.1104	0.0045	0.0089	0.3738	0.0271	0.0219	0.5482	0.4949	0.8706
2001	0.1659	0.0330	-0.0503	0.5268	0.0741	0.1422	0.9005	0.5769	2.1257
2004	0.2097	0.0197	-0.0245	0.6377	0.1112	0.0654	1.0301	1.2362	3.6331
2007	0.0662	0.0261	0.0111	0.7549	0.1118	0.0755	1.0486	1.0193	3.3788
2010	0.2082	0.1112	0.0174	0.8303	0.0370	0.0891	1.2986	0.7583	3.1752
2013	0.2278	0.2371	0.0004	0.7964	0.0317	0.0615	1.3711	0.8265	3.1770
2016	0.2238	0.1873	0.0285	0.9449	0.0483	0.0545	1.5088	1.0032	3.8539

注：零部件编号为SITC7649（表5-15的下栏），其最终产品为电信设备SITC761、SITC762、SITC763、SITC7641、SITC7642、SITC7643及SITC7648（表5-15的上栏）。

资料来源：笔者利用UNCTAD数据库SITC（Rev.3）数据整理计算，其他年份数据限于篇幅没有给出。

电子集成电路SITC7764属于半导体类的零部件，但SITC7764又分解成许多零部件。从表5-16可以看到，中国大陆在SITC7764上的竞争劣势非常明显，而且劣势有增加的趋势。其零部件SITC77689的竞争劣势不明显，甚至还有减轻的趋势。随着东亚普遍增加生产能力和生产环节的不断分解，诸如电子集成电路这样的ICT产业的零部件已经不再是技术含量较高的产品，从而不断从日本等发达经济体转移出去，有利于中国大陆在零部件生产上逐渐改变比较劣势的局面。SITC7764类的零部件技术含量高，中国大陆的比较劣势目前有恶化的趋势。

表5-16　中国大陆电子集成电路及其零部件的CTB指数

年份	日本	韩国	中国台湾	中国香港	新加坡	东盟5国	东亚	美国	全球
1992	-0.0637	-0.0041	-0.0194	-0.3589	-0.0025	-0.0016	-0.4502	-0.0139	-0.4887
1995	-0.4566	-0.0349	-0.0969	-0.0194	-0.0090	-0.0276	-0.6443	-0.0315	-0.6901
1998	-0.5129	-0.1068	-0.2657	-0.0828	-0.0379	-0.0775	-1.0836	-0.1763	-1.3394
2001	-0.7108	-0.2493	-0.6091	-0.1048	-0.0682	-0.5628	-2.3050	-0.2524	-2.9333
2004	-0.7009	-0.6546	-1.2231	0.1876	-0.1789	-1.1630	-3.7328	-0.2587	-4.5089
2007	-0.6750	-1.0145	-1.4148	0.2812	-0.0916	-1.4965	-4.4112	-0.2987	-5.6113
2010	-0.4520	-0.9890	-1.2217	0.3189	-0.0817	-1.0779	-3.5033	-0.2440	-4.6653

续表

年份	日本	韩国	中国台湾	中国香港	新加坡	东盟5国	东亚	美国	全球
2013	-0.2928	-1.1227	-1.6675	1.3760	-0.0726	-0.9358	-2.7045	-0.3172	-3.9234
2016	-0.3812	-1.4251	-2.0707	0.7702	-0.0815	-1.1260	-4.3139	-0.2402	-5.5736
年份	日本	韩国	中国台湾	中国香港	新加坡	东盟5国	东亚	美国	全球
1992	-0.0023	0.0005	-0.0024	0.0017	-0.0000	-0.0000	-0.0025	-0.0001	-0.0030
1995	-0.0316	0.0004	-0.0036	-0.0060	-0.0007	-0.0004	-0.0419	-0.0110	-0.0570
1998	-0.0206	-0.0069	0.0005	-0.0009	-0.0243	-0.0009	-0.0531	-0.0043	-0.0614
2001	-0.0184	-0.0098	-0.0029	-0.0018	-0.0142	0.0028	-0.0442	-0.0057	-0.0570
2004	-0.0229	-0.0079	-0.0069	0.0027	-0.0012	-0.0013	-0.0375	-0.0011	-0.0393
2007	-0.0078	-0.0072	-0.0130	0.0022	0.0001	-0.0042	-0.0301	-0.0010	-0.0349
2010	-0.0048	-0.0059	-0.0048	0.0025	-0.0012	-0.0017	-0.0159	-0.0013	-0.0236
2013	-0.0033	-0.0038	-0.0025	0.0004	0.0014	-0.0021	-0.0098	0.0000	-0.0147
2016	-0.0036	-0.0023	-0.0035	0.0008	0.0008	-0.0012	-0.0091	0.0001	-0.0149

注：电子集成电路 SITC7764 为最终产品（表 5－16 的上栏），其零部件编号为 SITC77689（表 5－16 的下栏）。

资料来源：笔者利用 UNCTAD 数据库 SITC（Rev. 3）数据整理计算，其他年份数据限于篇幅没有给出。

从表 5－17 可以发现，中国大陆在汽车最终产品和零部件上整体处于比较劣势，虽然不很明显，但比较劣势有继续恶化的趋势，相对于中国香港、新加坡等整体上有比较优势，但程度太小了。中国大陆在零部件 SITC784 上相对于美国、中国香港、新加坡、东盟 5 国具有较低的比较优势，但要比最终产品好一点。这些制成品虽然体现了劳动力成本优势，但总体上仍处于比较劣势，且最近两年有恶化的趋势。

表 5－17　中国大陆汽车及其零部件的 CTB 指数

年份	日本	韩国	中国台湾	中国香港	新加坡	东盟5国	东亚	美国	全球
1992	-0.5093	-0.0008	-0.0032	0.0078	0.0002	0.0031	-0.4990	-0.2012	-1.4709
1995	-0.1037	-0.0393	-0.0011	0.0063	-0.0002	0.0152	-0.1085	-0.0667	-0.5045
1998	-0.1920	-0.0129	-0.0006	0.0091	-0.0002	0.0018	-0.1915	-0.0290	-0.2460
2001	-0.1245	-0.0228	-0.0051	0.0107	-0.0000	0.0014	-0.1389	-0.0357	-0.3124
2004	-0.1831	-0.0333	-0.0002	0.0042	0.0001	0.0039	-0.2074	-0.0177	-0.4089
2007	-0.1547	-0.0386	0.0000	0.0013	0.0019	0.0183	-0.1694	-0.0616	-0.2363

续表

年份	日本	韩国	中国台湾	中国香港	新加坡	东盟 5 国	东亚	美国	全球
2010	-0.2703	-0.0571	-0.0002	0.0020	0.0012	0.0197	-0.2981	-0.1254	-0.8640
2013	-0.1827	-0.0463	0.0014	0.0041	0.0010	0.0287	-0.1833	-0.2409	-0.9395
2016	-0.2342	-0.0033	0.0006	0.0076	0.0008	0.0322	-0.1849	-0.3435	-1.1015
年份	日本	韩国	中国台湾	中国香港	新加坡	东盟 5 国	东亚	美国	全球
1992	-0.2108	0.0011	-0.0089	0.0039	0.0069	0.0022	-0.2053	0.0050	-0.4894
1995	-0.0728	-0.0108	-0.0025	0.0035	0.0062	0.0099	-0.0650	0.0316	-0.2116
1998	-0.0138	-0.0021	0.0006	0.0024	0.0010	0.0040	-0.0075	0.0508	-0.1892
2001	-0.1110	-0.0091	-0.0092	0.0037	0.0021	0.0089	-0.1139	0.0894	-0.2673
2004	-0.1579	-0.0935	-0.0274	0.0038	0.0028	0.0120	-0.2595	0.1381	-0.2805
2007	-0.1623	-0.0456	-0.0018	0.0082	0.0034	0.0160	-0.1807	0.1441	-0.0506
2010	-0.2213	-0.0532	0.0016	0.0065	0.0022	0.0198	-0.2419	0.1372	-0.1140
2013	-0.1274	-0.0588	0.0028	0.0062	0.0022	0.0355	-0.1364	0.1472	-0.0404
2016	-0.1237	-0.1066	0.0008	0.0073	0.0014	0.0218	-0.1964	0.1679	-0.1268

注：这里汽车 SITC781、SITC782、SITC783 和 SITC722 产品为最终产品（表 5－17 的上栏），其零部件编号为 SITC784（表 5－17 的下栏）。

资料来源：笔者利用 UNCTAD 数据库 SITC（Rev. 3）数据整理计算，其他年份数据限于篇幅没有给出。

仅从全球范围来看，中国大陆办公设备和 IT 产品类最终产品的极强优势在明显降低，其零部件的优势本来就不强，现在略有提升。通信录音类产品零部件优势在快速增加，最终产品本就不强的优势正急剧下降。这些反映了中国零部件制造能力在提升，劳动密集型的加工组装环节在转移。中国半导体类零部件和集成电路类本是同一类的，目前它们的处境同时快速恶化。而半导体类最终产品和集成电路零部件的劣势在减轻。汽车产业类最终产品和零部件处于并不严重的劣势，但现在有恶化趋势，特别是最终产品更严重。总体而言，中国在中高技术密集型或熟练劳动密集型最终产品或零部件上近年有所明显改善，但仍处于严重劣势。中国原来具有比较优势的环节正在向外转移也是客观存在的事实。

四　综述

中国的贸易结构、贸易规模、贸易发展速度、贸易平衡状况及其提供零部件和最终产品的能力，都充分说明中国已经广泛而又深刻地参与了各种产业在东亚生产网络的布局，尤其是ICT产业。中国在中技术、高技术产品生产网络内仍处于竞争劣势地位，但有明显改善。

总体上，中国从东亚进口零部件，不仅是从发达经济体，如日本、韩国、美国等，还包括从菲律宾、马来西亚、泰国等发展中经济体进口零部件。加工或组装成中间品或其他形式的零部件，或者最终产品，再出口到美国、东亚等市场，但以出口到美国市场为主（本书暂没有考虑对欧盟的贸易情形）。

第二节　中国在东亚生产网络内的分工

一　中国在东亚生产网络内的价值链上的位置

（一）价值链环节附加值理论

由于同一产业内产品的要素密集度不同，从而价格不尽相同。同一产品内不同零部件要素密集度不相同，甚至同一种零部件质量不同，价格就不同，甚至相差较大。参与产品内分工的企业在价值链的不同位置获得不同的产品附加值。著名的“微笑曲线”① 说明了不同位置反映了不同收益。如图5－1，如果处于普通零部件生产、零部件组装、产品组装等环节，则附加值很低。图5－2则反映了不同产业的价值链的相对位置，技术密集度影响了产业价值链的高低。

不同环节之间零部件贸易模式反映了所处价值链的位置。如果只出口或只进口某类零部件，则进出口双方处于环节间分工，即单向贸易，属于所谓的“产业间”贸易。如果同一类零部件跨越国境来回加工或组装成模

① “微笑曲线”（Smiling Curve）是1992年中国台湾宏碁集团董事长施振荣提出的一个名词，用一个开口向上的抛物线来反映PC机制造销售流程中各个环节的附加值。微笑曲线纵轴表示附加值高低，横轴表示从研发、设计到销售、售后服务等流程。购买者驱动型价值链大多有这种现象，而生产者驱动型中核心零部件的生产环节也处于最接近微笑曲线两端的位置。

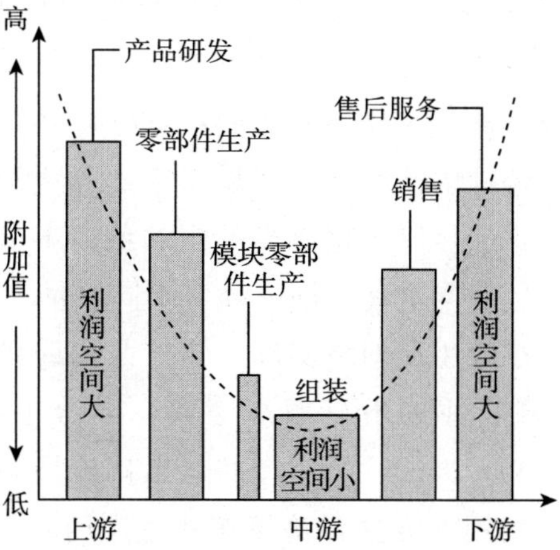

图 5－1　价值链的“微笑曲线”

资料来源：参见陈鹏、郑翼村《“微笑曲线”理论对我国产业结构高度化的启示》,《市场论坛》2006 年第 11 期。

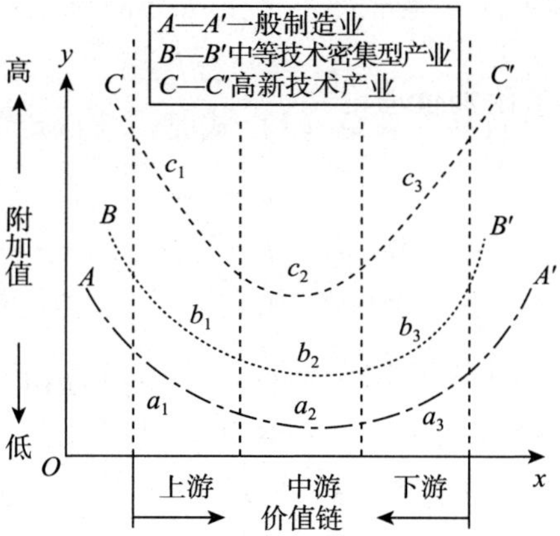

图 5－2　各产业价值链的相对位置

资料来源：参见陈鹏、郑翼村《“微笑曲线”理论对我国产业结构高度化的启示》,《市场论坛》2006 年第 11 期。

块、最终产品，带来的贸易是“产业内”贸易，但每经过一次加工，附加值不同，从而进出口价格不同。可以依据进出口价格差异的大小，判断产业内贸易具体是水平产业内贸易还是垂直产业内贸易。水平产业内贸易主要是由于产品属性方面的差异，价格相差不大；垂直产业内贸易主要是由于产品质量方面的差异，价格相差较大。通常产品价格明显的阶梯差异反映了不同档次的技术阶梯差异。若贸易双方的垂直产业内贸易比重越高，则表明双方的垂直专业化分工程度越高。如果某国出口的零部件价格高出同类零部件进口价格（在下文中表示为：$p^X > p^M$）达到一定程度，则认为该国能够提供该类零部件中技术含量或质量档次高于进口的零部件。则该国在该类零部件的分工上可以获得更多的附加值。本书中的垂直产业内贸易，可理解为产品内环节间贸易或同一环节不同质量之间的贸易。

众多文献显示，东亚生产网络实际上是产品内跨国境的垂直分工。因此，通过比较某类零部件进出口额来考察、区分单向贸易，进而根据 Greenaway、Hine、Milner 方法，利用产品进出口价格差异大小来区分产业内贸易模式。[①] Ando 利用此方法讨论了东亚生产网络内的垂直产业内贸易在 1990 年、1996 年和 2000 年的情况。[②] 喻春娇、徐玲利用 1999 年、2002 年和 2007 年数据讨论了中国在东亚生产网络内机电产业的分工地位。[③]

本书借鉴 Ando 的方法来分析中国与日本、韩国等之间的零部件贸易模式，从而深入探讨中国在零部件生产上所处的分工地位，即在价值链上的总体情况。

当商品 j 的进出口贸易额满足（1）式时，就认定关于商品 j 的贸易为单向贸易[④]：

$$\frac{\min(X_{ij}, M_{ij})}{\max(X_{ij}, M_{ij})} \leqslant 0.1 \tag{1}$$

（1）式中，X_{ij}表示国家 i 向全球或某个经济体出口商品或产业 j 的总额，M_{ij}表示国家 i 从全球或某个经济体进口商品或产业 j 的总额。若不满足（1）式，就认定国家 i 在商品或产业 j 的贸易上在全球内或与某经济体

① Greenaway, David, Robert Hine, Chris Milner, "Vertical and Horizontal Intra-industry Trade: A Cross Industry Analysis for the United Kingdom," *The Economic Journal*, 1995.

② Ando, Mitsuyo, "Fragmentation and Vertical Intra-industry Trade in East Asia," *The North American Journal of Economics and Finance*, Vol. 17 (3), 2006.

③ 喻春娇、徐玲：《中国在东亚生产网络中的分工地位——基于机电行业零部件贸易的考察》，《中国经贸》2010 年第 2 期。

④ 计算产业内贸易程度的指数可用 Grubel 和 Lloyd 提出的 G－L 指数，参看第三章第四节注释。Ando 方法是区分产业内贸易和产业间贸易的简化方法，本质类似 G－L 指数。参见 Grubel, Herbert G., Peter John Lloyd, Peter J. Lloyd, *Intra-industry Trade: The Theory and Measurement of International Trade in Differentiated Products*, London: Macmillan, Vol. 12, 1975。

间是属于产业内贸易。在产业内贸易情况下，进一步满足（2）式，则认为是水平产业内贸易：

$$0.8 \leqslant \frac{P_{ij}^{X}}{P_{ij}^{M}} \leqslant 1.25 \qquad (2)$$

（2）式中，[①] P_{ij}^{X}表示国家 i 向全球或某个经济体出口商品 j 的单位价格，P_{ij}^{M}表示国家 i 从全球或某个经济体进口商品 j 的单位价格。若不满足（2）式，即两者之比小于 0.8 或大于 1.25，就是垂直产业内贸易。然后再求出各种贸易模式在总贸易额中的份额 R，如（3）式：

$$R_{k}^{n} = \frac{\sum_{j}(X_{ij}^{n} + M_{ij}^{n})}{\sum_{j}(X_{ij}^{k} + M_{ij}^{k})} \qquad (3)$$

（3）式中，j 表示商品种类，而 k 表示某一产业或分类，此处表示 SITC 中第 7 类或第 8 类；n 表示贸易模式，取值 1 表示单向贸易，取值 2 表示水平产业内贸易，取值 3 表示垂直产业内贸易；（3）式分母为 k 类的总贸易额，（3）式分子为某一贸易模式下的贸易额。

（二）中国在东亚生产网络内贸易模式

通过计算与全球的贸易模式，与日本、韩国等经济体的贸易模式，可以初步确定中国 SITC7 或 SITC8 类的零部件分工地位，以及在东亚生产网络内的价值链上的地位。

由表 5－18 可知，中国在 SITC7 类零部件分工上，垂直产业内份额从 1997 年的 76.46% 增加到 2012 年的 94.57%，2016 年又下降到 75.54%。在垂直产业内分工中，相比进口价格而高价格出口的份额一直很低，在 2005 年降为 2.57%，2016 年仍保持着低水平为 3.59%。相对于垂直产业内分工，水平产业内分工份额一直很低，近十几年有所增加，2016 年为 14.74%。在 SITC8 类零部件上的分工，垂直产业内分工仍占据主要地位，

① 此处是按照 Ando 的做法，有的是在 0.75～1.25，注意 0.8 和 1.25 的积为 1。鉴于进口价格是基于 c. i. f.，而出口价格是基于 f. o. b. 的，因而在比较单位价值或贸易总额时都将出口价乘以 1.05。参见 Ando，Mitsuyo，“Fragmentation and Vertical Intra-industry Trade in East Asia，” *The North American Journal of Economics and Finance*，Vol. 17（3），2006。

其份额不定，从1997年的58.25%降到2012年的49.44%，2016年增加到66.32%。而单向贸易占比增加较快，已经由1997年的14.24%增加到2012年的41.04%，2016年又降到30.55%。在垂直产业内贸易中同类零部件高价格出口份额变得特别低，近年不到1%。这些表明中国在高技术或高质量上比较优势极低。

表5-18 中国与全球零部件贸易模式

单位：亿美元，%

	贸易额	单向贸易	产业内贸易			未确定部分
			水平产业内	垂直产业内		
					$p^X > p^M$	
与全球SITC7类零部件						
1997年	375.90	3.93	19.60	76.46	9.56	0
2005年	2939.98	0.99	8.45	90.53	2.57	0.04
2012年	6908.66	1.12	2.56	94.57	3.89	1.75
2016年	4274.13	2.79	14.74	75.54	3.59	6.94
与全球SITC8类零部件						
1997年	37.32	14.24	8.91	58.25	26.73	18.60
2005年	111.03	21.75	4.55	72.28	1.00	1.42
2012年	387.84	41.04	8.37	49.44	0.09	1.15
2016年	366.97	30.55	1.21	66.32	0.83	1.92

注：$p^X > p^M$表示在垂直产业内贸易模式下，中国某商品出口均价大于经调整进口均价；表中贸易额单位为亿美元，其他对应数据表示此类贸易占SITC7或SITC8类零部件同年总贸易额百分比，书中同类表格类似。

资料来源：笔者利用UNCTAD数据库SITC四位、五位代码数据整理计算，贸易额中出口部分乘了系数1.05。

初步认为，在SITC7或SITC8类的零部件生产分工方面，中国在全球零部件分工上，主要是参与产业内分工，特别是垂直产业内分工占据绝对优势。以劳动密集型、低技术密集型加工环节为主，这就是中国在东亚生产网络内价值链的位置，即在众多生产环节中一直到2016年主要处于低附加值环节，这种情况短期不会有大的改变。

从表5-19可以发现，中国和日本在零部件分工主要以产业内分工为主，垂直产业内分工仍占主导地位，中日SITC8类零部件贸易规模小，虽然单向贸易比重增加但影响力小。在SITC7类零部件分工上，水平产业内分工在2016年降低为4.52%，高价格零部件出口份额有所反复，由1997年的29.35%降低为2012年的5.30%，再增加到2016年的17.55%。在SITC8类零部件分工上高价格零部件出口份额时增时减，在2016年降低为3.18%，但其单向贸易规模较大，2016年为51.59%。SITC7和SITC8类的零部件贸易中单向贸易份额都有所增加，其中SITC7类零部件出口额相当于进口额的54%，这表明中国在一些环节间分工上还有劣势。

表5－19　中国与日本零部件贸易模式

单位：亿美元，%

	贸易额	单向贸易	产业内贸易			未确定部分
			水平产业内	垂直产业内		
					$p^X > p^M$	
与日本SITC7类零部件						
1997年	105.18	14.92	28.01	57.08	29.35	0
2005年	433.03	10.93	7.82	81.23	27.90	0.02
2012年	724.89	9.33	24.36	63.85	5.30	2.46
2016年	467.30	39.29	4.52	50.93	17.55	5.26
与日本SITC8类零部件						
1997年	9.07	22.53	10.15	46.15	7.76	21.16
2005年	25.57	13.67	19.66	66.60	10.26	0.08
2012年	45.31	13.55	4.59	81.46	17.88	0.40
2016年	37.33	51.59	14.78	33.32	3.18	0.31

资料来源：笔者利用UNCTAD数据库SITC四位、五位代码数据整理计算，贸易额中出口部分乘了系数1.05。

根据表5－20可以看出，中国与韩国SITC7类零部件产业内分工明显增加，水平产业内分工增加比较显著。中国高价格零部件出口份额从2012年的25.22%降低到2016年的8.68%。在SITC8类零部件分工上单向贸易份额有所增加。水平产业内贸易份额减少，但垂直产业内贸易份额有所增长，不过高价格零部件出口的份额增幅较大。这些数据表明中韩两国的产业分工愈加密切，但中国还是处于低技术、劳动密集型的环节上。

中国与东亚其他经济体之间的生产环节的分工状况参见附表 5－33 至表 5－38。

表 5－20　中国与韩国零部件贸易模式

单位：亿美元，%

	贸易额	单向贸易	产业内贸易			未确定部分
			水平产业内	垂直产业内		
					$p^X > p^M$	
与韩国 SITC7 类零部件						
1997 年	26.03	27.26	27.44	45.30	19.67	0
2005 年	332.00	52.54	4.94	42.50	3.92	0.02
2012 年	853.18	54.23	1.84	41.65	25.22	2.28
2016 年	322.55	27.31	15.78	47.81	8.68	9.09
与韩国 SITC8 类零部件						
1997 年	3.44	13.01	4.60	80.39	74.01	1.99
2005 年	5.85	12.60	49.86	37.38	3.25	0.16
2012 年	17.56	18.51	17.35	64.14	3.47	0.01
2016 年	16.85	23.59	8.21	67.94	25.11	0.27

资料来源：笔者利用 UNCTAD 数据库 SITC 四位、五位代码数据整理计算，贸易额中出口部分乘了系数 1.05。

（三）价值链环节间单向贸易分析

进一步分析可知，在 2005 年中韩 SITC7 类零部件单向贸易中，进口贸易额是出口贸易额 10 倍及以上的零部件，其贸易额（进口＋出口）共计 175.51 亿美元，占单向贸易额的 99.76%。在 2012 年中韩单向贸易中，进口额是出口额 10 倍及以上的贸易额共计 464.75 亿美元，占单向贸易额的 99.35%，在 2016 年为 97.57%。由此断定，中国在参与韩国式生产网络中，中韩之间的环节分工体现为从韩国进口大量高质量、高技术密集型零部件。在 2012 年中日 SITC7 类零部件单向贸易中，进口额是其出口额 10 倍及以上的零部件贸易总额为 65.35 亿美元，占单向贸易额的 95.24%，2016 年为 65.82%。结合垂直产业内高价格出口所占份额较小可以断定中日单向贸易中，中国主要从日本进口高质量、高技术密集型零部件。

与日韩不同的是，2016 年中国从全球进口的 SITC7 类零部件中同一种零部件进口额是其出口额 10 倍及以上的贸易额总计占单向贸易额的 0%，在 2012 年为 4.37%，2005 年为 24.43%。2016 年中国大陆与中国香港的单向贸易中，零部件进口额是其出口额 10 倍及以上的贸易总额占单向贸易额的 0%。不过中国香港是转口贸易港。对印度尼西亚的同一指标值为 5.98%，对新加坡的同一指标值为 23.19%，对泰国的同一指标值为 65.33%，对马来西亚的同一指标值为 79.34%，对菲律宾的同一指标值为 86.81%。在与印度尼西亚、新加坡的单向贸易中，中国以出口零部件为主但单向贸易规模不大，而与泰国、马来西亚、菲律宾的单向贸易中以进口为主且单向贸易规模较大。结合表 5 - 33 至表 5 - 38 产业内贸易数据，中国与这些经济体的零部件贸易中垂直产业内贸易占有较大比重，其中高价格出口占比非常低。这反映了中国不仅从日韩发达经济体进口高技术零部件，还从菲律宾、马来西亚、泰国等进口高质量零部件。这说明带动东亚生产网络发展的 FDI 是寻求效率型、出口导向型的，这些经济体参与东亚生产网络的程度很深。

以上数据分析表明，东亚经济体在接收大量跨国公司 FDI 的同时程度非常高的融入东亚生产网络，无论是发达经济体还是发展中经济体都处在产品内环节间分工或垂直分工价值链上。单向贸易更多体现零部件生产环节之间的贸易。中国在东亚生产网络内的分工处于价值链附加值极低的位置上：虽然中国的生产技术已经有所提高，但仍以垂直产业内分工为主，高价格零部件出口份额极低。韩国、日本等东亚经济体与中国正在深化产品内分工。各个经济体间互补性极强，而中国总体上进口高技术密集型零部件或低成本零部件，出口大量劳动密集型、低技术密集型零部件（包括加工组装后的半成品）。

二 东亚生产网络内中国贸易地位

在东亚生产网络内存在明显的三角贸易格局。从表 5 - 21A 和表 5 - 21B 及文献和数据可知，东亚经济体减少了对美国的顺差，而增加了对中国大陆的顺差；中国大陆增加了对东亚经济体的逆差（在零部件方面整体上不断地增加逆差），也同时增加了对美国的顺差（在最终产品方面整体上不断地增加顺差）。其中对欧盟出口也是在快速地增加，本书暂不讨论。在东亚、中国、美国市场这三角贸易格局中，中国在东亚生产网络内起着出口平台的作用。中国大陆主要是从日本、韩国、中国台湾、东盟进口零部件，加工组装后出口到区域内外市场。从表5－21A和表5－21B可以看出，该种情况非常明显。在表5－21A中，2016年中国大陆零部件贸易在东亚的逆差要大于在全球的逆差。主要逆差来源地分别是中国台湾、韩国、日本及东盟。从表5－21B可以看出，2016年除了中国台湾外，最终产品贸易整体上是顺差。主要顺差来源地分别是美国、东盟、日本。中国香港主要起着转口港的作用，中国大陆部分产品取道中国香港，进出口部分最终产品或零部件。

表5－21A　中国大陆与部分贸易对象SITC7、SITC8类零部件贸易平衡状况

单位：亿美元

年份	日本	韩国	中国台湾	中国香港	东盟	东亚	美国	全球
1992	-20.50	-1.43	-9.35	-20.02	0.98	-50.32	-8.10	-79.21
1995	-54.59	-6.45	-17.91	14.30	-0.47	-65.12	-4.20	-87.97
1998	-57.02	-15.01	-24.96	20.68	-14.26	-90.57	-8.59	-128.20
2001	-88.47	-33.96	-61.33	63.97	-35.81	-155.59	-2.72	-242.21
2004	-203.75	-142.19	-200.76	222.86	-138.80	-462.64	56.03	-593.90
2007	-271.74	-281.24	-343.90	508.73	-273.64	-661.80	125.80	-733.59
2010	-348.60	-387.80	-426.46	642.19	-329.76	-850.44	166.00	-745.35
2013	-237.40	-591.58	-736.00	1376.42	-285.16	-473.72	174.83	-680.81
2016	-231.62	-555.07	-758.48	979.14	-278.26	-844.29	288.89	-753.64

注：设贸易平衡＝出口额－进口额。

资料来源：笔者利用UNCTAD数据库SITC（Rev.3）数据整理计算。中国大陆进口数据不含复进口。

表5－21B　中国大陆与部分贸易对象SITC7、SITC8类最终产品贸易平衡状况

单位：亿美元

年份	日本	韩国	中国台湾	中国香港	东盟	东亚	美国	全球
1992	-19.59	-1.20	-18.36	192.56	6.761415	160.16	21.39	186.87
1995	26.27	-5.89	-29.34	150.30	20.59473	161.93	126.02	336.78
1998	68.26	-0.53	-18.25	197.94	23.58599	271.00	219.40	679.36
2001	109.84	6.44	-42.41	203.25	35.39898	312.51	276.02	841.41

续表

年份	日本	韩国	中国台湾	中国香港	东盟	东亚	美国	全球
2004	49.89	-81.40	-136.33	484.55	28.60101	345.31	722.86	1810.75
2007	78.93	-97.56	-205.50	950.70	175.3187	901.88	1371.50	4482.14
2010	4.00	-130.19	-199.35	1177.18	319.5518	1171.19	1676.59	5695.27
2013	280.02	-55.81	-203.27	1996.09	735.8706	2752.90	2059.54	8381.82
2016	168.49	43.82	-111.58	1529.89	645.1384	2275.75	2168.22	8171.44

注：设贸易平衡 = 出口额 - 进口额。

资料来源：笔者利用 UNCTAD 数据库 SITC（Rev. 3）数据整理计算。中国大陆进口数据不含复进口。

中国作为出口平台有增强的趋势。在2008年世界金融危机后，总体上中国零部件贸易逆差仍在增加。从表5-21A及相关数据可以发现，从2010年到2016年与日本、菲律宾、马来西亚、泰国的零部件贸易逆差在减少，而与中国台湾、韩国的逆差整体上在大幅增加。对中国香港、美国、印度尼西亚等的顺差整体上是在扩大的。从表5-21B及相关数据发现，与各个经济体最终产品的贸易顺差整体上在保持着较快的增长。与韩国最终产品贸易从2015年开始转为顺差5.49亿美元，在2016年顺差为43.82亿美元，反映了中国大陆最终产品生产能力仍在快速增强。在东亚三角贸易格局里，随着东亚生产网络不断调整，中国分量在加重。

东亚部分经济体与中国分工的密切程度可以由贸易强度指数来反映。从表5-22A、表5-22B（按1992~2016年共25年的指数平均值大小来排）可以看到，在零部件方面，与中国大陆分工比较密切的是韩国、日本、中国台湾，而新加坡、马来西亚、泰国等与中国大陆的分工不是很密切。中国香港是转口港，随着中国加入WTO及贸易便利化，中国香港与中国大陆的贸易强度指数必然下降，但仍然会很密切。

表5-22A　中国大陆与部分贸易对象SITC7、SITC8类零部件贸易强度指数

年份	中国香港	韩国	日本	中国台湾	新加坡	马来西亚	泰国	菲律宾	越南	印度尼西亚	美国
1992	17.31	0.44	0.63	0	0.40	0.06	0.03	0	—	0.01	0.39
1995	16.32	0.92	1.32	0.16	0.58	0.15	0.19	0.06	—	0.08	0.45
1998	13.13	1.59	1.58	0.32	0.98	0.39	1.40	0.20	0.00	0.18	0.43

续表

年份	中国香港	韩国	日本	中国台湾	新加坡	马来西亚	泰国	菲律宾	越南	印度尼西亚	美国
2001	9.61	2.05	1.36	0.54	0.75	0.92	0.96	0.46	0.31	0.31	0.37
2004	6.18	2.51	1.44	1.52	0.79	0.68	0.71	0.70	0.48	0.31	0.37
2007	5.42	2.26	1.47	1.62	0.97	0.91	0.67	1.12	0.17	0.25	0.44
2010	4.87	2.16	1.50	1.57	0.79	1.19	0.66	0.66	0.69	0.23	0.44
2013	4.38	2.04	1.23	1.39	0.89	1.07	0.45	0.63	0.96	0.20	0.33
2016	4.16	1.77	1.13	1.46	0.84	0.86	—	0.49	—	0.21	0.36

资料来源：笔者利用 UNCTAD 数据库 SITC（Rev. 3）数据整理计算。

在 SITC7 和 SITC8 类制成品方面，各个经济体与中国大陆的贸易强度指数明显要比零部件方面的贸易强度指数大得多。同中国大陆贸易关系密切的是韩国、中国台湾、日本、新加坡及马来西亚。菲律宾、泰国等与中国大陆制成品贸易不是很密切。

表 5-22B　中国大陆与部分贸易对象 SITC7、SITC8 类制成品贸易强度指数

年份	中国香港	韩国	中国台湾	日本	新加坡	马来西亚	菲律宾	泰国	印度尼西亚	越南	美国
1992	9.68	0.48	0.00	1.30	0.42	0.12	0.02	0.06	0.02	—	0.84
1995	8.18	1.32	0.12	1.53	0.57	0.25	0.07	0.20	0.11	—	0.64
1998	9.62	1.83	0.29	1.71	1.26	0.51	0.24	1.03	0.15	0	0.93
2001	7.69	1.85	0.71	1.56	1.04	0.95	0.51	0.79	0.18	0.17	0.69
2004	5.85	2.48	2.74	1.69	1.16	0.76	0.99	0.82	0.29	0.22	0.56
2007	5.91	2.58	3.21	1.66	1.47	1.05	1.55	1.04	0.32	0.21	0.65
2010	5.29	2.51	2.91	1.87	1.12	1.37	1.18	0.90	0.24	0.39	0.61
2013	5.21	2.54	2.61	1.57	1.26	1.26	1.17	0.55	0.24	0.49	0.60
2016	5.02	2.29	2.38	1.47	1.25	1.08	0.97	—	0.28	—	0.62

资料来源：笔者利用 UNCTAD 数据库 SITC（Rev. 3）数据整理计算。

总之，中国大陆及其他发展中经济体与发达经济体如日本、韩国、中国台湾分工密切，贸易往来不断增加。东亚发展中经济体之间分工既有相互竞争又有互补。与中国的分工对美国来说影响不是很大。而对于东亚生产网络来说，与中国的分工越来越重要了。

三　东亚生产网络内的中国收益

在传统的贸易理论中，贸易利益主要表现为一国通过国际贸易获得比较利益。通过贸易顺差、贸易条件等指标来衡量一国参与国际分工的贸易收益，以及后来考察进口贸易的技术溢出效应均是基于传统贸易理论中的假设：分工和贸易对象的产品都是在一个经济体内完全实现的。然而在东亚生产网络内，产品的零部件由多个经济体参与生产，零部件通过贸易在不同经济体接受不同的加工或组装，最后组装的产品也即最终产品通过出口实行了商品价值。由于最终产品里有大量来自多个经济体和经历多次加工的零部件，因此所实现的最终产品贸易利益是由多方主体利益构成的，主要利益主体通常有跨国公司、跨国公司母国和东道国等。再者，零部件或模块贸易实现的贸易利益不仅反映的是资源配置效率，还反映跨国公司产业组织效率的提高、关联产业技术外溢程度等。若仅仅通过考察贸易顺差来衡量中国在东亚生产网络分工下的贸易收益，则会因忽略来自东亚或区域外第三方转移的贸易顺差效应而不能剔除从其他地区进口的零部件对最终产品贸易额的贡献。价格贸易条件也会忽略进口零部件的价格转移效应。因此，传统的讨论贸易利益的贸易顺差、贸易条件等指标不能准确反映东亚生产网络内贸易主体的收益。①

（一）利用国际投入产出平衡表的分析

讨论中国在融入东亚生产网络后的贸易利益情况的文献不多。本书此处主要是转引日本亚洲经济研究所发布的国际投入产出表。由于涉及数据庞大等多种原因，日本亚洲经济研究所至今只编制并发布了 1985 年、1990 年、1995 年和 2000 年的国际投入产出表。虽然至今没有再发布东亚国际平衡

① 这里提到的贸易利益所得仍是传统贸易理论所指的贸易利益内涵，即直接的静态贸易收益。基于零部件贸易考察中国在东亚生产网络下的动态贸易利益，而创造就业效应、技术溢出效应和产业结构升级效应另行讨论。参见 Amighini，Alessia，“China in the International Fragmentation of Production：Evidence from the ICT Industry，” *European Journal of Comparative Economics*，Vol. 2（2），2005；喻春娇、陈咏梅、张洁莹：《中国融入东亚生产网络的贸易利益——基于 20 个工业部门净附加值的分析》，《财贸经济》2010 年第 2 期；刘德伟：《东亚区域生产网络与贸易不平衡》，博士学位论文，中国社会科学院研究生院，2011。

表，但已有的国际投入产出平衡表也能反映中国当时在东亚生产网络内获得附加值的情况和发展趋势。参看表5－23（见表3－17的A和B两部分），1995年中国大陆产出为100的情况下，本地区投入就占了55.47%，总进口投入占了6.13%，其中来自东亚NIEs3（韩国、中国香港、新加坡）的投入占了0.71%，来自东盟四国（泰国、马来西亚、印度尼西亚、菲律宾）的投入占了0.26%，来自日本的投入占了0.95%，来自东亚总体的投入占了1.92%，来自全球其他地区的投入占了4.21%，最后增加值占了38.40%。一方面，从1985年到2000年，本地区投入不断增加，所占份额也在增加。而总进口投入也是不断增加的，表明更依赖于外部投入。除了投入增加外，可以很明显地看到这四个年份的增加值不断减少，由1985年的45.75%减少为1990年的40.07%，再由1995年的38.40%减少为2000年的35.86%。增加值比重的不断缩小，充分说明了中国大陆在20世纪90年代加入东亚生产网络后，积极引进FDI，大力发展对外贸易，但是这些并没有促进内生增长，没有带来明显的技术溢出效应及劳动者技术水平的提高。加入东亚生产网络的方式主要是以较低要素成本优势加入低附加值环节，借助国际销售渠道扩大销售。因此，处于附加值最低环节越多，增加值所占比重越小。

表5－23　中国大陆在境外范围内投入产出部分情况

单位：%

年份	本地区投入	总进口投入	来自NIEs3	来自ASEAN4	来自日本	来自东亚	来自全球其他地区	增加值	产出
1985	50.08	4.17	0.10	0.11	0.95	1.16	3.02	45.75	100
1990	55.42	4.51	0.31	0.21	0.53	1.05	3.46	40.07	100
1995	55.47	6.13	0.71	0.26	0.95	1.92	4.21	38.40	100
2000	57.36	6.78	1.35	0.36	0.87	2.58	4.21	35.86	100

资料来源：转引自王静文《东亚区域生产网络研究》，博士学位论文，吉林大学，2007，第79页。

而处于低附加值环节也说明：在生产者驱动型生产网络内还没有掌握核心零部件生产技术，研发设计能力非常差；在购买者驱动型生产网络内，设计能力低，没有掌握销售渠道和营销经验，没有知名品牌，尤其是国际品牌，资本实力比较弱。

（二）中国的垂直专业化分工利益

由于东亚生产网络主要是利用各个经济体的要素差异开展产品内垂直专业化分工（Vertical Specialization，VS），各参与方都能发挥自己的比较优势，从而获得垂直专业化分工利益。可是怎么度量参与主体的垂直专业化分工利益，Hummels 等提出的垂直专业化贸易测算方法，被许多文献采用并加以改进。其主要是利用出口国投入产出表，来测度出口贸易总额中进口零部件或中间品的价值，然后与出口总额相比。①

Hummels 等提出的测量出口中垂直专业化的基本公式（以下简称 VS_{OLD}）为：

$$VS_{OLD} = \left(\frac{X}{Y}\right)M^{I}$$

其中，M^I 为进口中间品价值（Imported Intermediates，或零部件），Y 为产出价值，X 为出口产品价值。利用投入产出表中数据，将 VS_{OLD} 进一步修改为：

$$VS_{OLD} = uA^{M}(I - A^{D})^{-1}X^{V}$$

其中，$u = (1, 1, \cdots, 1)$，是 1 行 n 列的矩阵；$X^V = (X_1, X_2, \cdots, X_n)^{\mathrm{T}}$，是 n 行 1 列的出口额矩阵，n 表示部门数或产品数；A^M 是 n 行 n 列的对进口零部件（中间品）的依存系数矩阵；A^D 是 n 行 n 列的国内消耗系数矩阵；$(I - A^D)^{-1}$ 是里昂惕夫逆矩阵，反映了进口零部件（中间品）作为初始投入在国内各部门循环使用的效果，I 是单位矩阵。这样一个经济体垂直专业化贸易程度或垂直专业化贸易水平为：

$$VSS_{OLD} = \frac{VS_{OLD}}{X}$$

当然也可以用来衡量一个产业部门的垂直专业化贸易程度或垂直专业化贸易水平。

唐东波认为，进口品中有加工贸易进口零部件（中间品）和一般贸易

① Hummels, D., Jun, I., Kei - Mu, Y., "The Nature and Growth of Vertical Specialization in World Trade," *Journal of International Economies*, Vol. 54, 2001.

进口零部件（中间品），而加工贸易进口零部件（中间品）绝大部分用于加工出口，一般贸易进口零部件（中间品）有一部分用于国内销售，另一部分出口，而 Hummels 的方法里没有区分这种差别。唐东波为此进行了改进，提出了新的测量方法。[①] 在新的测量方法中，用 VS_{NEW} 表示进口零部件（中间品）的价值，VSS_{NEW} 表示垂直专业化水平，得到的结论如表 5－24 所示，从 2006～2008 年中国出口的垂直专业化水平呈缓慢下降趋势，但整体较高。2006 年的 VSS_{NEW} 值为 48.6%，2007 年下降至 47.3%，2008 年下降至 45.5%。表 5－24 中同时给出了用 Hummels 方法计算的结果 VSS_{OLD}。

表 5－24　总出口中的国外成分与国内成分

单位：%

	VSS_{NEW}			VSS_{OLD}		
	2006 年	2007 年	2008 年	2006 年	2007 年	2008 年
总体						
国外成分（VSS）	48.6	47.3	45.5	25.6	24.8	23.1
国内成分（1－VSS）	51.4	52.7	54.5	74.4	75.2	76.9
资本、技术密集型产业						
国外成分（VSS）	73.6	69.8	65.5	38.2	37.5	36.7
国内成分（1－VSS）	26.4	30.2	34.5	61.8	62.5	63.3
劳动密集型产业						
国外成分（VSS）	33.2	31	28.8	19.6	18.2	16.4
国内成分（1－VSS）	66.8	69	71.2	80.4	81.8	83.6

资料来源：数据摘自唐东波《中国的贸易开放、产业升级与就业结构研究》，博士学位论文，复旦大学，2012，第 67 页。

进一步，对于按照生产要素密集度划分的产业，资本、技术密集型产业的垂直专业化水平明显高于劳动密集型产业，如资本、技术密集型产业的进口零部件价值占比从 2006 年的 73.6% 降至 2008 年的 65.5%，三年的均值为 69.63%，而劳动密集型产业三年的均值为 31%。这意味着资本、技术密集型产业的出口品中使用了更多的进口零部件（中间品）。从垂直

① 唐东波：《中国的贸易开放、产业升级与就业结构研究》，博士学位论文，复旦大学，2012。

专业化贸易水平下降较慢说明了中国生产高质量、高技术零部件的能力增长缓慢，在价值链上仍将处于低附加值阶段。

按照贸易方式来看，从表5－25可知在加工出口中，无论是总体还是不同要素密集度的产业，垂直专业化贸易水平都高于一般出口产业。总体加工出口零部件份额从2006年到2008年平均为76.9%，资本、技术密集型产业为81.57%，劳动密集型产业为49.63%。可见中国出口的资本、技术密集型产品或高科技产品，绝大部分包含着较高的海外成分，国内附加值太低。

表5－25　国外成分与国内成分：一般出口与加工出口

单位：%

	一般出口			加工出口		
	2006年	2007年	2008年	2006年	2007年	2008年
总体						
国外成分（*VSS*）	11.5	9.3	8.4	81.2	76.4	73.1
国内成分（1－*VSS*）	88.5	90.7	91.6	18.8	23.6	26.9
资本、技术密集型产业						
国外成分（*VSS*）	19.6	15.8	13.1	85.5	80.3	78.9
国内成分（1－*VSS*）	80.4	84.2	86.9	14.5	19.7	21.1
劳动密集型产业						
国外成分（*VSS*）	9.5	8.3	7.6	53.2	50.1	45.6
国内成分（1－*VSS*）	90.5	91.7	92.4	46.8	49.9	54.4

资料来源：数据摘自唐东波《中国的贸易开放、产业升级与就业结构研究》，博士学位论文，复旦大学，2012，第68页。

为考察中国各产业出口贸易的进口成分大小，唐东波进一步考察各细分产业出口的垂直专业化贸易水平，结果如表5－26所示。从表5－26可以发现，2007年参与国际垂直分工（东亚生产网络）的行业，如通信设备、计算机及其他电子设备制造业总贸易中的国外成分为84.0%，而其中加工出口中国外成分为85.9%。电器机械及器材制造业总贸易中国外成分为66.5%，仪器仪表及文化办公用机械制造业总贸易中国外成分为56.2%。总贸易中进口成分*VSS*为50%及以上的共有8个行业，累计占中国总出口的45.7%。其他行业主要是劳动密集型行业、资源型行业，垂直专业化贸易水平适中，或较低，大多不超过30%，它们累计占中国总出口的份额有48.2%。这就说明中国出口产品中尤其是融入东亚生产网络程度较高的ICT、机械设备产业等垂直专业化水平较高，国内所获附加值极低。表明中国整体上处于价值链的低端。

表5-26　2007年部分细分行业出口中的国外成分

单位：%

行业	该产业加工出口占出口总额的比重	一般出口国外成分（*VSSo*）	加工出口国外成分（*VSSp*）	总贸易国外成分（*VSS*）	该产业出口占中国出口总额的比重
通信设备、计算机及其他电子设备制造业	97.2	17.6	85.9	84.0	20.1
电气机械及器材制造业	78.9	15.1	80.2	66.5	9.1
专用设备制造业	78.6	16.7	77.9	64.8	1.5
仪器仪表及文化办公用机械制造业	72.4	10.3	73.7	56.2	6.9
有色金属冶炼及压延加工业	55.6	18.5	80.4	52.9	1.3
交通运输设备制造业	52.4	16.9	84.3	52.2	2.2
化学纤维制造业	53.5	16.4	82.0	51.5	0.5
化学原料及化学制品制造业	51.8	15.9	81.7	50.0	4.1
通用设备制造业	50.7	11.3	65.2	38.6	4.3
塑料制品业	62.2	9.3	50.6	35.0	2.3
文教体育用品制造业	60.7	8.1	48.2	32.4	3.5
橡胶制品业	54.5	8.2	52.0	32.1	1.7
石油加工、炼焦及核燃料加工业	25.0	14.6	80.7	31.1	1.0
医药制造业	20.7	16.3	79.0	29.3	0.7
纺织业	47.3	8.5	50.2	28.2	12.3
金属制品业	46.1	8.4	50.1	27.6	4.7
纺织服装、鞋、帽制造业	45.6	7.8	48.7	26.5	10.5
家具制造业	48.2	8.1	45.8	26.3	1.8
皮革、毛皮、羽毛（绒）及其制品业	54.3	6.9	42.5	26.2	4.1

续表

行业	该产业加工出口占出口总额的比重	一般出口国外成分（*VSSo*）	加工出口国外成分（*VSSp*）	总贸易国外成分（*VSS*）	该产业出口占中国出口总额的比重
工艺品及其他制造业	36.0	7.5	44.1	20.7	1.3

资料来源：数据摘自唐东波《中国的贸易开放、产业升级与就业结构研究》，博士学位论文，复旦大学，2012，第69页。为原数据中一部分。

四　产业升级状况分析

（一）基本结论

综合中国贸易模式的变化、零部件和最终产品的供给能力变化及分工利益捕获的考察，可以发现随着连年流入大量的FDI、出口快速增长，尤其是SITC7类机电部门出口增长，中国已经很深地融入东亚生产网络。中国自身生产能力，尤其是最终产品生产能力较快提高，并且零部件生产能力在最近几年也有了较大的提高，为世界尤其是欧美发达经济体提供大量物美价廉的最终产品和零部件，从而促进了东亚生产网络快速发展、调整。

中国垂直专业化贸易水平虽有下降，但进口成分一直是出口贸易的主要部分，尤其是技术、资本密集型产业。相比较于东亚NIEs的发展尤其是韩国、新加坡，中国技术水平提高较慢；在生产网络内价值链位置上的提升，即附加值获取的增长远逊于出口总值的增长。最终产品和零部件产品的大量销售主要是依靠旗舰企业或全球品牌商的销售渠道，本地厂商在国际市场甚至国内市场销售能力很低，很多没有自己的品牌。因此，进入劳动密集型环节依旧是中国参与东亚生产网络分工的主要方式，处于低附加值、高投入状态；东亚生产网络在中国仍处于快速扩张而无明显技术提升的状态。

（二）网络内升级缓慢的经济学解释：分工法则

1. 东亚雁行模式产业转移

二战以后，日本国内经济快速发展，其劳动力成本不断提高，以及对美国、西欧发达国家和地区出口不断遭受贸易壁垒，开始增加对外投资。除了继续对欧美投资外，也开始对东亚、东南亚增加投资，以便把失去竞争力的边际产业转移到东亚、东南亚发展中经济体。1985 年日元进入大幅升值阶段，日本加速了对外投资。通常投资首选产业技术水平比较接近的经济体，承接日本转移产业的经济体在一段时间后经济得到发展，劳动力成本优势却不断丧失。于是这些经济体也开始把产业转移到其他落后的发展中经济体。这样就形成了边际产业梯次转移的雁行模式。雁行模式最大的问题是，当日本产业不能顺利升级时，其他后发展经济体就没有可承接的产业，产业升级就处于停滞状态。还有，各个经济体不断承接先发展经济体转移过来的边际产业，总是处于“追赶”阶段。因此，雁行模式具有一种固化各个经济体产业水平梯次格局的作用。当中国开放市场、贸易投资自由化时，首先也是加入雁行模式承接产业转移的队伍中，因此产业升级的快慢与国际产业转移有很大的关系。发达国家如美国等采取扶持和外包的方式在东亚开展跨国业务，其扶持、外包首选地通常是东亚先发展经济体。东亚先发展经济体再把部分订单交给要素成本更低的地区如中国大陆。因此，国外市场的需求和国际分工促进了中国加工贸易的发展并占据贸易的重要地位，而没有带来更多先进技术的转移。

2. 生产网络分工的“优势聚集”

20 世纪 90 年代以来，中国加速开放，贸易自由化，接收大量海外投资。很快加入国际分工并加速东亚原有的雁行模式的消失和变形。东亚区域逐渐形成新的分工模式——东亚生产网络。各个经济体按照比较优势处在价值链的不同环节或不同质量档次上，获取不同的价值增值额。根据前面的论述，中国生产劳动密集型零部件，进口技术密集型或高质量零部件，进行组装后，再出口到发达市场。一方面，这种分工带来的利润极低；另一方面，产业升级缓慢甚至固化在低水平生产环节上。

对 FDI 而言，中国具有丰裕的质优价廉的劳动力；由于土地产权属于国家，土地成本很低。因各种原因中国的工业用水、用电、矿产资源和能源等价格也相当低廉。包括基础设施在内的公共产品也不断完善。另外，对海外投资还有种种优惠政策。按照国际分工的规律，生产要素向有优势的地方聚集形成生产的“优势聚集”。[①] 中国对外开放后，世界成本型产业和生产环节以极快的速度聚集到中国。如果不考虑民族产业的发展和国家经济独立性的维护，这种分工还将继续进行，一直到比较优势丧失。届时整个国家的资源都长期用在低技术、劳动密集型生产上。也就是说，劳动密集型分工一直在中国快速扩张，直到劳动力和资源成本优势丧失并抵消政府的优惠政策才会停止。显然，在中国具有强政府并且政绩优先的情况下，政策优惠很难被抵消。这样国际分工法则缺乏主动的矫正治理，“优势聚集”导致劳动密集型产业和生产环节的不断水平性转移和扩张，占用大量资源，排斥研发投资，导致“劣币效应”。中国由于生产要素相对低廉而供给丰裕，政策支持力度又大，新的竞争者如东南亚国家等难以匹敌，加上外部需求结构性的原因一直存在甚至扩大，于是“劣币效应”很可能持续下去并已经导致水平数量扩大而产生对研发投入的惯性排斥。

“优势聚集”和“劣币效应”的发展导致加工贸易占中国对外贸易较大比重，并且严重依赖进口。除了进口大量的零部件、技术外，对能源、原材料也有巨大的进口需求，而近40年内世界大宗商品价格大部分时间处于高价位。同时，尽管通过扩大出口拉动经济增长，但是资源消耗型的增长（中国现阶段资源利用效率还较低）带来许多问题，比如生态环境恶化。中国加工利润的实现靠出口，这不仅给发展中国家在劳动密集型产品、部分资本密集型产品上造成竞争压力，还在国际市场上经常遭遇各种贸易摩擦。经济过分依赖出口，使得外部市场环境变动对国内经济影响巨大。因此，资源消耗型加工贸易不具有可持续性。

因一些环节进入门槛比较低，近几年一些劳动力更加低廉的经济体积极参与生产网络分工。给中国不少以劳动力成本为竞争优势的产业和生产环节带来较大的竞争压力。

目前中国在东亚生产网络内分工地位的形成，除了上述经济学方面的

---

① 所谓优势，谢安世、于永达认为是指市场竞争下实现经济增长所需要的要素和能力。这其中的要素包括土地等自然资源和能源、资本、劳动力等传统生产要素，也包括科技、人才、制度、知识、信息、区位、品牌等广义要素。而能力则包括管理能力、教育能力、创新能力等。根据优势所依托的对象是偏向要素还是偏向能力，可以将优势进一步细分为要素优势和能力优势。参见谢安世、于永达《优势集聚导向的经济发展模式》，《当代财经》2015年第9期，第3~13页。

原因，还有诸如产业政策、保护对策及政策执行力等方面的原因，这不是本书重点讨论的问题。但尽快地解决这些问题，还是需要政府有所作为的。正如张蕴岭教授认为，目前只能靠主动调整，把政策导向引向技术提升和结构优化方面，把参与国际分工造成的“劣币效应”减到最小，促进部门、地区均衡发展，促进增长方式的转变。①

第三节　东亚生产网络调整的紧迫性

一　东亚对区域外市场依赖性仍在增强

（一）东亚出口能力仍在增加

第二次世界大战后，东亚各个经济体致力于发展民族经济，经济上实行赶超战略。在实行进口替代战略发展到一定程度后，抓住世界性的产业转移机会，先后实行出口导向型工业化战略。一方面，东亚各个经济体在发展初期经济落后，消费水平较低，国内市场狭小，消费增长潜力有限。因此，快速增长的工业生产能力的释放只能依赖欧美等发达市场。另一方面，东亚各个经济体承接的产业转移是以跨国公司为主导的面向欧美发达市场的国际分工的一部分，这就使得东亚只是跨国公司的生产车间、采购基地，而不是销售市场。目前，东亚发展程度较高的经济体进入高收入经济阶段后没有发挥终极消费市场的作用，反而在对区域外出口增长减速时扩大对区域内的贸易顺差。与之相应的是，区域内后发展经济体对区域内贸易出现越来越大的逆差，同时继续向区域外寻求终极消费市场。②

东亚制造能力可从贸易数据上得以证实：东亚区域贸易额在 1992 年为 16777.38 亿美元，2012 年为 107035.85 亿美元，2015 年为 99920.46 亿美元。贸易顺差在 1992 年为 931.02 亿美元，2007 年为 4702.62 亿美元，2015 年为 7583.89 亿美元，制造业对此起着重要作用。从图 5－3 中也可

---

① 张蕴岭：《世界经济中的相互依赖关系》，中国社会科学出版社，2012，第 23 页。

② 周小兵：《从贸易收支看东亚贸易结构的发展》，载张蕴岭、孙士海主编《亚太地区发展报告（2005）：发展趋势预测与热点问题分析》，社会科学文献出版社，2006，第 40～49 页。

以看到，东亚出口占全球总出口的份额不断增加，在 1992 年为 24.87%，2008 年为 26.91%，2016 年为 34.31%。这表明东亚的出口能力在 2008 年世界金融危机后继续增加。其中，日本的出口占比整体处于降低的态势，NIEs4 总出口与 ASEAN4 总出口所占份额比较稳定。因此东亚出口份额的增加主要来源于中国大陆出口的增加。因此，随着东亚生产网络在中国大陆快速水平扩张，出口快速增加，东亚出口对外依赖依然不断增强。

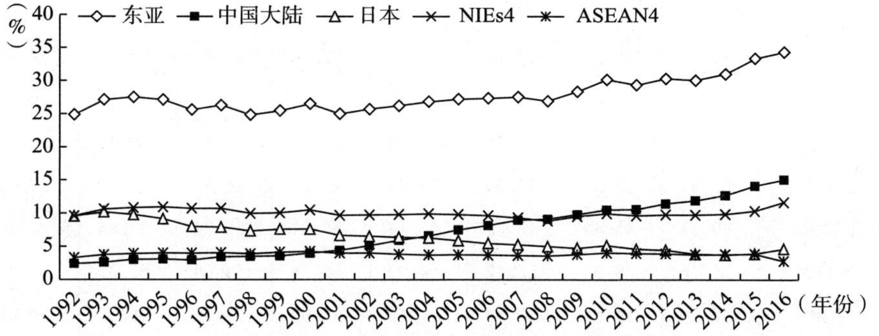

图 5－3　东亚等出口占全球总出口的百分比

资料来源：UNCTAD 数据库，笔者自己整理计算。NIEs4 包括韩国、中国香港、新加坡及中国台湾；ASEAN4 包括泰国（缺 2016 年数据）、马来西亚、印度尼西亚、菲律宾四国。

（二）东亚对外贸易依存度仍非常高

只从出口来看，据表 5－27 除日本外，东亚出口依存度都非常高。日本出口依存度比较低与其将边际产业、产品制造环节转移到成本低的地区或出口市场有关，再者其国内服务业占较大比重。尽管如此，日本出口依存度不断创新高。大多发展中经济体的出口依存度表现出增加的趋势，除日本和中国大陆外，它们从 1996 年到 2015 年的几何平均数都大于全球水平。迅速发展的贸易推动了东亚大部分经济体实现了长期较快的经济增长，助力“东亚奇迹”出现。2008 年世界金融危机后大部分东亚经济体实行积极财政政策，尽量减少出口下跌的负面影响。但是也留下通货膨胀、产业投资过剩、经济发展转型推迟等后遗症。[①]

① 李向阳：《2010～2011 年亚太经济形势回顾与展望》，载李向阳主编《亚洲与中国经济模式调整——2011 亚太地区发展报告》，社会科学文献出版社，2011，第 4～6 页。

表 5-27　东亚各个经济体若干年份出口依存度

单位：%

地区	1996 年	1999 年	2002 年	2005 年	2008 年	2011 年	2014 年	2015 年
日本	9.48	9.95	11.02	14.01	17.42	14.92	17.55	17.64
中国大陆	18.65	18.68	22.99	34.51	32.02	26.49	24.08	21.97
韩国	25.75	35.78	30.83	36.81	49.96	55.75	50.28	45.90
新加坡	33.34	35.46	34.38	39.58	39.74	32.45	32.68	28.62
中国香港	136.36	127.02	147.36	194.65	208.78	225.45	219.44	201.61
文莱	59.93	55.82	67.12	70.17	78.30	69.51	68.62	52.21
马来西亚	91.58	121.31	108.31	112.90	99.50	85.26	73.79	70.90
泰国	39.02	56.44	60.65	68.40	71.42	70.29	69.29	69.06
印度尼西亚	25.82	35.51	32.69	34.07	29.81	26.33	23.63	21.09
菲律宾	40.51	45.49	46.75	46.14	36.91	32.03	28.84	28.19
柬埔寨	25.36	40.54	55.42	64.08	65.54	54.08	62.32	61.72
老挝	22.70	35.88	29.38	34.16	32.02	37.41	40.37	36.01
越南	40.87	49.97	50.58	63.70	70.34	79.39	86.40	89.78
美国	10.71	10.27	9.13	10.00	12.51	13.57	13.66	12.55
OECD	20.48	21.68	22.34	23.92	26.98	27.90	28.77	28.59
World	22.35	24.03	25.51	28.76	30.81	30.58	30.27	29.49

资料来源：World Bank 数据，出口依存度为货物和服务的出口占当年地区生产总值的份额。

二　支撑东亚生产网络运转的动力在减弱

（一）主要外需市场需求增长处于低速期

自 2008 年世界金融危机以来，欧美等发达国家（地区）至今复苏有限，消费市场增长明显乏力，这增加了东亚经济发展的外部市场约束。① 发达国家从 20 世纪五六十年代开始将制造业向外转移，进入后工业化社会，从而初级产品、工业品的进口不断增长。从表 5-28 可知，2008～2010 年大部分发达国家（地区）进口大跌，此后的进口大多要小于危机前

① 有研究认为，美英法等发达国家可以在需求方面形成对东亚生产能力的市场约束，德意日等国家可以在供给方面对东亚生产能力构成竞争。参见赵江林《东亚经济增长模式：转型与前景》，社会科学文献出版社，2010，第 108 页。

的水平。2011～2013年进口增长率均值远不如世界金融危机前几年的进口增长率。发达经济体增长减速，从而出口导向型的FDI流向东亚也在变少，尤其是美国退出量化宽松政策将很可能使国际资本从新兴经济体流出，使得新兴经济体借贷成本增加。①

表5－28 主要发达国家（地区）及全球进口增长率

单位：%

三年均值	美国	欧盟	德国	英国	法国	加拿大	意大利	日本	OECD	World
1990～1992年	3.48	3.54	8.28	0.99	3.25	3.23	6.27	1.97	4.23	2.69
1993～1995年	9.53	4.69	2.91	4.93	4.36	7.21	2.14	6.61	6.23	6.72
1996～1998年	11.28	8.47	7.49	8.99	7.42	8.36	6.01	1.56	8.29	7.26
1999～2001年	6.77	7.27	6.86	7.22	8.23	3.89	5.57	4.63	6.71	6.01
2002～2004年	6.51	4.23	3.71	4.96	3.01	4.84	2.29	4.07	5.12	6.23
2005～2007年	5.06	7.41	7.71	5.15	5.88	6.12	5.40	4.33	6.72	8.12
2008～2010年	－1.19	－0.24	1.83	－0.96	0.25	0.73	－1.38	－1.26	0.05	1.11
2011～2013年	2.93	1.96	3.36	2.37	3.02	3.61	－3.30	4.83	3.05	3.89
2014年	4.41	5.05	4.04	2.53	4.74	2.15	3.29	8.27	4.15	3.29
2015年	4.58	6.24	5.47	5.50	6.63	0.34	6.05	0.13	4.59	2.43

资料来源：世界银行WDI数据，暂缺2016年数据，笔者自己整理。2014年和2015年为当年值。

再考察这些发达经济体影响消费规模的人均国内生产总值的增长情况。从表5－29可以看到，发达经济体的人均GDP增长率一直不高，在世

表5－29 发达经济体及中国人均GDP增长率

单位：%

地区	2004年	2007年	2008年	2009年	2010年	2011年	2012年	2013年	2014年	2015年
美国	2.83	0.82	－1.23	－3.62	1.68	0.83	1.45	0.93	1.57	1.79
欧盟	2.19	2.69	0.08	－4.67	1.93	1.75	－0.69	－0.07	1.30	1.94
德国	1.19	3.40	1.27	－5.38	4.24	5.60	0.30	0.22	1.17	0.85
英国	1.95	1.76	－1.41	－5.05	1.12	0.72	0.61	1.23	2.30	1.39
法国	2.03	1.73	－0.36	－3.44	1.46	1.59	－0.30	0.10	0.19	0.86

① http://www.zaobao.com/realtime/world/story20140409－330381.

续表

地区	2004 年	2007 年	2008 年	2009 年	2010 年	2011 年	2012 年	2013 年	2014 年	2015 年
加拿大	2.06	1.08	-0.09	-4.05	1.94	2.13	0.55	1.29	1.44	0.09
意大利	0.93	0.96	-1.70	-5.91	1.37	0.40	-3.08	-2.86	-0.82	0.83
日本	2.17	1.54	-1.14	-5.41	4.17	0.08	1.70	2.18	0.50	1.36
中国	9.46	13.64	9.09	8.86	10.10	9.01	7.33	7.23	6.76	6.38
OECD	2.46	1.76	-0.60	-4.23	2.21	1.22	0.55	0.65	1.20	1.55
World	3.16	2.99	0.59	-2.89	3.08	1.92	1.20	1.32	1.51	1.51

资料来源：World Bank 数据，笔者自己整理。

界金融危机期间普遍是负增长，大多在世界金融危机后表现欠佳。对东亚出口影响最大的美国虽然表现相对差强人意，但增长缓慢，对市场扩张作用不大。德国本来势头较好，但受欧盟主权债务危机等影响在 2012 年后增长率有所减小。日本表现一般，其对东亚区域各个经济体的最终产品出口影响不大，其本身在海外投资非常多，在许多方面与韩国等形成竞争。

（二）区域外主要需求市场容量有限

东亚生产的继续扩张，尤其是东亚生产网络迅速铺展、深入，使得东亚出口制造能力急剧提高，同时也加深了跨国公司之间的市场竞争。

然而相对于出口的快速增长，主要出口市场如美国等能够提供的市场空间有限，从东亚进口量不可能无限制扩大。由图 5－4 可知，从东亚进口占美国总进口的百分比基本上处于稳定，虽然从 2008 年到 2016 年增加了 7 个百分点。在近十几年内，东亚在美国进口中占比较高，一个重要原因是从中国大陆进口占美国总进口的份额不断提高。因为从日本的进口占比整体上处于降低的态势，而 NIEs4 出口与 ASEAN4 出口所占份额比较稳定，基本上没有较大波动。实际上 25 年来东亚新兴经济体对美国的出口占美国市场的份额是有所降低的，只是近来降速变慢了。然而中国大陆出口占美国市场的份额自 2009 年以来明显处于缓慢增长状态，如 2009 年占比为 19.32%，2016 年为 21.41%。

而欧盟区域内向化程度比较高，提供的市场容量也必定有限。另外，东亚还受到墨西哥等拉美地区、印度等南亚地区的激烈竞争。

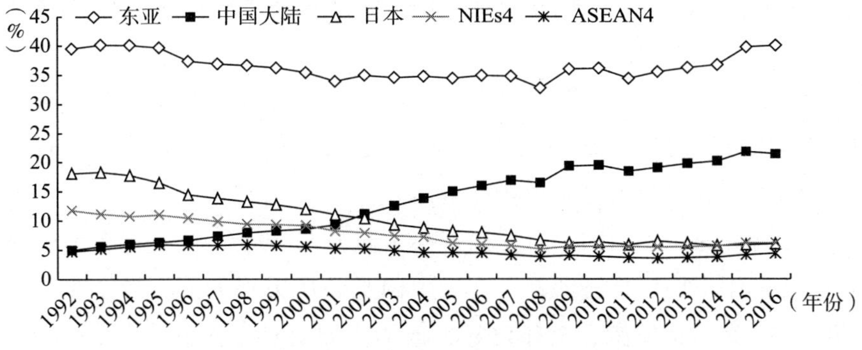

图 5－4　美国从东亚等进口占总进口的百分比

资料来源：UNCTAD 数据库，笔者自己整理计算。NIEs4 包括韩国、中国香港、新加坡、中国台湾；ASEAN4 包括泰国、马来西亚、印度尼西亚、菲律宾四国。

总体来说，发达经济体在世界金融危机后复苏缓慢，市场需求增长乏力，今后几年进口水平的最好情况是维持在金融危机前的水平，至今全球整体经济形势仍然不容乐观。[①] 对严重依赖外部需求的东亚经济体来说，要维持经济快速增长，出口的高速增长必不可少，而拉动经济增长的出口动力随外部需求趋稳而无疑不如以前了，甚至还在减弱。因此，随着东亚一些国家如越南、缅甸、柬埔寨、文莱、老挝等加入东亚生产网络，其生产能力不断增加，必将增加对外出口，这就要求东亚生产网络必须转型，其中中国发展方式的转变意义更大。

（三）贸易摩擦增加

截至 2016 年，中国已经连续 21 年成为全球遭遇反倾销调查最多的国家，连续 10 年成为全球遭遇反补贴调查最多的国家。[②] 世界贸易组织发布的关于 2008 年下半年全球反倾销、反补贴和保障措施报告显示，中国大陆仍是全球反倾销调查的最大受害者，共遭遇 34 起反倾销调查；欧盟共遭遇 14 起反倾销调查，位居第二位；中国台湾、泰国和美国，均为 6 起，并列第三。在最终采取反倾销措施的全球 81 起案件中，中国以 37 起位居首位，比 2007 年同期的 26 起增长 42%；其次是欧盟和印度尼西亚，均为 5 起；

① 姚枝仲、张宇燕：《2016～2017 年世界经济形势分析与展望》，载张宇燕、孙杰编《2017 年世界经济形势分析与预测》，社会科学文献出版社，2017，第 1 页。

② http://news. cnfol. com/guoneicaijing/20160726/23144279. shtml.

韩国以4起位居第三。[①] 可见中国遭遇的贸易摩擦明显较多。2009年9月美国总统决定对中国出口的乘用车轮胎产品连续三年征收惩罚性关税，2011年9月WTO上诉机构驳回中国的上诉。该事件具有重要的影响，表明中国出口环境将很可能会更加恶化。随着发展中国家出口增加，贸易竞争更加激烈，遭遇的贸易摩擦势必增加。

中国出口的快速增加，对美国产生大量贸易盈余，被指责要为贸易失衡负主要责任，特别是特朗普上台后中国受的压力增大。虽然众多文献已经证实，中美贸易失衡、全球贸易失衡的主要责任不全在中国，[②] 但是中国大量出口仍然会被认为是贸易环境恶化的主要影响因素。这又势必会增加整个东亚出口贸易持续增长的压力。

总之，由于区域外需求有限且增长速度相对降低等各种原因，东亚生产网络运转的动力在减弱。

三　东亚区域主要经济体发展减速

（一）东亚出口发展同步性增加

受发达经济体特别是美国市场需求增长乏力甚至萎缩的影响，东亚经济体出口下跌较多。东亚先起飞经济体即日本和NIEs的工业化水平高，劳动力成本高，集中参与产业间、产业内的技术密集型和资本密集型的分工或产品内技术密集型和资本密集型环节的分工。从图5－5可以明显看出，这些已经“毕业了”的经济体出口增长率的涨跌在近25年内具有惊人的同步性。可以初步说明这些发达经济体在经济发展水平上、在产业产品分工衔接上非常紧密，还可以初步断定外部需求市场，特别是经济危机期间需求下跌对东亚先发展经济体的影响具有整体性，从而造成外部经济危机

① http://fqx. mei. net. cn/3wto/wot3/w72. html.

② Roubini, N. & S. Brad, *The US as a Net Debtor: The Sustainability of the US External Imbalances*, New York University, 2004；周小川：《中国的贸易平衡和汇率有关问题》，载中国社会科学院经济学部编《全球经济失衡与中国经济发展》，经济管理出版社，2006；李向阳：《全球经济失衡及其对中国经济的影响》，《国际经济评论》2006年第2期；Obstfeld, M. & K. Rogoff, *The Unsustainable US Current Account Position Revealed*, National Bureau of Economic Research, 2004；姚洋：《全球经济失衡是全球劳动分工的一个副产品》，《中国改革》2009年第12期。

对东亚的危害具有同步性。但它们仅是东亚分工的一部分，其他东亚经济体与其构成完整的生产体系，也深受影响。从图 5 - 5 中的折线可以看出 2004 年以后，这 5 个经济体的出口增长率整体上是不断下降的。2010 年的高增长率是 2009 年出口负增长后的反弹，此后又在不断下降。

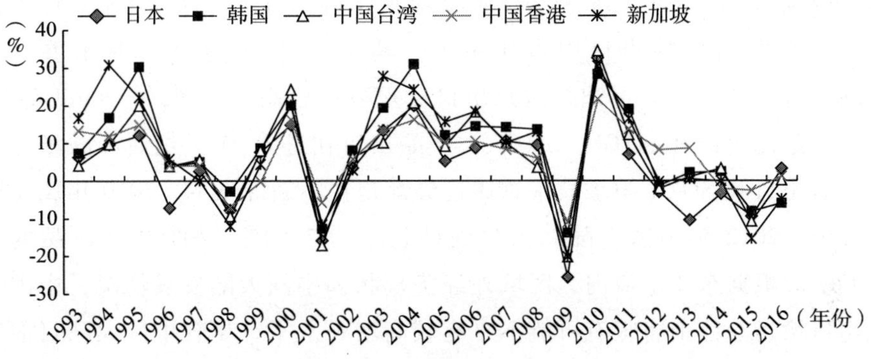

图 5 - 5　日本和 NIEs4 于 1993 ~ 2016 年的出口增长率

资料来源：UNCTAD 数据库，笔者自己整理计算。

如图 5 - 6 所示东亚 5 个发展中经济体的经济水平、技术水平与发达经济体相差较大，而且彼此间发展水平不尽相同，但都有劳动等要素成本优势。从图 5 - 6 可以看出，这 5 个经济体的出口增长率从 2004 年后开始不同程度地下降，其下降趋势受到 2008 年世界金融危机的影响，暂时打破，起伏较大。很明显 2000 年后在整个东亚，中国大陆的出口增长率在大部分年份处于最高位。总的来说，这 5 个发展中经济体出口增长率基本同步。

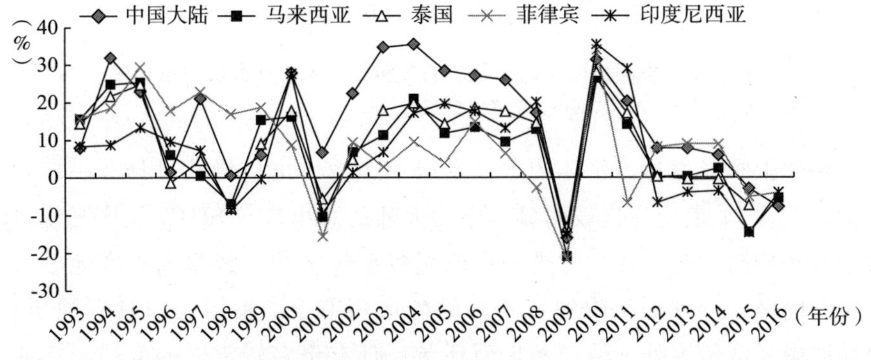

图 5 - 6　东亚后起飞经济体于 1993 ~ 2016 年的出口增长率

资料来源：UNCTAD 数据库，笔者自己整理计算。

1998 年和 2001 年整个东亚，包括美国，除中国大陆外出口大都是负增长。在 2009 年、2015 年、2016 年基本上都是负增长。这些表明，整个东亚和美国的同步性很明显。

从图 5 - 7 可看到，中国大陆总出口增长率在 2003 年、2004 年达到顶峰，分别为 34.59%、35.39%，此后有所下降。SITC7 类的机械和运输设备产品在中国大陆出口中占比最大，其 2003 年占总出口的比重达到 42.85%。SITC8 类产品出口占总出口比重也比较高。从图5 - 7 可以发现，中国大陆总出口和 SITC7、SITC8 类产品出口在进入 21 世纪后涨跌渐趋同步。总出口和 SITC7 类增长率总体趋势都是在不断降低的，2010 年属于触底反弹，2012 年中国大陆总出口的增长率为 7.92%，SITC7 类产品的为 6.95%。根据东亚区域内、区域外经济现状和中国大陆发展情况，中国大陆出口增速总体上将很有可能不再有较高增长水平，尽管中国大陆目前在东亚生产网络内分工具有重要作用。可见，中国大陆的出口还是受区域外市场需要的很大影响。

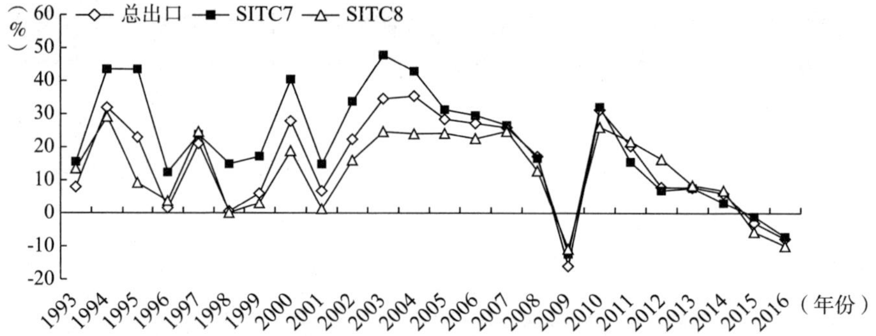

图 5 - 7　中国大陆总出口及 SITC7 和 SITC8 类产品出口增长率

资料来源：UNCTAD 数据库，笔者自己整理计算。

整体上东亚发达经济体和主要发展中经济体出口增长也具有一定的同步性，进入 21 世纪后比较明显。中国大陆的总出口与 SITC7 类产品出口增长率具有较高的同步性。这进一步说明各个经济体已经很高程度地融入东亚生产网络，分别处于附加值不同的生产环节上，使得出口具有同步性。但发展中经济体因处于劳动密集型环节，具有更多较雷同的低端制造业结构，生产流程上互补性强，零部件贸易纵横交错，出口增长同步性就弱一些。

（二）东亚主要经济体发展减速

1. 东亚吸收的 FDI 表现尚可

见表 5－30，在东亚近八年内 FDI 净流入增长率为正的年份除了日本为三年以外，其余国家都是四年及以上。中国香港、印度尼西亚、菲律宾和越南都是六个年份，老挝、缅甸及新加坡是五个年份。日本、韩国、中国台湾经济发展阶段相对较高，对外投资较多，它们仍具有比较优势，如日本的技术研发和服务业，韩国、中国台湾的高质量、关键零部件生产能力。中国香港和新加坡是国际金融中心。印度尼西亚、菲律宾、越南、老挝、缅甸及中国大陆的低成本生产要素等，这些仍吸引大量的 FDI 流入。相对而言，流入东亚的 FDI 还是比较多的，这不断增加着其生产能力。

表 5－30　东亚等 FDI 净流入年增长率

单位：%

地区	2008 年	2009 年	2010 年	2011 年	2012 年	2013 年	2014 年	2015 年
文莱	－13.76	46.54	47.65	43.78	25.14	－10.32	－26.78	－69.49
柬埔寨	－6.01	－37.30	43.84	8.20	81.15	－6.66	28.65	－1.70
中国大陆	9.78	－23.60	85.95	14.92	－13.87	20.61	－7.85	－6.80
中国香港	7.91	－19.03	52.39	16.23	－22.10	2.63	68.95	39.43
印度尼西亚	34.49	－47.66	213.53	34.48	3.09	9.82	7.90	－20.17
日本	13.84	－50.35	－39.14	－111.43	－164.29	1846.83	72.88	－100.23
韩国	26.74	－19.36	5.27	2.90	－2.84	34.44	－27.36	－45.63
老挝	－29.60	39.88	－12.49	7.87	－2.12	44.94	114.04	18.17
马来西亚	－16.52	－98.49	9393.45	38.89	－41.16	26.98	－5.99	3.23
缅甸	21.69	24.90	－16.48	179.63	－47.07	69.03	－3.53	87.76
菲律宾	－54.09	54.07	－48.16	87.52	60.20	16.23	53.57	1.67
新加坡	－74.44	95.24	131.21	－12.25	18.25	15.60	3.68	－4.72
泰国	－0.84	－25.11	130.00	－83.23	421.45	23.54	－68.78	80.96
越南	42.97	－20.66	5.26	－7.13	12.62	6.36	3.37	28.26
美国	－2.16	－53.78	68.64	－0.75	－5.59	13.98	－25.13	82.98
全球	－20.28	－44.31	36.71	22.74	－6.93	－1.91	－14.61	19.98

资料来源：WDI［Foreign Direct Investment，net inflows（BoP，current US $）］数据，笔者自己整理计算。

随着美国联邦储备委员会从2014年初开始退出货币量化宽松政策，加息成为美联储主要的货币政策调整手段，利率上升预期不断增加。[①] 从2013年下半年开始，就有不少国际资本从一些新兴经济体撤出，由于担心资本撤离，印度、巴西和土耳其等不得不提高利率来减少资本外逃导致的资本市场动荡。因此，新兴经济体在短期内将面临量化宽松和国际金融市场波动带来的风险，从而影响了其吸引FDI投资。东亚一些新兴经济体若不力推改革，解决结构性矛盾，那么引进外资的减少将严重影响经济增长。

2. 东亚主要经济体的GDP发展相对变慢

当外部市场约束增加时，东亚各个经济体的出口扩张及经济的发展都受到不同程度的影响，尤其是对东亚主要经济体的影响，而东亚主要经济体的发展对东亚其他经济体的出口和FDI等也有着重要的影响。日本受世界金融危机以及2011年东日本大地震等因素的影响，2011年GDP增长率为负，此后为正，见表5-31。NIEs的地区生产总值增速整体上明显变小，这反映了发达经济体经济下行对NIEs出口影响较大。在东亚近二十年中，中国大陆的地区生产总值增长率是比较高的。中国大陆地区生产总值增长率突然不到8%给东亚区域出口、其他区域资源出口带来较大的负面影响。[②] 因此，中国大陆的地区生产总值整体上以一定速度的增长对稳住亚太经济发展很重要。东亚的其他经济体，如老挝、缅甸、柬埔寨、菲律宾、越南、印度尼西亚、泰国等的表现明显不错，发展速度大都保持较高的水平，有的比危机前的水平还高，但总体规模小。这进一步说明了，东亚发展中经济体自身发展水平和参与国际分工程度较低使得它们受世界金融危机的影响较小，结合其他数据资料可以发现，它们也受益于中国大陆经济一定规模的持续发展和进口的扩张。因此，主要经济体如中国大陆、日本发展减速也影响了东亚的发展。

---

① 美联储主席耶伦2014年3月暗示可能提前升息，见 http://www.zaobao.com/news/world/story20140321-323234。

② 见 http://cn.wsj.com/gb/20130904/bas183922.asp?source=whatnews3。中国需求减弱，澳大利亚经济乌云密布；IMF 2013年7月发布的《世界经济展望更新》，认为新兴经济体发展变缓将加剧全球经济的下行风险。

表 5－31　东亚部分经济体 GDP 若干年份增长率

单位：%

地区	2000 年	2003 年	2006 年	2009 年	2010 年	2011 年	2012 年	2013 年	2014 年	2015 年
文莱	2.85	2.90	4.40	－1.76	2.60	3.75	0.91	－2.13	－2.35	－0.57
柬埔寨	8.77	8.51	10.77	0.09	5.96	7.07	7.26	7.48	7.07	7.04
中国大陆	8.49	10.04	12.72	9.40	10.64	9.54	7.86	7.76	7.30	6.92
中国香港	7.66	3.06	7.03	－2.46	6.77	4.81	1.70	3.09	2.68	2.44
印度尼西亚	4.92	4.78	5.50	4.63	6.22	6.17	6.03	5.56	5.02	4.79
日本	2.78	1.53	1.42	－5.42	4.19	－0.12	1.50	2.00	0.34	1.22
韩国	8.83	2.93	5.18	0.71	6.50	3.68	2.29	2.90	3.34	2.61
老挝	5.80	6.07	8.62	7.50	8.53	8.04	8.03	8.48	7.52	7.35
马来西亚	8.86	5.79	5.58	－2.53	6.98	5.29	5.47	4.69	6.01	4.97
缅甸	13.75	13.84	13.08	10.55	9.63	5.59	7.33	8.43	7.99	7.29
菲律宾	4.41	4.97	5.24	1.15	7.63	3.66	6.68	7.06	6.22	5.91
新加坡	8.90	4.44	8.86	－0.60	15.24	6.21	3.67	4.68	3.26	2.01
泰国	4.46	7.19	4.97	－0.74	7.51	0.83	7.23	2.70	0.82	2.83
越南	6.79	6.90	6.98	5.40	6.42	6.24	5.25	5.42	5.98	6.68
全球	4.39	2.88	4.34	－1.70	4.33	3.12	2.41	2.53	2.73	2.72

资料来源：World Bank 数据，笔者自己整理计算。部分为经济体的地区生产总值增长率，下同。

人均 GDP 的增长率在很大程度上说明消费规模增长潜力。从表 5－32 的数据可以看出，东亚先发展经济体的人均 GDP 增长率比发展中

表 5－32　东亚经济体若干年份人均 GDP 增长率

单位：%

地区	2000 年	2003 年	2006 年	2009 年	2010 年	2011 年	2012 年	2013 年	2014 年	2015 年
文莱	0.75	1.09	2.62	－3.36	0.98	2.15	－0.60	－3.55	－3.73	－1.93
柬埔寨	6.36	6.66	9.09	－1.40	4.35	5.39	5.53	5.72	5.33	5.32
中国大陆	7.64	9.35	12.09	8.86	10.10	9.01	7.33	7.23	6.76	6.38
中国香港	6.72	3.26	6.35	－2.67	5.99	4.11	0.52	2.62	1.91	1.54
印度尼西亚	3.48	3.38	4.12	3.27	4.84	4.78	4.65	4.20	3.71	3.53
日本	2.61	1.31	1.36	－5.41	4.17	0.08	1.70	2.18	0.50	1.36
韩国	7.93	2.42	4.67	0.23	6.00	2.91	1.83	2.46	2.92	2.22
老挝	4.08	4.61	6.87	5.62	6.67	6.23	6.25	6.71	5.76	5.57
马来西亚	6.43	3.80	3.71	－4.16	5.24	3.62	3.84	3.12	4.46	3.48
缅甸	12.40	12.77	12.24	9.82	8.86	4.80	6.48	7.53	7.08	6.38

续表

地区	2000 年	2003 年	2006 年	2009 年	2010 年	2011 年	2012 年	2013 年	2014 年	2015 年
菲律宾	2.20	2.85	3.50	-0.34	6.02	2.06	5.00	5.36	4.54	4.26
新加坡	7.03	5.99	5.51	-3.56	13.22	4.02	1.16	2.99	1.93	0.81
泰国	3.26	6.06	4.48	-0.88	7.27	0.52	6.81	2.26	0.41	2.48
越南	5.36	5.66	5.80	4.29	5.31	5.12	4.12	4.31	4.85	5.53
全球	3.03	1.60	3.06	-2.89	3.08	1.92	1.20	1.32	1.51	1.51

资料来源：World Bank 数据库，笔者自己整理计算。

经济体的要小很多。与危机前相比，NIEs 整体上是不断减小的，而且减小幅度较大；除了文莱是负增长外，日本的人均 GDP 增速是最低的。中国大陆的人均 GDP 增速是较高的，这对区域内外有非常重要的意义。一些发展中经济体比如缅甸、老挝、柬埔寨、越南、菲律宾、印度尼西亚及马来西亚，人均 GDP 的增长率都不低，有的还比危机前高，但它们的经济规模不大。随着经济水平的提高，人均 GDP 增速减慢是已有的普遍现象，加上区域外市场约束增强，今后东亚发展若不转型，经济增长势必进一步变慢。

总体上，东亚主要经济体尤其是发展程度较高的经济体，经济规模增加速度已经变缓，而且与出口增加速度变缓基本上在同一时间点。在世界金融危机期间出口下跌，而 GDP 增长也下跌；此后出口变缓，同时 GDP 增长也变缓。这说明外部市场对东亚的影响非常深刻。

四　东亚生产网络调整的重要意义

综合本章所述，可以发现东亚生产网络之所以能够运转下去，关键动力在于区域外需求，尤其是美国市场大量、持续增长的需求。随着东亚经济体生产能力的不断提高，更大程度地加入东亚生产网络，经济组织、资源配置更加有效，能够较大幅度地扩大出口，进而由出口促进经济的持续发展和就业稳定。但是发达国家需求市场已经容纳不下太多的进口产品，况且不时发生的经济危机使得区域外市场的需求极不稳定。因此，按照目前东亚生产网络运转所依赖的动力状况，东亚这种发展模式显然不可持续。

现在众多文献、数据显示，东亚先发展经济体的比较优势已经不是低成本的劳动力，而像中国这样的发展中经济体近来劳动力成本优势有不断消减的趋势。中国在关键零部件的生产能力、设计和研发能力以及营销渠道、国际品牌建设还明显处于比较劣势。供应商在生产网络内的分工地位和生产的专业化有被高级供应商或旗舰企业进一步锁定、固化的趋势，再加上分享国际销售商的销售资源，难以进一步提升技术水平。事实上，国际分工法则缺乏主动的矫正治理，按要素优势分工形成的生产能力的水平性转移和扩张，占用大量资源，不利于技术升级，导致“劣币效应”。东亚发展中经济体的土地和劳动力价格相对低廉而供给丰裕，“劣币效应”已经导致水平数量扩大而产生对技术投入的惯性排斥。

因此，必须改变这种东亚生产、发达国家消费、跨国公司攫取大量利润的发展方式，当然这种发展方式的改变必然是一个长期的过程。目前，整个东亚发展中经济体虽然参与东亚生产网络发展多年，但在许多产业上仍然缺乏核心技术、资本，缺消费市场，还缺能源和原材料，对发达国家的技术和资本以及市场的依赖仍在加深。东亚发达经济体如日本，其产业结构和需求结构都已经很难调整，处于固化状态，除非培养出新的产业。东亚部分发展中经济体规模小，国内需求水平已经很高，在增加对中国等的出口后，国内经济发展在世界金融危机后有些恢复，它们没有动力实际上也很难改变经济结构、调整出口导向的发展模式。国内需求水平很低的发展中经济体更加依赖目前的东亚生产网络分工来促进其出口，拉动经济发展。无论是从经济规模、贸易地位还是从投资都可以看出，中国作为发展中国家在东亚经济发展战略调整上具有越来越重要的作用。东亚生产网络的调整和经济发展转型在很大程度上取决于中国在东亚生产网络调整中能否有所作为。

但是作为一个发展中国家，虽然中国消费需求增长潜力很大，目前还是必须保持一定的增长速度，不断提高工业化水平和人力资本，还要在很大程度上依赖参与当前的国际分工来带动经济发展和就业。因此，东亚发展转型和中国发展转型都将是一个长期的任务。但是，这绝不意味着参与的国际分工就不再调整和改变，中国也不是被动地参与东亚生产网络分工调整。因此，一方面，东亚生产网络自身要不断地主动调整；另一方面，中国政府和供应商也需要不断地主动调整。中国在东亚生产网络必须要进行的调整中如何利用调整实现产业升级，通过前几章的分析，已经有了一些想法。

附　表

本书中，单向贸易体现了产品各生产环节间的零部件贸易。产业内水平贸易或垂直贸易体现了同一环节内不同属性或不同质量的零部件贸易。

表 5－33　中国大陆与中国香港零部件贸易模式

单位：亿美元，%

	贸易额	单向贸易	产业内贸易			未确定部分
			水平产业内	垂直产业内		
					$p^X > p^M$	
与中国香港 SITC7 类零部件						
1997 年	50.02	5.49	39.74	54.54	19.42	0.24
2005 年	375.46	69.76	3.13	27.10	0.50	0.01
2012 年	985.48	99.81	0	0.19	0	0
2016 年	494.45	99.80	0	0.20	0	0
与中国香港 SITC8 类零部件						
1997 年	7.71	5.27	13.49	36.09	19.45	45.15
2005 年	13.93	46.34	2.37	43.60	25.48	7.69
2012 年	33.82	99.05	0	0.95	0	0
2016 年	36.47	89.45	0.58	9.97	0	0

资料来源：笔者利用 UNCTAD 数据库 SITC 四位、五位代码数据整理计算。贸易额中出口部分乘了系数 1.05。

表 5－34　中国与新加坡零部件贸易模式

单位：亿美元，%

	贸易额	单向贸易	产业内贸易			未确定部分
			水平产业内	垂直产业内		
					$p^X > p^M$	
与新加坡 SITC7 类零部件						
1997 年	20.02	5.06	1.98	92.97	7.98	0
2005 年	115.94	2.49	5.65	91.86	3.58	0
2012 年	163.37	6.94	2.07	89.64	1.17	1.35
2016 年	79.41	32.58	2.94	60.96	4.15	3.53
与新加坡 SITC8 类零部件						
1997 年	0.43	52.94	8.86	36.63	4.04	1.58
2005 年	1.23	11.56	0.34	87.95	8.01	0.15
2012 年	7.39	72.49	0	27.51	0	0
2016 年	5.93	61.07	0	38.93	5.68	0

资料来源：笔者利用 UNCTAD 数据库 SITC 四位、五位代码数据整理计算。贸易额中出口部分乘了系数 1.05。

表 5-35　中国与马来西亚零部件贸易模式

单位：亿美元，%

	贸易额	单向贸易	产业内贸易			未确定部分
			水平产业内	垂直产业内		
					$p^X > p^M$	
与马来西亚 SITC7 类零部件						
1997 年	70.37	6.16	55.56	38.13	2.58	0.15
2005 年	219.14	7.99	0.91	89.82	66.32	1.29
2012 年	383.16	85.69	0.31	13.70	0.26	0.31
2016 年	116.36	55.89	2.97	40.36	5.75	0.79
与马来西亚 SITC8 类零部件						
1997 年	0.66	51.59	4.88	43.52	26.22	0
2005 年	2.15	24.38	0.49	75.13	34.83	0
2012 年	10.19	75.10	0	24.69	5.64	0.20
2016 年	7.44	55.03	0	43.25	3.59	1.72

资料来源：笔者利用 UNCTAD 数据库 SITC 四位、五位代码数据整理计算。贸易额中出口部分乘了系数 1.05。

表 5-36　中国与泰国零部件贸易模式

单位：亿美元，%

	贸易额	单向贸易	产业内贸易			未确定部分
			水平产业内	垂直产业内		
					$p^X > p^M$	
与泰国 SITC7 类零部件						
1997 年	24.45	30.84	4.88	63.89	4.22	0.39
2005 年	81.03	40.60	1.87	51.43	0.28	6.09
2012 年	117.64	32.61	1.77	65.24	7.43	0.38
2016 年	101.93	32.59	11.09	49.38	0.14	6.94
与泰国 SITC8 类零部件						
1997 年	0.74	93.04	0	6.96	1.51	0
2005 年	1.96	61.94	1.45	36.61	3.05	0.01
2012 年	4.31	48.10	0	51.31	7.81	0.59
2016 年	6.03	29.43	0	70.25	5.86	0.31

资料来源：笔者利用 UNCTAD 数据库 SITC 四位、五位代码数据整理计算。贸易额中出口部分乘了系数 1.05。

表 5-37　中国与印度尼西亚零部件贸易模式

单位：亿美元，%

	贸易额	单向贸易	产业内贸易			未确定部分
			水平产业内	垂直产业内		
					$p^X > p^M$	
与印度尼西亚 SITC7 类零部件						
1997 年	8.28	31.60	11.46	56.88	0.51	0.05
2005 年	25.90	29.98	16.79	51.03	1.92	2.20
2012 年	42.53	44.46	0.03	52.97	1.46	2.54
2016 年	34.25	52.89	7.55	38.65	1.88	0.91
与印度尼西亚 SITC8 类零部件						
1997 年	0.34	32.25	8.55	59.20	3.82	0
2005 年	1.86	36.07	2.00	61.93	48.02	0
2012 年	5.58	64.08	2.42	33.51	4.76	0
2016 年	3.55	55.82	11.94	32.24	14.48	0

资料来源：笔者利用 UNCTAD 数据库 SITC 四位、五位代码数据整理计算。贸易额中出口部分乘了系数 1.05。

表 5-38　中国与菲律宾零部件贸易模式

单位：亿美元，%

	贸易额	单向贸易	产业内贸易			未确定部分
			水平产业内	垂直产业内		
					$p^X > p^M$	
与菲律宾 SITC7 类零部件						
1997 年	25.78	81.27	1.67	16.99	0.05	0.07
2005 年	191.59	89.79	0.44	9.01	0.03	0.76
2012 年	108.93	63.59	1.64	34.76	0.02	0
2016 年	78.77	58.73	6.12	31.99	0.98	3.16
与菲律宾 SITC8 类零部件						
1997 年	0.19	77.28	2.40	20.32	0.03	0
2005 年	0.86	80.88	0	19.09	8.24	0.03
2012 年	4.80	36.06	0	63.94	44.09	0
2016 年	3.68	80.90	0.56	18.54	1.51	0

资料来源：笔者利用 UNCTAD 数据库 SITC 四位、五位代码数据整理计算。贸易额中出口部分乘了系数 1.05。

第六章　生产网络调整促进中国产业升级

中国经过二十多年的努力发展，已经对东亚生产网络调整，尤其是境内的调整具有重要的影响。这种影响主要体现在要素优势、经济规模、生产能力、政府执行力。东亚生产网络在中国的发展已经达到相当的规模，产生了较强的集聚效应，而且中国部分供应商颇具实力。这使得中国供应商及政府可以影响和利用东亚生产网络的调整，从而使其有利于自身的产业升级。

中国不同的供应商完全可以利用东亚生产网络的调整实现自己在价值链环节上的升级，而中国政府也完全可以因地制宜，影响和利用东亚生产网络的调整促进、支持本地供应商的升级。中国各级政府应当结合各个产业实际情况，根据东亚生产网络分工和竞争的关键点，出台并坚决执行关键产业的扶持、升级政策。

因此，有两个调整：一个是东亚生产网络自身的调整，是旗舰企业不断寻求成本低地的调整，具有主动性、可行性和必要性，符合旗舰企业的利益，但不一定符合东道国产业升级的要求；另一个是中国供应商和政府的调整，既具有一定的主动性，又具有必要性和可行性，应当能促进中国产业升级和发展转型。如何影响和利用前一个调整进行后一个调整来实现产业升级？这是本章重点讨论的问题。若应对得当，就能够实现国际生产网络调整与产业升级相互促进。

第一节　东亚生产网络的调整

一　寻求效率是东亚生产网络调整的根本动力

（一）经济边界的强化导致生产要素不能自由流动

20 世纪五六十年代，亚非拉绝大多数原殖民地国家取得了国家独立运动的胜利，从而使经济要素流动面临越来越多国家的边界限制，特别是从发展中国家到发达国家的人口流动受到较大限制。工业发达国家大大提高人口流入门槛，对外来人口的非法流入设立了各种防范、禁止措施，以防止超量低收入人口的流入导致当地社会和经济的动乱。这使劳动力流动成本急剧上升。当工业化国家人均收入不断提高时，制造业生产的劳动力成本相应不断增加，而劳动力成本的增加导致产品国际竞争力不断下降。由于低价劳动力因流入限制不能及时供给，企业的生产要么进行产业升级降低劳动力成本或提高竞争力，要么因成本难以降低而被淘汰。这样许多企业只能选择转移到低成本劳动力充裕的国家或地区继续进行生产。

（二）科技发展与普及导致低成本成为竞争优势主因

根据产品生命周期理论，新产品靠其创新获得竞争优势，在其成长期因需求大于供给，企业处于垄断地位，产品价格较高，利润中垄断利润占较大部分。技术的发展和成熟，生产能力不断扩张使得供求总体接近平衡，这时产品进入成熟期，靠价格获得竞争优势，企业利润趋于平均化，企业竞争主要靠降低成本和扩大规模。显然成长时期越长，企业获得的垄断利润就越多、持续时间就越长，这是企业收益较高的阶段。然而制造业不断的分工细化、生产环节的不断分割，使得各个环节生产程序单一化、标准化；又因各个国家甚至发展中国家的制造能力不断提高，新产品的成长期越来越短，这使具有超强的研发能力并从不断推出的新产品中获取垄断利润的企业或产业数量大大减少。大部分制造业企业的竞争力一般，特别是国际竞争力很难提高。这并不是因为这些企业的技术水平或生产工艺水平比较低，而是因为这些企业的生产技术已经普及、通用化，以至于很多发展中国家都掌握了相关的生产技术，于是竞争力提高程度取决于成本降低的程度。企业通常更多的是依赖于降低成本来保持或提高竞争力。国际生产网络在全球范围内进行分工布局，能够有效地利用各地的成本优势，或靠近需求市场。因此，生产网络的发展和调整是旗舰企业内在的强烈需求。

（三）产业向外转移成为寻求低成本的重要途径

作为经济组织，国际生产网络加速制造业生产过程的分割、简化，整个国际或区域经济制度环境不断优化、改善。资本、技术、原料供应、基础设施等许多方面都不再是普通企业或其制造部门扩张的根本障碍，各个企业或各个行业的资本构成趋于接近。保持或提高竞争力的主要途径在于降低成本，而降低成本最有效的选择就是减少土地租金和劳动力成本。由于土地是不能流动的，低价劳动力流入发达国家成本又太高，因此这些要素成本降低的可能性极小。这就使发达国家一般企业或产业的国际竞争力每况愈下，要么在国际市场上被淘汰，要么采取市场保护。因此，不断向成本低地转移制造业或者外包业务就成了它们比较现实的选择。

美国咨询公司海克特集团（the Hackett Group）研究发现，全球制造业在不同地区之间转移需要克服成本门槛。从高成本的发达国家向低成本的发展中国家或地区转移制造业的门槛是19%，即发达国家的成本要高于发展中国家或地区的成本19%时，跨国公司才会转移制造业。低成本的国家或地区之间的转移门槛是18%，而低成本国家或地区转移到高成本国家的门槛是16%。当然这仅指现有制造能力的转移而不是投资新增生产能力所需要的门槛，而且这里的成本不仅是要素成本，还是当地制造总成本（Total Landed Cost）。①

二　东亚生产网络调整的可行性

（一）生产技术的发展使价值链环节更易分离

1. 技术的发展使得生产制造技术普及

本书第三章第二节已经有所论述，此处不再赘述。

---

① 宋泓：《全球产业布局新趋势》，载王洛林、张宇燕主编《2013年世界经济形势分析与预测》，社会科学文献出版社，2013，第301页。

2. 生产过程分割使生产网络调整具有可行性

除了外包业务，东亚生产网络主要是产品内跨界垂直分工。制造业产品由于从原料到成品需要经过很多环节或工序，理论上都是可以进行分工的，但是分工的程度因科技发展、连接成本等原因不尽相同。实际上，在技术或生产工艺许可的范围内，将生产过程或流程分割为若干个环节或工序在制造业发展初期就已经出现过，因此也促进了制造业的专业化发展。在科技发展的推动下，生产环节的进一步分割为进一步劳动分工提供了充分的可能，而生产环节分割越细，每一个小环节或工序技术要求就越简单。一方面，充分的分割后每一个环节操作更加简单，降低了对劳动者学习能力的要求，使很多生产环节进入门槛很低。另一方面，生产环节的不断分割使生产操作简单，有利于机械化从而提高生产效率；而设备的制造和设计使操作简单，更多人能胜任生产工作。因此，生产环节的分割极大地促进了生产网络布局的空间选择范围，使更多发展中经济体加入分工。理论上生产环节分割越细，越有利于专业化生产，越有利于劳动者提高知识积累效果，提高专业知识学习能力，从而提高其劳动生产率，产生内生比较优势。① 因此，技术的发展和生产流程的分割保证了生产网络发展和调整的可行性。

3. 生产流程与基础配套环节的分离

按照价值链理论，产品生产过程包括单纯的产品生产流程以及相关支持性基础配套环节、服务环节。有的配套环节是在企业内部进行的，有的配套环节是由国家和社会提供的，例如，与产品生产相关的能源与原料的生产、加工、物流，为产品生产服务的基础设施及市政建设（如水电气、通信、公交等），为生产者提供的服务配套设施（包括劳动力市场、医疗、娱乐、子女教育等），这些都是基础配套环节。它们随着经济和技术的发展以及社会组织制度的改善等而逐步具备与生产流程分离的可能性。当这种分离可行时，一旦使生产成本或社会成本降低，那么分离就很可能发生。

---

① 〔澳〕杨小凯、张永生：《新兴古典经济学与超边际分析》，中国人民大学出版社，2003，第 104 ~ 213 页。

快速发展的交通运输业使生产流程和基础配套环节分离的可能性增大。高铁的成功使得都市经济生活圈范围急剧扩大，航空的发展方便人员长距离快速来往。因特网、移动通信发展等使得沟通交流、网上教育，甚至某些医疗都可以远距离进行。

4. 单纯生产过程与服务环节的分离

与企业单纯生产过程直接或间接相关的服务环节主要有：融资服务、研发设计、会计、通信、信息处理、广告、仓库储存、管理等。如果这些服务环节是企业内部的一些部门，则构成了企业生产成本的一个重要来源。当相关科技成熟、普及时，企业之间的竞争就越来越依靠扩大规模、降低成本来进行。尽量减少经营成本（包括服务环节成本）是企业的必然选择。随着经济、科技的发展，企业越来越多地服务外包，向社会采购服务。专业服务部门为众多企业提供类似的服务，从而规模越来越大，自身成本不断降低，有的形成具有全球影响力的服务企业，如近期出现的全球性商务服务组织（Global Business Services Organization，GBSO）。目前，很多 GBSO 也在逐渐把自己的一些部门转移出去，或者外包给其他服务企业，或者在全球组建自己的商务服务网络。服务商业的发达，便于生产网络各种主体专注于自己的核心环节，也更易于将环节调整到最有效率的地方，提高生产规模，降低成本。

5. 各种分离产生更大的时空选择机会

综上所述，技术的发展和普及，单纯性的生产环节与相关的配套环节、服务环节的分离使得进入门槛越来越低，旗舰企业的生产调整在时间和空间上获得了越来越大的选择范围。随着全球市场竞争加剧，客观限制条件越来越少，一些制造业产品的生产过程，尤其是 ICT 行业，不断进行分割、分离，或外包、转移。制造业生产能力可以在更广的范围甚至全球范围内进行扩散。随着各地要素成本的变化，以及各地消费市场的发展，东亚生产网络完全可以根据产品的生产特点在东亚范围内不断布局并扩散到全球，实现资源配置最优化。①

---

① 周小兵：《亚太地区经济结构变迁研究（1950～2010）》，社会科学文献出版社，2012，第 56 页。

（二）东亚生产网络调整的环境

1. 东亚各个经济体内社会稳定

工业生产是与社会经济发展水平密切相关的。在工业发达国家，社会发展水平较高，具备支持工业发展的必要环境。变化较大的是发展中经济体的工业发展环境。而在东亚，首先，政局相对稳定，一部分发展中经济体在第二次世界大战后，国内局势趋于稳定，没有大的政局动荡或战乱。尽管东亚各政府体制或社会制度有所不同，但基本上都能为经济发展提供一个相对稳定并且积极支持经济增长的政治环境。其次，社会基础设施的建设取得了较大成绩，逐步具备了相对完善的现代化交通运输、通信、能源、市政（水电气等）等条件。最后，劳动力的素质不断提高，一方面，教育水平不断提高；另一方面，随着医疗卫生条件的改善、相关技术的发展和健康知识的普及，劳动力的身体素质、健康水平等都有明显的改善。这些经济发展基本条件的逐步改善，使东亚各个经济体有能力接受国际生产网络转移的生产环节，有利于自身融于国际市场，提高自身工业化的发展和产业的升级。

2. 东亚区域整体比较稳定

从发展中经济体的外部发展环境来看，首先是国际安全环境基本保持稳定，没有发生世界规模的战争。尽管曾有大的国际战略格局变化，但它是朝减少战争威胁的方向发展，是朝缓和国家间关系的方向发展。这为东亚发展中经济体全力发展经济提供了比较有利的国际环境。即便是在冷战持续对峙期间，甚至在朝鲜战争、越南战争期间，东亚经济体总体上都在积极地进行着进口替代工业化战略、出口导向工业化战略。不少经济体利用其在地缘政治上的战略地位换取发达国家政治、经济方面的大力支持和帮助。在东亚经济体中，较低程度加入东亚生产网络的经济体，如东盟一些国家，其国内政局基本稳定、劳动力成本低、资源比较丰富，而且位置也比较好，例如印度尼西亚、缅甸等。它们在政策上高度重视发展经济，积极引进外资，加大出口贸易发展，它们与中国关系较稳定，正参与“一带一路”建设。这有利于近期东亚生产网络的调整。东亚一些岛屿争端和某些国内政局右倾不影响大局。其次是国际贸易环境得到改善，东亚经济体早就单方面对外开放，疏通了国际商品流通渠道。同时，世界资本市场上的资本流量与流速都在增长，大量富余资本流向东亚。东亚还积极开展区域合作，促进经济一体化发展。这些前文有所论述，不再赘述。

三 东亚生产网络调整的主体

东亚生产网络调整涉及旗舰企业、各级供应商、地方政府、东道国政府。显然也和区位条件有关，但这不是本书讨论的重点。组建生产网络的旗舰企业显然也在主导着东亚生产网络的调整、发展，而本地供应商也能利用其实力对东亚生产网络的调整产生一定的影响，争取自己利益最大化。东道国和其各级政府对东亚生产网络的调整有着较大的影响力，能够促使本地产业在东亚生产网络内实现一定的升级。

（一）旗舰企业主导东亚生产网络调整

1. 旗舰企业能够获取政治租金

在东亚经济体中，政府作为公共产品的主要提供者，对各产业的发展有着决定性的影响。政府可通过法定程序，有选择地扶持或者抑制一个产业，其为相关产业的发展带来的利益本质上就在为这个产业提供寻租的机会。①

与普通企业相比，在东亚投资的旗舰企业凭借技术、资本、管理、信誉和市场等稀缺资源，具有极强的与东道国、投资地政府谈判的讨价还价能力。旗舰企业能够有效运用政治性手段（即借助政治力量），要求投资地政府尽快推出有利于其发展的优惠政策、提供所需的基础设施。相比于世界其他发展中国家和地区，东亚各国和地区本身就积极开放国内市场，大力引进 FDI，实行出口导向工业化模式。这促使国际生产网络旗舰企业和高级供应商到东亚投资，组建、调整生产网络。

随着经济发展，很多发展中地方政府发现旗舰企业对生产网络的重塑

---

① Ring, Peter Smith, Stefanie Ann Lenway, Michele Govekar, "Management of the Political Imperative in International Business," *Strategic Management Journal*, Vol. 11 (2), 1990, pp. 141 – 151; Boddewyn, Jean J., Thomas L. Brewer, "International-business Political Behavior: New Theoretical Directions," *Academy of Management Review*, Vol. 19 (1), 1994, pp. 119 – 143.

能力对本地经济发展至关重要，纷纷制定各种地方政策，促使旗舰企业带动当地生产网络的转型升级。这反而抬高了旗舰企业对投资地政策的话语权，无疑能增加整个旗舰企业和主要供应商对地方政府的要价权，进而吸引各种投资商“搭便车”跟随投资。这样旗舰企业获取政治租金和公共产品的能力不仅能促使自身控制下的生产网络的发展和调整，还能够吸引其他网络的供应商和旗舰企业去投资地设立子公司，延伸生产网络，或促使其生产网络不断调整。

2. 旗舰企业能够影响供应商的空间决策

很多企业在扩张发展时由于各种外部力量往往不能随意、自主地做出投资区位决定，通常受外力影响不得不前往某个地区投资。[①] 在国际生产网络内，供应商特别是低级供应商可替代性强，自主权不大，这使得旗舰企业能够影响、决定生产网络内各级供应商的投资地选择。

旗舰企业着眼于全球进行经营，不断寻找成本低地和贴近市场，从而要求专业供应商也具备全球视角，采取类似的经营决策。生产者驱动型旗舰企业在全球范围内投资组建国际生产网络时，要求原有供应商和其具有相同的全球投资决策：要么提供全球性的生产、服务支持，要么就失去整个业务，被其他供应商取代。[②]

目前在众多旗舰企业评估中，中国大陆仍具有较强成本优势。为了大幅降低成本，旗舰企业要求网络高级供应商也向中国大陆迁移，供应商必须在中国大陆相同地区设厂，以当地的价格供货。当成本优势发生变化或市场环境、政策环境发生变化时，需要不断调整生产网络，则旗舰企业能够要求专业供应商和其一起到另一个地方投资、发展。

3. 收集和加工信息的能力影响供应商的决策

新古典经济学认为，每一个行为决策者尽可能掌握足够的信息是其理性选择的出发点。[③] Pred 认为，信息的可获得性和决策者对信息的使用能

---

① McDermott, Taylor, *Industrial Organization and Location*, Cambridge University Press, 1982.

② Sturgeon, Timothy, Richard K. Lester, “The New Global Supply Base: New Challenges for Local Suppliers in East Asia,” *Global Production Networking and Technological Change in East Asia*, 2004, pp. 35 - 87.

③ 高鸿业主编《高鸿业西方经济学》，中国人民大学出版社，2011。

力这两个因素影响了企业对经营区位的选择。企业决策者使用信息的能力与其在一定场合收集信息的能力非常相关。[①]

在实际对外投资决策中，许多普通供应商投资信息非常缺乏、模糊，或者投资地的环境过于复杂多变，不能肯定投资是否有利。对跨国旗舰企业而言，各种对外投资关系是在其主导设计的规则上有组织地产生，[②] 投资区位决策是在其不断丰富的信息和极强的信息综合、处理能力的基础上做出的，比较理性、可靠。这促使普通供应商对跨国旗舰企业形成信息渠道依赖和投资决策信赖，认为与旗舰企业选取同样的空间区位进行投资可以有效降低风险。由于信息沟通和处理内部化倾向，旗舰企业往往有意在同一生产网络内分享与交流信息，这进一步促使网络成员自愿、主动选择旗舰企业计划的投资区位，从而促进生产网络的发展和调整。

4. 旗舰企业的重要资源吸引供应商

旗舰企业的重要资源主要体现为核心技术、设备及管理知识，以及品牌形象、市场营销渠道。如第四章所述，网络内主体之间显性知识和隐性知识的传播效率和安全性受空间距离和经济组织结构的影响。在远距离的传递中，即便是保密、传输技术高度发达的今天，显性知识转移的安全性、准确性和及时性也很难都得到完全保证。隐性知识只存在于个人潜意识中，其社会化、转移只能在一个工作环境内进行。因此，企业之间的隐性知识必须通过近距离、频繁地接触，甚至一起实践才可实现转移。在很多行业显性知识快速扩散的情况下，隐性知识作为一种保持竞争力的核心资源越发显得重要。因此生产网络内的技术交流和技术指导即知识有效传递和吸收，客观上促使供应商或其子公司更加主动的同旗舰企业或其子公司在空间上相邻聚集。[③]

因差异化生产需要不断地更新零部件和产品设计，故非标准投入和整体设计体系投入都是企业负担较重的研发成本，而特定零部件的设计不断

---

① Pred, Allan, "Behavior and Location: Foundations for a Geographic and Dynamic Location Theory," 1967.

② McNee, Robert B., "Towards a More Humanistic Economic Geography: The Geography of Enterprise," *Tijdschrift voor Economische en Sociale Geografie*, Vol. 51 (8), 1960, pp. 201 – 206.

③ Malmberg, Anders, Peter Maskell, "Towards an Explanation of Regional Specialization and Industry Agglomeration," *European Planning Studies*, Vol. 5 (1), 1997, pp. 25 – 41.

变化和技术含量增加将促使网络系统其他环节加速变化[①]。旗舰企业由于拥有重要的核心技术知识，自然就在新产品和关键零部件的研制中发挥导向、提升作用。但随着竞争加剧、产品技术复杂化，旗舰企业与主要专业供应商之间的协同创新、交流互动也日益增多。因此，能否有效接受先进知识、技术培训和分担研发任务进而分担研发成本和风险成为旗舰企业选择专业供应商所要考虑的重要方面。因此，供应商应积极参与旗舰企业的经营活动，参与网络调整。

新产品的质量非常重要，需要技术人员就近观察并及时协调解决生产过程中难以预测的问题，这些情况使得旗舰企业与供应商之间、供应商相互之间在空间上邻近。这些都促使东亚生产网络调整具有整体性，而供应商更多的是配合、跟随旗舰企业的调整战略。

5. 旗舰企业再造的“社会网络”对供应商具有吸引力

在一个行业或社区内参与者之间的长期交往与合作，往往产生出一种群体组织内的认同身份和意识，这与“重复博弈”相关。行为决策者更关注长远利益，因此形成一个固定的群体组织即社会网络，在获取信息、防止机会主义和降低风险等方面比单个市场主体具有明显的优越性，而国际生产网络内各个企业就形成一个区域内或跨界的社会网络。

社会网络内成员在专业化分工过程中，很多情况下是采取非正式的合作办法而不是市场交易来共同协商解决分歧和交易问题的。[②] 这样长期稳定合作带来的益处使得各方都不愿意离开社区或网络。正因为网络主体对其所在的生产网络（也是社会网络）的依赖性，导致普通的供应商即使自己有区域外投资意向，但可能顾虑到无法融入新社区，还有可能失去原有社区关系，就不再积极考虑实施自己的跨界投资行为。

事实上，旗舰企业能够凭借其在生产网络内的强大的影响力，影响或要求生产网络部分供应商开展群体迁移或异地新建生产能力，它们在目的地不仅“复制”原生产网络，还同时保持和母地一样的社会关系即社会网

---

① Gereffi, Gary, Olga Memedovic, *The Global Apparel Value Chain: What Prospects for Upgrading by Developing Countries*, Vienna: United Nations Industrial Development Organization, 2003.

② Stam, Erik, "Why Butterflies Don't Leave: Spatial Development of New Firms," *EMAEE Conference*, *Utrecht*, 2005.

络，并随着目的地供应商的加入而不断丰富和扩大。因此，旗舰企业再造社会网络的能力可有效克服生产网络调整的“社会关系黏性”，还能进一步吸引更多的生产网络开展环节调整和跨界迁移。在东亚地区不管是日式的还是华商式的生产网络，其网络生产环节能够整体迁移或复制不仅由于网络内主体的相互依赖关系，而且有其深刻的社会网络、文化背景。因此，旗舰企业再造社会网络的能力使得供应商也愿意跟随旗舰企业进行调整和转移。

（二）供应商对网络调整的影响

通常条件下，供应商对生产网络的调整虽然不起决定作用，但是也有影响。供应商努力提高自己的技术水平、销售水平，使得自己在价值链的位置不断提高，从而其自身对生产网络的调整的影响力不断增强，尤其是拥有一定技术专利的供应商，其对生产网络的调整有较强的影响力。许多有实力的供应商在本地整合或组建了一定规模的生产网络（原生型生产网络），能以具有竞争优势的价格提供产品，这些供应商参与生产网络调整，将对旗舰企业的调整计划有不同的影响力。普通的供应商为获取长期利益通常配合旗舰企业的生产网络调整计划。普通的供应商主要是基于以下几个方面来参与、推动生产网络的调整。

1. 供应商为获取核心资源积极推动网络调整

通常在市场条件下，生产网络的调整有利于资源的有效配置，并提高其竞争力。各个供应商在激烈的竞争下，都纷纷增加核心资源，提高或维持自己的竞争优势，而获得竞争优势的一个重要方面是在能增加核心资源，对自己能力有提升的区位进行投资、布局。供应商能力的提高无疑增加了所在网络的竞争力或能获得更多外包订单。

供应商都希望扩大销售，增加利润。当已有市场饱和时，开拓新的市场就非常重要了。因此对供应商，其核心资源就是拥有稳定的市场需求。他们通常积极推动生产网络的调整和延伸，并寻找其他旗舰企业为自己增加需求，而且有可能在一个生产网络内获得的能力使得该供应商在另一个生产网络内处于较高附加值的环节，能占有更多的剩余价值。在封闭式生产网络内，比如早期的日式生产网络，则要权衡随旗舰企业前往投资时，旗舰企业在新区域的需求能否维持企业运转，是否盈利，以及其对网络调整表现犹豫的态度。

参与网络内分工的供应商，如果要素成本决定其竞争力，则供应商的核心资源就是拥有质优价廉的要素。其积极地将所在环节调整到所需要素密集地。如果参与网络内分工的供应商是处于研发、设计环节，自然对人才、知识和信息需求较大，则往往投资经济繁荣、科技先进、人才聚集的城市，或对手旗舰企业总部及分公司所在地，也即软要素富集区域成为这类供应商推动网络调整所选地。负责销售环节的企业或营销部门则要考虑网络调整目的地所具有的经济发展现状、潜力、人口规模及市场规模。处于标准零部件生产、加工及组装环节的供应商，其对劳动力、土地等要素成本比较敏感，常常希望生产网络调整、布局于所需硬要素富集区，也有的对产品原料、加工所需零部件成本比较敏感，因此产业基础好的区域成为它们网络调整的重点目标区域。总之，进入门槛低的环节，其核心资源就是低成本要素，相应的生产网络往往调整到发展中国家或地区。

因此，供应商为寻求更多核心资源，会积极推动生产网络的调整。

2. 供应商为了产品多样化积极推动网络调整

旗舰企业的国际生产网络是全球化的，但其产品需求却是多样化的。各级供应商需要为全球旗舰企业或全球品牌企业提供最终产品或零部件，但最终产品或零部件必须满足差异化需求。面对每一个需求市场，全球化也是本地化的。旗舰企业为提高在当地市场的竞争力必须进行产品本地化。

产品本地化首先要进行产品本地化设计，而产品本地化设计要求生产网络内企业之间必须近距离地互动研发。市场需求的不断变化也要求旗舰企业与供应商实时沟通，以便根据市场环境和目标的变化对产品设计进行调整。有的产品或零部件技术是供应商专有资产，具有不可替代性。寻找新的供应商还可能产生技术泄密、相互磨合的问题。为此，旗舰企业往往希望原有专业供应商就近提供满足本地化要求的零部件或产品。这使得供应商有一定的能力去影响生产网络的调整。在全球范围内为客户提供服务，同时以本地化的方式为当地的客户或全球性客户提供快速、优质的服务，这有利于提高供应商的收益和竞争力。因此，供应商为了产品多样化积极参与并影响生产网络发展、调整。

3. 供应商为了流程适应化积极推动生产网络调整

近年来，旗舰企业尤其是购买者驱动型生产网络的旗舰企业为了更专注于研发、品牌等价值链高端环节，就要求高层级供应商提升能力负责GVC更多环节，以便支持自己的全球化经营。从而高层级供应商在旗舰企业的各个目标市场发展生产网络，以便为旗舰企业及其子公司迅速提供最终产品、维修等及时服务，① 这便是流程适应化。因此，无论是高层级供应商还是低层级供应商都积极提高其独立运作能力，推动网络调整，以便在目标市场组建生产网络，进行零部件设计、测试、生产以及库存管理、包装、物流配送等。一些有实力的高层级供应商抓住机会，或在旗舰企业的帮助下，在流程适应化过程中升级为全能型供应商（Turn-key Suppliers），在旗舰企业的目标市场组建地方性生产网络和营运中心，从而实现生产网络的调整。

4. 供应商为了库存适应化积极推动生产网络调整

在残酷的国际市场竞争中，生产网络的产品生产和管理还要满足敏捷化、差异化的要求，尽量缩短生产时间，实行JIT管理，以便及时供货的同时还要不断降低库存成本。供应商邻近旗舰企业的车间和销售网点布局生产环节，这样可以适应旗舰企业的零库存和即时生产、供货的管理要求，实现随时送货，还能节约物流成本，这就是库存适应化。供应商为了提高竞争力，保持和旗舰企业、高层级供应商的业务关系，积极实现库存适应化，推动和适应生产网络的调整，从而也增加了在生产网络中的竞争力。②

（三）东道国政府对网络调整的影响

在东亚，包括日本等经济体的政府在经济的发展中无疑起着至关重要的作用。权威政治下的强政府是“东亚奇迹”出现的重要因素，也是东亚经验的精髓之一。③ 东亚各个经济体政府在东亚生产网络调整中有着非常

① Sturgeon, Timothy, Richard K. Lester, “The New Global Supply Base: New Challenges for Local Suppliers in East Asia,” *Global Production Networking and Technological Change in East Asia*, 2004.

② 景秀艳：《生产网络、网络权力与企业空间行为》，中国经济出版社，2008，第184～186页。

③ 贾都强：《东亚权威政治的功与过》，载张蕴岭主编《亚洲现代化透视》，社会科学文献出版社，2000。

重要的影响。

与国际生产网络密切相关的是其所在的区域物理环境，但更要关注对其有重要影响的社会环境。通常国家政治制度和体制，国家产业政策以及地方政治、经济基础和文化等因素构成社会环境。它们对生产网络的影响往往由某些组织机构的管理来体现和运行，如政府部门及其附属机构、行业协会，通过投入公共产品等方法来加以影响。有时政府控制的企业、学术机构、社会舆论也会产生较大的影响。这些影响均作用于国际生产网络在地方的发展和调整，引发地方生产网络的结构和组织变异。

很多经济体的政府常根据国内外发展形势制定经济运行和产业发展的政策和规划，动用资源提供完善的基础设施等公共产品。尤其是东亚大部分经济体的政府是权威政府，掌握大量资源，执行力很强，对经济的发展影响很大。东亚的日本、韩国采取积极开放政策，同时对一些行业实行一定的保护，促进产业升级和品牌的建设，保护压力巨大的就业率。中国台湾、中国香港、新加坡等采取更加自由开放政策，其相应的技术升级特别是电子信息产业的发展相对有一定的不足。[①] 这表明东亚政府的政策对产业升级有着非同寻常的影响，尤其是发展中经济体。

跨国公司试图从生产网络所发展的区域内获取最大的收益，而供应商和区域政府也试图从跨国公司的地方化经营中得到更多利润和发展机会。[②] 不同经济体乃至同一经济体在不同区域的产业政策具有自身特征，自身特征的差异性对生产网络不同的主体或者不同产业的生产网络有着差异较大的干预效果，因此各种产业的生产网络和各种生产网络主体处在不断变化、调整中。国家或地方政府对生产网络的调整、本地供应商的升级的影响从如下四个方面来体现。

1. 积极筹划鼓励企业集团成长

在发展初期，通常在本区域企业占多数的原生型生产网络内，如内生型的地方生产网络内，国家和地方政府采取一定的优惠政策鼓励部分企业

---

① 唐东波：《中国的贸易开放、产业升级与就业结构研究》，博士学位论文，复旦大学，2012。

② Dicken, Peter, Anders Malmberg, "Firms in Territories: A Relational Perspective," *Economic Geography*, Vol. 77 (4), 2001, pp. 345 - 363.

先行快速发展。日本、韩国和中国经济开发区等做得比较成功。政府积极兴建基础设施，营造良好的发展基础；不断提供资金支持，如低息提供贷款，不断促使其更新设备；积极在资源、能源方面优先、低价供给，扩大产业规模；不断改革人才培养、引进制度，推动人才流动；积极牵头建立产研合作机构，促进他们交流，鼓励创新，使其具备吸收国际先进知识的能力，并积极促进技术扩散；积极举办并参与各种博览会、交易会等，不遗余力树立本区域企业的品牌形象。对于有实力的企业，促使其力争掌握核心技术，努力进入 GVC 高附加值环节。不断增加与外来旗舰企业的谈判权，争取在加入国际生产网络以及在东亚生产网络发展和调整的同时获得更大的收益，得到更多国际先进知识。鼓励有一定规模和实力的企业组建自己的生产网络，投资海外组建自己的国际生产网络。

2. 积极介入提高本地企业生产网络参与度

国际旗舰企业来本区域投资组建生产网络，往往邀请或迫使其原有供应商也前来投资，参与组建新区域的生产网络。这时，旗舰企业处于主导地位，对当地的经济发展和产业升级有着重要的积极作用，从而在与政府谈判中有较高的主动性，要价较高。① 随着经营的开展、竞争的需要，旗舰企业和高级供应商通过外包业务、技术扶持，不断招纳本地实力强的供应商加入其生产网络。政府也不断促使本地企业积极加入国际生产网络，促进非原生型生产网络本地化，增加其社会根植性。

为介于非原生型生产网络在本地的发展，当地政府会通过各种方法，如要求增加零部件、原材料本地采购率，招纳并培训本地技术人员。对不同的旗舰企业或高级供应商有针对性地提供优惠条件，像出口退税、优先供应紧缺原料和能源、提供廉价土地等；利用它们之间的竞争，要求旗舰企业在本地积极发展、调整生产网络，提高本地供应商生产能力和研发水平，如出售设备、技术指导，使得生产网络在本地的发展和重新分工布局有利于本土供应商更多地参与；并要求提供一定的先进技术和进行人员指导，研发设计环节本地化；鼓励本地供应商努力提高学习能力，积极参与研发和增强营销能力，提高其在价值链中的位置。

---

① 参见 http://www.yicai.com/news/5208997.html。苹果公司狮子大开口，希望在印度获得较多优惠政策。

3. 积极引资增加本地供应商选择机会

一个发展中经济体的区域之所以能吸引旗舰企业的投资，主要是其区位优势，而区位优势很多是由政府创造的。政府提供各种关于税收、土地等优惠政策，政府形成的高效的行政服务程序都反映了区位优势，还有政府所积极改善的基础设施，包括交通、能源、通信、供水等，以及完善的服务配套、不同于发达经济体的劳工政策等。

当本地非原生型生产网络刚开始组建时，政府尤其是发展中经济体政府根据跨界大企业的要求，有时是被动地提供优惠政策和基础设施等公共产品。当本地生产网络初具规模，尤其是有数量较多跨国公司加入后，就具有网络规模优势和较好的产业基础、发展环境。这使得该区域同一产业有不同的国际生产网络的延伸，更有不同产业的国际生产网络的发展。生产网络之间的竞争使得本地供应商选择机会增加；政府选择也增多，经验增加，渐趋强势，谈判能力增强，要价提高，从而提高其生产网络发展和调整的能力。政府积极创造条件充分发挥本区域比较优势，提高本土供应商的生产能力和竞争力。适时适当改变政策，如优惠关税政策，去引导国际采购商更多采购本地合格零部件，甚至通过各种办法引导高级供应商或旗舰企业在本地设立研发中心，尽量提供更多技术知识给本地企业。政府要审时度势利用各种资源，如利用初具规模有发展潜力的市场优势，积极吸引外资，引导生产网络的发展、调整，促进本地企业升级。

4. 集中资源主导或扶持科技项目攻关

在发展中经济体，企业普遍规模小，研发实力弱，投入技术升级的资金少，而且相关科研人员缺乏，技术员工比较紧缺。因此，政府可以集中资源，主要是资本和科研人员进行重要科技研发攻关。有时进行一般的技术研发为企业提供技术升级支持，以促使企业不断提高生产水平。这样本地供应商就有了较强的生产实力，从而能够参与附加值较高的生产环节。韩国、中国台湾、中国大陆等都做了这方面的努力。

中国台湾在华商式生产网络内起着技术供应者的角色。[①] 1973 年成立的工业技术研究院是一个由台湾当局设立并致力于科技服务的非营利性应

---

① 王静文：《东亚区域生产网络研究》，博士学位论文，吉林大学，2007。

用技术公共研究机构。[①] 对中国台湾的众多中小企业不断提供技术支持，使之通过垂直分工或水平分工结成发达的技术网络。20 世纪 90 年代后，这些颇有技术实力的企业承接旗舰企业或全球品牌商的订单在本地或中国大陆发展自己的生产网络，同时通过与旗舰企业的联系获得进一步的升级。

韩国政府在 1991 年制订了核心先导技术开发计划，该计划一部分是产品技术开发，研究开发特定高技术产品并尽快实现产业化；另一部分是基础技术开发，研究开发与经济增长等有关的核心技术。这些计划包括半导体芯片、高清晰度电视、广域综合数字业务网络等 11 个项目。[②] 目前以三星电子、现代汽车等为代表的一些企业已成为生产网络的旗舰企业。

四　生产网络调整对供应商的影响

当旗舰企业调整生产网络与目的地的原生型生产网络建立联系时，往往首先与当地有实力的企业进行业务联系，如外包采购或扶持其发展生产，使其成为自己生产体系的一部分。这时参与国际生产网络的当地企业就有机会获得国际市场信息和先进技术，迅速成长，使其成为旗舰企业的一级供应商。一级供应商可能会继续外包部分订单或某些生产环节，从而将其他的企业纳入自己的生产体系当中，这样能层层转移、降低成本压力。

普通的地方供应商为了加入国际生产网络或成为高级供应商的下层供应商，主动或被动地改进工艺、改善产品、培训员工、购买新设备，尽量降低成本。不合质量标准或达不到低价格就被上层级领导公司威胁替换掉。[③] 普通供应商分享着旗舰企业的品牌效应和国际营销能力，以及生产网络作为媒介传递过来的生产技术知识和市场信息，其生产能力得到迅速发展。

---

① 刘强：《中国台湾工业技术研究院案例研究》，《研究与发展管理》2003 年第 1 期，第 42 ~ 46 页。

② 赵红梅、曾晓萱：《韩国政府对高技术产业的管理》，《研究与发展管理》1998 年第 4 期，第 24 ~ 30 页。

③ Ernst, Dieter, Linsu Kim, "Global Production Networks, Knowledge Diffusion, and Local Capability Formation," *Research Policy*, Vol. 31 (8), 2002.

因此，生产网络的调整为目的地供应商提供加入国际生产网络和获得产业升级的机会。

当旗舰企业调整生产网络时，由于业务关系和社区身份认同，旗舰企业及其子公司往往会带动各级供应商一起进行转型、迁移。如果是在原有地区进行转型，这有利于各级供应商通过自身的努力或在扶持帮助下提升其在价值链上的位置。例如，一些城市通过产业发展变成新的区域中心，旗舰企业在此建立研发中心，开始生产技术含量高的零部件，增强与一级供应商的合作与信息交流，一级供应商也会促进下层供应商升级。这进一步促进一个共享资源和知识基地的发展（公地繁荣），促进当地人才尤其是创新型人才进一步发展，促使供应商进一步与国际市场接轨。有转型必然有生产环节需要迁移。在新的区域，原来的供应商和旗舰企业的子公司继续投资发展新的生产能力。为了适应当地环境、降低成本，采取本地化策略，不断增加当地根植性。它们很可能在新的地区或经济体吸收当地的供应商。这有利于实现销售增长、市场分享并对其他边缘网络的发展起到积极影响。① 这使得参与转移的供应商在价值链环节上有所提升。

当在新的地区或经济体投资时，如果供应商面临更多的旗舰企业的订单，则供应商选择权增大，讨价还价能力增加，有利于提高其在价值链上的位置；同时对原有旗舰企业的依赖程度降低，主导权增加，有利于供应商打造自己的品牌、提升销售能力和促成销售体系。当然如果销售渠道和以前一样，则在新的地区更加依赖于原有的旗舰企业。

故生产网络的调整为原有供应商也提供了产业升级的机会，但不同供应商其机会不同。

五　东亚生产网络调整的特性

通过前文的分析，可知科技的发展和制造设备操作的简易化、人性化，使得全球任何一个地区都可以参与国际分工，而生产网络借助科技尤其是 ICT 的发展极大地促进了生产环节、基础配套环节、生产服务环节，

① Andersson, Ulf, Ingmar Björkman, Mats Forsgren, “Managing Subsidiary Knowledge Creation: The Effect of Control Mechanisms on Subsidiary Local Embeddedness,” *International Business Review*, Vol. 14 (5), 2005, pp. 521 – 538.

史无前例地细化分工，不断增加了分工的时空选择性。这使得东亚生产网络的调整具有技术可行性。

旗舰企业有能力主导东亚生产网络的调整。它们的逐利性及竞争压力使得其在一定条件下调整生产网络，重新布局价值链的各环节。东亚生产网络是为旗舰企业的全球经营战略服务的，也是为了充分利用东亚的要素成本优势。因而旗舰企业会根据东亚各个地区要素成本和政策环境的变化而内在地不断调整生产网络，从而东亚生产网络的调整具有主动性。各个经济体的原有要素成本优势相对来说正在减弱，如中国劳动力成本优势、土地成本优势，经济结构调整正在进行，不同产业优惠政策可能要发生变化，因而就东亚生产网络来说，其动态变化很正常。

然而，东亚政府也具有引导甚至影响东亚生产网络调整的能力，但大部分发展中经济体对东亚生产网络调整的影响力仅限于其管辖范围。东亚政府大多对经济发展具有较强的影响力，鉴于东亚生产网络对东亚经济发展和产业升级的负面影响越来越大，因此东亚政府主动调整产业政策、逐渐转变经济发展模式具有必要性。东亚发展中经济体政府调整生产网络是为了进一步实现工业化和可持续性发展，目前还需要借助发达国家的技术、资本及市场。对这些稀缺资源的依赖性决定了东亚发展中经济体对生产网络的主动调整还不能无视旗舰企业的经营战略调整而独自进行。因此，东道国各级政府对东亚生产网络的调整只具有一定的主动性，当然也具有必要性和可行性。各级供应商也完全可以利用自己的实力影响和利用东亚生产网络的调整，使其有利于自己的产业升级。

根据本节分析可知，本地供应商和东道国各级政府是能够利用东亚生产网络的调整促使本地实现一定的产业升级的。那么具体到中国，情况如何呢？

第二节　中国影响东亚生产网络调整的条件

中国势必要参与东亚生产网络的调整。但是，中国政府和供应商有哪些经济资源使得生产网络的调整朝着有利于自己的方向发展？

一　东亚生产网络在中国的特征

（一）在中国生产网络发展的主要动力是区域外消费需求

正如前文已述，在东亚来自旗舰企业的投资主要是寻求效率型的，包括投向中国的FDI，是为了利用充沛的低成本要素优势。资源的有效利用，加上权威政府的强势作为等因素，使得中国生产能力不断提高，生产规模日益庞大。中国已经成为贸易大国、制造业出口大国，这与东亚生产网络的发展分不开。显然，对于东亚生产网络的快速发展和扩张，中国起着重要的推动作用。正是在中国的积极参与和推动下，东亚生产网络的低附加值环节，尤其是普通零部件的生产和加工、最终产品的组装和贸易，在中国得到了急剧的扩张，这由众多的数据充分证实。当然，这也带动了东亚内零部件的出口。在中国投资初期，价值链的研发、销售环节基本上都不在本地。至今众多数据及文献表明，中国在许多产业方面仍是作为加工组装环节的密集区，改善的迹象不明显。东亚生产网络的维持、运转和发展的动力，相当部分是靠区域外欧美的需求市场。美国的需求市场一直是东亚生产网络成功的至关重要的动力。尽管这几年中国大陆消费市场不断增长，日本、韩国、新加坡、中国香港及中国台湾经济发展水平较高，消费规模较大，但不足以根本改变目前东亚生产网络依赖外部市场的局面，甚至还有加剧的趋势。在2008年世界金融危机以后中国和东亚外贸减少，说明了在中国的东亚生产网络的发展严重依赖区域外市场的需求。

（二）东亚生产网络在中国快速延伸

Head等认为，并不是政府的引导或其他偶然因素，而是产业层面的聚集因素对企业空间定位起更大的作用，使得同一产业的企业倾向于选择在同一区位。① 然而毫无疑问的是，在东亚地区尤其是发展中经济体，其政府发挥的作用对企业群体的快速形成是非常重要的。在中国政府招商引资政策的强有力的推动下，各个经济开发区快速发展。旗舰企业主导的非原

① Head, Keith, John Ries, Deborah Swenson, "Agglomeration Benefits and Location Choice: Evidence From Japanese Manufacturing Investments in the United States," *Journal of International Economics*, Vol. 38 (3), 1995, pp. 223 – 247.

生型生产网络在中国沿海省份很快发展为各个地区的经济增长极。当该地区生产网络的生产能力达到一定规模时，将吸引越来越多的旗舰企业向其靠拢并产生依赖关系。不同实力的本地供应商也先后向聚集地靠拢，使该区域生产网络发展呈现“滚雪球效应”。同时，受前后环节供销需求增长的吸引，价值链上不同环节的供应商数量不断增加，环节也不断增多，在同一环节内的供应商数量也快速提升。

随着生产网络的不断快速发展，来自许多国家的供应商数量在快速增加，价值链也不断得到延伸，甚至相关联的产业也得到机会快速扩展。

在中国大部分产业的生产网络内、大部分工业园区内，供应商的数量都处于不断增加、价值链不断延伸的状态，尤其是生产、组装环节的急速膨胀，使得其供应能力急剧提升。

关于东亚生产网络在中国的发展规模，从每一年进出口零部件总额不断增长、零部件种类齐全以及最终产品进出口不断增长就可以充分说明，这里不再赘述。

（三）东亚生产网络在中国不断高级化、多网化

所谓东亚生产网络在中国不断高级化，是指东亚生产网络内越来越多的相对高附加值环节分布在中国，诸如产品定位、研发、设计以及产品本土化、产品销售环节等。多网化是指在中国出现不同旗舰企业的生产网络，彼此交错，相互联系而又竞争。

目前东亚生产网络在中国不断增加，从而不断吸引更多的旗舰企业加入，而这些旗舰企业的加入又能够吸引其原有专业供应商，发展新的本地供应商，区域发展更加多极化，呈现明显的多网化趋势。在中国大陆各个开发区、高科技产业园，不仅有来自中国台湾以及新加坡等的旗舰企业，还有来自日本、美国、欧洲以及韩国的旗舰企业，多网化局面已然成形。

随着区域内众多生产网络的快速发展和激烈竞争，旗舰企业能够在每个环节寻找不同网络的供应商，而有实力的供应商能够同时为多个旗舰企业供货。旗舰企业之间、同一层级供应商之间进行市场份额竞争，旗舰企业与主要供应商之间展开价值份额博弈，整个区域各种生产网络的创新能力、竞争力不断提高，这使得当地供应商能力不断增加，产业不断升级，从而生产网络不停地向高级化方向演化。随着中国大陆市场的发展，越来

越多的旗舰企业将研发机构设在中国大陆，例如，微软亚洲研究院的前身微软中国研究院于1998年就在北京成立了。许多微观数据表明，东亚生产网络在北京、上海、广州、天津等地不断高级化。

这几年中国专利申请数目和产权使用费等相关情况，华为、小米、格力、阿里巴巴等公司的表现，反映了中国的研发实力不断增强，从而促进东亚生产网络在中国不断高级化、多网化。

（四）不断增加的根植性增强原生型生产网络的竞争力

华商式国际生产网络、日式国际生产网络和美式国际生产网络，在中国发展初期都是非原生型生产网络。时至今日，它们在中国各地都已有一定的地方根植性。境外华商由于与中国大陆在家族、乡土、文化、宗亲、血缘等方面的原因，在中国大陆建立的生产网络有的一开始就有了一定的根植性，有的利用“五缘”关系或其他方面关系不断增加根植性，对当地的原生型生产网络的升级作用也不尽相同，但总体上还是起积极作用的。

在本地生产网络高级化进程中，来源于不同国家或地区的网络主体带来了不同文化风俗、价值观念、行事风格，在与地方供应商合作与竞争中常碰撞摩擦。但是网络主体必然与其他主体，包括聚集区其他网络内主体在社交、分工、信息交换和技术合作方面存在频繁互动。网络内外企业在错综复杂的依赖关系中，同时在各自原母地社会网络的基础上，形成和积累了新的声誉、信用等社会资本，并建立了相应的新社会规则机制，形成了新的社区。

在非原生型生产网络的本地化进程中，网络之间的、企业之间的价值份额博弈和市场份额竞争加快了知识的转移、知识创新和知识扩散，特别是美国的温特制、华商的关系型治理，这极大地促进了本地供应商学习、吸收新知识，其生产能力不断提升，逐渐具备成为非原生型生产网络高级供应商的能力，从而使得本地供应商有能力组建新的生产网络，更好地管理、提升自己原来所在的本土生产网络的竞争实力。因此，在非原生型生产网络本地根植性增强的同时，也促使原生型生产网络的竞争力增强。同时，激烈竞争的压力和旗舰企业强烈地降低成本要求也迫使外来供应商实行本地化策略，使本地企业能够有机会加入非原生型生产网络，当地政府对非原生型网络的影响力也不断增加，非原生型生产网络与地方的联系逐步得到加强。于是整个网络的地方根植性不断加深及本地嵌入性不断拓宽，非原生型生产网络逐渐地向原生型生产网络演变，从而进一步增加了原生型生产网络的竞争。

随着聚集的不断增加及非原生型生产网络成熟期的临近，特别是产业（产品）周期性缘故，聚集不经济现象开始出现。部分旗舰企业通常会凭借自身的影响力，带领供应商向外迁移，进而推动生产环节、关联产业不断向外转移，从而使本地的生产网络得以调整。

一旦初期投资失误，或地方产业发展受挫，或受邻近区域已有生产网络的竞争性排挤，根植性不强的非原生型生产网络就会解体、重新迁移。供应商可能会放弃对现有旗舰企业的依赖关系，迁往其他区域，或旗舰企业不得不再一次带领专业供应商向新的投资地迁移，显然这种演化过程不利于本地原生型生产网络的发展。

二　网络特征有利于中国影响生产网络调整

（一）大企业的供货依赖有利于中国影响网络调整

前文已述，东亚生产网络在中国的分布呈现价值链长、供应商数量众多的特点。现有的地方或区域生产网络，尤其是在沿海省份、发达城市、经济开发区等，已形成相当规模，其内供应商往往具有较强的生产能力和国际竞争意识，较低的价格和较强的供货能力使得众多旗舰企业产生供货依赖，使得它们通常继续在中国大陆延伸、发展生产网络。

旗舰企业在延伸和调整生产网络过程中，易倾向于在已有产业聚集区搜寻有一定实力的供应商，这样可节约大量的寻找时间、培训时间、扶持成本及交易成本。旗舰企业或高级供应商选择拥有一定发展基础和产业规模的生产网络的区域进行投资或业务外包，就能够在较短的时间内整合或组建为自己供货的生产网络（通常是网络边缘）。现有区域供应商较多，使得旗舰企业或其子公司从组建新的生产网络开始就增加了对供应商的选择权，从而降低对单个或几个供应商的依赖程度。但增加了对该产业聚集区的依赖程度。

不仅旗舰企业向供应商众多的地区靠拢，其他高级供应商也积极通过靠近现有地方生产网络向其他竞争对手供应商学习营销经验，获得更多市场信息，还能加入更多旗舰企业的供应链，拓展供货渠道，减少对一个或少量采购企业的依赖。供应商数量不断增加导致该区域竞争越来越激烈，促使当地供应商努力提高产品质量、技术水平和生产能力，吸引更多旗舰企业；而当地供应商为增加销售渠道，也积极与新来的高级供应商组建生产网络。

因此，中国供应商生产能力增强、工艺水平不断提高，旗舰企业等的供货依赖使得中国在影响生产网络调整使其符合产业升级时就有较大的话语权。另外，增长极理论强调了较强的经济关系行为会带来多重效果的空间集中性，而这种地理空间集中性在一定空间范围内将引发集聚经济进一步的增长。① 发展较快、有竞争力的地方生产网络不仅能够吸引众多国际旗舰企业，还可使国内其他竞争力较差的生产网络内的供应商脱离原来的生产网络。这样就形成“良性循环”，地方生产网络和产业升级不断发展。

（二）大企业对聚集区的技术依赖有利于中国调整生产网络

如本书第四章所述，知识溢出效应在生产网络内不仅使供应商更容易获得相关显性知识，而且可以有效获得隐性知识。长期积累形成的“只可意会，不可言传”的经验体会与当地企业文化、社会文化相结合，形成独特的只有身临其境才能有效学到的隐性知识。生产网络密集的地方具有技术溢出效应，特别是网络核心区域、区域中心，是获取技术信息的重要来源。生产网络的密集促进众多创新主体对生产网络内技术知识的交流与共享。同一区域相邻企业之间的技术转让，以及工作人员之间频繁的社会交往与工作合作，很可能使隐性知识轻易社会化，从而促进技术人员能力提高和整个行业技术进步。尤其相同环节密集区有助于培养技术人才创新的敏感性以及劳动人员获取先进知识，有助于获取对供应商能力提高有益的隐性知识。②

中国改革开放三十多年来，经济有了较大的发展，市场规模和科技实力日渐增长。因此，东亚生产网络在为区域外需求市场提供最终产品的同

① Gatrell, Anthony C., *Distance and Space: A Geographical Perspective*, Oxford: Clarendon Press, 1983.

② 景秀艳：《生产网络、网络权力与企业空间行为》，中国经济出版社，2008，第168～171页。

时，区域内的消费规模及潜力也是任何一个旗舰企业不可忽视的。为应对全球竞争压力，更多的旗舰企业迫切需要在本地设立研发中心，扶持、促使本地供应商提高生产能力并担负产品多样化设计和本地化设计的责任。因而希望本地供应商更多地加入生产网络，参与生产与研发。显然价值链的研发环节在中国设置越多，就能带动越多的研发环节聚集。在区域中心，目前云集了旗舰企业的研发设计中心。东亚发达经济体如日本、韩国、新加坡及中国台湾等在某些产业都掌握不同环节的核心技术，其旗舰企业成为产业发展领军者。它们和欧美企业一起正在中国大陆建立、壮大研发分支机构和销售分公司，在中国大陆的大城市工业区聚集。这样就形成集聚效应，吸引更多旗舰企业甚至全球品牌商来此设立研发中心。

所有企业都有从研发创新密集区特别是核心区域、区域中心获取新信息、新知识的需求。尽管有些企业在这类聚集区的获利为零甚至为负，但是作为跨界企业如果能够利用聚集区的溢出效应学到先进技术和知识，并且能通过企业内部将先进技术和知识传递到该企业有影响力的其他地区，就会增加超额利润。旗舰企业所具备的核心资源优势会吸引实力相当的旗舰企业在同样的区域建立企业，这样它们在此区域就能够通过各种办法从竞争对手那里获得异质核心资源，从而进一步增强它们在别处的竞争优势。[①] 其他供应商也积极通过靠近现有聚集区分享技术溢出效应，向其他供应商学习先进技术和管理经验，尤其是一些生产工艺，还能获得更多市场信息。

这些有利因素使得许多企业对中国现有生产网络特别是聚集区产生一定的技术依赖关系，纷纷加入中国生产网络聚集区，从而增加了中国影响生产网络调整的能力。

（三）大企业的人才依赖有利于中国调整生产网络

前文已述，东亚生产网络在中国的分布区呈现越来越强的社会根植性，社会根植性带来的各种社会联系促使大量的人才涌向各个地方的生产网络区。中国的教育规模相当大，目前大学专科以上的毕业人数每年在800万人以上。这些大量的高学历劳动资源密集在各个大城市和工业聚集

① 梁琦：《产业集聚论》，商务印书馆，2004，第134～138页。

区，就业压力大但富有创业激情；有的从海外学成归来，带来先进的理念和规范。有的劳工人员长年累月工作，既有过硬的技能和经验，又有创业精神，他们也来到收入水平相当高的生产网络密集区。这就使得在中国生产网络所在的区域有着丰富的人才聚集。

在生产网络密集区，有着众多关联企业聚集，各种劳动力需求大、机会多，从而有着更多的创业和就业机会。各类人才也倾向于到生产网络密集的地方寻求发展机会，形成发达的人才市场，即“人才池”。众多生产网络主体也更方便寻找到所需各类人才，节约了人才搜索成本，甚至减少培训成本。网络密集区域人才流动使各种企业可以从所聘用的人才身上得到其他企业的技术、管理等知识，从而在较短时间内获取网络内外主体的异质知识。

通过日常交往、生产分工甚至合作研发等，生产网络密集区的人们经常接触，从相识到相熟，在生产网络聚集区自然形成新的社会关系、社会网络。社会网络能够有效减少机会主义行为，促进信用、声誉等社会资本的形成和积累。① 各种企业之间也能够进一步建立、巩固相互合作、依赖关系，这些关系进一步促使国内外大企业靠近、进入现有生产网络密集区，利用社会网络招聘到合适的人才。因此旗舰企业对人才的依赖也会增加中国影响生产网络调整的能力。

三 中国影响生产网络调整的经济条件

中国众多企业主要以供应商的身份加入国际旗舰企业组建的生产网络，主要参与加工组装等附加值较低的分工。但是在具有一定的实力以后，供应商也有影响东亚生产网络调整的能力，从而尽力促使生产网络的调整有利于自己提高生产能力，有利于提高自身在价值链上的位置。但仍受旗舰企业及高级供应商的支配。从中观、宏观来说，各地区政府以产业政策等各种方式影响甚至参与东亚生产网络的调整（在中国甚至在东亚地区）更有效果。这不仅仅是由于中国政府具有足够强的执行力和质优价廉、充沛的劳动力及土地，更是由于经过三十多年的发展，中国经济已与

① 景秀艳：《生产网络、网络权力与企业空间行为》，中国经济出版社，2008，第168～171页。

往日大不相同，政府有更多的底气出台产业政策，促进东亚生产网络的调整有利于中国的产业升级。由于已有很多文献讨论政府的政策，再者经济政策有可能随着经济的发展短期内就能做出调整，因此下面就主要分析中国所具有的主要经济资源优势，以便分析政府对东亚生产网络调整的影响力。

（一）劳动力成本仍具有比较优势

和其他大部分发展中国家一样，由于经济发展水平和劳动生产率比较低等各种原因，中国的劳动力价格也是比较低的。由于中国劳动力的优点，劳动力资源成为东亚生产网络在中国快速发展的一个重要原因。由于土地、能源、矿产、水资源等都属于国家所有，因此在招商引资中能以极优惠的价格提供给外资企业使用，特别是在发展初期。尽管劳工人员的工资不断上涨，物价水平也在不断提高，但是东亚生产网络在中国生产的产品是以出口到发达国家市场为主要目标的，因此中国生产要素的成本优势仍然存在，甚至在人民币币值高估的情况下，要素成本优势仍有增加的可能。主要的问题是，由于中国大部分供应商所处的环节是低进入门槛的劳动密集型环节或低技术环节，因此来自其他发展中国家和地区的竞争，特别是实行出口导向工业化战略的东亚经济体的竞争对中国的压力越来越大。

都阳、曲玥，刘厚俊、王丹利等的文献都发现，单纯考察包括劳动报酬、劳动福利、培训等在内的劳动力成本的增加，是不能准确衡量中国劳动力比较优势的，需要结合劳动生产率、整体制造业情况、劳动力数量来考察中国劳动力成本优势。认为可以通过进一步提高资本密集型、技术密集型的产业或生产环节的占比来一定程度地抵消劳动报酬增加带来的成本增加。①

王燕武等通过计算、比较中国与主要出口竞争经济体的单位劳动力成本得出结论是，中国制造业的国际竞争优势仍然较大。原因是虽然中国劳动力成本不断增长，但制造业劳动生产率增速多年来明显快于工资增速，

---

① 都阳、曲玥：《劳动报酬、劳动生产率与劳动力成本优势》，《中国工业经济》2009 年第 5 期；刘厚俊、王丹利：《劳动力成本上升对中国国际竞争比较优势的影响》，《世界经济研究》2011 年第 3 期。

这使单位劳动力成本维持下降趋势。通过比较相对单位劳动力成本，结果显示在不考虑提高工资促使劳动生产率进一步提升，不考虑政治环境、国内市场、基础设施等方面的优势，即使在现有劳动生产率水平上，中国制造业仍然能够承受增加约一半的劳动报酬上升。用购买力平价调整后的单位劳动力成本数据进一步说明，尽管人民币汇率低估在一定程度上提升了中国制造业国际竞争优势，但自 2005 年汇率改革以来，这种提升的优势已基本消失。①

以上文献分析表明，尽管工资在不断增加，但是相对于墨西哥、菲律宾、马来西亚、越南等出口竞争国家，劳动力比较优势仍没有消失。中国劳动力的情况在前文有所提及。在具有劳动力优势的同时，一方面，巨大的就业压力时刻存在；另一方面，人口红利在目前的政策下不断减少，但没有终结。因此，劳动力比较优势使中国参与调整生产网络时在时间、空间和政策上有一定的回旋余地。但众多低技术劳动力也是不利于调整的重要因素。

（二）中国经济总量不断增长

中国名义 GDP 一直增加较快，目前成为世界第二大经济体。按照 2010 年美元基准价，从表 6 - 1 可知截至 2008 年，日本在东亚 14 个经济体 GDP 总量中占比一直是第一，但所占份额不断下降，从 1996 年的 59.93% 下降到 2015 年的 31.58%，这与日本大部分时间通货紧缩有关。中国大陆所占比重从 1996 年的 18.66% 增加到 2015 年的 47.01%。从表 6 - 1 还可以发现，东亚其他经济体在近 20 年内，其 GDP 占东亚 GDP 份额一直没有大的变动，变动幅度大都在 0.5 个百分点之内。从这个角度可以发现，在东亚只有中国大陆由于经济发展速度迅速增加，经济规模大且经济潜力大，其所占份额能够较快提升。因此，可以认为中国大陆经济的发展对东亚发展具有重要的意义，目前已连续十年是全球经济发展第一引擎。②

---

① 王燕武、李文溥、李晓静：《基于单位劳动力成本的中国制造业国际竞争力研究》，《统计研究》2011 年第 10 期，第 60 ~ 67 页。

② http://news.163.com/17/0109/21/CACCLVUA000187V5.html.

表 6－1　东亚部分经济体若干年份在东亚 GDP 中占比

单位：%

经济体	1996 年	1998 年	2000 年	2002 年	2004 年	2006 年	2008 年	2010 年	2012 年	2014 年	2015 年
文莱	0.13	0.13	0.12	0.12	0.12	0.11	0.10	0.09	0.09	0.08	0.07
柬埔寨	0.04	0.05	0.05	0.06	0.06	0.07	0.08	0.07	0.08	0.08	0.08
中国大陆	18.66	21.40	23.20	25.77	28.44	32.09	36.33	40.38	43.43	45.89	47.01
中国香港	1.61	1.55	1.59	1.53	1.56	1.61	1.58	1.51	1.47	1.42	1.39
印度尼西亚	5.41	4.79	4.70	4.79	4.80	4.81	4.90	5.00	5.12	5.19	5.21
日本	59.93	58.31	55.48	52.39	49.52	45.88	41.70	37.73	34.82	32.57	31.58
韩国	6.78	6.58	7.36	7.77	7.64	7.50	7.36	7.24	7.00	6.80	6.68
老挝	0.03	0.04	0.04	0.04	0.04	0.04	0.04	0.05	0.05	0.05	0.05
马来西亚	1.62	1.57	1.69	1.68	1.73	1.72	1.76	1.69	1.71	1.73	1.74
缅甸	0.13	0.14	0.17	0.19	0.23	0.26	0.29	0.33	0.34	0.36	0.37
菲律宾	1.28	1.30	1.30	1.30	1.33	1.32	1.32	1.32	1.33	1.38	1.40
新加坡	1.26	1.30	1.40	1.35	1.41	1.48	1.49	1.56	1.57	1.55	1.51
泰国	2.55	2.23	2.26	2.33	2.42	2.38	2.30	2.26	2.22	2.10	2.07
越南	0.55	0.61	0.63	0.67	0.70	0.73	0.75	0.77	0.78	0.80	0.82

资料来源：World Bank 数据库，笔者自己整理计算，以 2010 年美元为基准价。部分为经济体的地区生产总值占比，下同。

（三）在东亚贸易地位不断提高

加入 WTO 以后，中国进出口无论是总量还是增速在世界上都是靠前的。在东亚各个经济体对外贸易中占据重要的地位。从图 6－1 中可以看出，在对外出口中东亚 16 个经济体对 APEC 的出口在 1981 年占其总出口的 58.23%，其后比重数据整体上在增加。到 2002 年占这 16 个经济体总出口的 76.09%，经历小幅波动后趋于稳定，2012 年为 71.69%。故亚太区域贸易内向性很高。实际上，东亚区域内贸易也是不断增加的。从图 6－1 中可以看到，东亚对中国大陆的出口占其总出口的比重整体上逐渐增加，而对美国的出口很显然整体上是逐渐减少的。20 世纪八九十年代，东亚对中国大陆的出口占其总出口的比重远小于美国，而后在 2009 年对中国大陆的出口占其总出口的比重首次大于美国，并且有逐渐拉大的趋势。

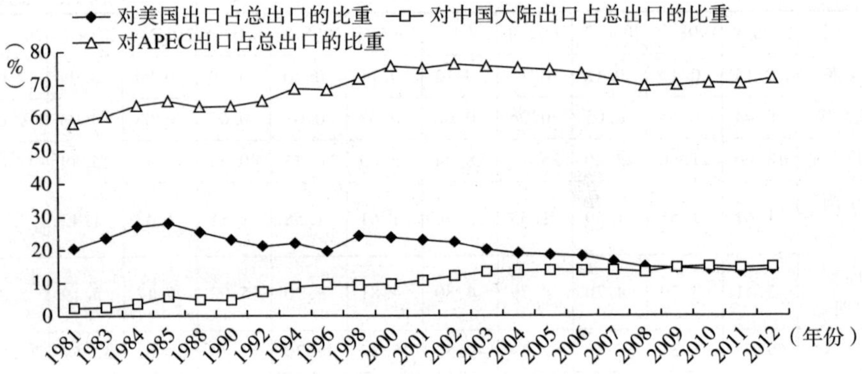

图 6－1　东亚出口情况比较

资料来源：CEIC－IMF 数据。中国台湾数据源自其官方“陆委会”发布数据，且只有 1998～2011 年的，而 2012 年中国台湾对中国大陆出口数据来自中国大陆官方公布的数据，中国台湾以前数据缺失不影响东亚前期出口局势。

从图 6－2 中进一步看出，中国大陆在东亚经济体出口市场中越来越重要。1981 年东亚对 APEC 的出口中，其中的 4.17% 是对中国大陆出口的，而其中的 35.09% 是对美国出口的，其后一段时间内对中美两国的出口整体上在增加。1986 年对 APEC 的出口中有 46.6% 是对美国出口的，接着就呈现下降趋势，而对中国大陆的出口整体上在增加，2009 年所占比重为 20.73%，略超过了对美国出口所占的比重即 20.48%。2012 年对中国大陆

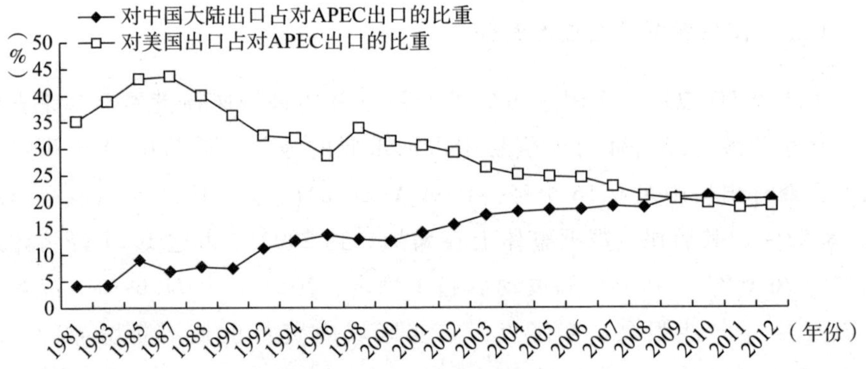

图 6－2　东亚出口情况

资料来源：CEIC－IMF 数据。中国台湾数据源自其官方“陆委会”发布数据，且只有 1998～2011 年的，而 2012 年中国台湾对中国大陆出口数据来自中国大陆官方公布的数据，中国台湾以前数据缺失不影响东亚前期出口局势。

的出口占比为20.51%，而对美国出口占比为19.14%。当然，中国主要处于三角贸易格局中的一角。

（四）不断增加对外投资

2015年，中国对外直接投资流量为1456.7亿美元，同比增长18.3%，仅位列美国之后，全球的较上年增长11.8%。截至2015年底，中国对外直接投资累计净额（存量）达10978.6亿美元，位居全球第8位。投资存量高度集中，对参与“一带一路”建设的相关国家投资快速增长。对国（境）外经济体直接投资创办企业，其中对亚洲地区众多经济体投资存量占比高达70%。[①]

中国大陆对东亚15个经济体的直接投资流量从2003年的14.613亿美元到2012年的586.2141亿美元，年平均增速为50.71%，而整个东亚和东南亚在2012年共接收FDI为3260.9亿美元，低于2011年的3428.2亿美元。[②] 可见中国大陆对外投资对东亚的经济发展有着重要的意义。中国大陆积极实施“走出去”战略，到2017年将对外投资5000亿美元，[③] 对包括东亚特别是发展中国家的经济发展和就业有着重要的意义。

（五）规模渐大的需求市场

如果将发达国家的消费结构看作“标准结构”，即私人消费占GDP的60%左右，政府消费和投资各占20%左右，且贸易接近平衡，则从表6－2中可以看到，东亚13个经济体2015年的GDP构成中，只有日本比较符合，日本、新加坡、中国香港及中国台湾这些经济体社会结构已经趋于固化，[④] 而中国大陆、泰国、文莱等私人消费偏小，其他一些经济体偏高。鉴于中国大陆经济规模非常大，是世界上非常大的市场，因此中国大陆的私人消费水平的提高将对整个东亚的最终消费市场的建立具有非常重要的

---

① http://www.fdi.gov.cn/1800000121_33_7616_0_7.html 和 http://www.sohu.com/a/130551202_611309。

② 关于东亚和东盟的数据来自UNCTAD世界投资数据。

③ http://news.xinhuanet.com/fortune/2013－04/09/c_115312293.htm.

④ 赵江林：《亚洲实现自主增长的主要途径》，载李向阳主编《亚太地区发展报告2011 亚洲与中国经济模式调整》，社会科学文献出版社，2011，第57页。

作用，对拉动本地区的消费，促使经济内向发展具有积极意义。近几年，中国将进口10万亿美元左右的商品，[①] 这对全球经济体尤其是对东亚经济体都具有重要的意义。随着中国的制造能力越来越强，消费市场规模越来越大，中国对各方面的影响力越来越大。[②]

表6-2　部分经济体2015年的GDP构成

单位：%

经济体	私人消费	政府消费	资产投资	贸易平衡	固定资产
文莱	20.17	25.06	35.25	19.52	35.03
柬埔寨	76.58	5.40	22.45	-4.43	21.43
中国大陆	37.14	13.97	45.40	3.48	43.76
中国香港	66.31	9.65	21.70	2.34	22.68
印度尼西亚	55.44	9.75	34.56	0.25	33.19
日本	56.56	19.85	23.91	-0.32	23.43
韩国	49.34	15.21	28.49	6.96	29.08
老挝	68.21	13.97	32.77	-14.95	32.77
马来西亚	54.12	13.13	25.09	7.65	26.18
菲律宾	75.15	10.96	20.55	-6.66	21.43
新加坡	36.44	10.40	26.29	26.87	25.51
泰国	47.32	17.25	24.12	11.32	24.94
美国	68.10	14.44	20.35	-2.89	19.83
越南	65.20	6.33	27.68	0.79	24.68
全球	58.11	17.13	23.97	0.78	23.34

资料来源：World Bank 数据库，前四项和应为100%。固定资产是资产投资的主要部分。

（六）在东亚分工中地位日益重要

中国大陆的制造业发展迅速，日益参与更多的国际分工。从图6-3中可以看到，资本密集型或技术密集型的各类产品出口占总出口的份额变化不一；机械及运输设备产品出口份额从1980年的4.65%增加到2012年的

① http://2015yxjmpx.cnr.cn/2013boao/live/news/201304/t20130407_512303960.shtml.

② http://pit.ifeng.com/a/20170801/51541010_0.shtml?_share=sina&tp=1501516800000.

47.07%，中间最高为2010年的49.45%；化工产品的份额在过去三十多年中略有下降，从1980年的6.18%下降到2012年的5.55%；初级产品出口份额整体上在下降，从1980年的50.30%下降到2012年的4.91%，近几年相对稳定。

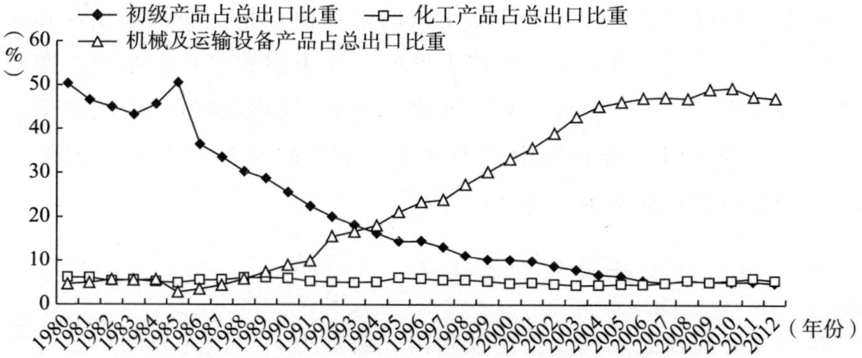

图6－3　中国三类主要产品出口结构

资料来源：CEIC数据库，中国海关总署数据，笔者自己整理计算。

在进口方面，从图6－4中可看出，矿物燃料、润滑油等产品的份额从1980年的1.01%增加到2012年的17.21%，充分说明了中国经济发展对能源、资源的依赖非常严重；化工产品的份额趋于缓慢下降的态势，从1980年的14.53%下降到2012年的9.86%；而机械及运输设备产品的份额从1980年的25.57%增加到2012年的35.91%，中间最高值为2003年的46.72%，在进口中占比有所波动，总体上处于不断增加的趋势。

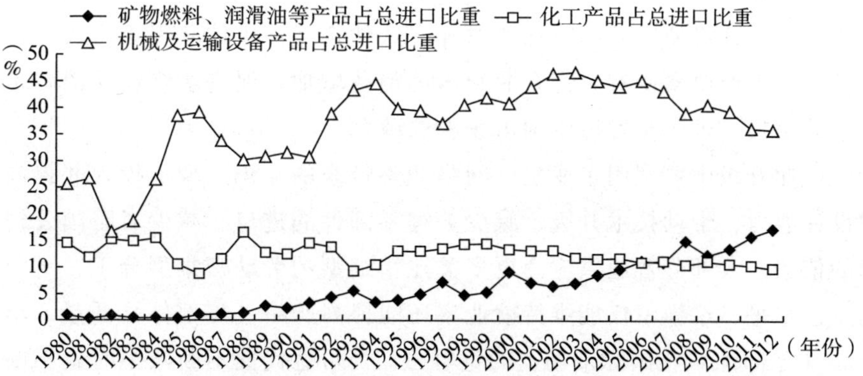

图6－4　中国三类主要产品进口结构

资料来源：CEIC数据库，中国海关总署数据，笔者自己整理计算。

从上述贸易结构可以发现，中国在机械及运输设备产品方面的生产能力发生了极大的变化：进口多，出口更多，而且进一步数据显示加工贸易占了很大的一部分。本书第五章及很多文献显示，中国在出口的工业品特别是加工贸易品中，所获得的产品价值中有很大一部分是进口的中间品的价值。也就是说，出口的加工产品中国内附加值很小，即旗舰企业和品牌商攫取了大部分附加值。随着东亚生产网络在中国的水平扩张及中国制造能力的不断增强，中国这样的分工地位使得处于激烈竞争压力的跨国公司在全球布局分工时不会忽视中国大陆，也不会轻易放弃在中国大陆的发展，尽管不一定有利于中国的产业升级。

四　中国产业升级的重要意义

从所用时间长短来说，相比较韩国、新加坡，中国庞大的产业升级步伐缓慢。就中国在经济规模、贸易地位、市场发展潜力等方面来讲，不断发展的中国经济逐渐成为东亚区域经济本身发展的自变量，已经对东亚经济发展、东亚生产网络的发展和调整有了重要的影响。因此，产业升级，主要是 GVC 环节上的升级迫在眉睫。这不仅对中国甚至对东亚和全球都有重大意义。

（一）中国产业升级有利于中国发展转型

目前，中国经济在很大程度上还是外向型经济，对区域外市场的依赖性很高。在外部市场增加约束的情况下，参与东亚生产网络的中国产业不得不升级，这将使产品的附加值增加。这使得经济主体获得更多收益，将惠及广大生产要素所有者；企业和居民消费增加，促进最终产品消费市场规模的增加，进一步发挥中国市场需求潜力。

产业升级中要利用东亚生产网络调整带来的知识，增加投入并提高研发设计能力，带动技术升级，减少关键零部件的进口，减少对跨国公司技术的依赖。大部分普通供应商更多关注精细型的劳动密集型分工，不断提高工艺水平，这样不仅能维持就业率还能提高产品（零部件）质量，增加产品（零部件）在国际市场上的竞争力。当可替代性不断减小时就不断提高与旗舰企业之间的讨价还价能力，增加附加值获取量，不断提高在价值链上的位置。

产业升级就是要利用东亚生产网络调整带来的机会减少一些环节的水平扩张，增加高附加值环节；将一部分已经失去或正在失去比较优势的环节转移出去而无须增加更多优惠政策，减少对外部市场需求的依赖，减少对原材料、能源进口的依赖。这将迫使国内投入更多资源去提升能力，参与高附加值环节的分工，同时供应商不断对外投资发展自己的生产网络，从而提高在价值链上的位置。

产业升级是要在东亚生产网络调整过程中提高自己的销售能力，为更多旗舰企业或高级供应商供货，甚至有自己的品牌和销售渠道。只要不断扩大销售渠道就能不断提高附加值收入，提高在价值链上的位置。

这些情况的详细讨论将在下节展开。总之，中国产业升级将使中国甚至东亚发展中经济体实现经济发展模式不断转型，为东亚经济发展提供动力，从而避免陷入中等收入陷阱。

（二）中国产业升级对东亚经济发展意义重大

综合前文，中国产业升级将给东亚经济发展带来如下影响。

1. 东亚将获得更多的中国 FDI

中国产业不断升级，自然增加“走出去”的力度。为了实现价值链位置上的向上爬升，很可能会把更多的制造能力或生产环节转移到东亚生产要素更有竞争优势的经济体中。当然在具有比较优势的情况下，中国也会向中国中西部转移。东亚尤其是发展中经济体自身的各种优势能够吸引中国大量的 FDI。中国大量的 FDI 将为当地的经济发展产生积极作用。

2. 中国不断扩大的消费市场成为东亚经济发展的压舱石

中国产业升级必将促使中国消费规模不断增加。无论是生产投资消费，还是私人和政府消费，前文已经论述了，其规模将是非常庞大而且不断增长的。这必将为东亚其他经济体提供发展机会，甚至也成为东亚乃至全球的终端消费市场，使得东亚本区域的消费需求成为东亚经济发展的主要动力，整个东亚经济发展模式得以转型。这样，能减少对区域外市场的依赖，使得东亚经济发展内生性大幅增加。

3. 中国产业升级将使东亚区域合作增强

中国产业升级将在东亚生产网络不断调整的背景下进行。这意味着东亚生产网络在东亚范围内不断进行调整和发展。这要求东亚各个经济体之间更加合作与开放，尽快消除边境壁垒及境内限制措施。东亚国际分工的深入和普及，将要求提供除了生产性服务外还得有更加高级的区域合作制度。这将促进东亚各个经济体在更多领域合作，促进资源配置更加有效。例如，在东亚国际金融市场中加强更多的合作，为各个经济体防范风险提供合作，为国际资本在东亚的流动提供更多途径与安全保障。又如，中国提出的“一带一路”倡议将促进东亚生产网络发展、调整，使中国与东盟都能够在东亚生产网络调整中获得产业升级，也使得中国与东亚经济体加强合作、实现共赢，与周边国家成为命运共同体。

4. 东亚分工体系——东亚生产网络将相对独立

中国产业升级将使得东亚终端消费市场得以建立。东亚生产网络的运转动力将不限于区域外市场的需求。它在东亚、全球范围内不断延伸、扩张。更多的旗舰企业不断改变全球经营战略，动态变化中的东亚生产网络成为它们进入东亚市场、中国市场的方式和途径，跨国公司投向东亚的 FDI 将部分变为进入市场型、贴近市场型的 FDI。更多的研发环节、销售环节在东亚建立、发展起来，从而使得东亚国际分工体系更加独立、完善。

第三节　中国产业升级途径

一　中国供应商在生产网络调整中的产业升级

（一）供应商参与网络调整促进产业升级

1. 中国对外投资现状

随着中国在积极引进来的同时也加快走出去的步伐，近几年中，中国成为世界 FDI 重要来源国，中国企业对东道国的经济发展起着重要的推动作用。虽然没有中国参与东亚生产网络的供应商对外直接投资的微观数据，但是可以从中国整体对外投资的宏观数据看出 2003 年以来中国对外投资的情况。

据中国商务部等发布的公报，截至2015年底，中国对外直接投资累计净额（存量）达10978.6亿美元，位居全球第8位，境外企业资产总额达4.37万亿美元。

公报指出，中国大陆对外投资存量高度集中，其中在中国香港、荷兰、开曼群岛、英属维尔京群岛及百慕大群岛的投资占当年流量总额的79.9%。[①]

从表6-3可以看到，中国大陆对东亚的直接投资流量从2003年的14.61亿美元到2012年的586.21亿美元，年平均增加速度为50.71%。中国大陆对东盟的投资占比不断增加，但目前份额还是比较小；在东亚范围内占比份额增加较快，2012年为28.6%。[②] 可见中国大陆对外投资对东亚的经济发展有着重要的意义。中国各种投资主体积极对外投资，积极利用境外的优势资源和市场机会。

表6-3　中国大陆对东亚、东盟的FDI占其接收到的FDI的份额

单位：亿美元，%

年份	中国大陆对东盟FDI	投向东盟FDI总额	占东盟接收FDI的份额	中国大陆对东亚FDI	投向东亚FDI总额	占东亚接收FDI的份额
2003	1.19	297.84	0.4	14.61	530.63	2.8
2004	1.96	396.72	0.5	29.06	738.06	3.9
2005	1.58	432.99	0.4	41.92	936.71	4.5
2006	3.36	638.77	0.5	72.91	1270.08	5.7
2007	9.68	856.31	1.1	148.43	1672.15	8.9
2008	24.84	505.04	4.9	419.24	1376.45	30.5
2009	26.98	477.60	5.6	391.04	1162.17	33.6
2010	44.05	978.70	4.5	426.40	1977.40	21.6
2011	59.05	1089.97	5.4	422.65	2188.30	19.3
2012	61.00	1112.94	5.5	586.21	2050.25	28.6

注：此处东亚包括东盟十国、日本、韩国、中国香港、中国台湾、蒙古、朝鲜等。

资料来源：中国商务部等联合发布的《2012年度中国对外直接投资统计公报》；UNCTAD数据库，笔者自己整理计算。

① http://www.fdi.gov.cn/1800000121_33_7616_0_7.html.

② 关于东亚和东盟的数据来自UNCTAD世界投资数据。

公报内容显示，虽然投资产业分布广泛，门类齐全，但集中在租赁和商务服务业、金融业、采矿业、批发零售业、制造业、信息传输/软件和信息技术服务业等一些行业。其中，制造业、金融业、信息传输/软件和信息技术服务业增长较快，增长速度分别达到了 108.5%、52.3%、115.2%。

2. 供应商对外积极投资促进产业升级

在关于国际投资的许多理论中，Dunning 提出的国际生产折中理论、Hymer 提出的垄断优势理论较具影响力。① 在产业转移方面，小岛清提出的边际产业转移理论的影响力比较大。② 综合来说，通常对外投资首先取决于投资微观主体具有特定优势，如技术领先优势、垄断优势等。其次取决于接收国家或地区的某种优势，即区位优势，如市场优势、成本优势等。对外直接投资就是将这两方面的优势结合起来，通过跨国（界）公司将投资国家（地区）和接收国家（地区）的优势同时扩大。

中国对外投资主体基于自己的某些比较优势，到具有区位优势的经济体投资，将促使东亚生产网络的调整。中国企业主要以供应商的身份参与东亚生产网络分工。经过二十多年的发展，不少产业的供应商已经颇具实力，具有自己独特的比较优势。

第一类情况。供应商原来是原生型生产网络的领导者，能将旗舰企业的订单业务分给自己组建的生产网络。这类供应商已经成为旗舰企业的高级供应商，甚至是一级供应商。他们具有的比较优势之一是要素成本低，能够保质保量、及时服务。旗舰企业因应全球竞争进入潜力市场或寻求成本低地，要将部分制造能力转移到其他地区或在新的地区发展新的制造能力。为了在全球范围内为旗舰企业提高产品和服务，中国供应商需要将部分制造能力转移或重新发展生产能力。供应商对外的投资行为增加其在具有比较优势地区的获利能力，或使其在新的地区发展下一层级供应商，从而提高其在价值链上的位置。有时在新的区域为更多旗舰企业供货，提高

① Dunning, J., *International Production and the Multinational Enterprise*, London, George Allen & Unwn, 1981; Hymer, Stephen, *The International Operations of National Firms: A Study of Direct Foreign Investment*, London: Palgrave Macmillan UK, 1976.

② 〔日〕小岛清：《对外贸易论》，周宝廉译，南开大学出版社，1987。

谈判能力。当然也存在投资失误，在新的区域其经济规模不足以使中国供应商获利；其区位优势，比如产业发展基础、基本设施供给等使得中国供应商成本太高、经营环境较差。这种情况下，参与东亚生产网络的调整使中国供应商很可能投资失败，在价值链上升级遇挫。

第二类情况。供应商在某一零部件上具有比较优势或仅是某一关键零部件提供者。其或许拥有自己的生产网络，其主要的比较优势在于拥有自己的专利或先进生产工艺，能够提供某些高质量的零部件甚至核心零部件。中国这类供应商也会随着旗舰企业的全球战略而在全球范围内展开投资，将自己的优势和东道国的优势相结合，为旗舰企业提供服务。由于具有独特优势，能够要求分享更多的剩余价值，显然在产业转移中有较高的主动权。这类供应商在东亚生产网络调整中，一方面在原地增加研发优势，另一方面在新的地区扩大生产能力，这自然实现了在价值链上的升级。中国这类供应商根据全球市场的需求，积极主动到旗舰企业密集区建立研发中心和投资设厂，利用自己的优势为更多旗舰企业服务，参与研发和设计，增加销售渠道，从而更快地实现在价值链上的升级。

第三类情况。大部分供应商既没有自己的生产网络，又无专利技术，它们只能以价格优势和快速反应能力为其高一级供应商完成订单。这类供应商往往资本实力不大，主要从事低要素成本的劳动或低技术密集型的生产环节。它们通常在不得已的情况下随着高一级的供应商向外投资，往成本低地转移生产环节以及不得不提高生产能力和管理能力以满足旗舰企业不断提高的产品标准和供货要求以免被替换。这类供应商在东亚生产网络调整中的处境被动，其产业升级需要在竞争中更加努力，也需要政府给予更多的关注和支持，毕竟它们是解决大量就业的主力军。它们选择如下。一是在本地区发展新的供应商以外包部分订单。二是随着旗舰企业到其他更有比较优势的地区投资发展新的生产能力。三是引进设备提高工艺水平，增加劳动精细化分工；参与产品的劳动密集型环节，但专注于精细化生产，生产出质量更好、价格有竞争优势的差异化同类零部件或产品。四是长期内要增加研发投入，利用生产网络传递过来的知识提高生产能力和研发能力，提高销售能力增加销售渠道。

第四类情况。中国某些颇具实力的企业对外直接投资，通过合并、兼并购买具有专利权的企业，包括一些旗舰企业。据公报内容，2015 年中国投资主体共实施对外投资并购项目579起，实际交易金额544.4亿美元。其中直接投资372.8亿美元，占并购交易总额的68.5%；境外融资171.6亿美元，占并购交易总额的31.5%。[①] 通过对外投资并购可以直接获得某一产品的核心技术和专利，从而一下子处于价值链附加值最多的高端。当然并购之后还有许多挑战性的经营业务和风险，需要继续努力。中国吉利对沃尔沃的收购就是一个值得关注和研究的案例。[②]

中国供应商实施"走出去"战略极大地促进了东亚生产网络的调整和本土产业升级。

3. 生产网络调整促进中国产业升级

在东亚生产网络调整过程中，中国产业要实现升级，必须在产业价值链各个环节重新调整过程中抓住高附加值环节，获得更多附加值。显然作为东亚生产网络的参与者，对东亚生产网络的调整不起决定作用。但是完全可以利用自己的比较优势来影响东亚生产网络的调整，自身积极的努力使得东亚生产网络的调整有利于自己的能力升级、获得更多的附加值。

（1）对目的地企业升级的影响

东亚生产网络调整有时表现为价值链环节的转移或重新培育，即"转移式"调整。其主要目的，正如本章第一节所论述的东亚生产网络的调整就是寻找成本低的地方。因此，随着中国大陆要素成本不断增加，尽管劳动生产率也在增加，但对于劳动密集型的某些生产环节，在国际市场上的比较优势还是在不断降低，有些环节，如纺织、家具、制鞋、玩具等，不断调整到亚洲一些经济体中以及中国大陆的中西部地区，如富士康在武汉、郑州、南宁、重庆、成都等地开设新的生产厂区。这种转移式网络调整，一方面，有利于目的地区或东道国抓住机遇，以供应商的身份加入国际生产网络，与高级供应商、旗舰企业建立联系，利用网络内知识转移机制实现生产能力的不断提升；另一方面，当地工人从而有机会参与现代企业制造，有机会得到一定的劳动技能培训。这样促进当地形成供应商聚集地、劳动人才聚集地，吸引更多的旗舰企业和供应商投资。不少供应商就

① 中国商务部、国家统计局和国家外汇管理局2016年发布的《2015年度中国对外直接投资统计公报》。

② http://auto.ifeng.com/news/domesticindustry/20110125/529365.shtml.

是利用生产网络调整，主动加入生产网络这种途径实现升级的，这种情况随着网络调整仍将在新的地方继续进行，推动当地经济不断发展。

（2）对母地企业升级的影响

目前，东亚生产网络在中国已经具备了相当规模，制造能力强大，颇具实力。在这种情况下，东亚生产网络在中国的部分环节转移到新的地方有利于母地生产网络转型升级。

将价值链低端环节转移出去，将使得从事低端环节的供应商很难继续在母地发展，失去销售渠道，面临生存困境，不得不致力于提高生产能力和研发能力，不断提高在价值链上的位置，或者跟随旗舰企业转移到其他地区，寻求生存和发展机会，从而不断升级。

一部分中国供应商在更有成本优势的地方设立新的生产基地，组建下一层级生产网络，从而提升在价值链上的位置，从而有资本推进在母地的研发。将价值链低端转移出去之后，由于母地经济已经得到较大程度的发展，产业基础有所提高，消费规模不断增加，还由于供货依赖、人才依赖、技术依赖、社会网络依赖等吸引了各种产业的旗舰企业和高级供应商及其子公司，各种生产网络密集，竞争因此更加激烈，则势必要在本地布局更多价值链环节，不仅有生产环节，还有研发环节、销售环节等。这里供应商可以利用集聚效应，获得先进知识溢出效应，获得一定的隐性知识，从而提高生产能力和研发能力。

另一部分供应商利用外来旗舰企业激烈的竞争形势，抓住机会增加销售渠道，增加销售主动权，获取更多附加值，还通过自身的努力和利用转移过来的知识，甚至参与产品差异化、本地化研发，进一步提高在价值链上的位置。目前，在中国大陆的广东、江苏、上海、北京、浙江等地不少本土供应商已经抓住机遇，通过自身的努力和利用网络内转移的知识，成为很有市场影响力的高级供应商或销售商甚至旗舰企业。

（3）接近研发中心和需求市场

中国部分供应商主动进行网络调整是要在需求市场设立制造基地或者在全球产业研发中心聚集地设立研发中心或生产基地。当在需求市场发展新的生产能力时，显然中国供应商或中国旗舰企业销售渠道增加，获得更多全球销售信息，如产品时尚、风格等，增加销售谈判权。当在研发中心聚集地时，中国供应商或本土旗舰企业则可以获得更多的全球先进技术、思想等信息，或许通过购买，或许通过网络内交流等，充分利用高端研发中心聚集区内技术溢出效应，将技术源传递出来的技术通过自己组建的生产网络，在其他地方应用，获得较多的利润；也有供应商在消化吸收的基础上进一步创新，形成自己的专利权。

公报显示，2015 年中国对美国投资 408.02 亿美元，同比增长 7.34%，美国成为继中国香港之后的中国大陆第二大直接投资目的地。[①] 这部分反映了中国各级供应商有着进入需求市场、靠近研发中心的目的，如海尔、华为、联想、紫光集团等。另外，越来越多的中国大企业注重从制造型企业转向更加重视生产服务的企业，从注重效率驱动变为注重创新驱动。

（二）调整带来的压力促使提高自身能力

随着国际各种区域合作越来越多，中国对外开放水平也将越来越高。同时，产业升级、经济结构转型越来越重要。东亚生产网络作为国际旗舰企业的供应网络，它的调整对目前东亚发展转型，尤其是中国，更具有重要意义。因此，必然要对东亚生产网络在中国的低技术水平扩张进行规划，或进行限制，要求东亚生产网络调整。要想在生产网络调整中能够不断提高在价值链上的位置，除了筹建自己的生产网络和销售网络，还需要利用网络内传递机制获取知识，积极主动地提高自己的生产能力、研发能力和销售能力。

东亚生产网络不断调整，将不断吸纳新的具有比较优势的供应商，使旗舰企业有更多选择机会。这就会增加供应商之间供货、销售的竞争，对原有供应商带来更大的竞争压力。随着全球市场竞争激烈和产品生命周期缩短，旗舰企业对供货要求和产品标准不断提高，并不断推出新的产品，这进一步增加了供应商的压力。这些压力无疑促使供应商主动提高能力，不断升级。

1. 提高研发水平

提高自身能力，包括工艺能力，关键零部件、高质量零部件的生产能

① 中国商务部、国家统计局和国家外汇管理局 2016 年发布的《2015 年度中国对外直接投资统计公报》。

力；提高研发能力、技术创新能力、发现技术诀窍的能力；[①] 提高营销水平，增加营销渠道，创设国内、国际品牌的能力。总之在既定产业发展战略下，获得增加竞争优势的能力，需要做到如下几点。

长期投资：从中期来看，购买专利和含有新技术或者有技术授权于其中的资本设备可以作为提高技术水平的有效途径；不过从长期来看，普通供应商要位居价值链的顶端，甚至成为旗舰企业，自己投资进行持续长期的研发（R&D）是最可行的办法。[②] 所以当供应商自身实力发展到一定程度后，就应该加大投资从事研发创新。在市场竞争中只有靠不断地创新，不断降低成本，提高产品质量，或者不断推出差异化产品（零部件）甚至新的产品（零部件），才能提高讨价还价的能力，长期保持与许多旗舰企业的业务关系，从而能更好获取附加值，提高在价值链上的位置，甚至成为旗舰企业。

研发创新的重要前提是要加大投资。资本是一切创新的血液和动力。由于创新结果难料，市场变化快速，创新本身也是风险极大的投资行为。通过股市、合股等方式募集社会风险资金，分散风险而又促进创新。这也加大了实行创新项目主体的压力。无论如何供应商等网络主体应该具有国际视野，坚持长期研发投资。

保持开放：对于发展中国家的供应商来说，保持对外开放，是其开阔视野、改善创新氛围、引进技术和关键设备的必要条件。据统计，全球超过 90% 的研发是由经济合作和发展组织（OECD）的经济体完成的。对于处于劳动密集型环节的中国供应商而言，向全球研发机构和旗舰企业及有关人才开放是非常重要的。充分利用现实中大量的技术传导机制，缩短研发时间。目前，购买、FDI 和积极参与国际生产网络是技术较为主要的传递、流动机制。关于国际生产网络内知识的传递，本书第四章已有所详细

---

① 关于技术没有普遍接受的理解。常见的是：由物理过程、技能和知识所组成的集合，其中物理过程是将投入转化为产出，而技能和知识则用来构造和组织包含在实现这些物理过程中的活动。参见 Kim，Linsu，"Pros and Cons of International Technology Transfer：A Developing Country View，" in Agmon，T.，Von Glinow，M. A.，eds.，*Technology Transfer in International Business*，New York：Oxford University Press，1991。

② Yusuf，Shahid，"Competitiveness Through Technological Advances under Global Production Networking，" *Global Production Networking and Technological Change in East Asia*，2004，p. 13.

论述。通过商品贸易和非要素服务贸易，也能传递技术和新知识。劳动力的迁移和与人力资本有关的流动对落后经济体的创新和技术追赶显得日益重要。[①] 因此，中国的供应商应该更加开放，积极与国际旗舰企业建立重要的联系，密切关注重要市场，引进外资，同时积极走出去，这对其自身能力的提高非常重要。当然某一行业的开放程度要根据情况而定。比如，有相当实力而受外商打压的产业需要酌情处理，防止恶意并购，保护国内竞争市场，促其快速壮大。

2. 增强人力资本

对国际生产网络转移过来的知识的消化和吸收，隐性知识的社会化和内部化，先进设备的维修和操作，尤其是进行持续的、重要的研发活动，技术人员的参与至关重要。正如 Hill 所强调的，人力资本在所有发展水平上都是非常关键的因素，无论是对企业还是对国家。[②] 在一个发展中国家，实现经济的可持续发展和避免发展中陷阱，必须重视人才的培养和大众教育水平的提高。在发展初期阶段，大众的识字率和基础教育的普及率最为现实和重要。当发展到中等收入阶段时，要实现产业的升级战略则更加需要重视教育、基本理论学科的发展、人员素质和各学科教育的均衡。

对于中国微观主体供应商而言，尤其需要重视人力资本的积累和优化。要加强与其所需核心资源有关的人力资本的积累，一方面，积极从国内高校、科研机构引进并与其合作，或从其他地方引进技术人员；另一方面，积极培养人才，充分挖掘自己所储备的人才潜力。目前，中国许多大企业在许多关键技术和关键设备生产上不断取得突破，在许多产业领域还取得了世界领先地位。这都是与充分发挥自己人才储备潜力有关的。中国瓮福集团（磷肥生产设备）、中国北车唐车公司（生产高铁设备）、沈阳鼓风机集团（生产百万吨乙烯装置的心脏——裂解气压缩机组）、徐工集团（生产 3600 吨履带式起重机）、西安陕鼓动力股份有限公司（生产硝酸生

① Hill, Hal, "Technology and Innovation in Developing East Asia," *Global Production Networking and Technological Change in East Asia*, 2004, p. 353.

② Hill, Hal, "Technology and Innovation in Developing East Asia," *Global Production Networking and Technological Change in East Asia*, 2004, p. 353.

产机组)、华为等都是通过自己的努力，历经艰辛，取得了世界领先的成果。因此我国在众多关键设备上不再受制于人，而且抢占了德国、日本、美国等大企业的市场。

作为普通的供应商，通过参与生产网络、增加销售渠道、开阔视野，得到网络内转移过来的信息，将具有国际经营视野。从而企业管理更加现代化，更加注重研发，尤其注重引进人才、培养人才。

3. 积极交流与合作

中国供应商在具有国际视野后，将多方面注重人才的引进和交流。一方面，与国内更多大企业交流，利用业务合作关系，取得大企业一些相对先进的技术和知识，购进重要设备，有利于快速成长；另一方面，利用加入生产网络的机会，建立与国际供应商、旗舰企业的密切联系，充分利用这些联系提供的机会，共享网络平台提供的资源，努力提高自己的学习能力，积极消化吸收通过生产网络转移过来的知识。

中国供应商积极地与国内科研机构、大学院校进行密切交流与合作。在注重成效和便利的情况下，中国供应商也可以考虑和科研机构、学校建立“产学研”合作体。在中国，基本上各行各业都有相关的科研机构。中国不少乡镇企业、家庭企业在参与市场激烈竞争的同时，往往没有更多的财力和时间去关注研发与创新。许多供应商尤其是一些小型供应商在加入东亚生产网络后，由于有了销售渠道，暂时没有生存压力，就没有提升能力的迫切要求，还会惯性地继续扩大原有的生产能力，更多的资源被占用到重复扩张上，而不是投入研发上。在东亚生产网络处于大调整的背景下，如果不自加压力、加强合作、主动升级或者转移制造能力，将很快被替代、被淘汰。

二 中国政府影响生产网络调整与产业升级决策

（一）转变发展模式促进东亚生产网络的调整

中国通过对内改革，释放改革红利，对外不断提高开放水平，积极引进外资，同时加快走出去。近四十年来引进外资和对外贸易快速增加，中国经济也同时快速增长。然而随着改革开放的深入，许多深层次问题不断出现。国内经济发展过于依赖投资的快速增长，且投入产出率比较低，单位 GDP 消耗能源比较高。生态资源环境的承载力和人口红利正在减弱。国内不少政策已不适宜经济发展转型需求，贫富差距较大，地区发展和部门发展极不平衡。由于中国经济对出口依赖比较高，因而中国的经济发展比较依赖于包括发达国家在内的需求市场，国内经济易受外界挟制。目前这种发展模式仍占主导地位，这增加了中国可持续、平稳发展的难度。

中国加入世界市场后，世界成本型产业和生产环节以极快的速度聚集中国，形成生产要素的优势聚集。目前，中国的有关制造行业通过加工贸易被固化（“锁定”）在低端的、劳动密集型加工制造环节上。中国成了国际跨国公司的组装基地和出口平台。结构性的原因，发达国家的市场需求仍将保持相当的规模，这使得东亚生产网络能够不断运转下去。东亚生产网络在中国的负面作用已导致“劣币效应”。“劣币效应”已经并继续导致水平数量扩大和产生对技术投入的惯性排斥。

作为发展中国家，保持适当投资推进制造业发展是必要的，但随着经济的发展，要不断地增加居民收入、提高消费水平、促进服务业发展、实现可持续性均衡发展。2013 年中国第三产业服务业占 GDP 的比重首次超过了第二产业。随着发展方式的转型，产业结构更加合理化、高级化。照发达国家的经历，中国服务业增加的趋势将继续。在整体发展战略上，在保持国民经济中速增长的同时（如 2013 年 GDP 增长率为 7.7%，计划以后为6% ~7%，要稳就业），力促发展模式转型；保持投资相对稳定，促进产业结构更加合理化、高级化；增加居民初次分配在国民生产总值中的比重，增加可支配收入，扩大消费市场。

目前，东亚发达经济体如日本、韩国等产业结构已固化，很难调整，和东亚发展中经济体一样依然依赖对外出口带动经济发展。中国庞大的经济规模和在亚洲的分工地位，使得中国处于东亚和区域外经济失衡的焦点位置上，使得中国在东亚经济增长模式转型中具有特殊意义。[①] 无论是基于本国经济转型的需要还是东亚及全球经济发展的需要，中国要主动调整经济结构，提高创新水平，必须影响东亚生产网络的调整。

---

① 赵江林主编《后危机时代亚洲经济增长与战略调整》，社会科学文献出版社，2013，第 26 页。

（二）力促生产网络的调整有利于中国产业升级

本书已经论述了中国促进东亚生产网络调整所凭借的资源。但和供应商一样，不能从根本上决定东亚生产网络如何调整。东亚生产网络的调整本质上是微观主体在竞争环境下的市场行为，主要是生产网络的组建者即旗舰企业的逐利表现，也应当是资源配置最优化过程。但中国凭借自己的资源，利用经济发展战略尤其是产业规划、产业扶持政策，完全可以影响东亚生产网络的调整，使之有利于推进中国网络主体的升级。

1. 限制低水平扩张、引进高端环节聚集

中国不断提高对外开放水平，不断推出吸引外资的优惠政策，曾经大力推动“来料加工”“进料加工”，实行“两头在外”的加工贸易政策，还大幅降低对外关税，减少非关税贸易壁垒。积极参加区域合作，大力推动经济一体化。除了加入 WTO 外，与众多经济体签署双方投资协定（BIT），和一些经济体或区域组织建立自由贸易区（FTA）并不断提高合作水平。中国设立上海、广东、福建、天津等十一个自贸试验区，将进一步提高对外开放水平。

前文已经论述了中国在劳动力、土地等方面的比较优势，中国政府决策能力和执行能力也是独具优势。中国各级政府在营造经济发展环境方面已经做出了巨大的努力，取得了惊人的成就。无论是基础设施，还是市政建设，公共品的提供及其速度都是高效的。例如，中国高铁、高速公路等交通运输的建设、物流、通信、媒介等的发展非常迅速。在经济发展软环境方面，中国不断改革不适应经济发展的政策。党中央和国务院就各方面的改革提出了许多目标，并不断落实。同时，不断探讨教育改革，为培养更多有文化、高素质或具有创新能力的人才出台合适的政策。

目前，中国优越的发展环境和不断扩大的市场规模是连年吸引大量 FDI 的重要原因。这使得东亚生产网络在中国快速发展，中国供应商积极加入东亚生产网络，参与国际市场竞争。通过网络这一平台、媒介，中国供应商与高级供应商或旗舰企业建立了联系，获得了网络转移过来的知识，了解了全球市场需求信息和发展动态。中国 ICT 等产业不断发展和不断升级，与加入东亚生产网络不无关系。

鉴于国际分工法则带来的弊端，中国必须主动纠正，这与自由化目的是一致的。目前，中国各级政府和产业主管部门最好会同各产业的主要企业，研究海内外产业发展情况和竞争规律，对东亚生产网络的无限制水平扩张采取一定的抑制政策，以促使地方各级政府更加注重可持续性发展，鼓励企业将更加注重产品质量，更加注重培育企业的生产能力和研发能力。由于中国就业压力大，大部分劳动力技能素养亟待提高，因此短期内彻底改变劳动密集型为主的分工方式很不现实。中国许多产业的核心技术和精密零部件、关键零部件的生产能力还依赖发达经济体的旗舰企业，工艺水平和高端制造水平还比较落后，国际品牌还很少。因此，不仅需要继续参与东亚生产网络的分工布局，还得通过政策引导价值链高端环节在中国的分工布局。

经济规模、要素成本优势及优越的发展环境，不断增长的科研实力，还有对东亚生产网络生产环节在中国的水平扩张的规划，使得中国在引进FDI时就有了较大的选择权，可以积极引进提升中国供应商能力的FDI，积极促使旗舰企业在中国布局更多的研发、设计环节，促使其与中国更多的供应商加强科研合作，合资生产更多关键零部件。

2. 加大投资吸引更多高端环节聚集

中国增加对事关经济战略发展的实体经济的更多投资，并不断优化投资结构，促进市场规模不断扩大。对落后企业的改造、对中小企业的扶持以及培育和发展新兴产业可以拉动对技术、设备的更多需求。在采购零部件、设备上实行有利于中国供应商引进更多技术的政策。对中国具有实力但与国际先进水平还有些差距的关键领域实行集中资源集体攻关办法。[①]要求发达经济体旗舰企业与本地供应商合资，增加本地产品（零部件）生产率、采购率。进而鼓励相互竞争的旗舰企业在本地投资生产关键设备，提高本地供应商关键零部件生产能力。以各地自贸区、高新园区为基础发展关键设备、零部件生产聚集区，有利于中国供应商在聚集区内获得制造技术溢出效应。

据一份美国财务公司调查报告，选择投资中国的美国企业有69%是由

① 集中资源集体攻关事例国内外都有：苏联工业化、美国阿波罗登月、中国两弹一星等。

于中国的市场规模，有31%的是由于其廉价劳动力。[①] 因此随着中国市场需求的扩大，产品本地化和差异化必然促使旗舰企业增加在本地投资，设立区域研发中心，形成研发中心聚集区，成为技术源和增长极。同时加大引进人才投资力度，促进人员交流，增加研发中心聚集区研发技术溢出效果。本地供应商完全可以参与合作，通过网络内知识传递以及参与研发，提高自己的创新能力，进而提高自己在生产网络内的位置。

中国加大投资，积极引进先进技术和设备。事实上，中国许多企业之所以有今天的世界领先地位，是基于引进国外先进的专利、技术或关键设备。进而消化、吸收、创新，达到了世界领先地位，如大连光洋科技工程有限公司（生产高端精密数控机床）、济南二机床集团（世界领先的冲压线）、沪东中华集团（生产高附加值的LNG船）等。

3. 利用网络规模聚集更多高附加值环节

目前，中国已是世界上制造能力最大的国家，具有良好且完备的产业发展基础。东亚生产网络在中国的发展规模非常庞大，并且已经在不断调整。一些劳动密集型、低附加值环节已经转移到东亚其他经济体。

中国大部分产业的经济聚集区对零部件、对原材料产品的需求都达到比较大的规模，从而使得旗舰企业和其高级供应商无须顾虑因规模偏低而使得收益为负，也无须顾忌产业基础差。它们积极到中国各个产业区进行投资，获得低成本的产品。中国政府出于产业升级的目的，通过缩减优惠条件，对只是寻求效率而无技术含量的生产环节有一定的挑选。对于能提高中国供应商生产能力的环节，能对中国供应商进行培训的环节，促使劳动分工精细化、提高工艺的生产环节，或者研发环节在本地区布局，将得到相应的优惠条件。

同一行业的各个旗舰企业因为对一定规模以上的生产网络密集区产生供货依赖，进而对供应商尤其是对有专利技术和生产工艺的供应商产生依赖，从而使得供应商增加了销售渠道，增加了价格谈判权力。当然只能是生产网络密集区的高级供应商才会有机会获得更多附加值，而一些供应商

① http://www.sx.gov.cn/art/2012/11/5/art_3286_344482.html.

为了增加销售相互削价，反而增加了旗舰企业的挑选权。在与旗舰企业保持联系的前提下，各个旗舰企业之间竞争有利于本地供应商获得更多的有价值的知识。

在具有一定规模的生产网络聚集区，显然是技术工人、管理精英和普通劳动者聚集的地方。相互之间由于分工合作与密切的私人往来，产生了一个相互信任的社区，即社会网络。不少供应商在为高级供应商或旗舰企业代工时，通过努力和相互交流获得一些专利技术，从而增加对旗舰企业的要价权。旗舰企业对该区域的人才依赖、技术依赖，将使得其将价值链的更多环节布局到生产网络密集区，从而使得中国地方政府在吸收 FDI 时，有了选择权。可以利用旗舰企业或高级供应商对人才和技术的依赖，要求其将更多的研发环节布局到本区域。这样既有利于旗舰企业或高级供应商与本地供应商更能密切地交流信息，随时根据全球市场和本地市场的需求实现产品的差异化生产或本地化生产，又能及时吸收、转移网络内先进知识，及时提高各级供应商生产能力，增加整个生产网络的竞争力。吸引更多的旗舰企业和高级供应商的子公司到本地投资，将刺激本区域形成资源共享、信息和知识共享的协同区域；将促进人才流动速度增加，促进更多创新型人才的成长和会集；将促使本地供应商收获更多国际信息及其他生产网络的运行知识。

增长极理论强调了较强的经济关系行为会带来多重效果的空间集中性，而这种地理集中性在一定空间范围内将引发集聚经济进一步的增长①。从而中国某些区域规模将继续增大，吸引更多的各种产业的旗舰企业和高级供应商，使之成为创新技术发源地、新产品或零部件的设计中心和生产基地。这不断促使本土供应商提高自己的生产能力、掌握先进技术，还能吸引其他旗舰企业为了研发和了解竞争对手而聚集于本区域。

4. 扩大消费市场促进生产网络完善

促进中国发展方式转型将是一项长期而艰巨的任务。目前，中国的人均 GDP 在世界排名非常靠后，国家底子还很薄弱。这就注定了 GDP 的构

---

① Gatrell, Anthony C., *Distance and Space: A Geographical Perspective*, Oxford: Clarendon Press, 1983.

成将是长期不平衡的，即投资占比将有很长一段时间大于居民消费。[①]

尽管经济增长失衡将是长期现象，但在经济发展过程中居民收入不断增加，消费也是不断增加的，从而推动消费市场扩大。中国现在不仅经济规模庞大，而且最终产品消费市场越来越大，通过改革将增加更多消费能力。美国《时代》周刊2012年9月7日的报道指出中国购买全球1/4的奢侈品，而在2007年只购买了全球5%的奢侈品，5年增长了4倍。[②] 由此可见，如果规范市场、降低关税，中国居民对进口商品消费潜力将是非常大的，将使任何一个旗舰企业不得不重视中国市场。[③]

对中国庞大消费市场的重视，将使得更多的各行各业的旗舰企业将营销环节更多地布局在中国。一方面，旗舰企业将更加重视在中国的研发、产品差异化设计、本土化设计，加快推出新产品。这将提高参与合作的中国供应商的研发水平。另一方面，旗舰企业子公司的管理优势、销售优势将对国内产品经销商带来更多竞争压力，但也能促使国内经销商获得更多销售知识、管理知识。中国政府选择适当的政策，既能鼓励中国供应商、销售商不断成长，又能保护市场竞争，促进资源配置更加有效。但这对政府来说将是困难的、复杂的挑战。

（三）积极鼓励和促使国内供应商升级

中国政府在积极影响东亚生产网络调整的同时，也加大对微观主体即中国供应商的扶持力度。通常扶持供应商，鼓励其积极加入东亚生产网络，参与国内外市场竞争，不断提高其在价值链上的位置。主要采取的思路在本章第一节有所论述，这里简单总结一下。

首先，政府积极筹划，扶持、鼓励有实力的供应商成长为本地原生型生产网络的领头企业，使之尽快成为国际旗舰企业的一级供应商，并整合原生型生产网络或自己组建生产网络。同时，政府积极帮助有实力的中国供应商实施品牌战略，增加同旗舰企业的讨价还价能力，甚至提供贷款鼓励供应商积极并购有实力和专利技术的旗舰企业，一下子提升到价值链的

---

① 黄玉川认为，在相同发展阶段，经济增长失衡的经济体的工资和消费增长速度大于经济增长平衡的经济体。参见 http://www.ftchinese.com/story/001051615。

② http://news.xinhuanet.com/world/2012-09/11/c_123697655.htm.

③ http://news.xinhuanet.com/world/2013-03/23/c_115133427.htm.

高端。

目前，中国政府在扶持、促进供应商技术升级，微观方面不妨从如下四个方面着手。

第一，鼓励供应商结合中国的经济实力和发展环境，立足于本国的要素禀赋，将由东亚生产网络等传递过来的技术知识进行本地化。结合自己的研发创新，推出具有特色的产品，如一些国产智能手机产品、PC 机及国产的芯片等。

第二，鼓励供应商通过对进口的设备和产品进行某些改造、创新，开发出与国际品牌产品不同的消费品，使改造后的产品质优价廉，能更好地满足本国或其他发展中经济体的需求。因此，这种创新后的产品在发展中国家的市场具有竞争力。

第三，鼓励供应商结合技术知识本地化和产品改造，立足于各地要素供给条件和需求条件组织生产过程、改进工艺、降低成本，使其在小规模生产条件下也能获得较高的经济效益。

第四，鼓励供应商结合本国庞大的消费市场和多层次消费档次，吸收旗舰企业和全球品牌商的营销知识和技能，提高营销能力和管理能力，立足一部分消费层次，树立本地品牌。立足国内积极走向全球市场。

其次，积极介入非原生型生产网络的组建过程，根据实际情况规划生产环节的水平扩张。利用不同的优惠政策及旗舰企业之间的竞争，促使旗舰企业通过生产网络转移更多的先进知识，开展劳工培训、技术指导，提高本地供应商的生产能力和研发水平；促使外来旗舰企业尽可能多吸纳本地企业参与到其组建的非原生型生产网络内，建立与旗舰企业和国际市场之间的联系。

再次，积极招商引资，引进重要技术和人才，购进关键设备，促使中国供应商提高研发能力。当区域经济规模达到一定程度、生产网络密集时，迫使一些低附加值的生产环节转移，促使中国供应商积极跟随旗舰企业子公司在其他区域重新投资，发展生产能力，建立自己的生产网络，提高自己的价值链地位。同时，在本区域利用优惠政策和良好完备的产业基础、经济规模积极引进旗舰企业，促进竞争，进而引进研发中心等高附加值环节，促成中国供应商积极参与高附加值环节的经营，提高其研发能力，力争掌握自己独有的核心技术、专利甚至品牌。

最后，集中力量实现重大技术突破。国家完全可以利用财政力量，动员和组织科研机构、大学和企业研发部门合力攻关，在事关国家战略发展和具有深远影响的项目上，实现技术创新、制造技能突破，力争打破发达国家的垄断和封锁，甚至取得世界领先地位，从而处于价值链的高端位置上。对从事科研创新机构和企业实行财政扶持，鼓励引进专利和人才。

案例：在电子信息产业方面，核心电子器件、高端通用芯片及基础软件产品（简称核高基）一直是国家和企业的发展短板，与发达国家差距较大。因而这方面一直受制于美日等旗舰企业和高级供应商。每一个高端或低端的电子产品，如 PC 机、移动设备，都要交纳芯片使用专利费。2013 年进口芯片总值为 2313 亿美元，超过进口石油的 2196 亿美元。① 根据《国家中长期科学和技术发展规划纲要（2006—2020 年）》，要在未来 15 年加快发展 16 个重大专项，在制造业中优先攻关第一项就是事关信息领域的基础件和通用部件。② 科技部是核高基重大专项的领导小组组长单位；工业和信息化部是核高基重大专项的牵头组织单位，是实施核高基重大专项的责任主体。③ 第一批关于操作系统、应用软件、数据库和中间部件等方面的课题申请于 2009 年。国家计划通过连续 15 年的资金支持，使这些引领中国信息产业发展的战略项目能扭转中国信息产业重大技术缺陷状况，将从根本上改变基础软硬件依赖国外的局面。

中国成立了“大基金”（国家集成电路产业投资基金）来支持生产微芯片和半导体的公司。中国政府设定在 2030 年前使本国微芯片产业具备竞争力的目标。届时，至少有几家中国企业应成为行业领导者。美国伯恩斯坦研究公司认为，如果中国的所有项目都得到落实，那么 2020 年全球微芯片市场的供应将超过需求的 25%，从而导致价格下降和利润减少。④

（四）加大科研机制的改革和促进创新机制的建立

长期内，中国政府要影响东亚生产网络的调整，促使其有利于中国供应商在价值链上的升级，关键是增加人力资本投入、提高社会创新能力。

---

① http://news. xinhuanet. com/info/2014 - 03/03/c_133154548. htm.

② http://www. gov. cn/jrzg/2006 - 02/09/content_183787_8. htm.

③ http://news. ifeng. com/a/20140406/40000902_0. shtml.

④ http://pit. ifeng. com/a/20170801/51541010_0. shtml?_share = sina&tp = 1501516800000.

通过政府的努力，中国在近几年的创新能力不断提高。如2012年中国的创新指数为148.2，相比较2011年的139.6（以2005年为100），增长了6.2%。从学历、人均GDP、研发经费占比、科研人员人数等方面来看，中国科研创新产出、创新投入、创新环境及创新成效都有了较大的提高。[①]这为中国供应商提高研发实力、提供人才支撑及提供交流与合作的创新环境。国家对创新高度重视，加大科研机制的改革，促进创新机制的建立和人才的教育改革；对外积极开放，引进大量人才，将为中国供应商提高价值链的位置，甚至掌握核心技术成为旗舰企业，或者成为国际销售商都提供了不竭的智力支持。

中国改革教育体制、改革研发创新和激励机制一方面要结合本国国情，另一方面要借鉴国际上各个经济体的成功经验和吸取失败教训。一个国家创新能力的落后从来不是某一方面的问题。例如，相比于美国的风险投资体制，日本相应的不足使得其创新型企业的生成环境不完善，这是日本产业结构近来调整缓慢的重要原因之一。创新型企业的规模还与一定的社会文化环境以及企业家冒险精神有关。新兴产业的兴起需要大批创新企业的出现及市场的支撑，而基础研究绝不能缺失。日本基础研究能力与欧美有些差距，制约了其新兴产业的成长和发展。[②] 东亚日本、“亚洲四小龙”相关的经验和教训已有不少文献讨论，本书不再重点讨论。

（五）中国政府积极促进区域和全球更加开放

由东亚生产网络形成和发展的条件来看，东亚区域若能提高合作水平，则能促进东亚生产网络尽快调整并促进东亚内向性增加。

中国可以利用自己的经济实力和政治力量，积极促进区域合作，为生产网络在东亚的发展、调整提供制度保障。由于东亚生产网络的特点，东亚区域合作要尽快开展，尽快消除边境上及边境内的制度障碍。中国提出“一带一路”倡议，倡议成立亚投行，构建亚洲命运共同体。在国内，已经开始建设十一个自由贸易试验区，提高对外开放水平，倒逼国内改革。

---

① 中国统计局2005～2012年中国创新指数，http://www.stats.gov.cn/tjsj/zxfb/201402/t20140218_512606.html。

② 薛敬孝、白雪洁等：《当代日本产业结构研究》，天津人民出版社，2002，第287页。

中国—东盟自由贸易区升级版，中韩、中澳等高水平自贸区都已经建成。目前积极进行 RCEP 的研究和谈判等，与美国的双边投资协定也正在谈判。这些将和东亚生产网络调整同时进行，极大地促进了东亚生产网络的发展和调整，促进中国产业不断升级。

这些方面的开放必将极大地提高中国对外开放水平，促进东亚区域合作不断深化，为东亚生产网络的调整和中国产业升级提供较好的区域环境。

三　生产网络调整和产业升级相互促进

各个经济体的要素成本是不断变化的，各个经济体的优惠政策也是会发生变化的，从而旗舰企业会内在地主动调整生产网络使得东亚资源配置更加有效，从而更好地服务于领导企业的全球经营战略。也许在一个聚集区出现了规模不经济，使得生产网络不得不整体迁移到其他地区，使得原来地区经济增长动力发生改变。

在中国，鉴于其经济规模、产业基础以及比较优势、优惠政策尚存等条件，更为可能的是东亚生产网络的调整会促使原来集聚地和新的地区经济继续发展，产业能得到一定程度的升级。中国供应商和各级政府完全可以充分利用自己所掌握的资源，积极参与东亚生产网络的调整，对东亚生产网络乃至全球生产网络的调整施加影响。一方面，这能促进本地产业不断升级；另一方面，能促使东亚生产网络不断调整，直到东亚市场需求、中国市场需求成为东亚生产网络运转的重要动力，那时调整范围将扩大至全球。

中国产业不断升级，不断提高在价值链上的位置，获取的附加值越来越多，必将促进中国发展模式转型，消费规模不断扩大，经济结构不断转型，市场经济体制越来越完善。这促进东亚生产网络不断地进行调整，在中国必然布局更多的生产网络及更多高附加值环节。

因此，若应对得当，东亚生产网络的调整和中国的产业升级能够相互促进，这也意味着东亚生产网络不仅仅是跨国公司的竞争利器，也是东亚经济体实现经济发展和转型的途径和手段。这也证实了完全存在借助东亚生产网络的调整实现中国产业升级的可能性。

参考文献

〔澳〕杨小凯：《经济学原理》，中国社会科学出版社，1998。

〔澳〕杨小凯、黄有光：《专业化与经济组织——一种新兴古典微观经济学框架》，张玉纲译，经济科学出版社，1999。

〔澳〕杨小凯、张永生：《新兴古典经济学与超边际分析》，中国人民大学出版社，2000。

〔德〕威廉·恩道尔：《石油战争》，赵刚、旷野等译，知识产权出版社，2008。

〔法〕魁奈：《人口论》，载吴斐丹、张草纫译《魁奈经济著作选集》，商务印书馆，1979。

〔韩〕安忠荣：《现代东亚经济论》，田景等译，北京大学出版社，2004。

〔美〕彼得·卡赞斯坦：《地区构成的世界：美国帝权中的亚洲和欧洲》，秦亚青、魏玲译，北京大学出版社，2007。

〔美〕伯格斯坦、吉尔、拉迪、米切尔：《账簿中国——美国智库透视中国崛起》，中国发展出版社，2008。

〔美〕博拉斯：《听任自生自灭：亚洲生产网络和美国电子业的复兴》，载巴里·诺顿主编《经济圈——中国大陆、香港、台湾的经济和科技》，贾宗谊、贾志天译，新华出版社，1999。

〔美〕亨廷顿：《文明的冲突与世界秩序的重建》，周琪等译，新华出版社，2010。

〔美〕卡斯特：《网络社会的崛起》，夏铸九等译，社会科学文献出版社，2001。

〔美〕科斯、阿尔钦、诺斯：《财产权利与制度变迁》，刘守英译，上海人民出版社，2004。

〔美〕迈克尔·波特：《竞争优势》，陈小悦译，华夏出版社，2005。

〔美〕钱德勒：《看得见的手：美国企业的管理革命》，重武译，商务印书馆，1987。

〔美〕钱德勒：《企业规模经济与范围经济——工业资本主义的原动力》，张逸人、陆钦炎等译，中国社会科学出版社，1999。

〔美〕钱纳里等：《工业化和经济增长的比较研究》，吴奇、王松宝等译，上海三联书店，1989。

〔美〕瑟罗：《二十一世纪的角逐：行将到来的日欧美经济战》，周晓钟等译，社会科学文献出版社，1999。

〔美〕约翰·奈斯比特：《亚洲大趋势》，尉文译，外文出版社、经济日本出版社、上海远东出版社，1996。

〔日〕安藤哲生：わが国技術貿易の史的展開，載日本貿易史研究会編『日本貿易の史的展開』，三嶺書房出版社，1997。

〔日〕浦田秀次郎：《FDI－贸易关联的出现及东亚的经济增长》，载斯蒂格利茨等编《东亚奇迹的反思》，王玉清、朱文晖译，中国人民大学出版社，2000。

〔日〕青木昌彦、安藤晴彦编著《模块时代：新产业结构的本质》，周国荣译，上海远东出版社，2003。

〔日〕森泽惠子：《现代菲律宾经济结构分析》，刘晓民译，《南洋资料译丛》1995年第Z1期。

〔日〕小岛清：《对外贸易论》，周宝廉译，南开大学出版社，1987。

〔英〕彼得·迪肯：《全球性转变——重塑21世纪的全球经济地图》，刘卫东等译，商务印书馆，2007。

卜国琴：《全球生产网络与中国产业升级研究》，博士学位论文，暨南大学，2007。

陈莉：《从日本系列化生产体制变革趋势看中小企业活力源泉》，《中国石油大学学报》（社会科学版）2006年第2期。

陈鹏、郑翼村：《“微笑曲线”理论对我国产业结构高度化的启示》，《市场论坛》2006年第11期。

陈勇：《区域生产网络：东亚经济体的新分工形式》，《世界经济研究》

2006 年第 2 期。

程新章：《国际生产体系变革对传统国际贸易理论的挑战》，《上海立信会计学院学报》2006 年第 3 期。

丁剑平：《亚洲金融危机后亚洲各国汇市的波动特征改变了吗》，《经济学》（季刊）2003 年第 2 期。

都阳、曲玥：《劳动报酬、劳动生产率与劳动力成本优势》，《中国工业经济》2009 年第 5 期。

方甲：《产业结构问题研究》，中国人民大学出版社，1997。

方世建、徐肖伟：《产业价值链的组织分析和治理研究》，提交给“第三届公司治理国际研讨会”论文，南开大学，2005 年 11 月 8 ~9 日。

高鸿业主编《高鸿业西方经济学》，中国人民大学出版社，2011。

高越、高峰：《垂直专业化分工及我国的分工地位》，《国际贸易问题》2005 年第 3 期。

宫占奎：《亚太贸易投资自由化的实现路径》，载唐国强主编《跨太平洋伙伴关系协定与亚太区域经济一体化研究》，世界知识出版社，2013。

苟昂、廖飞：《基于组织模块化的价值网研究》，《中国工业经济》2005 年第 2 期。

郭芳：《东盟制订“东盟工业合作计划”》，《东南亚南亚信息》1996 年第 18 期。

黄少军：《服务业与经济增长》，转引自周小兵《亚太地区经济结构变迁研究（1950 ~2010）》，社会科学文献出版社，2012。

黄卫平、朱文晖：《温特制：美国新经济与全球产业重组的微观基础》，《美国研究》2004 年第 2 期。

黄永明：《全球价值链视角下中国纺织服装企业的升级路径选择》，《中国工业经济》2006 年第 5 期。

黄永明、何伟、聂鸣：《全球价值链视角下中国纺织服装企业的升级路径选择》，《中国工业经济》2006 年第 5 期。

黄永明、聂鸣：《全球价值链治理与产业集群升级国外文献研究综述》，《北京工商大学学报》（社会科学版）2006 年第 3 期。

纪昀：《从新古典到新兴古典：国际贸易理论的最新发展》，《世界经济研究》2000 年第 1 期。

贾都强：《东亚权威政治的功与过》，载张蕴岭主编《亚洲现代化透视》，社会科学文献出版社，2000。

景秀艳：《生产网络、网络权力与企业空间行为》，中国经济出版社，2008。

李东红：《跨国公司知识转移及其对我国的启示》，《国际经济合作》2006年第3期。

李娇、陆晓丽：《从国际生产网络视角考察东亚贸易模式转变》，《亚太经济》2008年第3期。

李魁：《劳动力负担对东亚经济起飞的影响》，《中国人口科学》2010年第4期。

李相文、韩镇涉、叶绿茵：《亚洲“四小龙”》，新华出版社，1988。

李向阳：《2010～2011年亚太经济形势回顾与展望》，载李向阳主编《亚洲与中国经济模式调整——2011亚太地区发展报告》，社会科学文献出版社，2011。

李向阳：《全球化时代的区域经济合作》，《世界经济》2002年第5期。

李向阳：《全球经济失衡及其对中国经济的影响》，《国际经济评论》2006年第2期。

李晓、丁一兵：《亚洲的超越：构建东亚区域货币体系与“人民币亚洲化”》，当代中国出版社，2006。

梁鹏、滨田康行：《日本风险投资的新发展及其对我国的启示》，《科技进步与对策》2008年第6期。

梁琦：《产业集聚论》，商务印书馆，2004。

林季红：《日本分包制的经济学分析》，《世界经济》2002年第7期。

林毅夫：《制度、技术与中国农业发展》，上海人民出版社，1994。

刘德伟：《东亚区域生产网络与贸易不平衡》，博士学位论文，中国社会科学院研究生院，2011。

刘洪钟：《论东亚地区经济的关联机制》，《世界经济与政治》2000年第5期。

刘厚俊、王丹利：《劳动力成本上升对中国国际竞争比较优势的影响》，《世界经济研究》2011年第3期。

刘林森：《国际汽车市场面临变革》，《经济世界》2002 年第 3 期。

刘强：《中国台湾工业技术研究院案例研究》，《研究与发展管理》2003 年第 1 期。

刘强、范爱军：《中国巨额国货复进口成因探析》，《亚太经济》2011 年第 3 期。

卢锋：《产品内分工：一个分析框架》，北京大学中国经济研究中心讨论稿，2004 年第 5 次。

卢现祥：《新制度经济学》，武汉大学出版社，2004。

罗仲伟：《网络组织的特征及其经济学分析》，《外国经济与管理》2000 年第 6 期。

欧志明、张建华：《企业网络组织的演进及类型研究》，《决策借鉴》2002 年第 1 期。

裴桂芬、刘光辉等：《2008 年度日本经济财政白皮书述评》，《日本问题研究》2009 年第 1 期。

秦升：《全球价值链治理理论：回顾与展望》，《国外理论动态》2014 年第 12 期。

邱斌、叶龙凤、孙少勤：《参与全球生产网络对我国制造业价值链提升影响的实证研究》，《中国工业经济》2012 年第 1 期。

芮明杰、刘明宇、任江波：《论产业链整合》，复旦大学出版社，2006。

伞锋：《交易成本节约与规模经济——日本系列化生产体制浅析》，《外国问题研究》1995 年第 2 期。

世界银行编《东亚的复苏与超越》，朱文晖、王玉清译，中国人民大学出版社，2001。

宋泓：《全球产业布局新趋势》，载王洛林、张宇燕主编《2013 年世界经济形势分析与预测》，社会科学文献出版社，2013。

苏东水：《泉州发展战略研究》，复旦大学出版社，1999。

唐东波：《中国的贸易开放、产业升级与就业结构研究》，博士学位论文，复旦大学，2012。

田家欣、贾生华：《网络视角下的集群企业能力构建与升级战略：理论分析与实证研究》，浙江大学出版社，2008。

涂颖清：《全球价值链下我国制造业升级研究》，博士学位论文，复旦大学，2010。

王春法：《国家创新体系与东亚经济增长前景》，中国社会科学出版社，2002。

王德建、杨蕙馨：《温特制生产：动因、运行机制与企业竞争优势重构》，《山东大学学报》（哲学社会科学版）2011 年第 2 期。

王静文：《东亚区域生产网络研究》，博士学位论文，吉林大学，2007。

王述英：《现代产业经济理论与政策》，山西经济出版社，1999。

王拓：《分工经济思想的发展——从亚当·斯密到新兴古典经济学》，《当代财经》2003 年第 11 期。

王雪佳：《美国新经济与东亚信息产业发展研究》，博士学位论文，中国人民大学，2001。

王燕武、李文溥、李晓静：《基于单位劳动力成本的中国制造业国际竞争力研究》，《统计研究》2011 年第 10 期。

王玉主：《东盟 40 年——区域经济合作的动力机制（1967～2007）》，社会科学文献出版社，2011。

谢安世、于永达：《优势集聚导向的经济发展模式》，《当代财经》2015 年第 9 期。

薛敬孝、白雪洁等：《当代日本产业结构研究》，天津人民出版社，2002。

薛可、陈晞、王韧：《基于社会网络的品牌危机传播“意见领袖”研究》，《新闻界》2009 年第 4 期。

杨瑞龙：《企业共同治理的经济学分析》，经济科学出版社，2001。

姚洋：《全球经济失衡是全球劳动分工的一个副产品》，《中国改革》2009 年第 12 期。

姚枝仲、张宇燕：《2016～2017 年世界经济形势分析与展望》，载张宇燕、孙杰编《2017 年世界经济形势分析与预测》，社会科学文献出版社，2017。

喻春娇、陈咏梅、张洁莹：《中国融入东亚生产网络的贸易利益——基于 20 个工业部门净附加值的分析》，《财贸经济》2010 年第 2 期。

喻春娇、徐玲：《中国在东亚电子行业生产网络中的分工地位研究——以 ICT 部门为例》，《世界地理研究》2010 年第 4 期。

喻春娇、徐玲：《中国在东亚生产网络中的分工地位——基于机电行业零部件贸易的考察》，《中国经贸》2010年第2期。

曾铮、张亚斌：《价值链的经济学分析及其政策借鉴》，《中国工业经济》2005年第5期。

张斌、徐奇渊：《中国宏观经济形势分析与展望》，载张宇燕、孙杰编《2017年世界经济形势分析与预测》，社会科学文献出版社，2017。

张辉：《全球价值链理论与我国产业发展研究》，《中国工业经济》2004年第5期。

张骥、韩晓彬：《论台湾产业结构的演变及其原因》，《台湾研究》2000年第3期。

张五常：《企业的契约性质》，载陈郁编《企业制度与市场组织——交易费用经济学文选》，上海三联书店，1996。

张毅、张子刚：《企业网络与组织间学习的关系链模型》，《科研管理》2005年第2期。

张禹东：《海外华商网络的构成与特征》，《社会科学》2006年第3期。

张玉柯、马文秀：《比较优势原理与发展中国家的经济发展》，《太平洋学报》2001年第1期。

张蕴岭：《世界经济中的相互依赖关系》，中国社会科学出版社，2012。

张蕴岭：《世界市场与中国对外贸易发展的外部环境》，中国社会科学出版社，2007。

张蕴岭、魏燕慎主编《简明东亚百科全书（上卷）》，中国社会科学出版社，2006。

张振江：《东盟特惠贸易安排：回顾与评价》，《东南亚研究》2006年第3期。

赵红梅、曾晓萱：《韩国政府对高技术产业的管理》，《研究与发展管理》1998年第4期。

赵江林：《东亚经济增长模式：转型与前景》，社会科学文献出版社，2010。

赵江林：《亚太地区的资本流动》，载周小兵主编《亚太地区经济结构变迁研究（1950～2010）》，社会科学文献出版社，2012。

赵江林：《亚太地区贸易结构的变化》，载周小兵主编《亚太地区经济结构变迁研究（1950～2010）》，社会科学文献出版社，2012。

赵江林：《亚洲实现自主增长的主要途径》，载李向阳主编《亚太地区发展报告 2011 亚洲与中国经济模式调整》，社会科学文献出版社，2011。

周小兵：《从贸易收支看东亚贸易结构的发展》，载张蕴岭、孙士海主编《亚太地区发展报告（2005）：发展趋势预测与热点问题分析》，社会科学文献出版社，2006。

周小兵：《亚太地区经济结构变迁研究（1950～2010）》，社会科学文献出版社，2012。

周小川：《中国的贸易平衡和汇率有关问题》，载中国社会科学院经济学部编《全球经济失衡与中国经济发展》，经济管理出版社，2006。

Abernathy, William J., Phillip L. Townsend, "Technology, Productivity and Process Change," *Technological Forecasting and Social Change*, Vol. 7 (4), 1975.

Amighini, Alessia, "China in the International Fragmentation of Production: Evidence from the ICT Industry," *European Journal of Comparative Economics*, Vol. 2 (2), 2005.

Andersson, Ulf, Ingmar Björkman, Mats Forsgren, "Managing Subsidiary Knowledge Creation: The Effect of Control Mechanisms on Subsidiary Local Embeddedness," *International Business Review*, Vol. 14 (5), 2005.

Ando, Mitsuyo, Fukunari Kimura, "New Dimensions of International Production Sharing in East Asia: Evidence from International Trade Data and Japanese Micro Data," 2004, http://www.fbc.keio.ac.jp/jsie/12 - 1_Ando_full.pdf.

Ando, Mitsuyo, Fukunari Kimura, "The Formation of International Production and Distribution Networks in East Asia," in *International Trade in East Asia, NBER-East Asia Seminar on Economics*, University of Chicago Press, Vol. 14, 2005.

Ando, Mitsuyo, Fukunari Kimura, "The Formation of International Production and Distribution Networks in East Asia," *International Trade in East Asia, NBER-East Asia Seminar on Economics*, Chicago: University of Chicago

Press, Vol. 14, 2005.

Ando, Mitsuyo, "Fragmentation and Vertical Intra-industry Trade in East Asia," *The North American Journal of Economics and Finance*, Vol. 17 (3), 2006.

Andreas, Stamm, "Value Chains for Development Policy Challenge for Trade Policy and the Pronation of Economic Development," *IDS Bulletin*, 2004.

Antonelli, Cristiano, *The Economics of Information Networks*, Elsevier Science Inc., 1992.

Antonio, E. T., Country Sector Study: Philippines (paper presented at the Progress Review Meeting of the International Competitiveness of Asian Economies: A Cross-Country Study, Asian Development Bank, Manila, February 2001).

Antrùs, Pol, "Firms, Contracts, and Trade Structure," *The Quarterly Journal of Economics*, Vol. 118 (4), 2003.

Ariff, Mohammed, "Trade, Investment, and Interdependence," *Reinventing ASEAN*, 2001.

Athukorala, Prema – Chandra and Nobuaki Yamashita, "Production Fragmentation and Trade Integration: East Asia in a Global Context," *North American Journal of Economics and Finance*, Vol. 17 (3), 2006.

Athukorala, Prema – Chandra, Jayant Menon, "AFTA and the Investment-Trade Nexus in ASEAN," *The World Economy*, Vol. 20 (2), 1997.

Athukorala, Prema – Chandra, "Product Fragmentation and Trade Patterns in East Asia," *Asian Economic Papers*, Vol. 4 (3), 2005.

Balassa, Bela, "Tariff Reductions and Trade in Manufacturers among the Industrial Countries," *The American Economic Review*, Vol. 56 (3), 1966.

Bernard, Mitchell and John Ravenhill, "Beyond Product Cycles and Flying Geese: Regionalization, Hierarchy, and the Industrialization of East Asia," *World Politics*, Vol. 47 (2), 1995.

Blackler, Frank, "Knowledge, Knowledge Work and Organizations: An Overview and Interpretation," *Organization Studies*, Vol. 16 (6), 1995.

Boddewyn, Jean J. , Thomas L. Brewer, "International-business Political Behavior: New theoretical Directions," *Academy of Management Review*, Vol. 19 (1), 1994.

Borrus, Michael, Dieter Ernst, Stephan Haggard, *International Production Networks in Asia: Rivalry or Riches*, London: Routledge Press, 2002.

Borrus, M. , "Left for Dead: Asian Production Networks and the Revival of US Electronics," in Barry Naughton, eds. , *The China Circle: Economics and Electronics in the PRC, Hong Kong and Taiwan*, Washington, DC: Brookings Institution, 1997.

Borrus, M. , "The Resurgence of US Electronics: Asian Production Networks and the Rise of Wintelism," in Borrus & Ernst & Haggard, eds. , *International Production Networks in Asia: Rivalry or Riches?* Routledge, 2004.

Carayannis, Elias G. , "The Strategic Management of Technological Learning in Project/Program Management: The Role of Extranets, Intranets and Intelligent Agents in Knowledge Generation, Diffusion, and Leveraging," *Technovation*, Vol. 18 (11), 1998.

Carney, Mick, "The Competitiveness of Networked Production: The Role of Trust and Asset Specificity," *Journal of Management Studies*, Vol. 35 (4), 1998.

Chandler, Alfred D. , *The Visible Hand: The Managerial Revolution in American Business*, Harvard University Press, 1977.

Chen, Shin – Horng, "Global Production Networks and Information Technology: the Case of Taiwan," *Industry and Innovation*, Vol. 9 (3), 2002.

Clayton, Christensen, *The Innovator's Dilemma: When New Technologies Cause Great Firms to Fail*, USA, Boston: Harvard Business School Press, 1997.

Cohen, Wesley M. , Daniel A. Levinthal, "Absorptive Capacity: A New Perspective on Learning and Innovation," *Administrative Science Quarterly*, Vol. 35 (1), 1990.

Collins, Harry M. , "The Structure of Knowledge," *Social Research*, Vol. 60 (1), 1993.

Davis, Donald R. , "Intra-industry Trade: A Heckscher-Ohlin-Ricardo Approach," *Journal of International Economics*, Vol. 39 (3), 1995.

Dicken, Peter, Anders Malmberg, "Firms in Territories: A Relational Perspective," *Economic Geography*, Vol. 77 (4), 2001.

Dicken, P. , Philip F. Kelly, Kris Olds and Wai-chung Yeung, "Chains and Networks, Territories and Scales: Towards a Relational Framework for Analyzing the Global Economy," *Global Networks*, Vol. 1 (2), 2001.

Dooley, Michael P. , David Folkerts – Landau, Peter Garber, *An Essay on the Revived Bretton Woods System*, National Bureau of Economic Research, 2003.

Dunning, J. , *International Production and the Multinational Enterprise*, London, George Allen & Unwn, 1981.

Dunning, J. H. , *Governments, Globalization and International Business*, London: Oxford University Press, 1999.

D'Aveni, Richard A. , "Coping with Hypercompetition: Utilizing the New 7S's Framework," *The Academy of Management Executive*, Vol. 9 (3), 1995.

Ernst, Dieter, Linsu Kim, "Global Production Networks, Knowledge Diffusion, and Local Capability Formation," *Research Policy*, Vol. 31 (8), 2002.

Ernst, Dieter, Paolo Guerrieri, "International Production Networks and Changing Trade Patterns in East Asia: The Case of the Electronics Industry," *Oxford Development Studies*, Vol. 26 (2), 1997.

Ernst, Dieter, Tom Ganiatsos, Lynn Mytelka, "Technological Capabilities and Export Performance: Lessons from East Asia," 1998.

Ernst, Dieter, "Global Production Networks and the Changing Geography of Innovation Systems. Implications for Developing Countries," *Economics of Innovation and New Technology*, Vol. 11 (6), 2002.

Ernst, Dieter, "Global Production Networks in East Asia's Electronics Industry and Upgrading Prospects in Malaysia," *East-West Center Working Paper, Economics Series*, 2004.

Ernst, Dieter, "Searching for a New Role in East Asian Regionalization:

Japanese Production Networks in the Electronics Industry," *Beyond Japan*: *The Dynamics of East Asian Regionalism*, 2006.

Ernst, Dieter, "Searching for a New Role in East Asian Regionalization: Japanese Production Networks in the Electronics Industry," *East-West Working Paper*, *Economics Series*, 2004.

Ernst, Dieter, "The New Mobility of Knowledge: Digital Information Systems and Global Flagship Networks," *Digital Formations*: *It and New Architectures in the Global Realm*, 2005.

Ernst, Dieter, "The New Mobility of Knowledge: Digital Information Systems and Global Flagship Networks," *Economics Study Area*, 2003.

Feenstra, Robert C., "Integration of Trade and Disintegration of Production in the Global Economy," *The Journal of Economic Perspectives*, Vol. 12 (4), 1998.

Flaherty, M. Therese, "Coordinating International Manufacturing and Technology," *Competition in Global Industries*, Vol. 198, 1986.

Fukao, Kyoji, Hikari Ishido, Keiko Ito, "Vertical Intra-industry Trade and Foreign Direct Investment in East Asia," *Journal of the Japanese and International Economies*, Vol. 17 (4), 2003.

Fukasaku, Kiichiro, et al., "Overview, Miracle, Crisis and Beyond," *Institute of Southeast Asian Studies and OECD Development Centre*, Paris, 2004.

Gatrell, Anthony C., *Distance and Space*: *A Geographical Perspective*, Oxford: Clarendon Press, 1983.

Gefeffi, Gary, "A Commodity Chains Framework for Analyzing Golobal Industries," *Institute of Development Studies*, Vol. 8 (12), 1999.

Gereffi, Gary, John Humphrey, Timothy Sturgeon, "The Governance of Global Value Chains," *Review of International Political Economy*, Vol. 12 (1), 2005.

Gereffi, Gary, M. Korzeniewicz, *Commodity Chains and Global Capitalism*, Westport: Greenwood Press, 1994.

Gereffi, Gary, Olga Memedovic, *The Global Apparel Value Chain*: *What Prospects for Upgrading by Developing Countries*, Vienna: United Nations Industrial Development Organization, 2003.

Gereffi, Gary, "Global Production Systems and Third World Development," in Stallings, B., eds., *Global Change, Regional Response: The New International Context of Development*, Cambridge University Press, New York, 1995.

Gereffi, Gary, "International Trade and Industrial Upgrading in the Apparel Commodity Chain," *Journal of International Economics*, Vol. 48 (1), 1999.

Gereffi, G., "Global Value Chains in A Post-Washington Consensus World," *Review of International Political Economy*, Vol. 21 (1), 2014.

Globerman, Stephen, "Transnational Corporations and International Technological Specialization," *Transnational Corporations*, Vol. 6, 1997.

Granovetter, Mark, "Economic Action and Social Structure: The Problem of Embeddedness," *American Journal of Sociology*, Vol. 91 (3), 1985.

Greenaway, David, Robert Hine, Chris Milner, "Country-specific Factors and the Pattern of Horizontal and Vertical Intra-industry Trade in the UK," *Review of World Economics*, Vol. 130 (1), 1994.

Greenaway, David, Robert Hine, Chris Milner, "Vertical and Horizontal Intra-industry Trade: A Cross Industry Analysis for the United Kingdom," *The Economic Journal*, 1995.

Grossman, Gene M., Elhanan Helpman, "Integration Versus Outsourcing in Industry Equilibrium," *The Quarterly Journal of Economics*, Vol. 117 (1), 2002.

Grossman, Gene M., Elhanan Helpman, "Outsourcing Versus FDI in Industry Equilibrium," *Journal of the European Economic Association*, Vol. 1 (2-3), 2003.

Grossman, Sanford J., and Oliver D. Hart, "The Costs and Benefits of Ownership: A Theory of Vertical and Lateral Integration," *The Journal of Political Economy*, 1986.

Grubel, Herbert G., Peter J. Lloyd, *Intra-industry Trade: The Theory and Measurement of International Trade in Differentiated Products*, London: Macmillan, Vol. 12, 1975.

Gulati, Ranjay, "Alliances and Networks," *Strategic Management Journal*, Vol. 19 (4), 1998.

Hagström, Peter, "New Wine in Old Bottles: Information Technology Evolution in Firm Strategy and Structure," *The Flexible Firm, Capability Management in Network Organizations*, Oxford: Oxford University Press, 2000.

Hanson, Gordon H., Raymond J. Mataloni Jr, Matthew J. Slaughter, "Vertical Production Networks in Multinational Firms," *Review of Economics and Statistics*, Vol. 87 (4), 2005.

Hart, Oliver, John Moore, "Property Rights and the Nature of the Firm," *Journal of Political Economy*, 1990.

Head, Keith, John Ries, and Deborah Swenson, "Agglomeration Benefits and Location Choice: Evidence from Japanese Manufacturing Investments in the United States," *Journal of International Economics*, Vol. 38 (3), 1995.

Heckscher, Eli Filip, Bertil Gotthard Ohlin, *Heckscher-Ohlin Trade Theory*, The MIT Press, 1991.

Hedberg, Bo, "How Organizations Learn and Unlearn," in P. C. Nystrom and W. H. Starbuck, eds., *Handbook of Organizational Design: Adapting Organizations to Their Environments*, New York: Oxford University Press, Vol. 1, 1981.

Hein, S., "Trade Strategy and the Dependency Hypothesis: A Comparison of Policy, Foreign Investment, and Economic Growth in Latin America and East Asia," *Economic Development & Cultural Change*, Vol. 40 (3), 1992.

Hein, Wolfgang, "Die Ökonomie des Archipels und das Versunkene Land. Die Struktur von Wirtschaftsräumen im Informationszeitalter," *Entwicklung und Zusammenarbeit*, Vol. 41 (11), 2000.

Heinrich, Claus, Bob Betts, *Adapt or Die: Transforming Your Supply Chain into an Adaptive Business Network*, Hoboen: John Wiley & Sons, 2003.

Henderson, Jeffrey, P. Dicken, M. Hess, et al., "Global Production Networks and the Analysis of Economic Development," *Review of International Political Economy*, Vol. 9 (3), 2002.

Hill, Hal, "Technology and Innovation in Developing East Asia," *Global*

Production Networking and Technological Change in East Asia, 2004.

Hughes, Christopher W., "Japanese Policy and the East Asian Currency Crisis: Abject Defeat or Quiet Victory?" *Review of International Political Economy*, Vol. 7 (2), 2000.

Hummels, D., Jun, I., Kei - Mu, Y., "The Nature and Growth of Vertical Specialization in World Trade," *Journal of International Economies*, Vol. 54, 2001.

Humphrey, J., H. Schmitz, *Governance and Upgrading: Linking Industrial Cluster and Global Value Chains Research*, IDS Working Paper 120, Brighton: Institute of Development Studies, 2000.

IMF, *World Economic Outlook: Trade and Finance*, Washington, D. C., 2002.

Isogai, Takashi, Shunichi Shibanuma, *East Asia's Intra and Inter-regional Economic Relations; Data Analyses on Trade, Direct Investments and Currency Transactions*, Bank of Japan, 2000.

Ito, Takatoshi, David E. Weinstein, "Japan and the Asian Economies: A 'Miracle' in Transition," *Brookings Papers on Economic Activity*, Vol. 2, 1996.

Iyer, Gopalkrishnan R., "Comparative Marketing: An Interdisciplinary Framework for Institutional Analysis," *Journal of International Business Studies*, Vol. 28 (3), 1997.

Jones, Ronald and H. Kierzkowski, "The Role of Services in Production and International Trade: A Theoretical Framework," in R. Jones and A. Krueger, eds., *The Political Economy of International Trade: Festschrift in Honor of Robert Baldwin*, Oxford: Basil Blackwell, 1990.

Jones, R. and H. Kierzskowski, "A Framework for Fragmentation," in S. Arndt and H. Kierzkowski, eds., *Fragmentation and International Trade*, Oxford University Press, 2000.

Kaplinsky, Raphael, Michael Morris, "Governance Matters in Value Chains," *Developing Alternatives*, Vol. 9 (1), 2003.

Kaplinsky, Raphael, "Globalisation and Unequalisation: What can be

Learned from Value Chain Analysis?" *Journal of Development Studies*, Vol. 37 (2), 2000.

Kasahara, Shigehisa, "The Flying Geese Paradigm: A Critical Study of Its Application to East Asian Regional Development," 2004.

Kawai, Masahiro, "Trade and Investment Integration for Development in East Asia: A Case for the Trade – FDI Nexus," *Institute of Social Science*, University of Tokyo, 2004.

Kim, Linsu, *Imitation to Innovation: The Dynamics of Korea's Technological Learning*, Harvard Business Press, 1997.

Kim, Linsu, "Crisis Construction and Organizational Learning: Capability Building in Catching – up at Hyundai Motor," *Organization Science*, Vol. 9 (4), 1998.

Kim, Linsu, "Pros and Cons of International Technology Transfer: A Developing Country View," in Agmon, T., Von Glinow, M. A., eds., *Technology Transfer in International Business*, New York: Oxford University Press, 1991.

Kimura, Fukunari and Mitsuyo Ando, "The Economic Analysis of International Production/Distribution Networks in East Asia and Latin America: The Implication of Regional Trade Arrangement," *Business and Politics*, Vol. 7 (1), 2004.

Kimura, Fukunari, Ayako Obashi, *Production networks in East Asia: What We Know so Far*, Springer Japan, 2016.

Kimura, Fukunari, Mitsuyo Ando, "Two-dimensional Fragmentation in East Asia: Conceptual Framework and Empirics," *International Review of Economics & Finance*, Vol. 14 (3), 2005.

Kimura, Fukunari, Yuya Takahashi, Kazunobu Hayakawa, "Fragmentation and Parts and Components Trade: Comparison between East Asia and Europe," *The North American Journal of Economics and Finance*, Vol. 18 (1), 2007.

Kimura, Fukunari, Y. Takahashi, K. Hayakawa, "Fragmentation and Parts and Components Trade: Comparison Between East Asia and Europe,"

North American Journal of Economics & Finance 18. 1 (2007).

Kimura, Fukunari, "International Production and Distribution Networks in East Asia: Eighteen Facts, Mechanics and Policy Implication," *Asian Economic Policy Review*, Vol. 1 (2), 2006.

Kiyota, Kozo, Yoko Sazanami, Yu Ching Wong, "Intra-regional Trade in Asia: Dynamics of Production Sharing," 2006, https://www.univ-lehavre.fr/actu/itlcsge/kiyota_2.pdf.

Kobrin, Stephen J., "The Architecture of Globalization: State Sovereignty in a Networked Global Economy," *Governments, Globalization and International Business*, 1997.

Kogut, Bruce, "Designing Global Strategies: Comparative and Competitive Value Added Chains," *Sloan Management Review*, Vol. 26 (4), 1985.

Kojima, Kiyoshi, "The 'Flying Geese' Model of Asian Economic Development: Origin, Theoretical Extensions, and Regional Policy Implications," *Journal of Asian Economics*, Vol. 11 (4), 2000.

Krugman, Paul R., "Increasing Returns, Monopolistic Competition, and International Trade," *Journal of international Economics*, Vol. 9 (4), 1979.

Lafay, Gerard, "The Measurement of Revealed Comparative Advantages," in M. G. Dagenais and P. A. Muet, eds., *International Trade Modeling*, London: Chapman and Hill, 1992.

Lall, Sanjaya, "Technological Change and Industrialization in the Asian Newly Industrializing Economies: Achievements and Challenges," *Technology, Learning and Innovation: Experiences of Newly Industrializing Economies*, 2000.

Larsson, Richard, "The Handshake between Invisible and Visible Hands," *International Studies of Management & Organization*, Vol. 23 (1), 1993.

MacIntyre, Andrew, Barry Naughton, "The Decline of a Japan-led Model of the East Asian Economy," in T. J. Pempel, *Remapping East Asia: The Construction of a Region*, Ithaca and London: Cornell University Press, 2005.

Magaziner, Ira C., Mark Patinkin, "Fast Heat-How Korea Won The Microwave War," *Harvard Business Review*, Vol. 67 (1), 1989.

Maillat, Denis, Olivier Creroisier and Bruno Lecoq, "Innovation Networks and Territorial Dynamics: A Tentative Typology," *Patterns of a Network Economy*, *Vol.* 11 (5), 1993.

Malmberg, Anders, Peter Maskell, "Towards an Explanation of Regional Specialization and Industry Agglomeration," *European Planning Studies*, Vol. 5 (1), 1997.

Markusen, James R., Lars Sevensson, "Trade in Goods and Factor with International Differences in Technology," *International Economic Review*, Vol. 26 (1), 1985.

McCann, Philip, Tomokazu Arita, Ian R. Gordon, "Industrial Clusters, Transactions Costs and the Institutional Determinants of MNE Location Behavior," *International Business Review*, Vol. 11 (6), 2002.

McDermott, Taylor, *Industrial Organization and Location*, Cambridge University Press, 1982.

McNee, Robert B., "Towards a more Humanistic Economic Geography: The Geography of Enterprise," *Tijdschrift voor Economische en Sociale Geografie*, Vol. 51 (8), 1960.

Melitz, Marc J., "The Impact of Trade on Intra-industry Reallocations and Aggregate Industry Productivity," *Econometrica*, Vol. 71 (6), 2003.

Moran, Theodore H., *Strategy and Tactics for the Doha Round: Capturing the Benefits of Foreign Direct Investment*, Asian Development Bank, 2002.

Mundell, R. A., "International Trade and Factor Mobility," *American Economic Review*, Vol. 47 (3), 1957.

Navaretti, Giorgio Barba, Jan I. Haaland, Anthony Venables, "Multinational Corporations and Global Production Networks: The Implications for Trade Policy," *Centre for Economic Policy Research*, 2002.

Neary, J. P., "Factor Mobility and International Trade," *Canadian Journal of Economics*, 1995.

Nelson, R. R., "The Agenda for Growth Theory: A Different Point of View," *Cambridge Journal of Economics*, Vol. 22 (4), 1998.

Ng, Francis, Alexander J. Yeats, "Major Trade Trends in East Asia: What are Their Implications for Regional Cooperation and Growth?" *World Bank*

Policy Research Working Paper 3084, 2003.

Ng, Francis, Alexander Yeats, "Production Sharing in East Asia: Who Does What for Whom and Why?" *World Bank Staff Paper*, 2002.

Nonaka, Ikujiro, *The Knowledge – Creating Company: How Japanese Companies Create the Dynamics of Innovation*, New York: Oxford University Press, 1995.

Nonaka, Ikujiro, "The Knowledge-creating Company," *Harvard Business Review*, Vol. 69 (6), 1991.

Obstfeld, M. & K. Rogoff, *The Unsustainable US Current Account Position Revealed*, National Bureau of Economic Research, 2004.

Ozawa, Terutomo, "The 'Flying-Geese' Paradigm: Toward a Co-evolutionary Theory of MNC-Assisted Growth," in K. Fatemi (ed.), *The New World Order: Internationalism, Regionalism and the Multinational Corporations*, Pergamon, Amsterdam and New York, 2000.

Peng, D. J., "Invisible Linkages: A Regional Perspective of East Asian Political Economy," *International Studies Quarterly*, Vol. 46 (3), 2002.

Peng, Mike W., Seung – Hyun Lee, J. Justin Tan, "The 'Keiretsu' in Asia: Implications for Multilevel Theories of Competitive Advantage," *Journal of International Management*, Vol. 7 (4), 2002.

Pike, Andy, Arnoud Lagendijk, Mário Vale, "Critical Reflections on 'Embeddedness' in Economic Geography: The Case of Labour Market Governance and Training in the Automotive Industry in the North-East Region of England," *Restructuring Industry and Territory, The Experience of Europe's Regions*, The Stationery Office, London, 2000.

Piore, Michael, Charles Sabel, "The Second Industrial Divide: Prospects for Prosperity," *New York: Basic Books*, 1984.

Polanyi, Michael, *Personal Knowledge: Towards a Post-critical Philosophy*, New York: Psychology Press, 1962.

Ponte, Stefano and Peter Gibbon, "Quality Standards, Conventions and the Governance of Global Value Chains," *Economy and Society*, Vol. 34 (1), 2005.

Porter, Michael E., "The Competitive Advantage of Nations," *Harvard Business Review*, Vol. 68 (2), 1990.

Prahalad, C., K. Hamel, "The Core Competence of the Corporation," *Harvard Business Review*, Vol. 68 (3), 1990.

Pred, Allan, "Behavior and Location: Foundations for a Geographic and Dynamic Location Theory," 1967.

Rajan, Raghuram G., Luigi Zingales, "The Firm as a Dedicated Hierarchy: A Theory of the Origins and Growth of Firms," *The Quarterly Journal of Economics*, Vol. 116 (3), 2001.

Report, W. D., *World Development Report 1999/2000: Entering the 21st Century*, Published for the World Bank, Oxford University Press, 2001.

Ricardo, David, "On the Principles of Political Economy and Taxation," *Harmondsworth: Penguin Books*, Vol. 165, 1971.

Ring, Peter Smith, Stefanie Ann Lenway, Michele Govekar, "Management of the Political Imperative in International Business," *Strategic Management Journal*, Vol. 11 (2), 1990.

Roubini, N. & S. Brad, "The US as a Net Debtor: The Sustainability of the US External Imbalances," *New York University*, 2004.

Rugman, Alan M., Alain Verbeke, "A Perspective on Regional and Global Strategies of Multinational Enterprises," *Journal of International Business Studies*, Vol. 35 (1), 2004.

Rugman, Alan, Joseph R. D'Cruz, *Multinationals as Flagship Firms: Regional Business Networks: Regional Business Networks*, London: Oxford University Press, 2003.

Saxenian, Anna Lee, "Transnational Communities and the Evolution of Global Production Networks: The Cases of Taiwan, China and India," *Industry and Innovation*, Vol. 9 (3), 2002.

Smith, Adam, *An Inquiry into the Nature and Causes of the Wealth of Nations*, A. and C. Black, 1863.

Stam, Erik, "Why Butterflies Don't Leave: Spatial Development of New Firms," *EMAEE Conference*, *Utrecht*, 2005.

Sturgeon, Timothy, Ji-Ren Lee, "Industry Coevolution and the Rise of a Shared Supply-base for Electronics Manufacturing," (paper presented at Nelson and Winter Conference, Aalgborg, Denmark, June 2001).

Sturgeon, Timothy, Richard K. Lester, "The New Global Supply Base: New Challenges for Local Suppliers in East Asia," *Global Production Networking and Technological Change in East Asia*, 2004.

Tachiki, Dennis, "Between Foreign Direct Investment and Regionalism: The Role of Japanese Production Networks," *Remapping East Asia: The construction of a Region*, 2005.

Teece, David J., Gary Pisano, Amy Shuen, "Dynamic Capabilities and Strategic Management," *Strategic Management Journal*, Vol. 7 (18), 1997.

Teo, W. C. M., D. Park, *East Asian Development Experiences: A Comparative Study*, East Asian Economic Issues, 1998.

Timmer, M. P. et al., "Slicing up Global Value Chains," *Journal of Economic Perspectives*, Vol. 28 (2), 2014.

Ulrich, Dave, "Intellectual Capital = Competence x Commitment," *Sloan Management Review*, Vol. 39 (2), 1998.

Urata, Shujiro, "Emergence of an FDI – trade Nexus and Economic Growth in East Asia," *Rethinking the East Asian Miracle*, 2001.

Venables, Anthony J., "Fragmentation and Multinational Production," *European Economic Review*, Vol. 43 (4), 1999.

Verdoorn, P. J., "The Intra – bloc Trade of Benelux," in E. A. G. Robinson, eds., *Economic Consequences of the Size of Nations*, MacMillan and Co. Ltd., 1960.

Wernerfelt, Birger, "A Resource-based View of the Firm," *Strategic Management Journal*, Vol. 5 (2), 1984.

Whitley, Richard, *Divergent Capitalisms: The Social Structuring and Change of Business Systems*, Oxford University Press, 1999.

Wilkins, Mira, *The Emergence of Multinational Enterprise: American Business Abroad from the Colonial Era to 1914*, Cambridge, Mass: Harvard University Press, 1970.

Williamson, Oliver E., *Markets and Hierarchies: Analysis and Antitrust Implications*, New York: Free Press, 1975.

Williamson, Oliver E., "Transaction-cost Economics: The Governance of Contractual Relations," *Journal of Law and Economics*, Vol. 22 (2), 1979.

World Bank, *East Asian Miracle: Economic Growth and Public Policy*, World Bank Group, 2001.

Yun, Chunji, *Rise of the Chinese Economy and East Asian FTA: Japan's Strategic Change and Continuity*, Inst. für Weltwirtschaft u. Internat. Management, Univ. Bremen, Fachbereich Wirtschaftswiss, 2004.

Yusuf, Shahid, "Competitiveness through Technological Advances under Global Production Networking," *Global Production Networking and Technological Change in East Asia*, 2004.

图书在版编目(CIP)数据

东亚生产网络调整与中国产业升级 / 秦长城著. --
北京：社会科学文献出版社，2018.1
（河南大学经济学学术文库）
ISBN 978 - 7 - 5201 - 1826 - 2

Ⅰ.①东… Ⅱ.①秦… Ⅲ.①东亚经济 - 研究②产业
结构升级 - 研究 - 中国 Ⅳ.①F131②F121.3

中国版本图书馆 CIP 数据核字（2017）第 289558 号

·河南大学经济学学术文库·
东亚生产网络调整与中国产业升级

著 者 / 秦长城

出 版 人 / 谢寿光
项目统筹 / 恽 薇 陈凤玲
责任编辑 / 田 康 王红平

出 版 / 社会科学文献出版社·经济与管理分社(010)59367226
地址：北京市北三环中路甲 29 号院华龙大厦 邮编：100029
网址：www.ssap.com.cn
发 行 / 市场营销中心（010）59367081 59367018
印 装 / 北京季蜂印刷有限公司

规 格 / 开 本：787mm × 1092mm 1/16
印 张：21 字 数：344 千字
版 次 / 2018 年 1 月第 1 版 2018 年 1 月第 1 次印刷
书 号 / ISBN 978 - 7 - 5201 - 1826 - 2
定 价 / 99.00 元